宏观经济、利率趋势与资产配置

Macro economy, Interest rate trend and Asset allocation

李超　著

中国金融出版社

责任编辑：刘　钊
责任校对：李俊英
责任印制：陈晓川

图书在版编目（CIP）数据

宏观经济、利率趋势与资产配置/李超著．—北京：中国金融出版社，2018.8
ISBN 978 - 7 - 5049 - 9723 - 4

Ⅰ.①宏…　Ⅱ.①李…　Ⅲ.①宏观经济学—研究②利率—研究　Ⅳ.①F015
②F820.1

中国版本图书馆 CIP 数据核字（2018）第 194687 号

宏观经济、利率趋势与资产配置
HONGGUAN JINGJI、LILÜ QUSHI YU ZICHAN PEIZHI

出版
发行　　中国金融出版社

社址　　北京市丰台区益泽路 2 号
市场开发部　（010）66024766，63805472，63439533（传真）
网 上 书 店　www.cfph.cn
　　　　　　（010）66024766，63372837（传真）
读者服务部　（010）66070833，62568380
邮编　　100071
经销　　新华书店
印刷　　保利达印务有限公司
尺寸　　169 毫米 ×239 毫米
印张　　24
字数　　450 千
版次　　2018 年 8 月第 1 版
印次　　2018 年 8 月第 1 次印刷
定价　　48.00 元
ISBN 978 - 7 - 5049 - 9723 - 4
如出现印装错误本社负责调换　联系电话(010)63263947

序

　　《宏观经济、利率趋势与资产配置》一书的作者李超，是我在清华大学五道口金融学院的小师弟；他结束学业后加入人民银行金融稳定局，又成为我的同事。在央行工作的 8 年里，他有幸先后参与了一些重大的金融体制改革工作，这使他在 2016 年进入市场后，对于宏观经济和货币政策的把握仍留有很深的央行烙印：不仅理论基础扎实，视野的开阔和逻辑的严谨在他的一系列研究报告中也体现得非常充分。

　　近年来我国经济进入结构转型期，如何优化经济结构、转换增长动力成为高质量发展的重要突破点。对资产配置而言，宏观经济大势的把握无疑更为重要，市场需要更有积累的宏观研究。李超这次出版的新作详细介绍了宏观研究框架，包括需求侧、供给侧经济基本面的分析，货币政策和财政政策的研判方法，国际国内经济变量之间的传导机制等，尤为重要和颇具实际意义的是，这本书还重点强调了如何自上而下地将宏观经济思维具体落实到指导大类资产的配置上。从央行进入市场，政策思维和市场思维最大的差异就在于政策需要等待明确的信号，而市场需要进行提前的预判。李超新作的优势在于将政策思维与市场走势相结合，行文之间突出体现了宏观研究对于资产配置的意义，并将对利率走势的判断用于大类资产配置的研究。

　　长期以来，中国政府赋予人民银行的年度目标是维护价格稳定、促进经济增长、促进就业、保持国际收支大体平衡。但作为转轨经济体共有的早期问题——诸如价格严重僵化，税收体系扭曲，非货币化实物分配，资源配置效率低下，银行不是真正的商业银行，缺少银行法、会计准则、审计、贷款分类、财务报告等方面的健全制度——所衍生的损失通常又都集中反映于银行体系，如果不能构建起健康的金融机构体系，不仅金融稳定实现不了，价格稳定和货币政策的有效性也无从谈起。因此从中长期动态角度来看，转轨经济体的特点决定了人民银行在这一历史阶段还必须承担起推动改革开放和发展金融市场的重任。也就是说，在转轨阶段，对于中国人民银行而言，金融改革和实现金融系统健康化与高稳定的重要性甚至要高于通胀等传统货币政策目标。正是由于我国货币政策的多目标，货币政策操作机制相对比较复杂，市场往往对此存在不少误读，需要有作品从研究框架、政策制定机理的角度进行解读，以纠正市场的错误认知。当前，中央银行货币政策与宏观审慎双支柱调控框架的建立对利率的决定机理也产生了深远的影响。李超新作中关于货币政策的内容将会在一定程度上帮助市场更好地理解政策，其中以利率为轴的大类资产配置模型就是一个很好的创新。经典的泰勒规则认为利率取决于产出缺口和通胀的线性关系，以伯南克和耶伦领衔的美联储实践虽对此规则做出了部分修正，但仍是万变不离其宗。而我国利率的决定因素显然较美国更为复杂，除去多目标的货币政策，监管政策对利率也有扰动，传统的美林时钟模型在研究中国资产配置时可能并不那么准确。将利率作为资产配置的核心因素，先行判断利率状态，进而判断经济增长和通胀，再通过不同组合来判断资产轮动或许是本书的一大亮点。

深化金融体制改革，增强金融服务实体经济的能力，促进多层次资本市场健康发展是当前和今后一段时期我国资本市场明确的发展方向，这需要政策制定者和市场人士的共同努力。李超的新作除了从市场的视角对宏观经济进行了缜密思考，同时更是市场与政策建立反馈机制的一次尝试，我衷心希望他在此领域继续深耕，取得更加丰硕的研究成果。

张晓慧
2018 年 8 月于成方街 32 号

前　言

　　2016年我从人民银行进入市场开始从事二级市场的宏观研究工作，坦率地讲，跨度很大，挑战也很大，我个人也是抱着向市场学习的态度带领团队开展相关研究。首先，我要感谢一直关心我个人发展的各位体制内领导，也要感谢各类机构投资者对我及团队的支持。与人民银行相关政策制定的工作有所不同，市场上的宏观研究更注重的是"落地"，即指导资产配置。而我认为，宏观经济在指导单一资产类别投资的时候都可能会有失偏颇，其最大的价值在于指导大类资产配置，这成为贯穿我研究工作始终的一条根本性原则，正如本书题目，重视宏观经济、利率趋势及其对大类资产配置的影响。本书是这几年研究工作的阶段性的总结，宏观研究最根本的是要做好基本面的研究，同时加强对政策的准确理解，我希望借本书给市场提供一个完整、系统的宏观研究体系，从经济基本面到政策研判，再到大类资产配置。本书的出版也离不开我所带领的华泰宏观团队的各位成员——宫飞、程强、朱洵、侯劲羽、孙欧、刘天天等的贡献，在此感谢他们的协助，另外在华泰宏观团队实习的同学有所贡献，在此一并感谢。

　　本书分为国内篇和国外篇，共计九部分。国内篇分别介绍需求侧、供给侧宏观经济分析框架、物价、货币政策、金融稳定、财政政策及以利率为轴的大类资产配置框架；国外篇详细介绍美元周期—人民币汇率—大国博弈的研究框架及我国经济目前发展阶段的国际比较研究。

　　本书第一部分介绍需求侧宏观经济分析框架，从消费、投资、净出口及地产政策周期等几个方面展开。转轨经济体最大的特点就是经济规律及政策效果的时变性，这大大增加了我们做宏观研究的难度，因此，只有认清具有中国特色的经济增长与经济周期，才能准确预测下阶段以及中长期的经济走势。宏观研究重在理清各项数据的勾稽关系，但研究主线往往更需化繁为简，在我看来，自1998年我国房地产市场化改革以来，我国经济核心的周期就是地产政策周期。这不仅在于地产投资、销售本身对经济的拉动效果显著，同时也在于房地产业上下游产业链丰富，地产投资的增长能够带动数十个相关行业的有效需求，进而拉动工业投资，而地产销售也将同时滞后传导至地产后周期相关商品类别如建筑装潢、家具、家电等的消费，地产政策周期因此通过打通投资、消费，成为主导我国经济走势的核心驱动力。短期来看，我国经济结构的转型升级、政策的主动及被动应对，均仍需基于对以上主线的把握来展开分析。

本书第二部分介绍供给侧宏观经济分析框架，从"三去一降一补"的角度，依次分析我国供给侧结构性改革的破与立。2015年11月，中央提出"供给侧改革"，强调在适度扩大总需求的同时着力加强供给侧结构性改革，目标在于化解产能过剩，推进产业转型升级，培育新兴产业和新的经济增长点，其核心是希望从生产上解决我国经济供需不平衡的问题，解决我国经济潜在增速下滑的现状，供给侧结构性改革成为我国经济未来一段时间内的核心政策方针。"三去一降一补"是先破后立的过程，截至2017年底，去杠杆、去库存、去产能均取得了阶段性成效，2017年底，习近平总书记会见清华大学国际顾问团时着重强调了提高全要素生产率，供给侧改革在2018年进入了由"破"到"立"的转型元年。本部分除了分析供给侧改革各项目标的衡量标准、政策方向，也测度了其对经济增长的影响。

本书第三部分介绍物价水平的研究方法。CPI的调查商品共分八大类，同研究经济增长核心驱动力一样，首先需要找到CPI最主要的影响因素，本部分通过对我国历史通胀周期的回顾发现，猪肉和原油价格是最关键的两项因素，如果两者叠加上行，国内通胀压力往往加剧。本部分由此进一步论述猪周期位置的判定方法、原油价格的影响因素。其中，油价因其影响因素众多而较具特殊性，常成为我国CPI的最大风险因素，而市场上对于国内油价应参考的基准及其影响因素仍认识不足。油价的影响因素可分为金融因素和非金融因素两大类，对金融因素而言，主要受到美元指数的强弱以及金融机构的炒作因素影响，非金融因素主要分为供给因素和需求因素，另外，油价最大的不确定性在于地缘政治风险，历史上的第四次中东战争、第五次中东战争，海湾战争，巴以冲突，伊朗核问题等事件，均成为油价上涨的重要触发点。

本书第四部分介绍我国的货币政策，这是本书最大的亮点之一。从央行进入市场工作，我的第一个感触就是市场对我国央行货币政策的理解仍存在诸多误区，对于货币政策的双重决策机制及多目标制仍没有全面的认知。本部分对稳健的货币政策具体状态进行了详细的划分，并通过实例解释何为稳健略宽松、稳健略紧缩、稳健中性及稳健灵活适度的货币政策，以及是如何切换的。由于货币政策是利率的核心影响因素之一，对于货币政策取向的把握对于判断利率走势至关重要，本部分基于对货币政策框架的介绍，详细回顾了2017年至2018年政策波动较大时期，我如何准确预判了利率走势及其各时期拐点，仅以此作为案例分析，希望更清晰地呈现历史，便于展望后市。市场在分析我国货币政策时，往往将人民银行与美联储直接类比，对此，我在本部分中也做了详细的澄清。

本书第五部分介绍金融稳定。金融稳定是指，通过短期的金融乱象治理，实现中长期的金融稳定目标，不论是短期的冲击还是长期健康性的恢复，金融监管均直接影响金融市场，因此，把握监管节奏至关重要。实际上，在党的十九大之前，金融稳定始终作为我国货币政策的"隐性目标"而对货币政策的操作有所制约，核心原因在于我国央行的监管工具不足，需通过维持较高存款准备金率等方式限制货币供应量，以为防控金融风险提供合理的货币环境。但是随着党的十九大提出建立货币政策与宏观审慎双支柱，十九届三中全会明确提出"将中国银行业监督管理委员会和中国保险监督管理委员会拟订银行业、保险业重要法律法规草案和审慎监管基本制度的职责划入中国人民银行"，人民银行的监管职能大幅增强，这使得未来货币政策虽然仍兼顾金融稳定，但是金融稳定目标将逐渐从货币政策最终目标中分流给宏观审慎政策，这为货币政策提供了更大的操作空间。本部分除了对宏观审慎政策的详细分析外，也着重介绍了始于2016年第四季度的"防风险抑泡沫"系列监管政策的必要性、目标及节奏的把握。

本书第六章介绍我国的财政政策。从财政预算的"四本账"、财政赤字，到我国的税收体系、税制改革，提供一个完整的分析框架。值得一提的是，地方债既是地方政府财力的主要来源，也是我国金融领域存在的八大风险之一。正因此重要性，本部分用九个问题全面解析地方政府债：一是地方政府专项债和一般债的区别是什么；二是地方政府债包括什么；三是存量债务置换是怎么回事；四是如何具体衡量地方政府债务风险；五是地方政府债务限额是怎么来的；六是发债钱也不够怎么办；七是查违规举债查什么、影响多大；八是如何"开前门、堵后门"；九是作为一种基础资产，地方政府债的风险收益如何。

本书第七部分是国内篇的收尾篇，介绍我所构建的利率为轴的大类资产配置框架，这也是市场宏观研究的最重要目标所在。美林时钟之所以广受资产配置者欢迎，是因为它仅用了经济增长和通货膨胀两个最基础的宏观变量，以极其简洁的方式揭示了资产配置的一般规律，而且美国以泰勒规则作为其货币政策决策的主要机制，因此在美国的资产配置实践中，美林时钟确实有现实意义。而与美国相比，中国与之最大的不同在于，利率趋势不是仅由经济和通胀两个因素决定的，还要考虑金融稳定、国际收支平衡等因素，这就导致利率相对于经济和通胀又产生了某种外生的性质，而利率在中国又是影响大类资产走势的"轴心"，短期的影响往往又更加重要，这样就导致了美林时钟在中国的失灵。基于此，本部分建立了以利率为轴的大类资产配置框架，即在经济状态的划分中不仅参考经济增速及物价水平，也考虑利率走势所处的阶段。通过对2011年至2017年各大类资产走势的回溯，改进后的美林时钟准确率相比传统美林时钟的28%提高到了72%。

本书国外篇包括第八部分和第九部分。第八章主要介绍了美元周期的分析框架。由于美元在全球货币体系的主导地位，美元周期成为决定全球资本流动及各经济体汇率走势的核心因素，对于美元周期的理解也因此至关重要。本部分回顾了历史上的美元周期及其所引发的新兴市场危机，以史为鉴，鞭辟入里。随着我国经济的发展，中美之间的关系更多地体现为大国博弈，本部分通过分析中美的比差逻辑与比好逻辑得到结论认为，中国不能以不变应万变，而应该更加积极应对，同时中美的未来战略关系一定是在曲折中前行。第九章注重从以下几个方面对我国经济现状进行国际比较，以对我国经济发展呈现一些中长期的视角：人均 GDP 和人均可支配收入、城市化率、人口老龄化水平、重化工业发展、环境污染与单位能耗、利率走势及对估值影响。除此之外，本部分比较了各经济体中央银行货币政策的同步性、汇率与股债走势的关系，并详述了各类大宗商品的影响因素，从全球的角度入手给市场提供资产走势的相关判断依据。

感谢中国人民银行原行长助理、党委委员张晓慧在百忙之中为本书作序。本书责任编辑刘钊，以及曹亚豪、张熠婧为本书的出版和发行付出了很多努力，在此一并致以谢忱。

本书是对市场宏观研究的全面梳理，兼顾理论与实践，综合使用定性分析与数量分析，不仅有国内数据的历史纵向比较，也有国际数据的横向比较，内容由浅及深，可作为入门者的参考资料，也可作为进阶者的手边读物。当然，本书难免不足，恳请读者不吝批评指正，我将在宏观领域继续钻研，提供更多深入的研究。最后也要感谢我的家人，他们都在默默地支持我，我对他们亏欠太多。

李超于香港路演海逸君绰酒店

2018 年 8 月 19 日

目　录

国 外 篇

国内篇

一、需求侧宏观经济分析框架

GDP（国内生产总值）常见的统计口径分为名义 GDP 和实际 GDP。名义 GDP 是用生产物品和劳务的当年价格计算的全部最终产品的市场价值，同时受实际产量的变动和价格的变动两方面因素的影响。显著影响长端无风险利率预期的不是通胀单一变量，而是名义 GDP 增速，可近似看作是实际 GDP 增速与 GDP 平减指数之和，而 GDP 平减指数又可以近似认为是 CPI 和 PPI 的加权结果。实际 GDP 是用之前某一年作为基期的价格计算出来的当年全部最终产品的市场价值。它衡量在两个不同时期经济中的产品产量的变化，以不同的价格或不变金额来计算两个时期所产生的所有产品的价值。我国每五年调整一次 GDP 统计基期，2016—2020 年 GDP 不变价以 2015 年作为基期来进行统计核算。

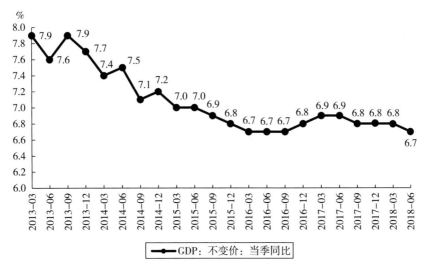

资料来源：Wind，华泰证券研究所。

图 1－1　总量经济数据短期下行压力不大

GDP 的核算方法包括生产法、收入法、支出法。GDP 的生产法和支出法，就是分别从"供给端"和"需求端"切入。根据生产法（供给端）统计，GDP 分为三大产业，第一产业是农林牧渔业，第二产业包括工业和建筑业，第三产业就是广义的服务业。

从需求的角度看，投资、消费、净出口三种需求称为经济增长的"三驾马车"。

$$Y = C + I + G + （EX - IM）$$

2008 年国际金融危机前，较低的劳动力成本为中国制造业提供了天然的比较优势，建立起了我国依赖对外贸易的经济增长模式，出口是 GDP 增长的主要动力。在后危机时代，全球其他经济体需求低迷，影响了我国的出口增速，为应对国际金融危机，我国在 2009 年的"四万亿"财政刺激政策下，投资成为经济增长的主要推手。而近几年经济结构调整使消费的贡献度又不断提升，2014 年第二季度，消费对 GDP 的贡献率达到 54.4%，赶超投资，随后持续增长，2016 年个别季度已经达到 70% 以上。

1 消费对 GDP 的贡献率最高

1.1 消费的主要影响因素

支出法 GDP 构成中的最终消费支出包括居民消费支出和政府消费支出。GDP 最终消费支出与国家统计局月度发布的社会消费品零售总额数据并不完全一致，两者的差别可以总结为图 1 - 2。

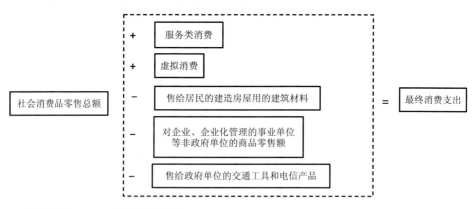

资料来源：Wind，华泰证券研究所。

图 1 - 2　社会消费品零售总额与 GDP 中的"最终消费支出"在口径上的差异

两者的商品篮子分类也有所不同。最终消费支出结构（即居民消费结构）

为季度数据，与 CPI 商品篮子分类一致，即我们常说的"八大类"，正是由于居民消费结构是持续变化的，国家统计局每五年更新一次 CPI 商品篮子的构成及权重，月度也会进行微调，2016 年初 CPI 商品篮子进行的 5 年一次的调整，是以截至 2015 年末的居民消费结构作为依据的。

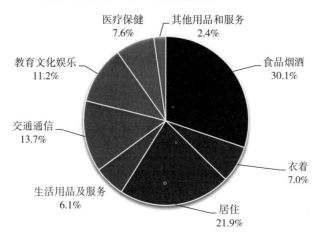

资料来源：国家统计局，华泰证券研究所。

图 1 - 3　2016 年全国居民人均消费支出及其构成

社会消费品零售总额以企业为统计对象，在公布总零售总额的同时，也公布限额以上企业的零售总额数据，限额以上企业（单位）是指年主营业务收入 2000 万元及以上的批发业企业（单位）、500 万元及以上的零售业企业（单位）、200 万元及以上的住宿和餐饮业企业（单位）。社会消费品零售总额的统计共分 27 个商品类别，但每月仅发布其中 15 种类别的限额以上企业的零售总额增速。其中，生活必需品占比虽然较高，但是增速相对较为稳定，耐用品消费波动较大，因此是影响我国整体消费的主要边际变量，其中，主要关注汽车、石油及制品和房地产后产业链相关消费：建筑及装潢材料、家具、家用电器和音像器材等几类商品的消费增速。

表 1 - 1　　国家统计局根据商品的主要用途和性质将商品分为 27 类

粮油、食品类	书报杂志类	石油及制品类
饮料类	电子出版物及音像制品类	化工材料及制品类
烟酒类	家用电器和音像器材类	金属材料类
服装、鞋帽、针纺织品类	中西药品类	建筑及装潢材料类
化妆品类	文化办公用品类	机电产品及设备类

粮油、食品类	书报杂志类	石油及制品类
金银珠宝类	家具类	汽车类
日用品类	通信器材类	种子饲料类
五金、电料类	煤炭及制品类	棉麻类
体育、娱乐用品类	木材及制品类	其他

资料来源：Wind，华泰证券研究所。

除生活必需品消费外，对社会消费品零售影响最大的两类耐用品消费分别是汽车消费和地产后周期相关消费。建筑装潢、家具、家电三类地产后周期消费滞后地产销售 1 年左右，因此商品房销售增速是其较好的领先指标。汽车消费对政策刺激的反应明显，呈现出一定的政策周期，国家分别在 2009—2010年和 2016—2017 年对小排量乘用车实行了购置税优惠政策，2009 年和 2016 年执行减半的购置税率 5%，2010 年和 2017 年执行 7.5% 的优惠税率，经测算，在汽车政策刺激力度较强的 2009 年和 2016 年，汽车消费对整体消费的贡献率分别达到 48% 和 39% 的较高水平，对消费构成较强的支撑。

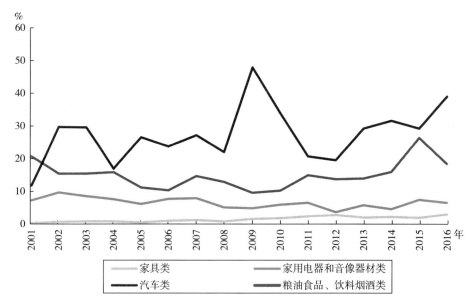

资料来源：Wind，华泰证券研究所。

图 1-4　汽车消费对整体消费的贡献率最高

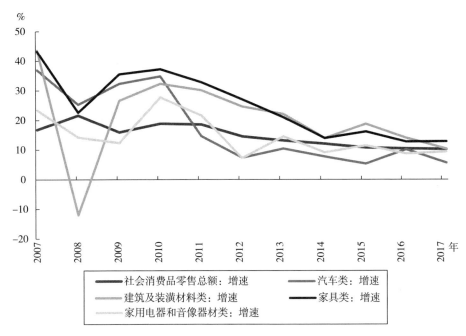

资料来源：Wind，华泰证券研究所。

图 1 – 5   汽车消费增速与社会消费品零售增速相关性较高

1.2   美国及我国一线城市的消费升级回顾

我国正在经历一个缓慢且确定的消费升级过程。消费升级最直观地体现为居民消费结构的变化，我国近几年居民消费结构中，食品烟酒、衣着等生活必需品消费的比重逐年走低，交通通信、教育文化娱乐和医疗保健类耐用品与服务类消费比重不断攀升。

1.2.1   美国的消费升级经历了"耐用品 + 服务消费"和"耐用品消费"两个阶段

美国的人均收入分别于 20 世纪 40 年代、50 年代和 60 年代突破了现价 1000 美元、2000 美元和 3000 美元关口，可比价格于 1944 年升至 1 万美元以上，人均收入占人均 GDP 的比重自 1944 年的 75.5% 持续波动上行，2016 年达到86.2%。美国的消费升级也自 20 世纪 40 年代开始启动。消费升级主要体现为，美国的人均消费结构自 1940 年以后出现耐用品、服务消费挤压非耐用品消费，1990 年以后耐用品消费挤压非耐用品和服务消费。即共经历了耐用品 + 服务消费——耐用品消费两个消费升级阶段。

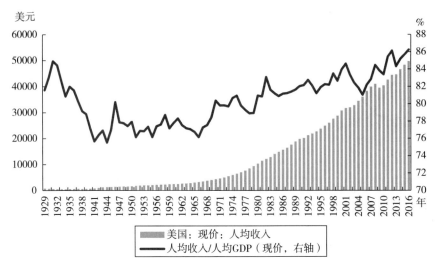

资料来源：Wind，华泰证券研究所。

图 1-6　美国人均收入于 20 世纪 40 年代突破 1000 美元，其占人均 GDP 的比重波动上行

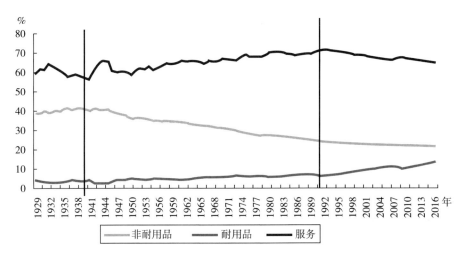

资料来源：Wind，华泰证券研究所。

图 1-7　美国的消费升级分为两个阶段

在美国消费升级的过程中，一般消费品（如食品、住宿和家庭经营支出）占总消费的比重呈下降趋势。对于比重提高的耐用品消费和服务消费，耐用品消费的结构变化顺序（即消费占比提高的先后顺序）为：家具消费—机动车辆（motor vehicles and parts）—休闲用品及交通工具（recreational goods and vehicles，主要是房车）。服务消费的结构变化主要体现在，医疗护理（医保制度）和金融服务、保险类别的消费支出显著增加。

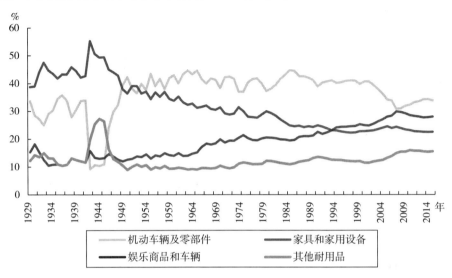

资料来源：Wind，华泰证券研究所。

图1-8　美国耐用品消费的结构变化

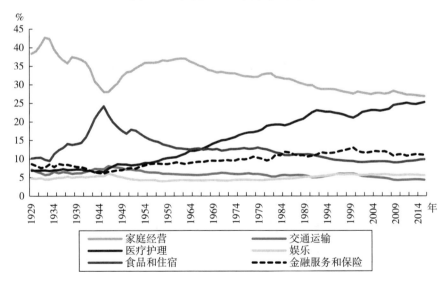

资料来源：Wind，华泰证券研究所。

图1-9　美国服务消费的结构变化

值得注意的是，美国从20世纪40年代进入消费升级阶段，目前仍然没有看到其消费结构中各项占比出现趋稳的迹象，说明目前美国仍处于持续的消费升级过程中，即消费升级将是一个长期而缓慢的过程，对我国未来几年甚至数十年的消费形态、消费偏好的影响将持续存在。消费升级的短期影响更多地体现为结构方面，对消费总量的影响仍然受制于居民收入的增速水平。

1.2.2 北京的消费升级在2000年附近启动，2007年开始加速

我国的情况与美国消费升级过程中耐用品、服务类消费比重的提高极为一致，说明我国已经进入消费升级阶段。实际上，我国一线城市已于21世纪初步入消费升级，并在2005—2007年经济高速增长的催生下，进入消费升级的加速阶段。

以北京为例来看我国一线城市的消费升级。北京人均GDP分别于1994年和1999年突破1万元和2万元人民币，城镇居民人均可支配收入分别于2000年和2007年涨到1万元和2万元人民币以上。从两者的比值来看，1999—2006年人均可支配收入占GDP的比重是逐渐下降的，2007年以后该比值才开始上升，因此我们认为，北京的消费升级在2000—2006年是较为缓慢的，直到2007年以后才开始形成确定性的、加速的趋势。

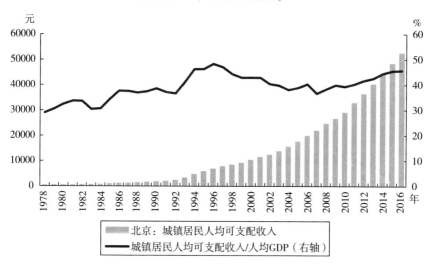

资料来源：Wind，华泰证券研究所。

注：2014年以后没有城镇居民数据，使用的是全体居民数据。

图1-10 北京人均收入及其占人均GDP的比重

具体来看北京在消费升级过程中居民的消费结构变化。2002—2013年，北京的消费升级主要体现为，家庭设备用品及服务、交通通信、衣着占人均总消费的比重的提高，近两年又表现为教育文化娱乐服务比重的抬头。说明家用

电器、汽车、通信电子产品、衣着、教育文化娱乐的消费比重提高是消费升级的主要体现。

1.3 我国消费升级全景图

一般观点认为消费升级主要体现为消费者由中端产品向高端产品，高端产品向个性化、定制化产品的升级，其实这只是消费升级的一部分，消费升级至少有以下几个维度的体现：

（1）消费观念的升级：理性消费，追求性价比；便捷、品质、高端、定制、专业和体验；

（2）消费模式的升级：共享；线上线下；消费金融的推动；

（3）生活必需品同样存在消费升级；

（4）不同年龄阶段的消费升级大不相同；

（5）不同收入水平居民的消费升级有显著差异，我们认为我国目前消费升级的核心原因之一将来自人口流动。

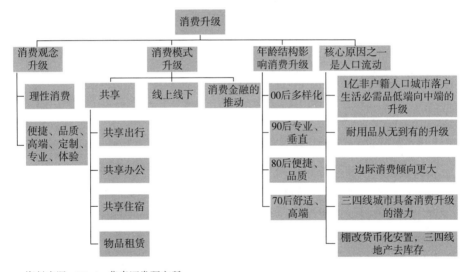

资料来源：Wind，华泰证券研究所。

图 1-11 我国消费升级全景图

2018 年初关于"消费降级"的讨论再度成为热点，我们认为所谓的"消费降级"其实只是部分群体消费结构的变化。为了避免微观数据的干扰，我们需要观察更具代表性的宏观数据和中观数据。从宏观的角度来看，我国居民的消费结构近几年出现了明显的变化，食品烟酒、衣着等生活必需品消费的比重逐年走低，交通通信、家具、家电、教育文化娱乐、医疗保健等耐用品和服务类消费比重不断攀升。部分群体的"消费降级"主要原因在于，随着居住、教育文化娱乐等方面支出的增多，在总收入一定的情况下，对生活必需品消费的压缩，体现的是消费结构的调整。

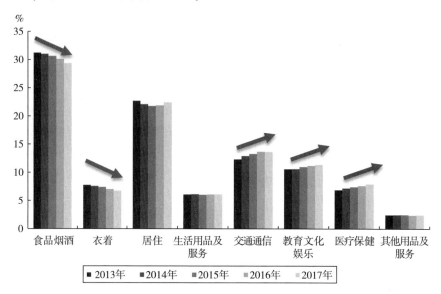

资料来源：Wind，华泰证券研究所。

图 1 – 12　我国居民消费结构中，生活必需品比重逐年降低，
耐用品和服务类消费比重逐年走高

1.4　人口流动与消费升级

不同收入水平的消费升级有所不同：三四线城市、中低收入群体边际消费潜力更大，我们认为我国三四线城市消费升级的潜力更大，未来消费升级的核心原因之一将来自人口流动，即非户籍人口的城镇化。因此，户籍制度和土地制度改革将加速三四线城市的消费升级。

1.4.1　三四线城市人均 GDP 相当于北京 2001—2007 年的水平，人均可支配收入相当于北京 2007—2010 年的水平

首先看人均 GDP。将三四五线城市人均 GDP 与北京历史数据做对比，判断其可以对标北京的哪个年份。城市划分标准参考《第一财经周刊》旗下数据新闻项目"新一线城市研究所"发布的"2016 中国城市商业魅力排行榜"，该排行榜将我国 338 个地级以上城市划分为一线至五线城市。受数据可得性限制，在人均 GDP 的对标中，我们的样本有 195 个，其中，三线城市 49 个，四

线城市 69 个，五线城市 77 个。

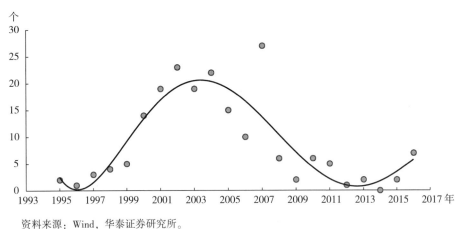

资料来源：Wind，华泰证券研究所。

图 1 – 13　多数三四五线城市人均 GDP 水平相当于 2001—2007 年的北京

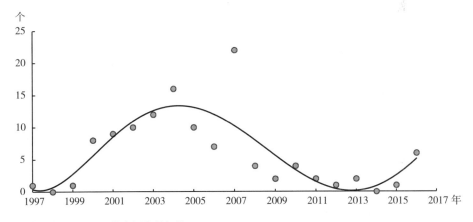

资料来源：Wind，华泰证券研究所。

图 1 – 14　多数三四线城市人均 GDP 水平相当于 2001 年、2003—2005 年和 2007 年的北京

　　数据显示，大多数小城市 2015 年的人均 GDP 相当于北京 2001 年至 2007 年的水平，城市数目在各年份间的分布呈现明显的聚集现象，只有个别落后或者超发达城市目前的人均 GDP 水平相当于北京的 20 世纪 90 年代和 2010 年以后的水平。具体而言，富裕程度排序是：华东地区 > 西北地区 > 华南地区 > 东北地区 > 华中地区 > 华北地区 > 西南地区。西南地区、华北地区的小城市较为贫穷，部分说明这些地方的集中度较高，资源普遍集中在以省会为代表的大中城市。

　　单独看 118 个三四线城市的情况，发现数据分布的尾部收窄，更加扁平化，更加集中，说明我国的三四线城市已经表现出较强的趋同性，发展状况并无特别大的分化。多数三四线城市目前的人均 GDP 水平相当于北京 2001—2007 年的水平。人均 GDP 水平与北京 2001—2005 年的水平相当的城市以四线城市为主，主要分布于华中地区、华南地区，如广东潮州、清远，广西梧州，湖南益阳、江西宜春等。与北京 2006 年、2007 年的水平相近的城市以三线城市为主，尤其以华东地区居多，如江苏淮安、盐城，山东泰安、枣庄，浙江台州等。

再看人均可支配收入的情况。受数据限制，我们对可得数据的 135 个三四五线城市进行城镇人均可支配收入与北京的对标，其中三线城市 38 个，四线城市 55 个，五线城市 42 个。数据显示，多数三四线城市目前的人均可支配收入相当于北京 2007—2010 年的水平，其中，对标北京 2009 年水平的三四线城市最多，相比人均 GDP 多数城市处于北京 2007 年的水平，侧面印证了三四线城市居民收入相对产出增速更大，这为消费升级提供了收入基础。

整体来看，绝大多数三四线城市已经跨过消费升级的 GDP 门槛和收入门槛。其中发展较快的部分三线城市人均 GDP 处于北京 2007 年的水平，多数城市的人均可支配收入处于北京 2009 年的水平，已经步入消费升级的加速期。未来数年，在消费升级的驱动下，三四线城市耐用品和服务消费将会经历一个持续提升的过程。

除了收入水平已经跨过消费升级的门槛，我们看好三四线城市消费升级还有以下原因：第一，在收入水平较低的情况下，居民收入增长的边际消费倾向更高，基数较低的情况下，对整体消费的影响也更大。

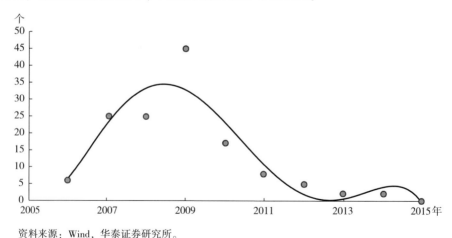

资料来源：Wind，华泰证券研究所。

图 1 – 15　三四五线城市人均可支配收入对标北京

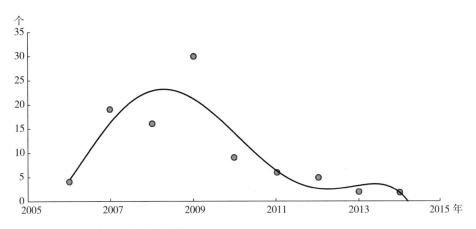

资料来源：Wind，华泰证券研究所。

图 1-16　三四线城市人均可支配收入对标北京

第二，三四线城市消费升级与一二线城市有所不同，主要是低端向中端的消费升级。2016 年 10 月，国务院发布《推动 1 亿非户籍人口在城市落户方案》，旨在促进非户籍人口落户三四线城市，党的十九大报告中提出延长土地承包权三十年，户籍制度和土地制度改革都旨在促进人的市民化。城乡消费品不论是质量还是品牌均有显著差异，农村人口的消费水平较低，所消费的商品较为低端，迁入城市后只能购买城市所售商品，其消费水平将出现台阶式的提升，即低端消费品向中端消费品的升级，主要布局三四线城市的中低端品牌将成为较大受益者。

第三，除一般生活必需品的升级外，也有耐用品的升级。2017 年 11 月修订的《汽车贷款管理办法》在贷款人中增加了农村信用社，我们认为这将有利于推动农村地区和乡镇地区的汽车保有量的提高，推动消费升级。

第四，中低收入群体的消费升级还体现为对服务类商品需求的增长。医疗和医药、教育文化娱乐、旅游等服务类商品作为典型的消费升级产品，在中低收入群体收入提高过程中是明显受益的。一个典型的案例是电影票房，三四线城市电影票房增速超过一二线城市，市场份额逐年提高。国家新闻出版广电总局等相关部门于 2013 年初明确提出，对二三线城市影院建设要给予更多支持与鼓励。同年，保利院线、万达院线、橙天嘉禾院线、星美院线这四大院线都把东部二三线城市作为全年影院建设规划重点。根据猫眼大数据，2012 年以后，一二线城市电影市场已经趋于成熟，票房增速低于全国平均水平，进而其票房占比逐年下降，2012 年至 2016 年一线、二线城市票房占比均下降 5% 左右，而三线、四线城市票房占比分别由 2012 年的 12.2%、18% 提高到 2016 年的 14.17% 和 26.33%。从票房增速来看，2012 年至 2016 年三四线城市一直保持高于一二线城市的增长，特别是四线城市，即便是在整体票房遇冷的 2016 年，也保持了 12.45% 的高速增长。到 2017 年，中国电影市场突破 550 亿元大关，较 2016 年票房成绩单多出了近 100 亿元，涨幅超 20%。其中，2017 年影院产生新趋势，三四五线城市贡献了近一半票房。

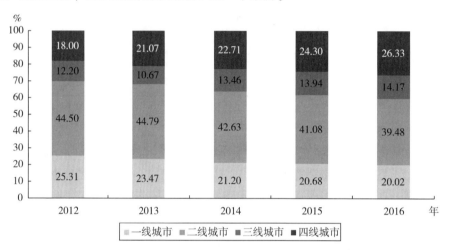

资料来源：Wind，华泰证券研究所。

图 1－17　三四线城市电影票房占比持续上升，一二线城市占比下降

2　固定资产投资仍是目前我国经济的主要驱动力

支出法 GDP 构成中的资本形成总额，包括固定资本形成总额和存货变动额。GDP 资本形成总额与国家统计局月度发布的固定资产投资数据并不完全一致，两者的差别可以总结为图 1－18。

固定资产完成额中，基础设施建设投资、房地产开发投资和制造业投资占总量的 75% 左右。地产投资的顺周期性最强，受宏观经济周期、利率周期、国家调控政策等因素影响；制造业投资在总量中占比最大，受资本回报率下降等因素影响，2011—2016 年出现了显著的下行，供给侧改革推升 PPI，工业企业盈利情况得到修复，并带动制造业投资出现改善。基建投资额逆周期性较强，往往在经济下行压力加大时，基建投资反而有可能给出更积极的态度为经济托底。

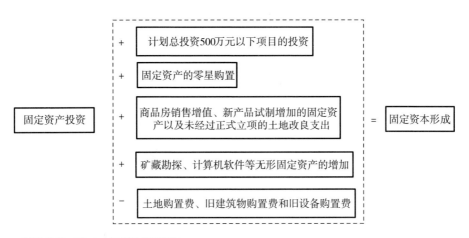

资料来源：Wind，华泰证券研究所。

图 1-18 固定资产投资完成额与 GDP 中的"固定资本形成"在口径上的差异

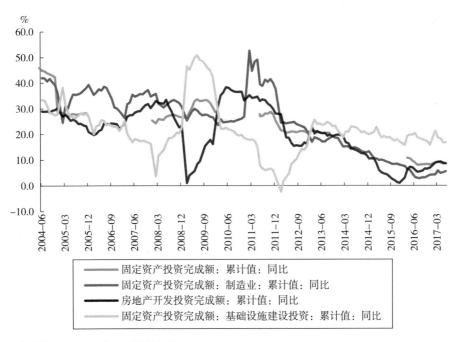

资料来源：Wind，华泰证券研究所。

图 1-19 制造业、地产、基建三大投资项目累计同比增速

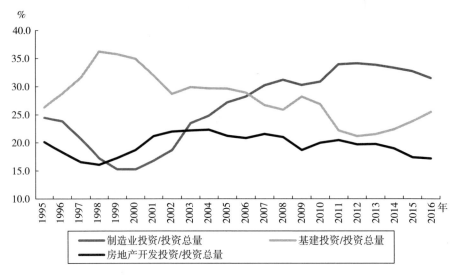

资料来源：Wind，华泰证券研究所。

图 1 – 20 制造业、地产、基建投资占固定资产投资总量之比

2.1 基建投资分析框架

从二级子行业来看，目前 Wind 全口径基建投资包括电力、热力、燃气及水生产和供应业 + 交通运输、仓储和邮政 + 水利、环境和公共设施管理几个行业，国家统计局口径基建投资不含电力、热力、燃气及水生产和供应业。党的十九大报告肯定了国家近年来在高铁、公路、桥梁、港口、机场等基础设施建设快速推进以及南海岛礁建设等方面取得的成就，但同时需要注意到，我国还有广大的中西部地区以及部分贫困地区的基础设施现状仍然相对落后，基建投资还有较大的空间可挖。党的十九大报告指出要加强水利、铁路、公路、水运、航空、管道、电网、信息、物流等基础设施网络建设，既是对我国未来基建投资仍有广阔发展空间的确认，也是对基建发展方向的明确指引。

我国基建投资存在几类特性，一是作为经济托底的工具，具有逆周期对冲性，往往在经济下行压力较大时，基建投资会发力维稳；二是结构中由政府主导的比重较高；三是从基建投资资金来源看，其预算内资金（财政支出）占比显著高于地产和制造业。同时在基建的自筹资金中，有国企背景的主体存在预算软约束的问题，对实际利率的波动不敏感。

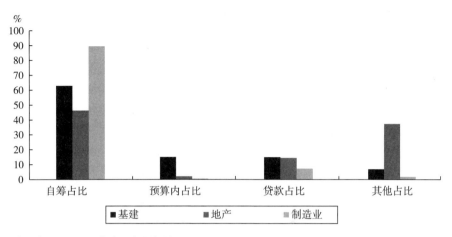

资料来源：Wind，华泰证券研究所。

注：国家统计局该项数据更新到 2015 年底。

图 1-21　基建、地产和制造业投资的资金来源结构

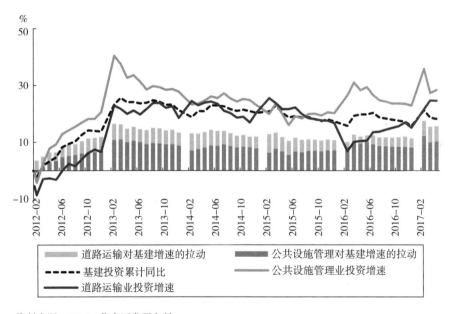

资料来源：Wind，华泰证券研究所。

图 1-22　公共设施管理和道路运输业对基建投资贡献度高

2.2　地产投资分析框架

我们通常所说的地产投资，国家统计局在月度发布的公告中称为"房地产开发投资",其全名则是"房地产开发企业本年完成投资"。首先,"房地产开发企业"意味着这个指标只包含房地产企业的投资,房地产行业中的非房地产开发企业所做的投资是不计入这一口径的;其次,"完成"意味着投资金额是按照开发完成的进度计入这一口径的,而非拨款的时点。因此一项工程大致是按照建设推进的百分比,计入对应比例的总投资款。在国家统计局的注释中,地产投资包含"房屋建设工程、土地开发工程的投资额以及公益性建筑和土地购置费等的投资"。虽然土地购置费是地产投资数据的分项,但该部分不形成 GDP 核算中的资本形成,因此也不直接计入 GDP。地产投资数据与其他固定资产投资一样,统计的是名义值。因此地产投资增速长期高于 GDP 实际增速实际上是正常现象,也能部分解释 2015 年地产投资增速在通缩环境中的大幅下行。因此在从地产投资推导固定资本形成和 GDP 增速的时候,也需要注意价格因素的变化。

按地域分,地产投资可分为东部地区、中部地区、西部地区。近年来,中部地区投资增速明显高于东部地区和西部地区。按建设类型分,地产投资可分为住宅投资、办公楼投资、商业营业用房投资、其他投资,其中,住宅投资增速最高,占比也最大。按投资开支分,地产投资可分为建筑工程投资、安装工程投资、设备工器具购置投资、其他费用投资。其中,建筑工程投资和安装工程投资主要是房地产施工环节的投资,设备工器具购置投资主要是设备采购的

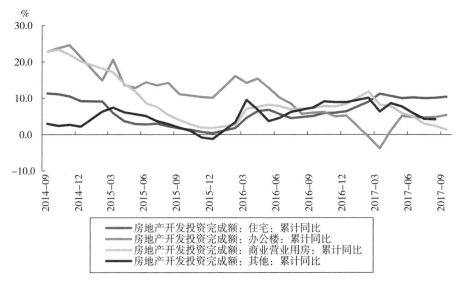

资料来源:Wind,华泰证券研究所。

图 1 - 23 地产投资分项:房屋类别分类

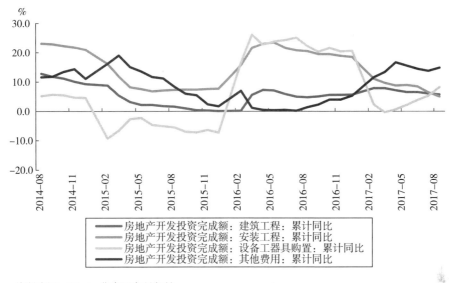

资料来源：Wind，华泰证券研究所。

图 1 - 24　地产投资分项：投资类别分类

投资，而其他费用主要是以土地购置费为主。土地购置费和土地成交价款主要有两点区别，一是土地购置费的口径更宽，包含了各种为了取得土地使用权所支付的费用，而土地成交价款仅仅是土地的合同价；二是土地购置费是分期按照实际支付计入的，而土地成交价款是当期成交一次性计入的。土地成交价款与土地购置面积的口径是相同的，可以根据这两个数据计算土地的平均购置价格。土地成交均价的变化从长期看反映了全国地价的上升，但短期均价的变化往往是结构性的。

2.3　制造业投资分析框架

制造业投资在我国固定资产投资完成额中的占比，从 2000 年的 15% 增长到 2012 年最高的 34%。2012 年，制造业投资环比增量对 GDP 环比增量的贡献率达到 43%，超过了当年房地产和基建的对应加总。制造业投资具有顺周期性，我国固定资产投资中超过六成是民间投资，而制造业投资中超过 85% 是民间投资，2016 年制造业投资下行的主要原因就是盈利不足的情况下民间投资意愿的大幅下行。

我国存在明显的时长为 3 ~ 4 年的库存周期，相比美国和日本，规律性更强，波动更大。这主要与发达国家的工业化程度相关，工业化程度的提高有利于企业进行更灵活的库存管理，以销定产和以产定库更为普遍。这也是我国目前正在经历的过程，预计随着工业化的进一步加速，库存管理更趋灵活，我国的库存周期对经济的指示意义也将有所减弱。

制造业下又细分为 31 个子行业，主要包括黑色、有色、造纸印刷、化工等重化工产业链，设备制造业，食品烟酒、纺织服装制造、汽车、家具制造业等消费类行业产业链。我们在表 1 – 2 和表 1 – 3 中将主要的工业行业按照上游、中游、下游以及行业属性进行了划分，这对我们进行利润传导分析至关重要。

从另一个维度来看，制造业可分为传统制造业及高端制造业。国家统计局对制造业中的高技术产业的定义是：国民经济行业中 R&D 投入强度（即 R&D 经费支出占主营业务收入的比重）相对较高的制造业行业，包括：医药制造，航空、航天器及设备制造，电子及通信设备制造，计算机及办公设备制造，医疗仪器设备及仪器仪表制造，信息化学品制造 6 大类。而《中国制造 2025》中提出的重点领域则包括以下 10 类：

（1）新一代信息技术产业，包括集成电路及专用装备，信息通信设备，操作系统及工业软件；

（2）高档数控机床和机器人，包括高档数控机床、机器人；

（3）航空航天装备，包括航空装备（大飞机、中性直升机、无人机、先进发动机等），以及航天装备（新一代运载火箭、重型运载器、新型卫星、空天地宽带互联网系统、卫星遥感、通信、导航、载人航天等相关技术设备等）；

（4）海洋工程装备及高技术船舶；

（5）先进轨道交通装备；

（6）节能与新能源汽车；

（7）电力装备，包括大型高效超净排放煤电机组、超大容量水电机组、核电机组、重型燃气轮机、新能源和可再生能源装备、先进储能装置、智能电网用输变电及用户端设备等；

（8）先进农机装备；

（9）新材料，包括特种金属功能材料、高性能结构材料、功能性高分子材料、特种无机非金属材料和先进复合材料等；

（10）生物医药及高性能医疗器械。

根据国家统计局的官方表述，2014—2017 年高技术制造业（国家统计局口径）占制造业投资的比重分别为 10.6%、11.1%、12.1% 和 13.5%，2018 年第一季度该比重进一步提高至 17.8%；2018 年第一季度高技术制造业投资增长 7.9%，增速明显高于整体制造业投资（累计同比增长 3.8%），其中医疗仪器设备及器械制造业投资增长 39.7%，通信设备制造业投资增长 38.2%，航空航天器及设备制造业投资增长 33%。

表 1 - 2 工业行业的上中下游划分

上游行业	煤炭开采和洗选业
	石油和天然气开采业
	黑色金属矿采选业
	有色金属矿采选业
	非金属矿采选业
中游加工	农副食品加工业
	石油加工、炼焦及核燃料加工业
	黑色金属冶炼及压延加工业
	有色金属冶炼及压延加工业
中游制造	纺织业
	化学原料及化学制品制造业
	化学纤维制造业
	橡胶和塑料制品业
	非金属矿物制品业
	金属制品业
	通用设备制造业
	专用设备制造业
下游行业	食品制造业
	酒、饮料和精制茶制造业
	烟草制品业
	纺织服装、服饰业
	皮革、毛皮、羽毛及其制品和制鞋业
	木材加工及木、竹、藤、棕、草制品业
	家具制造业
	造纸及纸制品业
	印刷业和记录媒介的复制
	文教、工美、体育和娱乐用品制造业
	医药制造业
	汽车制造业
	铁路、船舶、航空航天和其他运输设备制造业
	电气机械及器材制造业
	计算机、通信和其他电子设备制造业

下游行业	仪器仪表制造业
	金属制品、机械和设备修理业

资料来源：Wind，华泰证券研究所。

表1-3　　　　工业行业属性划分：重化工类、设备类、消费类

重化工业	煤炭开采和洗选业
	石油和天然气开采业
	黑色金属矿采选业
	有色金属矿采选业
	非金属矿采选业
	造纸及纸制品业
	印刷业和记录媒介的复制
	石油、煤炭及其他燃料加工业
	化学原料及化学制品制造业
	化学纤维制造业
	非金属矿物制品业
	黑色金属冶炼及压延加工业
	有色金属冶炼及压延加工业
设备类行业	金属制品业
	通用设备制造业
	专用设备制造业
	铁路、船舶、航空航天和其他运输设备制造业
	电气机械及器材制造业
	仪器仪表制造业
必需消费品	农副食品加工业
	食品制造业
	纺织业
	纺织服装、服饰业
耐用消费品	木材加工及木、竹、藤、棕、草制品业
	家具制造业
	橡胶和塑料制品业
	汽车制造

续表

	酒、饮料和精制茶制造业
	烟草制品业
消费升级消费品	文教、工美、体育和娱乐用品制造业
	医药制造业
	计算机、通信和其他电子设备制造业
	皮革、毛皮、羽毛及其制品和制鞋业

资料来源：Wind，华泰证券研究所。

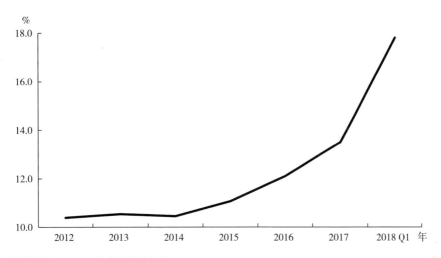

资料来源：Wind，华泰证券研究所。

图 1 – 25　高端制造业在整体制造业投资中的占比从 2012 年后逐年上升

3　进出口数据分析框架

3.1　进出口的决定因素

进出口增长趋势的主要影响因素有贸易摩擦、汇率、地缘政治。从长期来看，需要观察我国出口总额在世界贸易中的比重，这反映全球经济复苏对我国出口的总体拉动作用的变动趋势，目前来说这一趋势是减弱的，即我国加入WTO以后的黄金时期已经远去，本轮全球经济复苏对我国的外溢作用没有以前那么强。短期来说，出口需要重点关注全球主要经济体 PMI 情况，进口可以观测到国内需求的强弱，同时与国内供需缺口有关，如果供给小于需求，进口会明显增加。贸易差额是最终衡量进出口对 GDP 贡献的指标，贸易差额显著下降过程中，其在 GDP "三驾马车" 的贡献中将为负值。同时，分析进出口因素还要结合贸易条件和事件进行分析，贸易条件主要是指汇率；事件分析主要是指国家政策，比如近年来 "一带一路" 倡议，使我国对 "一带一路" 沿线国家的进出口金额增长很快，已经逐渐改变贸易依存度比较集中的情况，未来 "一带一路" 也将成为分析进出口的重要考量。

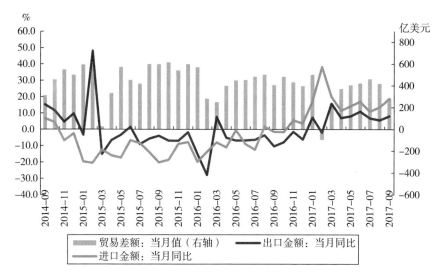

资料来源：Wind，华泰证券研究所。

图 1 - 26　进出口增速与贸易差额情况

　　特别是在中美贸易摩擦下，"一带一路" 成为我们脱离红海、走向蓝海的国家战略。"一带一路" 沿线有西亚、南亚、中东欧等 65 个国家，多数为发展中国家，其中蕴藏催生能源、建材、保险等各行各业新蓝海的机遇。在保险业，保险公司正布局重点发展海外工程险、企业财产险等以往相对冷门的险种。另外，"一带一路" 沿线国家已成为跨境电商平台重要的目标市场，对沿线国家的跨境并购也成为海外投资的新亮点。

　　2018 年第一季度海关总署分析进出口形势时专门指出：2018 年是习近平总书记提出 "一带一路" 倡议五周年。五年来，"一带一路" 建设从理念转化为行动，从愿景转化为现实，取得了丰硕成果，越来越多的国家和地区从中受益。在外贸进出口方面，2013 年至 2017 年，我国与 "一带一路" 沿线国家进出口总值为 33.2 万亿元人民币，年均增长 4%，高于同期我国外贸年均增速，成为对外贸易发展的一个亮点。2018 年第一季度，我国与 "一带一路" 沿线国家进出口总值为 1.86 万亿元，增长 12.9%，高出同期我国外贸整体增速 3.5 个百分点，占我国进出口总值的 27.5%，提升了 0.9 个百分点，其中出口 1.03 万亿元，增长 10.8%，进口 8292.3 亿元，增长 15.7%。

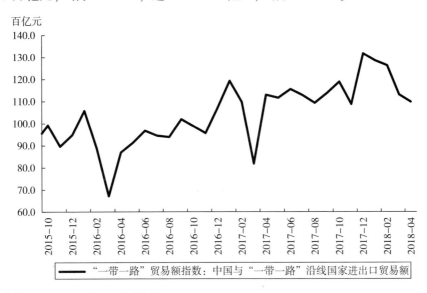

资料来源：Wind，华泰证券研究所。

图 1-27 "一带一路"出口指数持续增长

3.2 出口也对我国制造业投资有较强拉动

我国主要出口产品以加工贸易产品为主，2016 年，我国的主要出口产品及占比分别是：机电、音像设备及其零附件（42.8%）、纺织原料及其纺织制品（12.0%）、贱金属及其制品（7.4%）、杂项制品（7.0%）、化学工业及其制品（4.7%）。出口增速也能够对国内制造业产生较强的拉动，尤其是机电产品制造业、音像设备制造业、纺织服装制造业、化学产品制造业等相关行业。

4 我国经济核心的周期是地产政策周期

我国核心的周期是地产政策周期，当经济不景气时，放松地产政策，地产销售、投资，以及建材、家具、家电等地产后周期消费也会上升，经济就开始转好。经济持续向好后，房价会上升，为了保护民生和降低金融风险（银行和地产的捆绑比较严重），地产政策收紧，地产销售、投资、地产后周期就会下行，经济下降到底部。

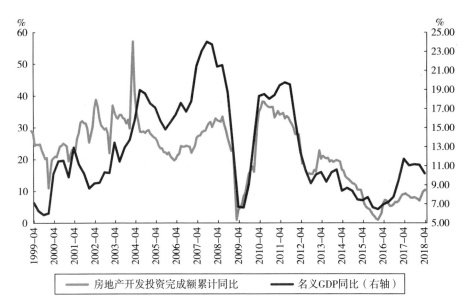

资料来源：Wind，华泰证券研究所。

图 1 - 28　中国最主要的周期是地产政策周期

4.1　房地产相关数据的概念厘清

4.1.1　地产开发面积数据：新开工、竣工、施工面积

地产开发面积数据包括房屋新开工面积、房屋竣工面积、房屋施工面积。其中，房屋新开工面积指的是统计期内房屋正式开始破土刨槽（地基处理或打永久桩）的面积，不包含由停缓建转为复工的面积，多层建筑物按照整栋房屋的全部建筑面积计入；房屋竣工面积指的是统计期内建筑完工，已经可以移交使用的整栋房屋建筑面积；房屋施工面积一是包括上期跨入本期继续施工的房屋面积，二是包括上期停缓建本期复工的面积，以及本期施工后又转为停缓建的面积，三是包括新开工面积和竣工面积。

地产开发面积与地产投资存在较强的相关性。在地产投资数据中，建筑工程投资、安装工程投资、其他投资占比较为稳定，而地产开发面积数据中住宅、办公楼、商业营业用房也比较稳定，因此地产开发面积数据理应与投资金额存在长期的稳定关系。使用 2002 年至 2017 年 7 月的历史数据计算累计同比序列的相关系数，可以发现与投资累计同比的相关性由高到低分别是房屋施工面积（0.885）、房屋新开工面积（0.729）和房屋竣工面积（0.404）。然而，近年来地产投资与开发面积数据的相关性出现了明显的减弱。用 2015 年至 2017 年 7 月的历史数据计算，相关性依然存在，房屋施工面积（0.423）、房屋新开工面积（0.397）和房屋竣工面积（0.249）的排序也依然不变，但相关系数的值大幅下降了。

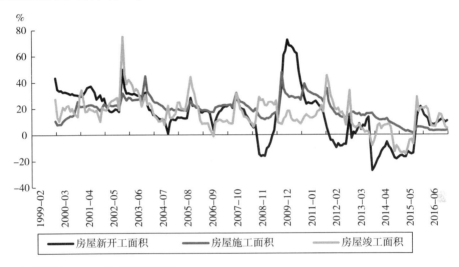

资料来源：Wind，华泰证券研究所。

图 1 - 29　房屋新开工面积、房屋竣工面积、房屋施工面积累计同比

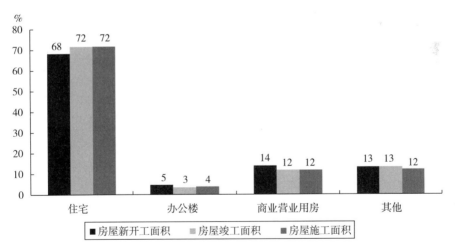

资料来源：Wind，华泰证券研究所。

图 1 - 30　住宅占比在三种数据中均为七成

4.1.2 地产销售数据：商品房销售、待售、库存

商品房销售数据仅指从地产商售出的一手房，二手房交易不在统计范围中。商品房销售数据包括销售面积和销售金额，由于这两个数据口径相同，两者相除可以得到成交均价。不过需要明确的是，虽然北上广深等大城市二手房成交规模远远超过一手房，但国家统计局公布的商品房销售数据只包括新建商品房屋，二手房交易不在统计范围中。虽然国家统计局没有公布全国层面的二手房交易数据，但在部分一二三线城市的房管局可以查到城市级别的二手房成交套数和面积。

有两种方法可以衡量三四线城市地产销售情况。一种方法是用国家统计局公布的东部地区、中部地区、西部地区销售面积来间接衡量一二线城市和三四线城市销售。这样做的逻辑在于，包括北上广深在内，东部地区拥有最多的一二线城市，中部地区次之，而西部地区最少。因此，如果一二线城市销量下降，东部地区成交面积增速受到的影响应该最大，西部地区受到的影响最小。另一种方法是用 Wind 公布的 30 个大中城市销售面积来代表一二线城市销售趋势，用国家统计局数据减去 30 个大中城市数据来代表三四线城市销售趋势。可以看到，这种方法算出的一二线城市与三四线城市销售分化更加明确。

地产销售往往是地产投资的领先指标，但从历史数据看，地产销售领先地产投资的周期时长时短，在 0 至 10 个月之间。地产销售通过两种渠道影响地产投资，首先是期房销售带动投资，这是被动投资的逻辑。中短期（3~6 个月）来看，由于地产销售面积的约 3/4 是期房，地产销售情况较好，地产开发商需要推进投资，以保证期房能够按期交付。因此前期销售旺盛，地产投资就不会差。地产销售数据中，期房与现房的趋势基本完全趋同，两者销售面积比例也维持在 3∶1 左右。其次是销售回款补充房地产企业现金流，这是主动再投资的逻辑。房地产是典型的重资产行业，地产企业融资既有各方面的限制，也有融资利率作为资金成本，而地产销售回款相当于零成本的资金，有助于房地产企业新一轮的扩张冲动。房地产企业拿到销售回款后，一方面可以推进现有的工程，这样资金将计入地产投资的建筑工程投资和安装工程投资；另一方面也可以新拿地，这样资金将进入地产投资的其他投资项下。不过要注意销售回款增加并不必然引起投资，比如在国家收紧房地产投资政策或收紧货币政策的时候，即使企业现金流状况充沛，也未必会大幅扩大投资。因此，这一条逻辑还需结合宏观环境和房地产企业的预期综合判断。

两种逻辑对地产库存的影响相反，主动再投资对应地产加库存和地产新开工面积增长；被动投资对应地产去库存和竣工面积增长。同样是销售旺盛带动

的投资，这两种逻辑对地产商库存的影响是相反的。一方面，主动再投资意味着地产商是在加库存，主动再投资行为较强的时候，地产投资中的新开工面积增速应当走高。另一方面，被动投资意味着地产商是在去库存，被动投资行为较强的时候，地产投资中的竣工面积增速应当走高。

进一步推论，新开工面积增长往往对应建筑工程投资的增长，竣工面积增长往往对应安装工程投资的增长。建筑工程投资和安装工程投资存在近似于上下环节的关系。一个地产项目启动的时候，投资于建筑工程的款项应该较多；而项目接近完成的时候，投资于安装工程的款项应该较多。

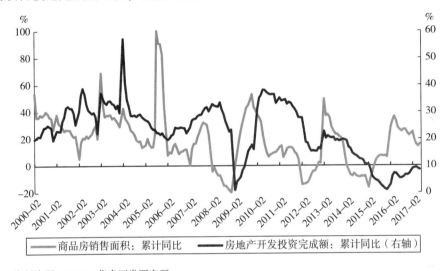

资料来源：Wind，华泰证券研究所。

图 1 - 31　投资 vs 销售

在市场化的地产投资行为之外，也需要关注政策性的地产投资的影响。近年来棚户区改造工程持续推进，也对地产投资形成支撑。具体而言，棚改政策从三种渠道影响投资：一是对所有棚户区改造形成投资，二是其中非货币化安置部分，政府将通过与地产商、PPP 等合作开发房地产，形成地产投资；三是货币化安置部分，如果居民选择购买期房，也会间接推进地产商的投资行为。同时货币化安置也有助于地产去库存，库存周期的降低可以让一些地方政府重新符合扩大土地供给的条件，带动新一轮的地产投资。2016 年，全国棚户区改造 606 万套，完成投资 1.48 万亿元，大体可以视为三者之和。

4.1.3　房价数据：一手房价指标、二手房价指标

城市级别的数据中，最权威的一手房价指标是国家统计局公布的 70 个大

中城市住宅价格指数。这一系列数据包含 70 个大城市总体价格、按照一二三线城市划分的价格、按照住宅建筑面积划分（90 平方米以下、90 ~ 144 平方米、144 平方米以上）的价格，以及包含保障性住宅（新建商品住宅）和不包含保障性住宅（新建商品住宅）的价格。从一二三线城市数据看，一线城市房价弹性最大。

国家统计局也公布 70 个大中城市的二手房价。公布数据的时间节点与数据分项结构和新建房价公布的相同。可以看到二手房价中，一线城市的弹性同样是最大的。二手房由于建设年代不同，其异质性更大于一手房，因此从均价的角度看，有可能不甚准确。同时，在真正购房的决策中，仅考虑一个城市的均价是远远不够的。实际上，目前包括链家在内的房地产中介商已经建立了较为完善的二手房数据库。基于这些数据库，一些人已经走得更远，可以通过大数据的方式来分析城市内部区域，甚至精确到一个小区的房价走势。这类数据主要散见于一些微信公众号中，也值得参考。

4.1.4　地企资金数据：房地产开发到位资金

房地产开发到位资金指的是房地产企业可用于地产投资的资金数额，以及这些资金分别的来源。国家统计局公布的分项中，到位资金来源可分为四大类，一是国内贷款，指的是房地产企业自银行获得的贷款和自非银行金融机构获得的贷款（如股权质押等）。二是利用外资，指的是房地产企业获得外商直接融资和海外证券市场融资等。三是自筹资金，指的是房地产企业的自有资金。四是其他资金，主要由两部分构成，一部分是通过售房获得的定金及预收款项，另一部分是个人按揭贷款。我们用地产到位资金与地产开发投资之比作为衡量房地产企业资金充裕程度的指标，可以看到 2017 年上半年房地产企业资金充裕的程度较高，但地产企业对贷款的依赖有所增加，受利率上行的负面影响将更大。

4.2　地产政策三周期：行业发展周期、宏观经济周期和产业政策周期

地产投资的长周期由行业发展周期、宏观经济周期和产业政策周期共同决定。地产投资的周期波动必然是多个因素共同作用的结果。我们可以把各种因素按照影响的时间尺度分为长周期因素和短周期因素。其中长周期因素，即影响时间超过一年的因素，包括行业发展周期、宏观经济周期和产业政策周期等。

4.2.1　地产长周期之行业发展周期

从城市人均住宅建筑面积的变化来看，1978 年之后城市人口居住条件的改善可分为三个阶段，分别对应房地产行业的萌芽期、高速发展期和成熟期。

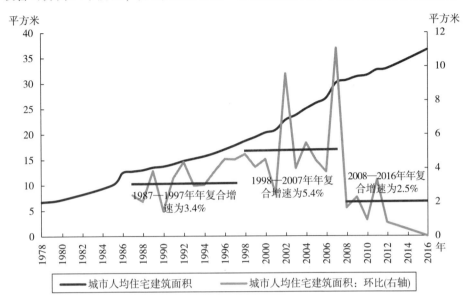

资料来源：Wind，华泰证券研究所。

图 1 − 32　城市人均住宅建筑面积

在 1998 年之前，我国城市居民住房主要是通过实物分配的方式获得。自 20 世纪 80 年代初开始，部分地区出现了商品房试点，房地产行业进入萌芽期。从 1988 年到 1997 年，城市人均住宅建筑面积从 13.0 平方米增至 17.8 平方米，年复合增速为 3.4%。人均 17.8 平方米相当于一个三口之家拥有 53.4 平方米的住房。

1998 年 7 月，国务院发文，宣布停止住房实物分配，逐步实行住房分配货币化。这一政策的出台被视为中国从分配房时代进入商品房时代的标志，房地产作为一个行业开始迅速发展，全国范围内的商品房市场逐渐形成。在这一阶段，房地产市场的主要矛盾是供给不足，因而总体上属于卖方市场。从 1998 年到 2007 年，城市人均住宅建筑面积从 18.7 平方米增至 30.1 平方米，年复合增速为 5.4%。人均 30.1 平方米相当于一个三口之家拥有 90.3 平方米的住房。

从 2008 年开始，地产行业由高速发展期逐渐转为成熟期。在这一阶段，住房量的扩大逐渐让位于质的提升，购房者的需求逐渐分化成年轻家庭的首套刚需房、中年家庭的改善房、为老人设计的养老房等，也出现了以投资需求为主的商品房。从 2008 年到 2016 年，城市人均住宅建筑面积从 30.6 平方米增至 36.6 平方米，年复合增速为 2.5%，显著低于前两个时间段。

4.2.2 地产长周期之宏观经济周期

地产销售和投资影响整个宏观经济，同时宏观经济的大背景也同样影响地产投资的节奏。一方面，地产投资具有很强的顺周期性质，宏观经济总体向好，地产投资的需求也较为旺盛，因此地产投资与 GDP 增速存在明显的正相关。

另一方面，当宏观经济过热或持续下行时，央行通过货币政策的调控也会影响地产融资成本，进而影响地产投资。不过利率变动对地产投资的影响往往是滞后的，最近两次地产投资的回落周期，分别发生在 2010 年和 2013 年的两轮国债收益率大幅上升之后。

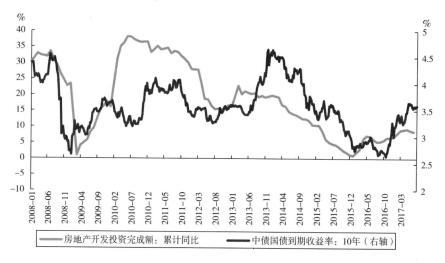

资料来源：Wind，华泰证券研究所。

图 1-33　2010 年和 2013 年利率强上行后地产投资回落

4.2.3 地产长周期之产业政策周期

作为国民经济支柱产业，房地产投资的起落是与国家相应的产业政策息息相关的。房地产的产业政策较为庞杂，总体而言可以提炼出三个不同的政策目标。一是对房地产投资的调控。这类政策保证在宏观经济向好时地产投资不过热、在经济回落时地产投资能够支撑总需求。二是对房价的调控。房价快速增长一方面是民生问题，另一方面也存在金融泡沫破灭的风险。从历史数据可以看出，全国性的房价指标同比增速超过9%后，往往会出现房价和地产投资增速双双回落的情况。三是如保障性住房、棚户区改造等民生工程，房地产长效机制将成为重头戏。这类政策的目标在于支持中低收入家庭购房或改善居住条件，但部分政策也会对房价、地产销售和投资产生重要影响，如2006年开始的"90/70"政策，棚户区改造等。

地产政策脱胎于行业发展和宏观经济环境，又受制于后两者。在研究新出台的地产政策对市场可能的影响时，有必要了解政策、产业和宏观经济在历史上的相互关系。我们将1998年以后的地产政策依照宏观经济的主要矛盾分为三个阶段，分别是1998—2006年房地产市场迅速发展阶段、2007—2012年外部冲击与宏观经济波动阶段，以及2013—2015年经济下行压力与流动性过剩阶段。

4.2.3.1 1998—2006年：房地产市场迅速发展阶段的地产调控政策

1998—2004年：从商品房市场的规范化到抑制过热。1998年至2004年，中国经济处于高速发展中，作为新兴产业的房地产更是得到极大扩张，其间商品房价格和房地产投资同比上升，且增速逐年加快。在这一阶段，房地产市场的核心矛盾在于供给不足，因而这一阶段的政策主要指向拿地和开发阶段的规范化。比如2002年国土资源部11号文推行"招拍挂"制度，即包括商品住宅在内的经营性用地，必须以招标、拍卖或者挂牌方式出让，不得再以历史遗留问题为由采用协议方式出让。

2003年房地产行业火爆程度进一步升级，人民银行发布121号文，加强地产相关信贷业务管理，一方面强化房企贷款申请门槛，另一方面也明确了居民购房首付比例，即首套房首付维持20%不变，第二套房开始适当提高首付比例。这也标志着房地产政策目标从规范市场转变为抑制过热，政策介入点从供给方转变为供求双方。2004年银监会发布57号文，地产信贷政策进一步收紧，房企贷款申请需要自有资金的比例升至35%，居民房贷申请需要月供占比收入小于50%。

2005—2006年："国八条"出台，房价增速收窄。至2004年底，房地产行业已从萌芽期进入高速发展期。由于地产投资和房价的加速上升，地产政策已从规范市场为目标转为抑制过热。然而陆续出台的政策并未扭转房价和地产投资加速上升的趋势。

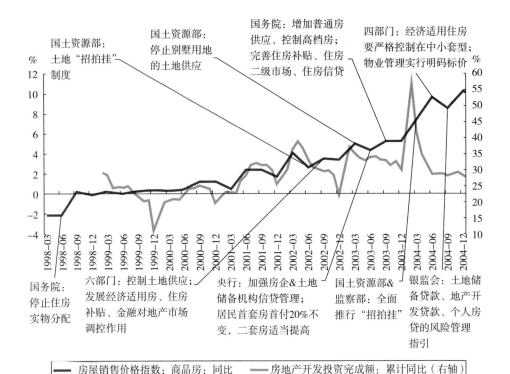

资料来源：Wind，华泰证券研究所。

图 1 – 34　地产政策与房市走势（1998—2004 年）

从 2005 年 3 月开始，一系列调控政策密集出台。首先是央行调整住房贷款政策，取消住房贷款优惠利率，对部分城市首付比例从 20% 提高至 30%。同月，国务院办公厅下发 8 号文《国务院办公厅关于切实稳定住房价格的通知》，即 "国八条"。相较于之前的调控政策，"国八条" 等政策的成功之处在于，首先，"国八条" 首次从国务院的高度论及房价控制，中央政府对房价调控的决心是空前的；其次，"国八条" 针对房价调控建立了某种程度上的问责机制；最后，"国八条" 发布后，"新国八条" 将调控房价的政策手段进一步明确和细化，随后住建部、国家发展改革委、财政部、国土资源部、人民银行、国家税务总局、银监会等多部门联合发力，因而取得了较好的监管效果。2006 年地产政策依然继续收紧，重要政策包括 "国六条" "90/70 政策"、二手房交易征收营业税等。

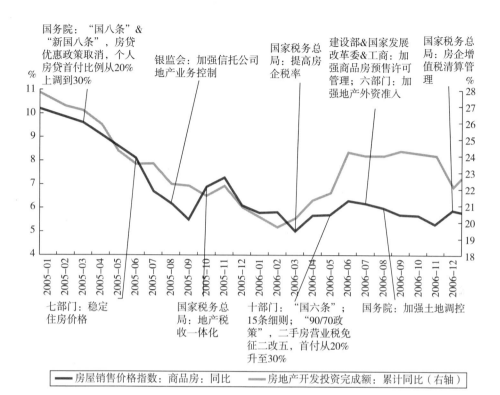

资料来源：Wind，华泰证券研究所。

图 1-35　地产政策与房市走势（2005—2006 年）

4.2.3.2　2007—2012 年：外部冲击与宏观经济波动下的地产调控政策

2007—2009 年：外部冲击与第一次地产刺激政策。2007 年中国和全球经济均处于过热阶段，央行年内 6 次上调贷款基准利率、10 次上调存款准备金率，但未能改变经济过热的现状。经济过热大环境下，2005—2006 年房地产调控政策影响减弱，地产投资和房价增速重返上升。2007 年 9 月，央行和银监会发文强化对房地产信贷的控制，称为"9·27 房贷新政"。"9·27 房贷新政"一方面禁止房企使用商业银行贷款缴纳土地出让金，另一方面将第二套贷款房首付比例提高至 40%，将首套房但面积在 90 平方米以上的首付比例提高至 30%。2008 年 1 月，国务院 3 号文针对当时囤地投机的现象，规定闲置土地应征收土地闲置费或无偿收回。

然而随着次贷危机在美国爆发，2008 年全球经济景气跌入冰点，中国房地产行业也从过热急转直下，地产投资和房价增速迅速下滑。为应对次贷危机的影响，央行在 2008 年 9 月宣布"双降"，进入降息周期。10 月商品房价格指数同比从年初的＋11.2%降至＋1.8%，当月财政部宣布暂免或下调房地产交易中的契税、印花税、土地增值税和营业税，标志着对房地产市场"救市"的开端。11月国务院出台"国十条"和"四万亿"经济刺激政策。2009年5月，国务院针对地产投资下滑的现象，又将普通商品住房项目投资的最低资本金比例从35%调低至20%。

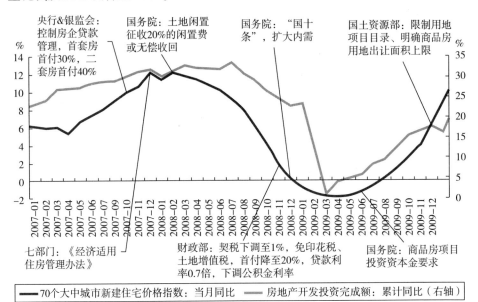

资料来源：Wind，华泰证券研究所。

图1-36　地产政策与房市走势（2007—2009年）

2010—2012年：经济过热，地产政策重回收紧。从2009年底开始，地产投资和房价增速大幅反弹，地产政策目标从之前的救市又重回收紧。2009年11月，国土资源部发布《限制用地项目目录（2006年本增补本）》和《禁止用地项目目录（2006年本增补本）》，土地出让审批开始趋严。2010年1月国务院下发"国十一条"，重申第二套房首付不得低于40%，4月的"新国十条"又将这一比例提升至50%，且贷款利率上浮至基准利率的1.1倍，同时申明地方政府可以根据实际情况出台限购措施。然而地产投资和房价在2009年低基数之上出现快速上升，增速甚至高于2007年。

2010年第三季度起，宏观经济的过热使央行进入加息周期，再加上一系列地产调控政策，房价增速开始下行。9月，"9·29新政"取消了之前房地产交易中契税和所得税的减免，并全面叫停第三套房贷。2011年1月，国务院"新国八条"出台，再次从多个方面着手控制房价，并将第二套房首付比例提升至60%。房价增速出现一定回落后，一些加强和巩固调控成果的政策依然陆续出台。7月国务院会议上提出的五项措施继续加强房地产调控工作，同月出台的土地市场"国五条"增加了商品房土地供应。2013年2月，国务院17号文"新国五条"再次重申以限购、限贷为核心的调控政策，打击投机性购房。本轮调控的成果是，2012年地产投资增速持续下行，70个大中城市新建住宅价格指数同比持续落入负区间。

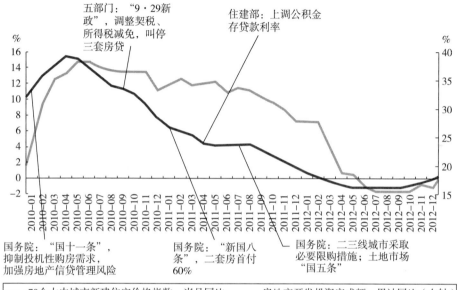

资料来源：Wind，华泰证券研究所。

图 1 – 37　地产政策与房市走势（2010—2012 年）

4.2.3.3　2013—2015 年：经济下行压力与流动性过剩下的地产调控政策

2013 年：房价与地产投资首现背离。2013 年开始，中国经济下行压力逐渐加大，当年第一季度 GDP 同比录得 7.9%，之后大致持续下行。经济增长放缓背景下，2013 年房地产投资增速逐月下滑，然而房价却出现了新的动向。一是房价增速与地产投资增速首次出现持续背离，全年房价增速持续上升；二是一线城市房价增速明显超出二三线城市房价增速。这两个现象的背后，是房价自 2013 年开始，从以供求关系为主导逻辑逐渐转变为以流动性为主导逻辑。2013 年中"钱荒"事件之后，央行货币政策总体中性，金融监管一度从紧，而房价指数同比则从 2013 年底见顶回落。

2014—2015 年：第二次地产刺激政策。进入 2014 年，地产投资和房价增速双双下行，至 9 月 70 个大中城市房价指数同比进入负区间，而地产投资增速则降至 2009 年以来新低。从 9 月开始，房地产市场经历了继 2008 年之后的第二次政策放松。央行和银监会的"9·30 房贷新政"将首套房贷款利率下限降至基准利率的 0.7 倍；对拥有一套住房但已结清相应购房贷款的家庭，第二套房可享受首套房的贷款优惠政策。10 月，住建部发文放宽住房公积金贷款申请条件。自 11 月开始，央行进入降息周期。2015 年 3 月"3·30 房贷新政"则继续鼓励居民贷款购房，首套房房贷未结清的情况下，二套房首付降至 40%，公积金贷款购房的首付比例，首套降至 20%，二套降至 30%。同时，将二手房交易的营业税减免门槛从之前的五年降至两年。9 月，央行再度将非限购城市的首套首付比例降至 25%。

刺激政策下，地产投资自 2015 年 3 月一度回升，居民中长期贷款增速迅猛，商品房销售面积增速回升。然而叠加流动性过剩和"资产荒"，2015 年开始一线城市房价迅速上升，到了 2016 年房价出现普涨局面，又为今日限购限贷的政策转向埋下伏笔。

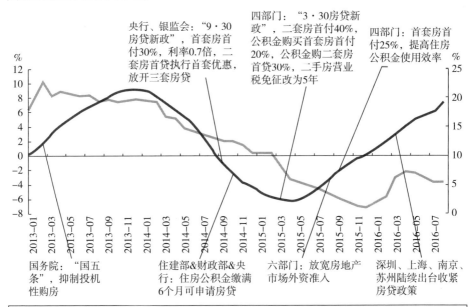

资料来源：Wind，华泰证券研究所。

图 1-38　地产政策与房市走势（2013—2015 年）

总结 2014 年 9 月至 2015 年 9 月的调控政策，有两个特点。首先，房市政策已经完全从需求端入手，这反映了房地产供给过剩的现状；其次，房市政策完全以房贷松紧为手段，这反映了决定商品房边际需求的不是刚需，而是居民能获得的金融资源的多少。

4.3 房地产与货币政策

4.3.1 货币政策最终目标没有房地产

货币政策的最终目标有经济增长、物价稳定、充分就业、国际收支平衡，金融稳定是一个隐性目标，我们将其称为"4+1"个目标。因此，在货币政策的五大目标里，并没有房地产。也就是说，央行不会因为房地产市场的涨跌调整货币政策，但是央行货币政策的调整会间接影响到房地产。

从金融稳定的角度来讲，房地产市场的大幅下跌会导致银行开发贷和住房按揭贷款出现违约，更重要的是抵押品出现不足值，进而引发系统性风险，比股灾和"钱荒"的负向冲击大太多。央行从金融稳定视角会给予考虑。市场观点认为对于房价的大幅上涨或大幅下跌，央行采取收紧或放松货币政策来应对的观点是不正确的。

4.3.2 央行如何看待房地产金融政策

房地产政策在央行内部被视为信贷政策。从人民银行的内部设置来看，央行主管房地产的处室为房地产与汽车金融处，从属金融市场司。金融市场司是央行负责拟订金融市场发展规划，协调金融市场发展，推动金融产品创新；监督和管理银行间同业拆借市场、银行间债券市场、银行间票据市场、银行间外汇市场和黄金市场以及上述市场的有关衍生产品交易；分析金融市场发展对货币政策和金融稳定的影响并提出政策建议；拟订宏观信贷指导政策，承办国务院决定的信贷结构调节管理工作。央行金融市场司下设 8 个处，分别为综合处、债券发行管理处、债券交易管理处、货币市场管理处、黄金与外汇市场处、房地产与汽车金融处、信贷政策管理一处以及信贷政策管理二处。

从金融市场司内部的处室定位来看，房地产与汽车金融处主要从事房地产首付比率 LTV（Loan – To – Value Ratio）等房地产信贷政策研究，更倾向于归类为"拟订宏观信贷指导政策，承办国务院决定的信贷结构调节管理工作"的职能定位。因此，房地产政策在央行内部更多情况下被视为是一个信贷政策，央行并没把房地产纳入货币政策调控的最终目标之中。

房地产风险间接影响央行的货币政策执行。我国央行的货币政策目标是经济增长、物价稳定、充分就业以及国际收支平衡，再加上金融稳定这一隐性目标的"4+1模式"，房地产不是央行的货币政策调控的目标。但是当房地产泡沫累积到一定程度，成为系统性金融风险隐患的时候，房地产就会转化成为影响金融稳定的一个风险因素，也就间接地成为央行货币政策执行时必须考虑的因素。

央行的 LTV 比率政策又是什么？房地产首付比率的一种表达方式便是 LTV，即贷款额与抵押物实际价值的比例（抵借比），我们通常理解的首付比例等于 1 减去 LTV。LTV 比率的高低，直接决定了房地产购买者能够获得的最大杠杆水平，央行正是通过调整 LTV 比率来调整房地产信贷政策的。LTV 通常被作为一种风险控制和审慎政策工具使用，用来调节房地产市场的潜在的金融风险，在全球不同国家和地区 LTV 的平均数值差异较大，从 IMF 的统计来看，我国的 LTV 比率并不算高。

4.3.3 货币政策为实现最终目标的调控，会间接影响到房地产

央行为实现货币政策的"4+1"最终目标——对我国来说，最重要的是经济增长和调控物价——会在对应时期放松或收紧货币政策。尽管房地产从来都不是货币政策的最终目标之一，央行也不会因为地产而调整货币政策，但不可否认，货币政策的量价调节，对房地产全产业链的销售、价格、融资、投资等各因子均有显著的影响。具体而言，央行为刺激经济而连续降息，降低了居民和地产企业的融资成本；对居民部门而言，在购房需求的推动下，居民部门购房按揭贷款出现增长，房价同期上涨，地产销售、房价和居民信贷投放构成"预期的自我实现"循环。

而对房地产企业而言，在降息周期中，房价大概率会走出一波上行周期，居民部门的按揭回款、银行对房企的贷款、房企自身发债或留存资金的体量都会扩张，房价上涨的预期也会促使房企更多地拿地和投资。而房企溢价拿地、投资增速回升等现象，又会反过来进一步强化房价上涨的预期。

由于房地产投资对我国经济意义重大，宽松货币政策对地产市场的正向影响，将会间接拉动经济增速回升。不过，尽管这种刺激模式效果显著且屡试不爽，但也使居民资产负债表和银行信贷抵押物被房地产所绑架。如果货币政策转为紧缩、进入加息周期，对整个房地产产业链的负面冲击也将非常显著。

4.3.3.1 货币政策和货币环境对房价、商品房销售、居民按揭的影响

从国家统计局公布的全国商品房销售面积（销售额）以及 70 个大中城市新建住宅价格指数的联动关系来看，当销售上行时，房价的上涨几乎与其同步；但房价增速的见顶略微滞后地产销售，一般在地产销售增速见顶后 1 年内，房价指数同比会出现下行；地产销售和房价两者的周期整体吻合。

对居民部门而言，按揭贷款利率下降，还款压力减少，无疑会刺激消费者购房，购房者将享受购买成本减少带来的优惠。结合基准利率的调节来看，由于加息周期往往在央行认为经济过热的阶段启动，此时 GDP 和通胀增速还处于上行期，因此加息对地产价格和销售的冲击存在传导时滞，地产销售和房价增速还要等待一段时间才会见顶，这个时间可能是一年左右；而在央行启动降息周期时，往往经济已经处于下行期，GDP 和通胀增速已经历了一段回调，降息对地产价格和销售的刺激是立竿见影的。这个规律在 70 个大中城市及四个一线城市的房价指数（同比），与基准利率调节周期的对比中体现得非常清晰。

综上所述，利率周期对房价和地产销售的影响可总结为：

经济过热 > 加息（时滞）> 地产销售增速见顶（时滞）> 房价增速见顶（时滞）；

经济下行 > 降息（时滞）> 地产销售增速上行（迅速）> 房价增速上涨（迅速）。

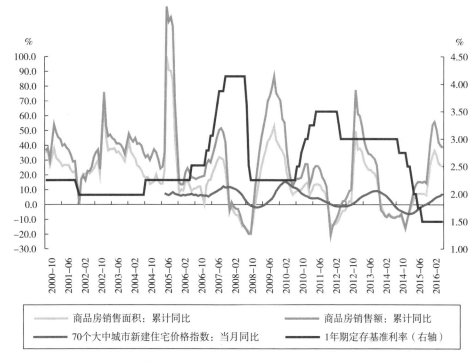

资料来源：Wind，华泰证券研究所。

图 1-39 经济状况、利率周期、地产销售、房价增速的联动

我们上面讲到利率周期对地产价格和销售的影响，是"货币政策"的概念；而从"货币环境"来看，我国近年来 M_2 始终保持高增速，M_2/GDP 之比除了 2007 年和 2008 年，其余阶段都维持着上升。M_2 与 GDP 之比上升相当于稀释了居民的存量债务，居民部门有充分动机去加杠杆购房；另外，由于房地产是价格较高的特殊商品，大多数消费者缺乏一次性付款购买的能力，在货币环境（流动性）高度充裕且未来可能继续降息的背景下，采用中长期抵押贷款的方式配置房地产，是非常合理的。因此，无论是从货币政策还是从货币环境来看，楼市都是降准降息和 M_2 高增长的重大受益者。

4.3.3.2 货币政策对房企资金链条、房地产开发投资的影响

房地产是资金密集型行业，对房地产企业而言，从开发到最后的销售都离不开资金的支持。利率降低、货币政策趋于宽松时，房地产开发企业的融资成本将降低；银行存款准备金率降低、货币环境趋于宽松时，金融市场流动性增加，房地产企业融资难度降低。

房地产开发资金的主要来源，包括自筹（发债、留存等），银行和非银贷款，以及定金和购房按揭回款三大类。这三大来源既与房价和销售的周期波动相关，也与货币政策周期密切相关。房地产周期上行既改善了房企现金流，也使银行对房企信贷投放的偏好上升，为房企追加投资提供充足弹药。

与分析利率周期与房价—地产销售的逻辑类似，我们观察到加息对房地产开发资金的负面影响存在一定时滞，而降息对房企资金面的改善迅速而显著，主要体现在居民按揭回款增速大幅回升（与商品房销售额增速上升同步），银行对房企贷款增速上升。

最后具体看一下房地产开发投资的相关指标：土地购置、房屋新开工、房地产开发投资完成额与基准利率的对应关系。2008 年以后的三轮降息过程，均对应着房企的土地购置面积、新开工面积，以及投资完成额的周期性复苏。不过，投资完成额的复苏要略微滞后于土地购置和新开工；也就是说，降息对房地产投资的影响，是经过对销售、房价、银行信贷/按揭回款的传导链条，形成对房企的资金面改善，最终落实到投资复苏上。

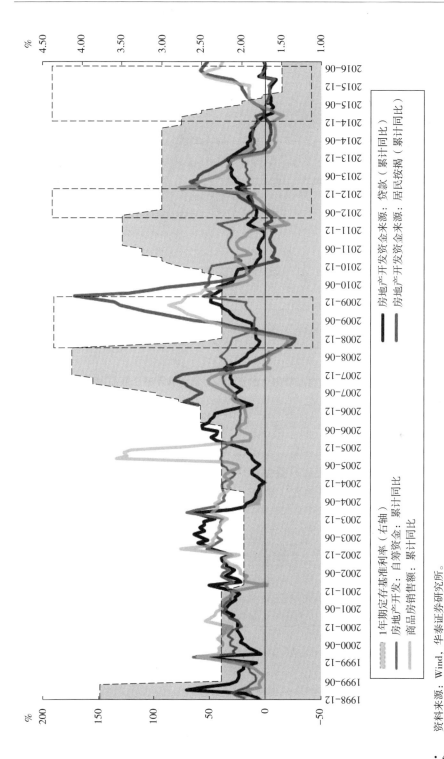

图1-40 降息对房地产投资资金面的改善迅速而显著

资料来源：Wind，华泰证券研究所。

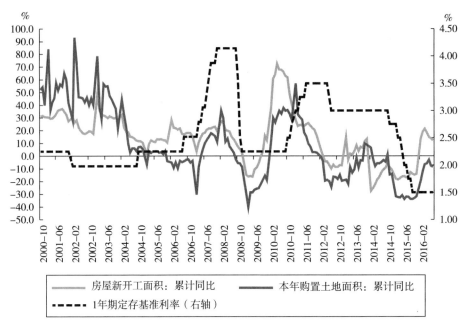

资料来源：Wind，华泰证券研究所。

图 1-41 各轮降息均对应着房企的土地购置面积和新开工面积增速回升

4.3.3.3 从房产中介角度看货币政策的影响

从微观角度看，房地产商、房地产中介机构都非常重视对货币政策的研究。中原经理指数为对主要城市二手房市场走势的预测，主要包括对二手房价格和成交量走势的预测。通过对各城市中原门店经理的问卷调查，每周收集经理人对本周市场走势的最新看法，经过汇总和统计，最终形成指数。形成的数据与 PMI 类似，以 50 为荣枯线，高于 50 则反映预期房价上升。

从 2011 年 11 月 30 日起，央行先是连续三次降准，随后在 2012 年进行了两次降息，从首次降准之后，中原经理指数就不断走高。2014 年底，央行再次开启降准降息，二手房市场再次活跃，中原经理指数升高。这与我们在宏观层面观察到的销售、房价的周期性复苏是完全相符的。当然，受经济和股市走势的影响，中介主体对房价预期的调整，相对于房价的实际走势，波动性更高。

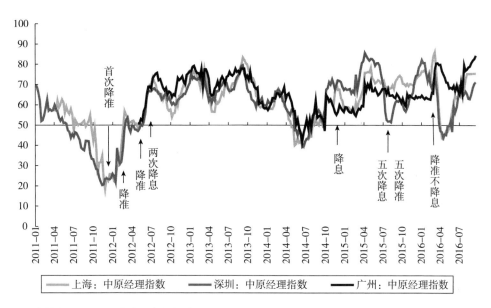

资料来源：Wind，华泰证券研究所。

图 1 - 42 中原地产：中原二手房经理指数（CMI）

4.4 房地产与汇率

4.4.1 汇率和房地产的跷跷板关系是短期货币表象

汇率和房地产价格之间存在的跷跷板关系指的是，在一国房地产价格持续快速上涨，直至出现房地产泡沫的情况下，一旦因为外部冲击或者内部政策失当导致本国汇率出现贬值风险，就很难兼顾汇率和房地产价格实现共同稳定，现实中真的是这样吗？我们认为汇率和房地产的跷跷板关系是在货币环境宽松情况下在短期内的一种货币表象，不是因果关系，长期内房地产价格的走势和汇率关系不大。

4.4.1.1 决定汇率走势有哪些理论

在研究房地产和汇率的跷跷板关系之前，我们先搞清楚汇率的决定因素，以及传统的汇率决定理论都有哪些。首先，绝对购买力平价理论认为，货币的价值由货币的购买力决定。货币的购买力可以通过物价水平体现，所以汇率是由两国的相对物价水平决定的。根据一价定律，同一种产品无论在何种国家销售，用同一种货币来表示的价格都应该相同。所以名义汇率直接等于两国物价之比，而实际汇率等于1。相对购买力平价理论认为，货币的购买力不是一成不变的，应随着两国价格水平的变动而调整，所以汇率是由两国价格水平的相对变动（即相对通货膨胀）来决定的。购买力平价理论是一价定律在商品贸易行为中的应用，当其应用在金融投资行为中时，就形成了利率平价理论。

利率平价理论认为根据投资者的风险偏好不同，利率平价理论分为 UIP（无抛补的利率平价）和 CIP（抛补的利率平价）。但是无论是 UIP 或者 CIP，汇率的变动均归因于两国的相对利率水平。可以理解，若国际市场是无摩擦的，同一或类似资产在一国的收益率高于另一国，投资者会通过购买高利率国家的资产卖出低利率国家的资产来进行无风险套利，增加了对高利率国家的货币需求，从而导致高利率国家货币的升值（升水）。

国际收支说的核心观点是：汇率是外汇市场的价格，它通过自身变动来实现外汇市场的供求平衡，从而使国际收支始终处于平衡状态（即经常账户 + 资本金融账户 = 0）。根据凯恩斯模型，经常账户主要由相对国民收入、相对物价水平以及汇率共同决定。而资本金融账户则主要由相对利率水平、即期汇率以及预期未来汇率共同决定。将汇率作为唯一内生变量，在这些变量的共同作用下发生变动，直到实现国际收支的平衡。在其他条件一定时，本国国民收入增加，通过边际进口倾向带来进口的增加，引起外汇需求增加，外汇需求超过供给，从而导致本币贬值，即汇率上升。相反，外国国民收入增加，通过边际出口倾向带来本国出口增加，本币需求增加，本币需求大于供给，从而导致本币升值，即汇率下降。与前面的理论不同，资本市场说认为汇率决定于存量而非流量。除了经济基本面（货币供给、利率等），对经济基本面的预期在汇率的决定中同样发挥着重要作用，此外，预期的汇率水平具有自我实现能力。

4.4.1.2 汇率和房地产价格的跷跷板关系在长期内不成立

在货币环境宽松的情况下，汇率和房地产价格往往表现出一定的跷跷板关系，我们认为这是一种货币表象，绝非因果关系，在长期内这种跷跷板关系不成立。观察中国的房价和汇率走势，我们以北京平均房价为例，全国房地产同涨同跌的大趋势决定了北京可以作为一个代表性案例，在第二次汇率改革之后人民币汇率先升后贬，2014 年初人民币升值到了接近整数关口的 6.00 附近，随后又贬值回到 6.72 附近。在此期间北京市的房价虽有一些小幅波动，但是总体保持了一个没有间断的上涨趋势。我们可以看到汇率和房价在长期内不存在因果关系，两者可以以任何形式进行组合，只有在货币环境宽松的前提下，才会出现一定的统计上的短期相关性。

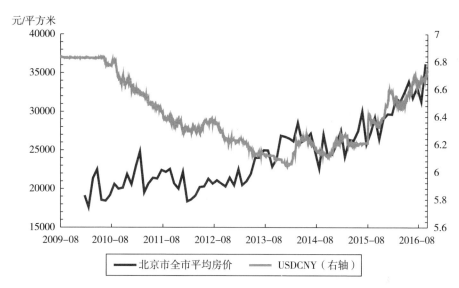

资料来源：Bloomberg，华泰证券研究所。

图 1–43　二次汇改后北京市平均房价和汇率走势

4.4.2　房地产"购买力平价"和汇率贬值

4.4.2.1　"购买力平价"不适用于房地产

绝对购买力平价理论认为，货币的价值由货币的购买力决定。货币的购买力可以通过物价水平体现，所以汇率是由两国的相对物价水平决定的。根据一价定律，同一种产品无论在何种国家销售，用同一种货币来表示的价格都应该相同。所以名义汇率直接等于两国物价之比，而实际汇率等于1。

我们认为购买力平价理论不适用于房地产市场。首先，房地产在不同国家很难用同一种商品来概述，房地产的价值中不仅仅包含了居住的价值，还含有医疗、教育、社会服务以及心理满足价值等其他附加价值。而这些构成房地产价值的不同细分项目在不同国家和地区中的价值是有很大区别的。因此，我们很难将不同国家的房地产称为一种商品。首先，抛开汇率的问题，我们以同为欧元区和申根国家的德国、法国、意大利、葡萄牙以及希腊等国家的首都核心区房价为例，可以看到这些国家之间首都城市核心区域的房价有很大差别，最为富有的德国的房价竟然和希腊以及葡萄牙接近，远低于法国和意大利。同为欧元区和申根国家，这些国家的房价却表现出极大的不同，并没有表现出趋同迹象。其次，当我们把伦敦的房价加入到欧元区之后，我们发现房价的购买力平价并不明显，经过汇率转换后伦敦的房价依然高于所有欧洲大陆国家，并且这一趋势正在扩大。

4.4.2.2　资本管制弱化了房地产对汇率的传导

我们发现即使在不存在资本管制以及自由浮动汇率的情况下，房地产也很难说表现出了购买力平价的迹象。而在我国目前存在部分资本管制的情况下，这种由房地产传导至汇率的路径是不畅通的，居民很难顺畅地将房地产资金转移至国外。我们认为房地产和汇率仅仅是短期内的一种货币表象，汇率甚至是一种对未来经济走势的信心锚，这两者在短期内表现出一定的相关性是可以解释的，但绝非因果关系和跷跷板关系。

4.4.2.3　对房地产的基本看法

大多数国家的长期房价上涨速度等于物价上涨速度 + 人均 GDP 增速，有些国家逐渐偏离这一规律背后的核心原因在于人口增速。货币政策在房地产周期中发挥的是短周期波动的作用，国内房价在资产荒的大背景下，货币很可能追求稀缺的一线城市地产和局部二线城市地产，房价具备上涨的货币因素。汇率和房价在货币政策宽松的情况下，存在一定的短期相关性，但是长周期来看，这两者之间并不存在因果关系。

5　失业率研究框架

2013 年 7 月的经济形势座谈会上，李克强总理对经济运行合理区间给出了明确的定义："下限"是稳增长、保就业，"上限"是防范通货膨胀。我国有两个失业率数据，一个是由人社部按季度发布的登记失业率，另一个是国家统计局自 2018 年起正式按月发布的调查失业率，本部分详细介绍两者的构建及应用。

5.1　我国调查失业率与登记失业率的差异

计算失业率首先要区分几类人口，根据国际劳工组织（International Labour Organization，ILO）的标准，全部人口分为经济活动人口和非经济活动人口，判断依据为该个体是否具有劳动能力。经济活动人口又分为劳动力人口和非劳动力人口，判断依据为该个体是否具有找工作的意愿。劳动力人口继续分为就业人口和失业人口，判断依据为该个体是否找到了工作。

在此基础上，可计算以下与就业相关的指标。其中需要注意两点，第一，从计算公式即可发现，失业率和就业率之和并不等于 1；第二，劳动参与率是美联储前主席耶伦特别喜欢的一个指标，因为据此可观测劳动力市场的结构性问题和健康状况，但我国目前尚无法计算此指标。

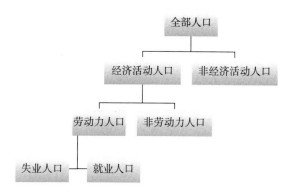

资料来源：ILO，华泰证券研究所。

图 1 - 44　国际劳工组织（ILO）的人口分类标准

$$失业率 = \frac{失业人口}{劳动力人口} = \frac{失业人口}{就业人口 + 失业人口}$$

$$劳动参与率 = \frac{劳动力人口}{经济活动人口} = \frac{劳动力人口}{劳动力人口 + 非劳动力人口}$$

$$就业率 = \frac{就业人口}{经济活动人口}$$

各国一般使用两个失业率指标，分别是调查失业率和登记失业率。顾名思义，两者最直接的区别在于统计样本的方式不同。

以我国为例，我国的调查失业率与登记失业率间的差异主要体现为：

- 一是数据来源不同，前者的失业人口数据来自劳动力调查，而后者的失业人口数据来自政府就业管理部门的行政记录。调查失业率更符合国际标准，并因此更具国际可比性。登记失业率的代表性受经济制度和失业人员的主观因素影响较大，只有失业人员主动到人力资源和社会保障部门、就业服务机构进行失业登记，才会被统计至数据中，目前来看实际情况往往并非如此，其准确度正在逐渐缺失，因此饱受市场质疑。

- 二是失业人口的指标定义不同，前者采用国际劳工组织的失业标准，后者是指 16 岁至退休年龄内，没有工作而想工作，并在就业服务机构进行了失业登记的人员。

- 三是统计范围不同，前者按照常住人口统计（既包括城镇本地人，也包括外来的常住人口），后者是本地非农户籍的人员。

- 四是应用不同，前者更注重反映市场就业状况，反映宏观经济的运行情况和劳动力市场的供需变化，后者更注重社会保障，据此对失业保险金的发放进行管理。通过对个人情况的详细记录，准确掌握劳动力市场上的弱者，以便进行必要的就业援助。

$$调查失业率 = \frac{调查失业人口}{全部城镇常住经济活动人口}$$

$$登记失业率 = \frac{主动进行失业登记的本地城镇户籍人口}{主动进行失业登记的本地城镇户籍人口 + 从业的本地城镇户籍人口}$$

目前世界主要国家所公布的失业率绝大多数都是调查失业率。将登记失业率和调查失业率并用，同时公布两种来源的数据，能够为分析研判我国就业失业状况提供更加全面、准确、完整、及时的信息依据。我们对两个失业率指标的差异做具体的汇总，如表1-4所示。

表1-4 我国调查失业率和城镇登记失业率的区别

	调查失业率	城镇登记失业率
统计部门	国家统计局	人力资源和社会保障部
数据获取方式	劳动力调查	失业人员的失业登记
调查方式	调查员手执电子终端（PDA）设备入户进行调查录入，即录即报，各级统计部门在劳动力调查平台上对上报数据进行审核、验收。调查频率为月度，调查时点为每月10日零时，入户登记为每月10—14日	乡镇街道劳保部门根据办理就业失业登记证情况，及时将办理情况录入省就业信息系统网，市、县就业管理部门每月或每季度将录入情况进行汇总、审核、上报和发布
目前发布状况	尚未定期发布	按季度定期发布
统计对象	城镇常住居民，即城镇户籍人口及居住6个月以上的农村人口。调查对象不以户籍为依据，打破了以往登记失业率中的户籍限制	城镇户籍人口。不包括农村剩余劳动力、城镇下岗职工、农民工和大量物业人员，统计口径较小
对失业的认定	16岁以上，有劳动能力，调查周内未从事有收入的劳动（具体指劳动时间不到1小时），当前有就业的可能（具体指如有工作，两周内可以上班）而且正在以某种方式寻找工作的人员	具有当地非农业户口，男性在16岁至59岁，女性在16岁至49岁，具有劳动能力，无业而要求就业并已在就业登记机构进行了失业登记的人
应用	更注重反映市场就业状况。反映宏观经济的运行情况和劳动力市场的供需变化，强调的是失业率的变化而不是失业人数的增加或减少。因此，调查失业率为月度是为了反映当月的就业失业状况	更注重社会保障。（1）据此对失业保险金的发放进行管理；（2）通过对个人情况的详细记录，准确掌握劳动力市场上的弱者，以便进行必要的就业援助。因此，登记失业率为季度是为了突出一段时期就业政策落实情况及产生的社会效果

资料来源：国家统计局，人力资源和社会保障部，华泰证券研究所。

5.2 我国调查失业率的调查方法

国家统计局从 1996 年开始进行劳动力抽样调查的试点，2004 年 9 月 27 日，国务院办公厅印发《国务院办公厅关于建立劳动力调查制度的通知》；2005 年 11 月首次正式开始全国范围内大规模的劳动力抽样调查，每年两次，分别在 5 月和 11 月，数据报送中央和国务院，但不公开；2007 年起，调查每季度进行一次，分别于 2 月、5 月、8 月和 11 月进行；2009 年 3 月开始，为了及时反映国际金融危机对我国的影响，又建立了月度劳动力调查制度，调查范围为 27 个省会城市及 4 个直辖市，即 31 个大城市；2013 年 4 月起，将月度调查城市增加为 65 个，入户近 4 万户，新增城市多是经济较活跃、劳动力市场发展成熟的地区，同时，也开始进行每年 1 次的全国劳动力调查。

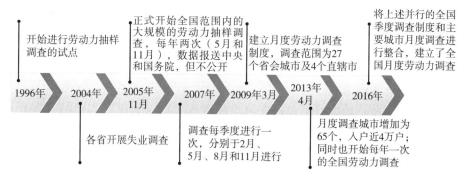

资料来源：Wind，华泰证券研究所。

图 1 - 45 我国调查失业率统计的演变历程

2016 年，为了更加全面、快速、准确地反映我国劳动力市场的变化，国家统计局将上述并行的全国劳动力季度调查制度和主要城市月度劳动力调查两项进行了整合，建立了全国月度劳动力调查制度，调查范围覆盖全国所有地级市（地、州、盟）。

分别从以下项目介绍全国月度劳动力调查：

- 抽样方式：月度劳动力调查采用了分层两阶段概率抽样方法（PPS），并综合考虑各地区人口规模和居民城乡结构。以我国大陆地区所有住户为总体，采用两阶段概率抽样方法。第一阶段采用分层、与住房单元（house unit）数多少成比例的抽样方法（PPS 抽样）抽取居（村）委会，第二阶段采用随机等距抽样在抽中的居（村）委会中抽取住房单元，并对抽中的住房单元内的所有人员进行调查。根据"在 95% 的置信度下，将城镇调查失业率相对误差控制在 3.5% 以内"的要求，全国每月调查约 12 万户，涵盖家庭户和集体户，调查样本代表性强，样本覆盖我国所有市（地、州、盟）和约 1800 个县（市、区、旗）。据国家统计局标准，县（市、区、旗）对应的是县级行政区划的概念，包含县、自治县、旗、自治旗、特区、工农区、林区等范围，截至 2016 年底，全国县级区划数达到 2851 个，由于历年数字变动不大，2002 年以后一直处于 2850～2860 的区间内，因此我们大概估计，全国月度劳动力调查覆盖的约 1800 个县约占我国全部县级区划的 63%。

- 样本轮换：为减少指标月度间变化、年度间变化估计的标准误，同时减轻受访者接受访问的负担，提高应答率，世界各国的劳动力调查基本都会采用一定规则的样本轮换方法。我国劳动力调查采用 2－10－2 模式对样本进行轮换，即一个住户连续 2 个月接受调查，在接下来的 10 个月中不接受调查，然后再接受连续 2 个月的调查，之后退出样本。样本轮换是为了确保：（1）每个月都有 1/4 的样本第一次接受调查，1/4 的样本接受第二次调查，1/4 的样本第三次接受调查，1/4 的样本接受第四次调查。（2）月度之间样本有 50% 重复。（3）年度之间相同日历月样本有 50% 重复。

- 调查对象：抽中户中在调查时点的现住人口（居住在本户的人口）和常住人口（包括本户人口中外出不满半年的人口）均为调查对象，不受地域、户籍、年龄等限制。这是与登记失业率存在较大差异的一点，登记失业率的调查对象限定为城镇户籍人口，而调查失业率的调查对象内包含居住于本地超过半年的非户籍人口，比如农民工。

- 调查相关标准：调查采用国际劳工组织推荐的统计标准。该项在 5.1 部分已经详述。

- 调查内容：据国家统计局披露，我国劳动力调查问卷所设调查项目包括两大部分，一是基本人口信息，包括受访者与户主关系、性别、出生年月、户口登记情况、受教育程度、婚姻状况等；二是劳动力市场状态信息，包括就业身份、工作单位、工作时间、工作报酬、就业行业、就业职业、未工作原因、未工作时间、是否寻找工作、寻找工作的方式、未寻找工作的原因、当前是否能工作、不能工作的原因、失去工作前的工作单位与职业等，涵盖了国际劳工组织劳动力市场关键指标所列的几乎所有项目。此外，还根据我国国情，设置了反映高校毕业生、农民工等重点人群就业创业情况的项目，既可满足国际比较的需要，也满足了我国就业工作对重点人群进行观测的需要。

- 调查方式：数据采集依托国家统计局联网直报系统进行，每月由 1 万多名调查员利用手持电子终端（PDA）设备入户实时采集数据，通过网络直接报送国家统计局，即录即报，各级统计部门在劳动力调查平台上对上报数据进行审核、验收。

- 调查频率及日期：调查频率为月度，调查时点为每月 10 日零时，入户登记为每月 10—14 日。

5.3 我国调查失业率的历史数据

5.3.1 官方披露的历史数据

在调查所得数据的基础上国家统计局按照国际通用方法计算调查失业率，并自 2013 年起不定期地对外发布，由于不同时期劳动力调查范围不同，数据需要区分全国和 31 个大城市城镇调查失业率的差异。2013 年之前的数据，据国家统计局 2008 年底发布的《2007 年中国全面建设小康社会进程统计检测报告》披露，2000—2007 年我国城镇调查失业率基本稳定，一直处在 5% ~ 6%，由于此期间我国开展的是全国性的劳动力调查，因此本数据为全国城镇调查失业率数据。观察我们汇总的失业率数据可以发现，31 个大城市城镇调查失业率一般低于全国城镇调查失业率，且波动幅度更小，体现出大城市就业状况更好，也更加稳定，失业率的分布和经济发展状况的分布是一致的。

表 1 – 5　　　　　　　　我国对外发布的调查失业率数据

时间	31 个大城市城镇调查失业率	全国城镇调查失业率	事　件
2013 年上半年	5%		2013 年 9 月 9 日，国务院总理李克强在英国《金融时报》发表署名文章。这是我国首次向外公开调查失业率的有关数据
2014 年 3 月	5.17%		2014 年 6 月，国务院总理李克强在中国科学院和中国工程院会议上做报告
2014 年 4 月	5.15%		
2014 年 5 月	5.07%		
2014 年 6 月	5.05%		2014 年 7 月，国家发展改革委发布
2014 年 1—8 月	5%		2014 年 9 月，国务院总理李克强在第八届夏季达沃斯论坛上致辞
2014 年全年	5.1%		2015 年 1 月，国家统计局发布
2015 年 2 月	5.1%		2015 年 3 月，国家统计局发布

续表

时间	31个大城市城镇调查失业率	全国城镇调查失业率	事　件
2015年第一季度	5.1%		2015年4月，国家统计局新闻发言人盛来运透露
2015年5月	5.1%		2015年6月，国家统计局网站援引国家统计局人口和就业统计司高级统计师张志斌的采访记录
2015年6月	5.06%		2015年7月，国家统计局发布
2015年8月	5.1%		2015年9月，国家统计局发言人发布
2015年9月	5.2%		2015年10月，国家统计局新闻发言人盛来运透露
2015年全年	5.1%		2016年1月，国家统计局局长王保安在新闻发布会上发布
2016年1—2月	5.1%		2016年3月，国家统计局发布
2016年第一季度	5.12%		2016年4月，国家统计局局长宁吉喆做客中国政府网访谈
2016年4月	5.1%		2016年5月，国家统计局发表署名文章
2016年1—5月	5.1%		2016年7月，人社部副部长信长星出席国务院新闻办吹风会
2016年6月	5%	5.2%	2016年7月，国家统计局发言人盛来运在新闻发布会上透露
2016年上半年		5.2%	2016年8月，《2016年第二季度中国货币政策执行报告》发布
2016年7月	5%		2016年8月，国家统计局新闻发言人盛来运透露。7月由于受大学毕业生进入劳动力市场的影响，城镇调查失业率略有上升，25～59岁是从业人员的主力，这个年龄段的调查失业率总体下降，总体上是稳定的
2016年8月	5.1%		2016年9月，国家统计局新闻发言人盛来运透露
2016年9月	低于5%		2016年10月，李克强在中葡国家经贸合作论坛第五届部长级会议上提到，并称这是自2013年6月以来首次低于5%
2016年10月	5%以下		2016年10月，国民经济运行情况新闻发布会答记者问
2016年11月	5%以下		国家统计局新闻发言人就2016年11月国民经济运行情况答记者问。大城市城镇调查失业率连续三个月保持在5%以下比较低的水平

续表

时间	31 个大城市城镇调查失业率	全国城镇调查失业率	事　件
2017 年 1 月	**5%**	**5.20%**	
2017 年 2 月	**5%**	**5.40%**	
2017 年 3 月	**5%**	**5.20%**	
2017 年 4 月	4.9% 左右	**5% 左右**	郭同欣：我国经济稳中向好发展态势不可逆转
2017 年 9 月	4.83%	5% 左右	郭同欣：四大宏观指标好于预期 稳中向好态势持续发展
			31 个大城市城镇调查失业率为 4.83%，为 2012 年以来新低
2017 年 10 月	5% 以下	5% 以下	国家统计局新闻发言人就 2017 年 10 月国民经济运行情况答记者问
2017 年 11 月	4.9% 左右	4.9% 左右	国家统计局新闻发言人就 2017 年 11 月国民经济运行情况答记者问
2017 年末	低于 5%	4.98%	盛来运：新作为带来新气象 新时代开启新征程——《2017 年统计公报》评读
2018 年 1 月	**4.90%**	**5%**	2018 年 4 月 17 日，国家统计局首次正式发布月度调查失业率数据
2018 年 2 月	**4.80%**	**5%**	
2018 年 3 月	**4.90%**	**5.10%**	

注：加粗数值为国家统计局已发布。

资料来源：Wind，华泰证券研究所。

5.3.2　我们测算的此前历年数据

由于我国可得的只有上述零星的公开数据，这限制了对其的定量研究。计算调查失业率，需要使用调查失业人数及城镇常住经济活动人口数据，而我国这方面的劳动力指标公布体系尚不健全，如使用替代指标，所得数据会误差较大。因此，我们采用调整系数法，通过将登记失业率数据乘以一定的调整系数来测算调查失业率。这样做的原因在于，登记失业率是已知的，调整系数相比人口数目的近似值也相对更加准确。但是这种做法的前提假设是调查失业人数与登记失业人数之间极强的相关关系，我们用经济活动人口与就业人口之差作为调查失业人数的近似，经计算，调查失业人数与登记失业人数的相关系数高达 0.905，较高的相关性符合我们这种方法的前提假设。具体的计算过程如下。

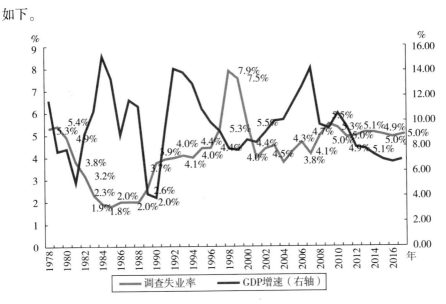

资料来源：国家统计局，华泰证券研究所。

图 1-46 通过调整系数法近似测算的调查失业率与 GDP 增速

$$登记失业率 = \frac{登记失业的城镇户籍人口}{登记失业的城镇户籍人口 + 从业的城镇户籍人口}$$

$$调查失业率 = \frac{调查失业人口}{全部城镇常住经济活动人口}$$

$$调整系数 = \frac{调查失业人口}{登记失业人口} \times \frac{城镇户籍人口}{城镇常住人口}$$

$$= \frac{调查失业人口}{登记失业人口} \times \frac{城镇户籍人口}{城镇人口 + 人口流动}$$

$$调查失业率 = 调整系数 \times 登记失业率$$

据测算，我国调查失业率 2012 年至 2014 年略有上升，由 2011 年的 4.9% 左右上升至 2014 年的 5.15% 左右，和官方所公布的零星数据能够较好地吻合。

5.4 调查失业率是否存在季节性

调查失业率数据存在较为明显的季节性，因此失业率当月数据需与上年同期做对比，以判断数据趋势。虽然国家统计局发布的数据基本都经过季调，但数据中仍残留部分季节性。以 PMI 为例，每年春节前后都会出现很明显的节前、节后的波动，其中有部分原因是季调方法的问题，还有一部分原因是企业行为使然，比如春节前企业备产，原材料库存自然累积，春节后陆续开工，原材料逐步消耗，库存自然下行，这是季调方法无法完全过滤掉的。因此，季调后的数据依然能够体现出一定程度上的季节性特征。

失业率具有季节性的可能来源主要有两个方面，一是每年年中大学生毕业季会产生大量的待就业人员。人社部新闻发言人卢爱红在人社部2017年第四季度新闻发布会上透露，中国2018年高校毕业生将达到820万人，而2017年全年城镇新增就业人数仅为1351万人。因此，大学生在毕业季的"就业难"问题很可能带动失业率的季节性上升。

二是我国目前仍有大量的农民工，农民工就业受地产投资影响显著，后者存在季节性。据国家统计局数据，2017年，我国农民工总人数达到28652万人，农民工群体的就业状况与地产投资直接相关，投资存在明显的季节性，如冬季和春节前后投资项目一般处于停工状态，会对农民工就业产生负面影响，春节后，返乡的农民工重新寻找工作，可能导致春节前后失业率处于较高点，而随着春季企业项目陆续开工，农民工就业也会陆续改善。农民工外出务工劳动力人数呈现明显的季节性，第一季度和第四季度一般是年内低点，年中的第二、第三季度新增劳动力人数是年内高点，体现出农民工流动及市场就业需求的季节性。

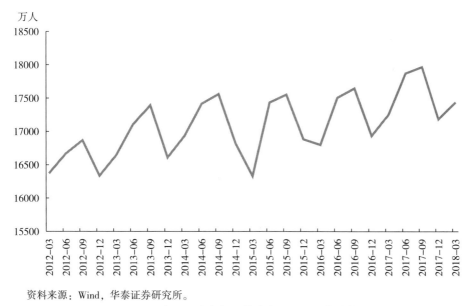

资料来源：Wind，华泰证券研究所。

图 1 – 47　农民工外出务工劳动力呈现明显的季节性

因此一般来讲，伴随着年中大学生毕业季和项目工期、农民工流动，调查失业率在春节前后和每年年中将出现环比上行，时段过后将有所回落。因此，将当月数据与上年同期做比较更具可比性，对未来就业形势的趋势性判断更有效。

5.5 为什么调查失业率年度目标值最初设定为 5.5%

2018 年政府工作报告首次将调查失业率纳入预期管理目标，2018 年政府工作报告对劳动力市场设定的全年预期目标为：城镇新增就业 1100 万人以上，城镇调查失业率 5.5% 以内，城镇登记失业率 4.5% 以内。5.5% 的调查失业率目标实际上显著高于国际金融危机以来 5% 左右的水平。根据我们的测算，2000 年之后，我国只有在 2009 年经济受国际金融危机影响的迅速下滑期，失业率才达到了 5.48% 的较高水平，近似触碰 5.5%，其余年度数据均显著低于 5.5%。

之所以设定 5.5% 的目标值，我们认为有以下几个方面的考量。首先，5.5% 目标的设定主要是依据全球主要发展中国家和地区的平均失业率水平设定的。国际劳工组织数据显示，截至 2017 年，发达国家和地区平均失业率水平约为 6.6%，发展中国家和地区平均失业率水平为 5.5%，全球平均失业率水平为 5.7%。

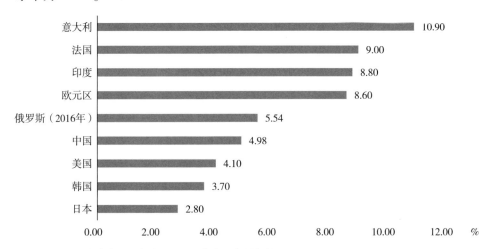

资料来源：中商产业研究院，Wind，华泰证券研究所。

图 1－48　主要国家 2017 年失业率水平

其次，我国政府设定的目标值此前均超额完成。以城镇新增就业人数为例，2017 年政府工作报告将新增城镇就业目标由 2014—2016 年的 1000 万人提高至 1100 万人，GDP 增速目标与 2016 年持平为 6.5%，低于 2016 年的 7%，这意味着每 1 个百分点 GDP 增长将需要带动更多的城镇新增就业，体现出中央政府对我国经济健康性恢复的信心。实际数据显示，2017 年我国城镇新增就业达 1351 万人，同比增加了 37 万人，超额完成年度任务 22.8%。

另外，年内月度间波动较大将是失业率运行的常态，因此个别月份可能较高，甚至接近 5.5%，而单月数据的波动，不一定代表趋势性，而更多的是一种季节效应。设定 5.5% 的目标值可以有效排除月度间数据波动加剧对政策的扰动。

二、供给侧宏观经济分析框架

1 供给侧结构性改革是中国特色社会主义市场经济实践和理论的深刻革命

需求拉动力不足的情况下，2015 年 11 月，中央提出"供给侧改革"，强调在适度扩大总需求的同时着力加强供给侧结构性改革。主要意图一方面是淘汰落后产能，化解产能过剩问题；另一方面是推进产业转型升级，培育新兴产业和新的经济增长点。其核心是希望从生产上解决我国经济供需不平衡的问题，解决我国经济潜在增速下滑的现状。

从供给的角度看，经济增长主要由三个因素决定，即技术水平（全要素生产率 A）、要素投入（劳动力 L、资本 K、土地 T）以及组织方式（F）。

$$Y = A \times F (L, K, T)$$

因此有三种方法可以提高产出：一是推动技术进步 A（创新）；二是增加要素投入 L、K 或 T（增加投入）；三是改善生产组织方式 F（制度改革）。"供给侧改革"通过要素的边际改善，寻求我国经济潜在增速的提高。

全要素生产率 A：由中国制造向中国创造转变。2017 年底中央经济工作会议供给侧改革部分，重点强调了由中国制造向中国创造转变，力争提高全要素生产率。注重科技投入、提高全要素生产率将是我国经济发展中的重要关注点。尤其是航空航天和军工领域的长周期科技投入的行业。因为全要素生产率的大幅提升和科技周期往往不是靠商业资本与科技的短周期结合，关键还是国家资本的长周期科技投入，触发科技周期的出现。

劳动力 L：劳动力对经济拉动贡献减弱，人口红利消失与城镇化放缓相叠加。十八届三中全会提出"推进城乡要素平等交换和公共资源均衡配置，维护农民生产要素权益，保障农民工同工同酬"和"推进农业转移人口市民化，逐步把符合条件的农业转移人口转为城镇居民"，2016 年 10 月国务院发布《推动 1 亿非户籍人口在城市落户方案》，也意在通过城镇化农业转移人口市民化提高城镇劳动力供给。通过深化要素市场化配置改革，提高劳动力供给的数量与质量。

资本 K：在"三去一降一补"维度，更多地强调去产能、补短板和降成本。"三去一降"取得阶段性成果的前提下，供给侧结构性改革会更加注重"补短板"。供给侧结构性改革是大战略，"三去一降"是"补短板"的前提，我国社会的主要矛盾已经转化为人民日益增长的美好生活需要和不平衡不充分的发展之间的矛盾，下一步会集中力量聚焦"补短板"。

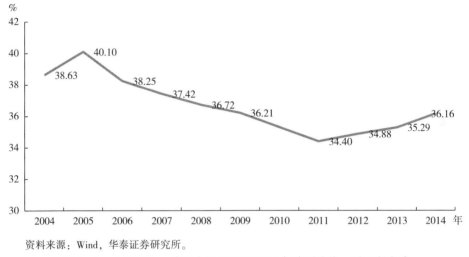

资料来源：Wind，华泰证券研究所。

图 2 - 1　总抚养比：我国人口红利于 2011 年达到峰值，后逐渐衰减

土地 T：土地政策改革将是提高我国经济潜在增速的一大发力点。农村土地"三权分置"，党的十九大报告提出土地延长三十年承包权，通过土地改革、推进新型城镇化，提高土地的综合利用效率。鼓励土地整合和综合管理，如进行大面积特色养殖等，可以极大地提高土地资源利用效率。同时各城市根据房地产库存去化周期，确定房地产供给的规模和节奏，精细化土地供给。

供给侧改革"三去一降一补"是先破后立的过程，2016 年是供给侧改革元年，国家对供给侧改革的任务具体为"三去一降一补"，即去产能、去杠杆、去库存、降成本、补短板。在 2018 年的工作建议中，李克强总理在首要任务供给侧结构性改革中，已经将新动能、制造强国排在破除无效供给之前。

2 去杠杆专题研究

2.1 对中国杠杆率的测算和比较研究

杠杆率的衡量指标有很多，如负债与股权之比、负债与资产之比等，为衡量我国的杠杆率水平，我们选取"债务/GDP"作为指标，通过分别统计政府、居民、非金融企业三个部门的杠杆率，加总得出全社会实体经济部门的杠杆率，以此分析我国整体杠杆率水平情况。

2.1.1 政府部门：持续加杠杆，接近国际警戒线，低于发达国家

考虑政府部门债务，得分解为中央和地方政府两个部分来考虑，这里需要明确的是或有债务也应当纳入考虑范围。对于中央政府债务我们按照国债余额估算，根据 Wind 统计，截至 2015 年底我国国债余额为 106599 亿元，同时按照 2013 年 12 月审计署公布的《全国政府性债务审计结果》，中央政府或有债务占负有偿还责任的债务的比例大致为 25%，我们假定 2015 年仍然保持这个比例，得出 2015 年中央政府或有债务约为 26650 亿元。对于地方政府债务，根据楼继伟《关于提请审议批准 2015 年地方政府债务限额的议案的说明》中指出的 2014 年末全国地方政府债务（即审计口径中政府负有偿还责任的债务）

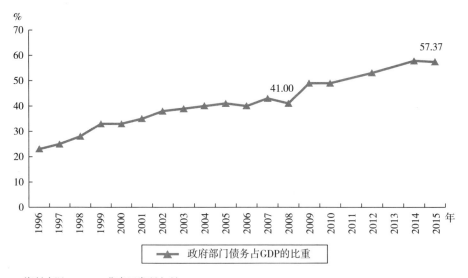

资料来源：Wind，华泰证券研究所。

图 2-2 政府部门杠杆率变化

余额 15.4 万亿元，地方政府或有债务（包括审计口径中政府负有担保责任的债务、政府可能承担一定救助责任的债务）8.6 万亿元，2015 年地方政府债务新增 0.6 万亿元，同时假定 2015 年地方政府或有债务按照审计署《全国政府性债务审计结果》中地方政府性债务余额未来偿还表列示的数据增加，得出 2015 年底地方政府或有债务为 9.5 万亿元。将中央、地方政府债务汇总得出，截至 2015 年底，全国政府债务约为 388250 亿元，占 GDP 的比重为 57.37%。按照传统的负债率 60% 的国际警戒线来说，我国政府部门杠杆率已然偏高。

结合中国社会科学院发布的国家资产负债表所统计的政府部门杠杆率数据，可以看出我国政府部门杠杆率经历了一个相对较快的增长过程，尤其在 2008 年国际金融危机之后，政府杠杆率快速上升，增加了 17 个百分点。

2.1.2 居民部门：加杠杆进程，但远低于发达国家

居民部门的债务构成单一，只有贷款。根据中国人民银行公布的金融机构本外币信贷收支表，2015 年底住户短期贷款额为 89084.86 亿元（其中消费贷款和经营贷款各占 50% 左右），中长期贷款额为 181228.12 亿元（其中消费贷款和经营贷款分别占 80% 和 20%），总计 270313 亿元，占 GDP 的比重为 39.95%。

资料来源：Wind，华泰证券研究所。

图 2-3 居民部门杠杆率变化

2014 年以前的杠杆率数据我们仍采用中国社会科学院发布的资产负债表数据，可以看出 1998—2003 年快速上升，2003—2008 年相对平缓，2008 年国际金融危机之后我国居民部门杠杆率再次迅速攀升，七年间增加了 22 个百分

点。我们认为这与居民部门的债务结构紧密相关，住房抵押贷款作为居民消费贷款中最重要的组成部分，随着1998年住房改革其规模迅速扩大，而2008年房地产市场的繁荣再次加速了其规模的扩大。根据中国人民银行发布的《2015年金融机构贷款投向统计报告》，2015年末个人购房贷款余额为14.18万亿元，同比增长23.2%，比各项贷款增速高8.9个百分点。

2.1.3 非金融企业部门：杠杆率居首，高于发达国家和新兴市场国家

非金融企业部门举债形式丰富，包括银行贷款、发行债券、信托等多种方式。根据国际清算银行统计数据，我国非金融企业部门2015年第三季度杠杆率达166.3%。2006—2008年杠杆率呈下降趋势，主要是由于当时经济形势向好，GDP增速位于10%以上的高位，2008年国际金融危机之后杠杆率一路上升，经济下行、企业盈利能力恶化进一步加剧了杠杆率水平的上升，尤其是2011年之后迅速增加，5年内增加了42个百分点。

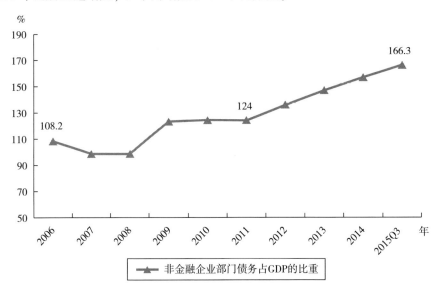

资料来源：Wind，华泰证券研究所。

图2-4 非金融企业部门杠杆率变化

2.1.4 中国整体杠杆率水平

加总以上三个部门的杠杆率，得出2015年底我国实体经济部门整体杠杆率已达到263.62%。较为明显的变化是，2008—2015年杠杆率水平快速上升，增加了105个百分点。

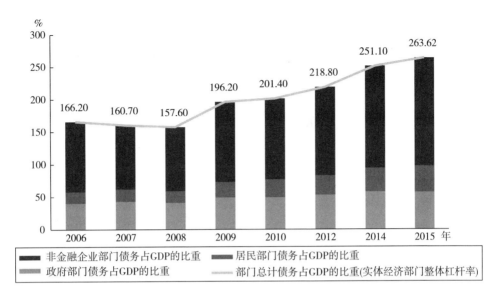

资料来源：Wind，华泰证券研究所。

图 2-5　中国实体经济部门整体杠杆率变化

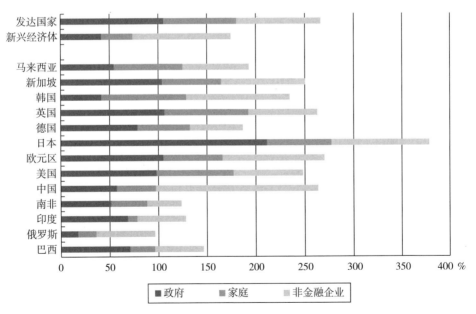

资料来源：Wind，华泰证券研究所。

图 2-6　整体杠杆率水平的国际比较

为衡量我国整体杠杆率水平的高低，我们选取了主要发达国家和部分新兴经济体的杠杆率作为比较对象，根据国际对比可以看出，我国整体杠杆率仅次于日本和欧元区经济体，与新兴经济体相比明显偏高。

2.2 杠杆率对经济的影响

杠杆率与经济周期保持着高度紧密的联系，形成了"债务扩张—经济增长—债务膨胀—经济泡沫—泡沫破裂，经济衰退—债务缩减—经济复苏—债务扩张"的逻辑关系。当经济面向好，杠杆率较低，实体经济部门主动加杠杆时，一般来说是金融体系放宽信贷的过程，伴随这个过程的是物价上升；而当债务高企，社会整体杠杆率过高，金融部门开始主动去杠杆时，往往意味着收紧信贷，企业部门、居民部门融资成本增加，企业部门、居民部门开始被动去杠杆，并且企业部门与居民部门的去杠杆化会相互作用，再次反馈至金融系统，不断加深去杠杆化程度，这里很有可能会发生费雪提出的"债务通缩"现象，而一般在社会经济实体被动去杠杆的过程中，往往是政府通过加杠杆来稳定经济、熨平经济风险的过程。

不仅如此，杠杆率还会影响政府货币、财政政策的政策取向及发挥，对货币政策而言，当货币政策收紧时，一方面会导致资产价格降低，另一方面利率水平的升高将加重企业部门的财务费用负担，这将进一步推升杠杆率水平，因此"去杠杆"更需要一个相对宽松的货币政策环境。而对于财政政策，一方面托底经济是主要目的，另一方面减税降费帮助实体经济部门更有效率地去杠杆也是政府的政策倾向。

2.3 企业部门去杠杆的基本逻辑和方式

市场总是不断地重复这样的循环。大到国家、中到企业、小到个人，都会因为负债而受益，但也可能受到损失。负债是企业发展甚至赶超的重要工具，但是过度负债也可能拖垮一个企业。很多经济危机的爆发，实质就是由于企业负债过度，最终崩溃踩踏，走向负向循环。传统的凯恩斯主义应对危机的过程实际也是，企业自身失去去杠杆的能力，政府加杠杆，发更多的国债，通过基础设施投资，拉动经济增长，最终恢复企业创造利润的能力，企业的杠杆下降，最终全社会的杠杆下降。但是本次供给侧改革对杠杆的去化，与传统凯恩斯主义有本质的不同。一是中国尚未发生危机，二是中国涉及长远的经济健康化问题。具体的逻辑是通过企业部门债权转股权和恢复权益融资降杠杆。

2.3.1 去杠杆措施之一：债转股

债转股推出的核心目标就在于帮企业去杠杆，促进产业转型升级、创新发展，支持企业发展。债转股作为去杠杆的一种具体操作手段，着眼于将过高债务转化为权益资本，是典型的本部门去杠杆。对企业来说，可以起到减轻债务负担、降低杠杆率、为形成先进产能披荆斩棘的作用，对商业银行而言，是转移、化解信用风险的重要手段。

债转股一方面直接改善了企业部门的资产负债表结构，降低了债务率；另一方面，也可能为企业改革创造契机，一旦银行或者其他金融资产管理公司主导操作，获取企业股份，其有动力对企业的治理结构缺陷等一系列问题进行修复，长远来看既能提升企业的经营效益，也对优化企业资本结构有帮助。

2.3.2 去杠杆措施之二：恢复股票市场融资功能

刘士余主席上任后的政策变化，如推迟注册制、战略新兴板减少供给、国家队暂时不退出、社保基金条例下一步通过引导资金入市、恢复产内融资融券杠杆（开正路堵邪路），都旨在从需求端稳住市场。然后逐渐恢复市场的融资功能，使企业获得真金白银去杠杆。

同时，继续完善多层次资本市场建设，拓宽股权融资渠道。鼓励市场化的企业资本金补充机制，在企业自身盈利能力下降时，使企业能通过权益融资、股权转让等多种方式补充资本金，逐步将债务融资转化为权益融资，达到消化债务和修复资产负债表的效果。

2.4 管理居民部门杠杆率

供给侧改革后，我国的企业杠杆率开始下降，微观上表现的资产负债率也有所下降，然而居民杠杆率仍然较高，这一问题又与房地产问题纠结在一起。

人民银行在 2017 年第三季度货币政策执行报告的专栏 4 中论述货币政策双支柱框架时，提到"评判金融周期，最核心的两个指标是广义信贷和房地产价格，前者代表融资条件，后者反映投资者对风险的认知和态度。由于房地产是信贷的重要抵押品，因此两者之间会相互放大，从而导致自我强化的顺周期波动"。"房地产等资产市场天然容易加杠杆，具有'买涨不买跌'的特征，容易出现顺周期波动和超调。"日本曾经的经验也提示我们要警惕在贸易摩擦下过分依赖本国房地产市场繁荣而带来的泡沫风险。也正是因此，金融监管机构特别关注居民杠杆率指标，2018 年 1 月 25 日至 26 日，银监会召开 2018 年全国银行业监督管理工作会议时部署 2018 年重点工作，其中第二条就是"努力抑制居民杠杆率，重点是控制居民杠杆率的过快增长"。

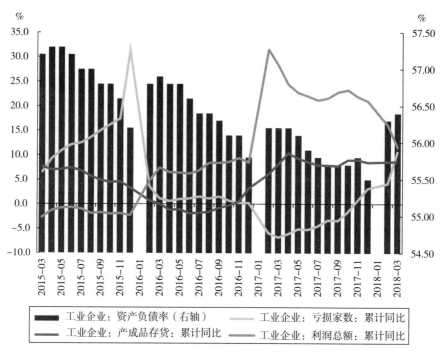

资料来源：Wind，华泰证券研究所。

图 2 – 7　企业资产负债率有所下降

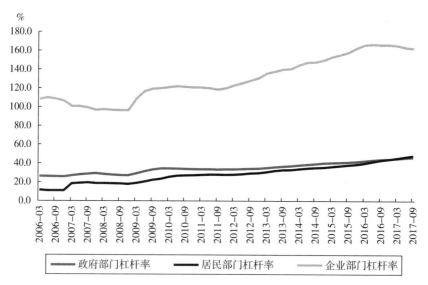

资料来源：Wind，华泰证券研究所。

图 2 – 8　居民部门杠杆率在 2016—2017 年上涨较快

3 去产能及环保限产专题研究

环保是"供给侧结构性改革"的关键手段之一。通过引导价格上涨、利润修复、行业出清，解决银行（坏账减少）、国企（盈利降低杠杆）、政府（环保税成为地方税种）的问题，而且还真正改善了环境，为改革创造了时间和空间。供给侧结构性改革中有两点涉及环保问题。一是补短板，包括了补环保短板。二是去产能，其中包括以行政手段去掉垄断行业中的过剩产能，从而修复企业资产负债表，解决利润不足、杠杆过高的问题。也包括以环保为核心的限产指标，以市场化的方式去产能，辅以环保督察，把环保等限制性指标切实落到实处，然后促进市场自发出清。

2017 年去产能开始从行政化去产能逐渐转向市场化、法制化去产能，环保是核心限产指标。第一季度去产能节奏的加快很大程度上是行政化去产能起作用，由地方政府主导，在国家发展改革委的指导下对钢铁、煤炭等过剩行业的产能进行关停并转。而进入年中，环境保护部开始第三批、第四批督察，利用环保、能耗、安全等限制指标，不达标的企业和产能坚决依法依规处置或关停。这其中环保要求排在首位，是限产的核心指标。

党的十八大以后，生态文明建设的重要性日益提高。党的十八大报告将"四位一体"提升为"五位一体"，在"经济建设、政治建设、文化建设和社会建设"中新加入"生态文明建设"。十八届五中全会审议"十三五"规划建议的时候，提出：实现"十三五"时期发展目标，破解发展难题，厚植发展优势，必须牢固树立并切实贯彻创新、协调、绿色、开放、共享的发展理念。五大理念中将"绿色"摆在更加重要的位置。

十八届三中全会以后，中央成立了全面深化改革领导小组，下设 6 个专项小组。其中包括经济体制和生态文明体制改革领导小组、民主法制领域改革领导小组、文化体制改革领导小组、社会体制改革领导小组、党的建设制度改革领导小组、纪律检查体制改革领导小组。将经济体制和生态文明体制改革并列作为一个小组，充分彰显了生态文明的重要性。党的十八大通过的《中国共产党章程（修正案）》，把"中国共产党领导人民建设社会主义生态文明"写入党章。2016 年，联合国环境规划署又发布《绿水青山就是金山银山：中国生态文明战略与行动》。中国的生态文明建设理念和经验，正在为全世界可持续发展提供重要借鉴。

环境问题严峻，倒逼经济转型。长期以来，我国粗放的发展方式造成了严重的环境污染。从水环境、土壤环境等其他污染来看，我国也面临着比较严重的问题。环境保护部和国土资源部在 2016 年公布的《全国土壤污染状况调查公报》显示，全国土壤总超标率为 16.1%，耕地点位超标 19.4%，重污染企业及周边土壤超标率为 36.3%，固体废物集中处理处置场地土壤超标率为 21.3%。环境保护部在 2017 年公布的《2016 中国环境状况公报》显示：全国地表水 1940 个评价、考核、排名断面中，Ⅳ类、Ⅴ类和劣Ⅴ类水质断面分别占 16.8%、6.9% 和 8.6%（Ⅰ～Ⅲ类是好水）；流域水中Ⅳ类、Ⅴ类、劣Ⅴ类分别占 13.4%、6.3%、9.1%；112 个重要湖泊（水库）中，Ⅳ类、Ⅴ类、劣Ⅴ类分别占 20.5%、5.4%、8.0%；地下水水质为优良级、良好级、较好级、较差级和极差级的监测点分别占 10.1%、25.4%、4.4%、45.4% 和 14.7%。

从长时期看，我国长期以工业、投资作为拉动经济的主要引擎，基建和房地产一直是左右经济波动的核心逻辑，这就导致我们很难走出"短期以经济利益为重，先污染、后治理"的老路。然而我们已经看到，我国如果不摆脱粗放的生产方式，未来必然没有出路，必须着重解决经济转型升级的问题。

4 供给侧改革由破到立的重心转移

供给侧改革"三去一降一补"是先破后立的过程，2018 年政府工作报告中，在 2018 年的工作建议中，李克强总理在首要任务供给侧结构性改革中，已经将新动能、制造强国排在破除无效供给之前。

4.1 发展新经济与科技创新，目标是提高全要素生产率

未来要解决的发展不充分问题，主要是经济增长的质量和效益有待提高，科研创新能力有待增强，依靠提高全要素生产率使经济潜在增长率得到提升。从历史经验来看，每一轮技术革命都将带来经济潜在增速的大幅提升（如工业革命、计算机电子革命等），而对技术革命的重视和激励，则是科技进步的催化剂。供给侧改革的核心任务之一是推进产业转型升级、培育新兴产业和新的经济增长点，而全要素生产率的大幅提升和科技周期的出现，关键还是国家资本的长周期科技投入。

从统计核算的角度，将研发投入按一定条件计入资本形成、完善科技服务业纳入 GDP 的统计，新经济与科技创新对经济增长的贡献得以凸显。2016 年 7 月，国务院批复同意《中国国民经济核算体系（2016）》，新的核算体系调整了研究与开发支出的处理方法，"能为所有者带来经济利益的研究与开发支出"不再作为中间投入而是作为固定资本形成计入 GDP。以现价计算，2017 年全年研发支出为 1.75 万亿元，占 GDP 现价的比重为 2.1%，基本与 2016 年

全年持平。整体来看，20 世纪 90 年代末之后，我国的研发支出与 GDP 现价之比维持快速上行。

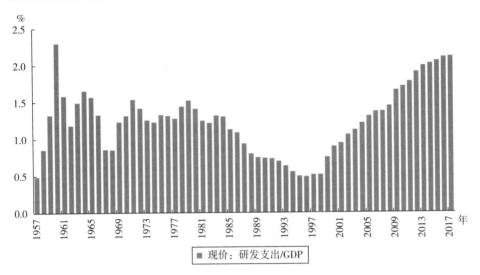

图 2-9 我国研发支出占 GDP 之比，整体维持增长

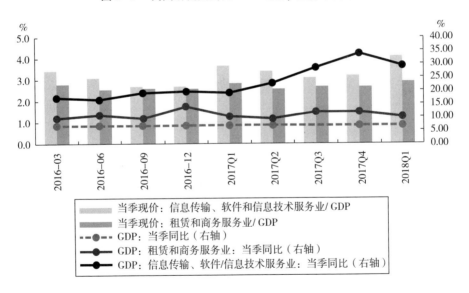

图 2-10 信息技术服务业、租赁和商务服务业 GDP 增速高于整体

从 2016 年第一季度开始，GDP 统计核算中开始单独公布信息传输、软件和信息技术服务业，以及租赁和商务服务业的数据。目前以现价计算的两者之和，占 GDP 的比重已经达到 7%，且以不变价计算的同比增速远高于整体 GDP。

4.2 人、土地与资本在城乡间加速流转

供给侧改革由破到立，其核心是提高全要素生产率，重要的催化剂是促进人、土地与资本在城乡之间加速流转。这在党的十九大报告中体现得最为鲜明。

人的方面，政策在 1 亿人口落户，这会对消费升级带来巨大的潜力。2011年我国人口抚养比达到 34.4% 的历史最低值，人口红利达到峰值，并在此后逐渐衰减。随着人口红利的消失，劳动力数量负增长、储蓄率和资本报酬率下降都成为不可避免的趋势，其对经济增长的贡献不再能保持原有的水平。十八届三中全会提出"推进农业转移人口市民化，逐步把符合条件的农业转移人口转为城镇居民"，2016 年 10 月国务院发布《推动 1 亿非户籍人口在城市落户方案》。

土地方面，政策在农村土地流转和承包经营权延长，这会对农业生产经营带来利好。党的十九大报告提出"保持土地承包关系稳定并长久不变，第二轮土地承包到期后再延长三十年"，延长土地承包期有利于土地经营权流转的持续性和三权分置的稳定运行。第一轮承包是指实行家庭联产承包时算起，我国大部分地区第一轮承包时间为 1983 年前后开始到 1997 年止，承包期为 15年。1984 年，中共中央为了稳定农民预期，正式下发《关于 1984 年农村工作的通知》，明确"土地承包一般应在 15 年以上"，第一次将土地承包期限延长至 15 年以上。1997 年，中共中央再次发文，第二次将全国各地承包地均延长30 年，2027 年到期。党的十九大之后，土地承包权延长到 2057 年到期。

"三权分置"作为制度保障，有助于引导资本向农村布局，整合土地资源，提升农村地区规模经济。在《关于完善农村土地所有权承包权经营权分置办法的意见》中，对农业规模经济的表述是"培育新型经营主体，促进适度规模经营发展"。"三权分置"对农业土地产权界定提供了依据，有助于降低土地流转各环节中的交易成本。农村土地流转改革的终极目的，就在于能够通过对农村土地的整合使用，提高生产效率。在这一过程中，预计资本将逐渐在农村布局，形成农业的规模化经营，提升生产效率。农地经营将从农户单一主体向农户与专业合作社、企业等多主体共营转变。

三、物价

通胀主要的影响因素包括：（1）货币环境存量流动性；（2）经济周期处于上行阶段还是下行阶段；（3）能源价格，油价和电价等有无成本端冲击因素；（4）食品价格，重点关注猪肉、鲜菜和鲜果价格。

我国目前选取 CPI 作为通胀指标。CPI 共调查 8 大类商品：食品烟酒、衣着、生活用品及服务、医疗保健、交通通信、教育文化娱乐、居住、其他用品和服务。根据我们的计算，8 类商品的权重基本可认为与最新的年度最终消费数据中对应门类的占比相符；在食品项目中，猪肉、鲜菜、鲜果等是国家统计局和农业部重点监测的子品类，尤其是猪肉价格，由于其周期性较强，因此会对整体 CPI 产生较为显著的影响。根据我们的测算，猪肉、鲜菜、鲜果在 CPI 中的权重分别约为 2.9%、2.6%、1.5%。

1 我国历史通胀周期的回顾：猪肉和原油价格的影响最关键

回顾 2000 年以来我国通胀的历史表现，我国共经历过三轮比较完整的 CPI "上行—回落"周期。第一轮通胀周期是 2003 年中期至 2005 年第一季度，其间 CPI 同比增速从 2003 年 6 月的 +0.3%，上行到最高点 +5.2%（2004 年 8 月），2005 年 1 月回落到 +1.9%；第二轮通胀周期是从 2006 年第一季度至 2009 年初，其间 CPI 从 2006 年 3 月的 +0.9%，上行到最高点 +8.8%（2008 年 2 月），2009 年 2 月同比跌回 −1.6%；第三轮通胀周期是从 2009 年 11 月至 2012 年下半年，其间 CPI 从 2009 年 11 月的 +0.5%，上行到最高点 2011 年 7 月的 +6.7%，2012 年 10 月跌回 +1.6%。我国央行货币政策对通货膨胀（CPI）的目标值为 +3%，2002 年以后，CPI 只有在这三轮通胀周期中，曾经较长时间保持在 +3% 的目标值以上。

从需求拉动的角度看，这三轮通胀周期都存在需求拉动的因素，CPI 波动与 GDP 运行均存在一定的同步性，但过高的通胀又对实体经济产生了负面反馈。在第一轮（2003—2005 年）通胀周期中，GDP 季度增速始终维持在 9% 以上，且在通胀周期中的波动不大；第二轮（2006—2009 年）和第三轮（2009—2012 年）通胀周期中的 CPI 高点均高于第一轮，国内的高通胀环境以及其间海外金融危机对国内的冲击传导（2008 年美国次贷危机，2011 年欧债危机），对国内实体经济产生了较为明显的负面影响，在通胀达到高点之前，GDP 增速均已开始回落。

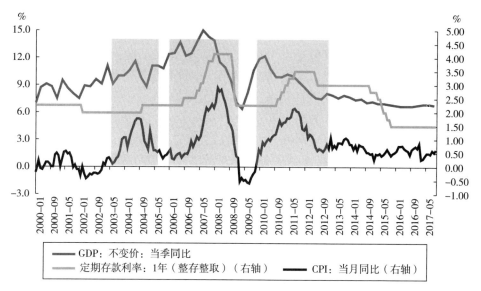

资料来源：Wind，华泰证券研究所。

图 3 - 1　三轮通胀周期中的经济增速、CPI 表现

从成本拉动的角度看，回顾三轮完整的通胀周期，CPI 每一轮快速上行，都对应着油价或猪肉价格的上行周期，或两者兼而有之。猪肉在 CPI 中的权重尽管不算很大，但猪肉价格波动具有显著周期性且波幅较大，2005 年以后，猪肉价格在三轮上行周期中的同比涨幅高点分别约为 + 80%、+ 60% 和 + 30%，对食品类 CPI 的影响较为明显；油价尽管没有对标具体的 CPI 品类，但原油是最重要的能源品种之一，各行业的生产成本都受到油价的直接或间接影响。当原油和猪肉价格的上行周期出现叠加时，CPI 将面临较强的通胀压力，2008 年和 2011 年的高通胀情景均是如此。

2014 年至 2018 年，猪肉价格与油价由于各自的原因没有呈现叠加状态，是国内 CPI 没有走高的重要原因。值得注意的是，猪肉价格周期在 2015 年再次出现了上行，但同期我国并没有出现明显的通胀压力。这一方面是由于猪肉价格周期的波动在收窄，在本轮猪肉价格周期中，生猪养殖业并未出现类似前两轮周期的明显补栏过程，猪肉供给波动不大，猪肉价格的波动相对温和；另一方面，由于美元走强、需求预期偏弱等外生因素，国际原油价格在 2014 年下半年大幅下跌，从 2014 年第三季度至 2016 年第三季度，油价同比涨幅均为负增长，对国内通胀的成本端推动并不明显。

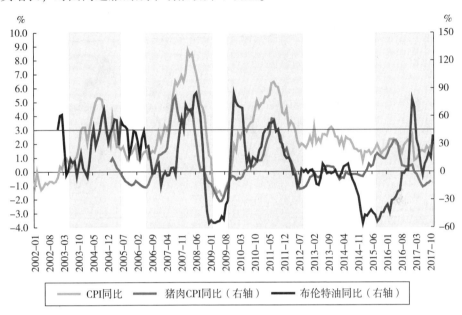

资料来源：Wind，华泰证券研究所。

图 3 - 2 整体 CPI、猪肉 CPI 及油价同比涨幅的历史回顾

1.1 历史猪肉价格周期回顾

在 CPI 食品篮子的猪肉、鲜菜、鲜果三大主要品类中，猪肉价格波动的周期性最明显。猪肉价格的传导链条为"猪肉产量（供给）下降—猪肉价格上涨—养殖户补栏—生猪出栏，猪肉供给增加—猪肉价格下降—养殖户减少补栏，猪肉产量（供给）下降"。该传导过程涉及的各市场主体在做决策时都可能有时滞，同时从养殖户增加补栏、到仔猪成长出栏需要一定的时间，从历史经验来看，一轮完整的猪肉价格周期可能要持续三年甚至更长时间。2005 年以后，我国猪肉价格经历了三轮周期，猪肉价格在每轮周期中的波动，是历来影响我国 CPI 的重要因素之一。

回顾我国 2005 年以来的三轮猪肉价格周期，第一轮周期中，猪肉价格从 2006 年第二季度开始上涨，2008 年初见顶，2009 年 5 月触底；第二轮周期中，猪肉价格从 2010 年第二季度启动上涨，2011 年第三季度见顶，随后震荡下跌，2014 年第一季度末猪肉价格触底；第三轮周期中，猪肉价格从 2015 年第一季度开启新一轮上涨，2016 年 6 月达到历史高点，之后开始回落。不过在第三轮周期中，无论是猪肉价格本身的同比涨幅波动，还是猪肉价格变化带动的养殖户补栏周期，都呈现出波动性下降、振幅收窄的特征。

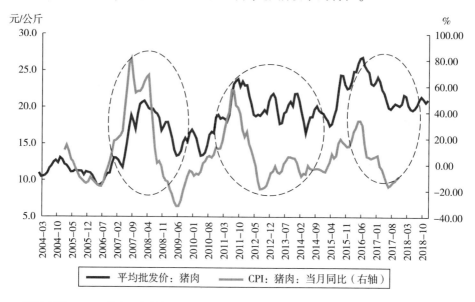

资料来源：Wind，华泰证券研究所。

图 3-3　猪肉价格和 CPI 篮子中的猪肉项目同比增速的对比

1.2　油价影响因素及对通胀的弹性分析

1.2.1　影响石油价格的因素

油价的影响因素，可分为金融因素和非金融因素两大类。首先从金融因素的角度看，油价受到美元指数的强弱以及金融机构的炒作因素影响。

美元指数与大宗商品价格之间存在一定的负相关性，因为美元的强弱不仅从大宗计价货币的角度对其价格产生直接影响，而且由于美元走强的动能来自美国和其他经济体的动能差异，美元周期的背后也暗含着全球经济增长的大周期。当美元进入强势周期时，新兴市场承受着资本流出的压力，经济受到冲击；当全球都逐渐进入一致复苏时，美元的比较优势就会被削弱，开始进入弱势周期。同时，原油作为重要能源产品，也有很多对标的金融衍生品，金融机构的炒作也是影响油价的重要因素。当市场接收到利多/利空油价的信息，油价存在上涨/下跌的预期时，金融机构对原油期货往往会有大手笔的增减持，这往往会放大油价的波动。

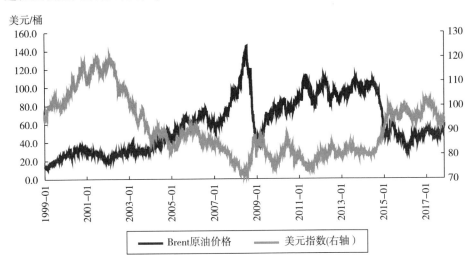

资料来源：Wind，华泰证券研究所。

图 3 – 4　油价和美元指数的负相关性较强

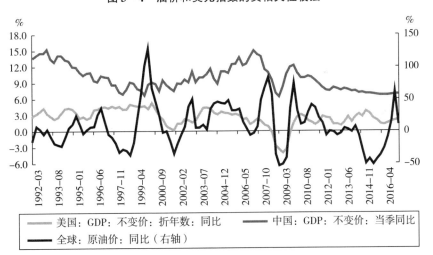

资料来源：Wind，华泰证券研究所。

图 3 – 5　油价和主要经济体需求侧的正相关性较强

影响原油价格的非金融因素，又可再分为需求端和供给端。对于需求端从历史经验来看，油价的走势与全球经济增速，尤其是主要经济体 GDP 增速之间存在一定的正相关性，需求端稳定向好将有望带动油价中枢温和抬升。对中国而言，我国对全球原油消费边际增量的贡献率在最近十年间出现明显增长。根据我们的测算，2005—2010 年，中国原油消费增长对其间全球原油消费增长的贡献率超过六成；2010—2015 年，中国对其间全球原油消费增长的贡献率为 41%。不过需要重视的是，在需求端，中长期而言，未来新能源汽车替换传统汽油动力汽车、乙醇作为汽油的替代能源等因素，可能制约着油价的上行空间。

从供给端的角度来看，美国页岩气产能扩张—开采成本下降，以及中东—俄罗斯原油联合限产协议的执行情况，是两大核心因素。原油作为全球最为重要的商品之一，是社会经济运行的发动机，因此世界上有很多国际组织都会对全球原油能源市场有专门的研究。主要的国际能源组织包括石油输出国组织（OPEC）和国际能源署（IEA），经济合作与发展组织（OECD）和世界银行（World Bank）也均设有专门研究能源供需的部门。

石油输出国组织（OPEC）现有的 14 个成员国是：沙特阿拉伯、伊拉克、伊朗、科威特、阿联酋、卡塔尔、利比亚、几内亚、尼日利亚、阿尔及利亚、安哥拉、厄瓜多尔、委内瑞拉、加蓬，不仅包括了主要的中东产油国，非洲、南美的主要产油国也在其中。OPEC 中沙特阿拉伯、伊朗、伊拉克、科威特的原油产量最高。非 OPEC 国家中俄罗斯的原油产量最高，与沙特阿拉伯的产量较为接近。北美地区（美国、加拿大、墨西哥）也是原油主要供给产地之一。

原油出口方面，沙特阿拉伯、伊朗、伊拉克、科威特和阿联酋在 OPEC 国家中出口量最大，非 OPEC 国家中俄罗斯、加拿大是主要的出口国。2015 年沙特阿拉伯平均出口量为 7163 千桶/天，占全球的 17%、OPEC 国家的 30%。俄罗斯排名第二，出口量约为 4900 千桶/天。

原油进口方面，欧洲是进口量最大的地区，美国、中国、印度、日本则是进口量排名前四的单个国家。中国原油进口量近年来维持较高速度增长，根据海关和国家统计局的数据，2017 年原油对外依存度（进口量/消费量）已经接近 70%。而美国得益于本国原油产能的提升，原油进口量整体上在下降，有可能很快被中国超过。另外，印度的原油消费和进口增长也较快。

2016 年 12 月 10 日，OPEC 与部分非 OPEC 产油国达成了 2001 年以来首个联合减产协议，非 OPEC 产油国同意减产 55.8 万桶/日以配合 OPEC 的 120 万桶/日减产计划，非 OPEC 产油国减产额度中有 30 万桶/日由俄罗斯贡献，该计划自 2017 年 1 月开始正式执行。该消息使布伦特油价由 46 美元/桶拉升至 55 美元/桶的 2017 年第一季度中枢水平。2017 年 5 月，在减产期限临近到期之际，OPEC 与俄罗斯等国同意将原油减产协议延长 9 个月至 2018 年 3 月，维持总共约 176 万桶/日的减产幅度不变。在不限制伊朗、利比亚和尼日利亚产量的基础上，没有新的非 OPEC 产油国加入减产计划。但此次延长限产消息放出后，布伦特油价不涨反跌，2017 年第二季度末一度跌回 45 美元/桶左右。

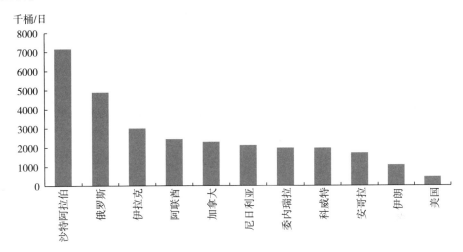

资料来源：Wind，华泰证券研究所。

图 3−6　各国原油出口量对比（2015 年）

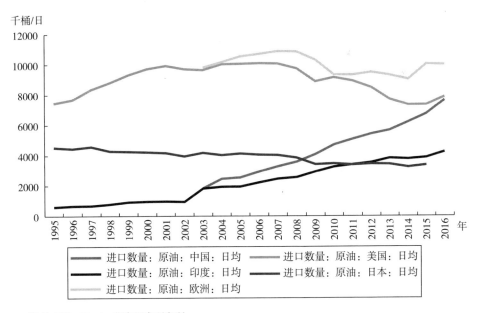

资料来源：Wind，华泰证券研究所。

图 3−7　各国原油进口量对比

原因或在于：其一，OPEC 和非 OPEC 产油国协议压缩的总产能（176 万桶/日）只占全球总产量（2017 年 3 月为 9630 万桶/日）的不到 2%，压缩产能对基本面改善的实际贡献有限；其二，联合减产协议本身存在道德风险，其他产油国看到油价反弹存在扩产动机；其三，美国页岩油生产技术改进后开采成本下降，油价反弹到 50 美元/桶以上时，部分页岩油企已经存在盈利空间，可以重新复产，页岩油钻井开工、复产的信息也会打压市场预期。综上所述，单纯地延长限产期限而不是扩大限产规模，对油价的预期提振效果仍在，但不会非常强劲。

地缘因素和政治因素也对油价有重要影响。暴恐袭击、地缘冲突、政局不稳等因素都可能在一段时期内推动油价上涨，市场尤其关心全球原油重要输出地区——中东的地缘局势。以 2017 年第三季度至年底推动油价反弹的因素为例，7—8 月受益于美元指数走弱，9 月则受益于主要经济体需求改善的预期、中东地缘局势紧张、金融投机因素的助推。2017 年末沙特王储萨勒曼掀起以"反腐"为名义的内部政治斗争，多位沙特王子落马。萨勒曼对伊朗、卡塔尔等周边邻国的态度偏鹰派，沙特阿拉伯国内政治斗争激化。

而美国宣布将驻以色列大使馆迁至耶路撒冷，又给中东局势加入了新的不确定性因素。2017 年 12 月，美国宣布将美国驻以色列大使馆迁至耶路撒冷。除以色列以外，此举受到各国和国际组织谴责，欧盟、联合国、巴勒斯坦等中东国家反对美国驻以色列大使馆迁至耶路撒冷，因为在中东地缘政治冲突中，耶路撒冷的性质是各方争议的焦点。以色列宣称这座城市的东西部都是其"永恒的、不可分割的首都"；而巴勒斯坦也认为东耶路撒冷是自己的首都。以色列于 1967 年占领东耶路撒冷，并于 1980 年通过立法正式侵占该地，但国际社会并不承认以色列的占领做法，各国驻以色列大使馆大都设在特拉维夫。从历史经验来看，中东紧张局势加剧可能会对油价产生一定的刺激作用。以巴勒斯坦—以色列冲突为例，在 2002 年 3 月、2008 年末、2012 年 11 月双方冲突局势加剧后，油价均出现过短期快速上行。我们将在下一部分中详细回顾地缘政治与石油价格走势的历史。

除上文提到的沙特阿拉伯政治风险、巴以紧张局势加剧、中东地区局部战争风险等不可控因素可能推动油价上行以外，从大国博弈的视角来看，高油价也是对美国有利而对中国不利的。此前从 2014 年第三季度开始，一直到 2016 年初，布伦特油价从 110 美元/桶左右跌到 30 美元/桶以下。当时美国页岩油生产成本仍然较高，高于中东等主要产油国，在超低油价环境下，页岩油产业处于亏损状态，当时美国页岩油钻井开工数持续下降。但美国并非资源出口依赖型国家，国内经济并未受到很明显的冲击，反而趁着低油价大量积累原油储备。相反，类似俄罗斯这样严重依赖资源（原油）出口的国家，2015—2016年的低油价对其经济产生了较大负面影响。在这几年中，美国页岩油产业继续迎来技术进步，生产成本进一步下降，而油价在 2016 年第一季度之后迎来反弹，布伦特油价在 2016 年中期至 2017 年第三季度的大部分时间均处于 50～55 美元/桶的区间，在这个价格区间内，页岩油产业已经可以实现盈利和产能扩张。

在特朗普当选新任美国总统后，他的对外政策态度，尤其是对中国这样持续崛起中的大国的整体态度，是竞争大于合作。由于我国原油供给在相当程度上依赖进口（2016 年进口依存度为 66%），且高油价可能引发的输入型通胀将对货币政策产生较大压力，从大国博弈的视角来看，高油价目前是对美国有利而对中国较为不利的。我们认为，长期来看，油价未来走势将取决于产油国限产协议的继续推进，美国原油生产能否继续挑战现有全球供给格局，以及美元周期，全球需求端何时显著复苏。

1.2.2　油价大幅上行可能使通胀预期自我实现：海外石油危机的经验

海外历史经验也显示，油价的大幅上行，可能使通胀预期自我实现、通胀中枢显著上移。最典型的例子就是 20 世纪 70 年代的石油危机。在两次石油危机期间，主要发达国家（石油进口国）以美国和日本为例，其通胀和 PPI 增速持续上升，尽管美国关注的核心 PCE（消费物价指标）剔除了油价，但油价作为最重要、最受关注的能源价格之一，其价格的快速上涨带动了各行各业"未来仍将涨价"的预期，进而推动整体实际价格持续攀升，核心 PCE 增速略微滞后于 CPI，也呈现上涨。失业率则又稍微滞后于核心 PCE 出现上升，也就是说，在两次石油危机期间，美国面临着经济停滞、失业率走高与通胀高企并存的滞胀局面。

在两次石油危机期间，为了抑制通胀预期，美联储均选择了加息操作，在通胀刚显露出快速上行苗头时就上调了联邦基金利率。尤其是在里根当选美国总统的前后，受石油价格急升影响，美国通胀水平快速提升，1979 年 3 月美国 CPI 同比增速冲破 +10%，1980 年 3 月达到高点 +14.8%，超过第一次石油危机时期，成为第二次世界大战后美国面临的最严重通胀。

1979—1981 年，时任美联储主席沃尔克两次把美国联邦基金利率上提到接近 20%，不惜以快速加息、冲击实体经济为代价，压制住了严重的通胀局面。快速加息的"后遗症"就是失业率上升和经济减速，在美联储加息后，1975 年和 1980 年美国均出现季度 GDP 同比增速转负的情况。

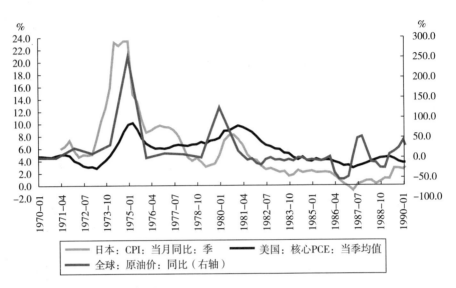

资料来源：Wind，华泰证券研究所。

图 3 - 8　两次石油危机使美国和日本通胀快速上行

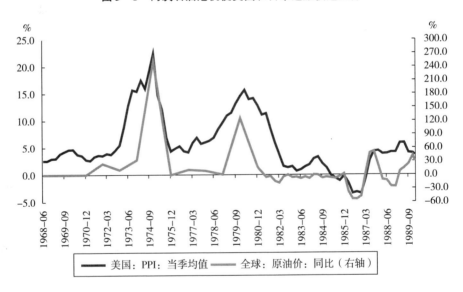

资料来源：Wind，华泰证券研究所。

图 3 - 9　美国 PPI 在石油危机期间受油价上涨拉动上行

日本于 20 世纪 70 年代末启动对钢铁行业的去产能，而启动去产能的时点，恰好与两次石油危机有一定的重叠。在日本当时去产能的过程中，钢铁行业产量和产能变化对 PPI 上升有一定贡献，但不是最主要的原因（1979—1980

年，日本 PPI 整体同比年均增长 5.5 个百分点，而日本钢铁行业 PPI 同比年均增速仅为 + 2.1%)，实际上，第二次石油危机导致油价上升，才是当时日本 PPI 迅速上行的主要驱动因素。

油价上行带动当年日本 PPI 上行，也向 CPI 产生了一定的传导，CPI 的波动滞后 4 ~ 5 个月。从峰值看，PPI 同比从 1978 年 10 月的 - 1.7% 升至 1980 年 5 月的 18.4%，上涨 19 个月，涨幅为 20 个百分点；CPI 同比从 1979 年 3 月的 2.7% 升至 1980 年 9 月的 8.7%，上涨 18 个月，涨幅为 6 个百分点。在 1978 年以来钢铁成为萧条行业、启动去产能之后，PPI 和 CPI 确实出现了明显上升的趋势，但综合而言，日本 20 世纪 70 年代末的通胀实际上是外部冲击、经济转型和行业发展变化三者合力的结果。

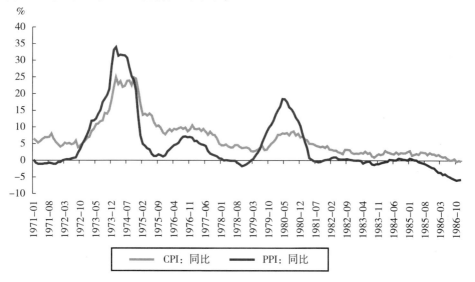

资料来源：Wind，华泰证券研究所。

图 3 - 10   日本在石油危机期间：PPI 对 CPI 的传导较为明显，滞后 4 ~ 5 个月

1.3   地缘政治与石油价格历史回顾

梳理影响油价波动的突发性因素，地缘政治是一个绕不开的视角。历史上的第四次中东战争、第五次中东战争、海湾战争、巴勒斯坦—以色列冲突、伊朗核问题等事件，均成为油价上涨的重要触发点。我们系统梳理了 20 世纪 70 年代至今的地缘政治事件，尤其是中东的战争和政治事件对油价的影响。由于可得的布伦特原油基准价格最早可追溯到 1988 年，在选取油价观察指标的时候，我们对 1970—1988 年选取美国进口原油名义价格进行观察，而 1988 年至今则使用布伦特原油价格。历史数据显示,尽管存在一定的价差,但两者的走势基本一致,均可反映出地缘政治事件对国际油价的影响。

1.3.1 1970—1990 年:第一次、第二次石油危机和两伊战争

1.3.1.1 1973 年 10 月至 1974 年 3 月,第四次中东战争—第一次石油危机,其间油价累计上涨约 210%

受第四次中东战争的影响,阿拉伯国家决定对支持以色列的西方国家实施禁运,导致了第一次石油危机。1973 年 10 月 6 日,埃及、叙利亚共同对以色列发起进攻,第四次中东战争爆发。美国于 1973 年 10 月 19 日宣布对以色列提供 22 亿美元军事援助,此举激怒了阿拉伯产油国,利比亚当天宣布向美国禁运石油。1973 年 10 月 20 日,沙特阿拉伯等海湾产油国一致行动,对美国、欧盟禁运石油。阿拉伯产油国对西方国家实施一致原油禁运,引发了国际市场对原油供给端的担忧。尽管第四次中东战争于 1973 年 10 月 26 日结束,但阿拉伯产油国的禁运政策一直持续到 1974 年 3 月 18 日。

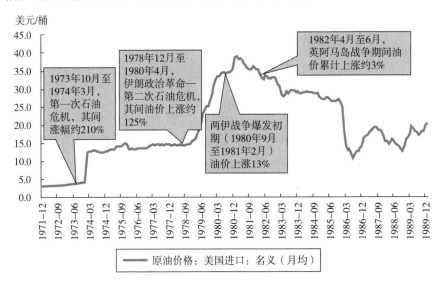

资料来源:Wind,华泰证券研究所。

图 3-11 1970—1990 年地缘政治影响油价的主要大事记

从月度均价而论,从 1973 年 10 月至 1974 年 3 月,油价从 4.08 美元/桶涨至 12.73 美元/桶,其间上涨超过两倍,引发了第一次石油危机。供给端石油产量的短缺直接刺激了油价的上涨,阿拉伯产油国报复性的减产和石油禁运是本次油价上涨的主要原因。

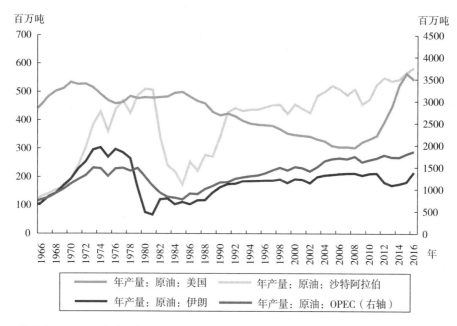

资料来源：Wind，华泰证券研究所。

图 3 – 12　美国和中东主要产油国的原油年产量对比

1.3.1.2　1978 年 12 月至 1980 年 4 月，伊朗政治革命—第二次石油危机，其间油价上涨约 125%

1978 年 12 月，当时的世界第二大石油出口国伊朗的政局发生了剧烈变化，伊朗亲美的温和派国王巴列维下台。伊朗石油产量和出口受到较为明显的负面影响，从而引发了第二次石油危机。受伊朗政治革命影响，从 1978 年 12 月到 1979 年 3 月初，伊朗中止石油出口 60 天，加剧了国际油价动荡和供应紧张。油价从 1978 年 12 月的均价 14.9 美元/桶开始一路上涨，一直到 1980 年 4 月涨至 33.5 美元/桶左右才基本稳定，其间涨幅 124.5%。

1.3.1.3　1980 年 9 月至 1988 年 8 月，两伊战争期间油价整体下跌 58%，但战争爆发初期 1980 年 9 月至 1981 年 2 月油价曾经上涨 13%

伊朗和伊拉克的两伊战争于 1980 年 9 月爆发，持续八年之久，于 1988 年 8 月结束。在整个战争期间，油价从 1980 年 9 月的 34.46 美元/桶跌至 1988 年 8 月的 14.32 美元/桶，累计下跌 58%，但在战争爆发初期，即 1980 年至 1981 年初，伊拉克全面进攻、伊朗组织边境防御和反攻，受战争对地区原油生产、出口产生负面冲击预期的影响，油价在 1980 年 9 月至 1981 年 2 月曾经上涨约 13%。

尽管有两伊战争的影响，但油价在20世纪80年代整体呈现震荡下行的原因，可能是20世纪80年代初期主要西方国家经济受到此前的第二次石油危机冲击，货币政策先后转为收紧，经济趋势陷入滞胀格局。经济走弱拖累原油消费，从数据上观察到欧盟、美国、日本的石油年消费量均从1979年开始下行，到1983年原油消费需求才有所回升。这可能是20世纪80年代油价整体走弱的主要原因。

1.3.2　1990—2000年：焦点围绕伊拉克：海湾战争、对伊军事行动"沙漠之狐"

1.3.2.1　1990年8月至1991年2月，海湾战争—第三次石油危机，油价在1990年8月至10月快速上涨超过30%

1990年8月，以伊拉克攻占科威特为标志，海湾战争爆发。联合国决议对伊拉克实施国际经济制裁，以美国为首的多国部队对伊拉克发动进攻，使伊拉克对外的原油输出中断。海湾战争从1990年8月持续到1991年2月，油价从1990年8月海湾战争爆发时的均价26.1美元/桶，到1990年10月的34.7美元/桶的高点，在两个月内快速上涨约33%，随后回落。

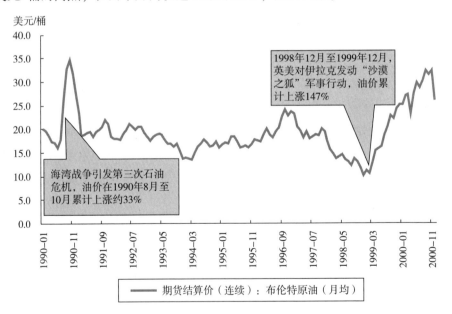

资料来源：Wind，华泰证券研究所。

图3-13　1990—2000年地缘政治影响油价的主要大事记

海湾战争的酝酿、爆发与缓和，是本轮石油价格出现显著波动的主因。在战争爆发之初，国际油价连续快速上涨，不过，以沙特阿拉伯为首的 OPEC 国家（除伊拉克以外）迅速增产以稳定原油市场。随着海湾战争战况逐渐明确，美国取得显著优势，市场情绪逐渐修复，油价也逐渐回落并在其后数年间基本保持稳定。

1993 年 9 月，伊拉克和科威特双方达成共识，签署了奥斯陆协议，决定以和谈的方式去解决双边争端，科威特石油生产逐渐恢复到战前水平，油价在随后的三个月内，从 1993 年 9 月的 16.3 美元/桶回落至 1993 年 12 月的 13.7 美元/桶。

1.3.2.2　1998 年 12 月英美对伊拉克发动"沙漠之狐"军事行动，1998 年 12 月至 1999 年 12 月油价上涨 147%

早在 1991 年 4 月海湾战争结束后，联合国安理会就通过了海湾战争正式停火的 687 号决议，并成立特委会，专门负责核查、销毁伊拉克大规模杀伤性武器。核查过程中多次出现伊拉克方面阻碍武器核查的事件，事态数次面临升级，最终在 1998 年 12 月，英美决定对伊拉克实施"沙漠之狐"军事行动，伊拉克地区事态再度升级。

在 1998 年 12 月的"沙漠之狐"军事行动前，油价正处于 1996 年第四季度以来的低点，均价仅为 10.2 美元/桶。美国、英国对伊拉克发动空袭的军事行动持续时间并不长，当月就已结束，但出于对地区局势紧张激化的担忧，油价从 1998 年 12 月开始持续上涨。1999 年 12 月，联合国安理会通过 1284 号决议，决定取消伊拉克石油出口上限，伊拉克地区事态初步缓和。从 1998 年 12 月到 1999 年 12 月，一年之间，油价从 10.2 美元/桶上涨到 25.2 美元/桶，其间涨幅接近 150%。

1999 年同期全球经济从金融危机的冲击中逐渐恢复，这也是推动油价反弹的重要因素之一。1997 年的亚洲金融危机对全球市场产生了冲击，东南亚及部分国家经济增长受挫，直接影响了石油需求预期。从 1999 年初开始，全球经济回暖，需求持续修复，逐渐带动原油价格回升。

1.3.3　2001—2010 年：巴以冲突、伊拉克战争和伊朗核问题

1.3.3.1　2002 年 3 月至 4 月，巴以双方矛盾激化，一个月内油价累计上涨 7.5%

巴勒斯坦、以色列双方对耶路撒冷的主权争端由来已久，双方均认为耶路撒冷是自己的首都，历次中东战争中，对耶路撒冷的争夺也都是焦点之一。2000 年 9 月，时任以色列反对党利库德集团领导人沙龙强行进入位于耶路撒冷的圣殿山地区，这一举动引发巴以双方对峙升级；2002 年 3 月 29 日，以色

列向巴勒斯坦总部发动突然袭击，时任巴勒斯坦总统阿拉法特被以色列"控制"，双方矛盾因此而进一步激化。油价从 2002 年 3 月的均价 24.2 美元/桶，涨至 2002 年 4 月的均价 26 美元/桶，一个月涨幅约 7.5%。

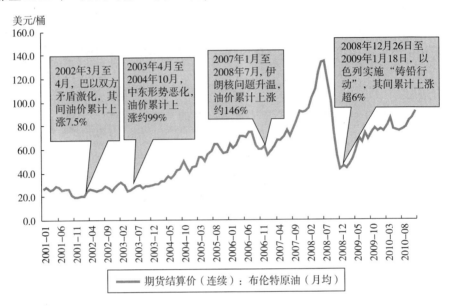

资料来源：Wind，华泰证券研究所。

图 3 – 14　2001—2010 年地缘政治影响油价的主要大事记

巴以双方均非原油主要产出国，其双边冲突影响油价上涨的机理，主要是双方的冲突事态升级可能导致恐怖袭击更频繁发生、地区不稳定性上升，市场担忧事态升级可能会对中东其他产油国形成影响。

1.3.3.2　2003 年 4 月至 2004 年 10 月，美国再次对伊拉克发动战争，中东形势恶化，油价本轮涨幅几乎翻倍

2003 年 3 月底，在"9·11 恐怖袭击事件"的一年半后，美国以消除恐怖主义威胁为名，再度对伊拉克动武。2003 年 4 月中旬，小布什宣布伊拉克战争的主要军事行动已经结束，联军"已经控制了伊拉克全境"。但美国在伊拉克境内的零散军事行动，此后一直持续了长达八年之久。

2003 年的伊拉克战争可以说是油价启动上涨的重要触发点，油价从 2003 年 4 月的 24.8 美元/桶开始上涨，一直到 2004 年 10 月达到 49.4 美元/桶之后才出现了阶段性回调，在一年半的时间内累计上涨约一倍。

2003 年当年，伊拉克原油产量受到了较为明显的冲击，从 2004 年开始，其原油产量逐渐恢复到战前水平（约 2000 千桶/日），但战后伊拉克经济、社

会等各方面恢复较慢，石油设施也不断遭受破坏袭击。此后中东地区恐怖主义活动日趋活跃。同期全球经济正处于复苏扩张阶段，叠加期间美元处于弱势周期，油价由此进入了显著上行轨道。

1.3.3.3　2007 年 1 月至 2008 年 7 月，伊朗核问题触发油价上涨，2008年 7 月达到历史最高点 135 美元/桶

从 2006 年末至 2008 年，伊朗核问题逐渐升级。由于伊朗拒绝停止开展铀浓缩活动，联合国安理会先后在 2006 年 12 月、2007 年 3 月和 2008 年 3 月通过决议，对伊朗实施多方位的制裁，包括对伊朗核设施、弹道导弹等相关设备进出实施禁运，对涉及伊朗核计划和弹道导弹项目的个人及实体实施资产冻结等。

伊朗核问题升级成为油价又一轮快速上行的触发点，而随着原油相关期货市场逐渐发展成熟，油价波动的预期可能被金融投机行为放大实现了。布伦特油价从 2007 年 1 月的均价 54.6 美元/桶，一路上升至 2008 年 7 月次贷危机爆发前夕，达到 135 美元/桶的历史最高点，其间涨幅约 150%。随后因美国次贷危机导致国际金融危机的爆发，各类资产价格普遍出现了较大幅度的下跌。到 2008 年 12 月，布伦特原油当月均价跌至 43 美元/桶。

1.3.4　2010—2017 年：利比亚战争和英国脱欧

1.3.4.1　2011 年 2 月至 4 月，利比亚内战爆发后的两个月内，油价上涨超过 20%

2011 年 2 月 17 日，利比亚国内反对派和卡扎菲政府之间的对立出现激化，事态呈现民众大规模抗议—武装暴乱—政府军武力镇压的逐步升级，利比亚内战爆发。随后，随着西方国家的介入和干预，利比亚内战演变成西方国家与中东—北非地区的国际战争。

受此影响，布伦特原油价格从 2011 年 2 月的 104 美元/桶开始上涨，2011年 4 月，布伦特油价达到 2008 年次贷危机结束后的最高点，当月均价约为 123美元/桶，油价两个月内上涨约 20%。主要产油国之一的利比亚国内的动乱，是加速本轮油价上行的主要因素之一。

1.3.4.2　2016 年 6 月 23 日，英国超预期公投决议脱欧，2016 年 6 月 24日至 7 月 29 日，油价累计下跌 12%

2016 年 6 月 23 日，英国举行脱欧公投，超出市场预期的结果是，约 52%的民众投票支持脱欧，该事件引发了美元、英镑、英国股市、黄金、原油等资产的震荡。2016 年 6 月 22 日脱欧公投前夕，布伦特油价约为 50 美元/桶，在公投脱欧结果公布后，2016 年 6 月 24 日，油价从前一天 51 美元/桶的高点跌

至 48 美元/桶，此后一个多月内，油价一路震荡下行跌至 7 月末的 42 美元/桶，布伦特原油价格从 2016 年 6 月 24 日到 7 月 29 日累计下跌约 12%，直到 2016 年 8 月才逐渐开始回升。

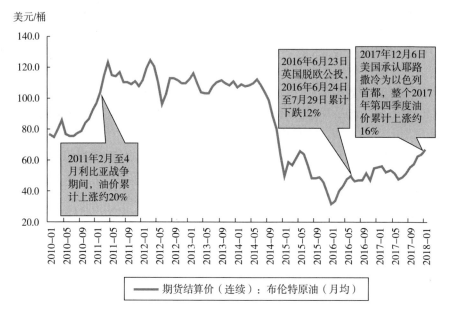

资料来源：Wind，华泰证券研究所。

图 3 – 15　2010—2017 年地缘政治影响油价的主要大事记

在英国脱欧公投结果出来前，市场普遍预期其不会脱欧，如果公投结果是英国留在欧盟，则大宗商品价格的震荡可能较小；多数民众投票给脱欧的这一超预期结果，对英镑形成较大的负面冲击，英镑兑美元出现短期贬值，从 6 月 23 日的 1.5018 一路下跌至 6 月 27 日的 1.3224，美元对应被动升值，对油价形成压制。同时，英国决议脱欧后还需要较为"漫长"的流程，需要和欧盟商讨此后新的双边出入境、贸易等规则，对双方经济都可能产生一定的中期潜在负面影响。此后一个月内，油价的下跌既是受美元走强的影响，也反映了市场认为英国脱欧后双边经济都可能受到一定负面影响的预期。

1.3.4.3　2017 年第四季度，地缘政治事件包括沙特阿拉伯反腐、美国宣布将驻以色列大使馆搬迁至耶路撒冷、伊朗国内示威游行激化等，整个 2017 年第四季度油价累计上涨约 16%

2017 年第四季度，中东地缘政治局势相当"不太平"。2017 年 11 月，沙特阿拉伯国内掀起以"反腐"为名的政治斗争，引发市场对其政局稳定性的担忧；2017 年 12 月，美国宣布将驻以色列大使馆迁到耶路撒冷，此举等同于单方面承认该市是以色列的首都，可能会打破巴以双方的暂时平衡，存在激化矛盾的可能性；而从 2017 年 12 月 28 日开始，伊朗国内的一系列对政府不满的示威游行活动呈现激化态势，此时美国政府又横生枝节，特朗普在媒体上称"鼓励争取自由"，对伊朗示威民众表示支持。市场担忧伊朗暴乱可能会影响到其原油生产和出口，2018 年 1 月 4 日，布伦特油价盘中一度升破 68 美元/桶。在整个 2017 年第四季度中（从 2017 年 9 月 30 日到 12 月 31 日），布伦特油价从 2017 年 9 月 29 日的 58 美元/桶，上涨到 2017 年 12 月 29 日的 67 美元/桶，其间累计上涨约 16%。

1.4 国内油价应参考哪个基准

1.4.1 原油的基准定价模式演变：从官价和会员价到现货基准价

官价和会员价：20 世纪 70 年代以前，国际原油贸易主要集中在几家大的石油公司之间，进行所谓的会员制的交易。生产国政府在考虑了大的石油公司之间贸易产生的影响后，根据国际原油的供需情况，严格制定出国际原油价格，并在交货港以船上交货价（FOB）的形式销售。到了 20 世纪 80 年代，现货市场逐渐成熟起来，原油贸易逐渐选择现货交易方式进行，在大量交易的背后，现货市场逐步具备了价格发现功能，与此同时引发了原油价格定价方式的变革，从而逐渐替代了由政府决定的定价方式。20 世纪 80 年代中期，几乎所有的 Term – Contract 都直接或间接地以现货市场价格来定价。

现货基准价（Benchmark）：20 世纪 80 年代现货市场的繁荣得益于现货基准价（Benchmark）机制的出现，用来作为相似品质、邻近产区的原油价值评定的参考指标。另外，在一定程度上方便了交易双方的议价，有利于扩大交易水平，提高市场的流动性。因为 Benchmark 基准的原油品质标准统一、产量较高、供应链安全，以及销售途径多样，市场此后逐渐使用并接受了 Benchmark 基准的成交方式。

1.4.2 全球主要地区的原油定价基准各异

欧洲原油现货的基准是 Dated Brent，这是一种带船期的北海布伦特原油现货价格。欧洲最早的国际原油基准是 Forties，但随后被产量更大的布伦特原油所代替。到了 20 世纪 80 年代末期，布伦特原油的产量有所降低，但在 1990 年，邻近产区 Ninian 出产的原油，与原来的 Brent 共同组成了新的 Brent Blend 品种，从而稳定了 Brent 基准原油的产量。到了 2000 年，产地、油质都比较稳定接近的 Brent Blend 原油、UK Forties 原油和挪威的 Oseberg 原油实现了共同定价。到了 2007 年,挪威的 Ekofisk 原油也加入这个定价体系,从而组成了现在的 BFOE(Brent、Forties、Oseberg、Ekofisk)基准品种。参考欧洲原油现货基准定价的原油产区,包括欧洲原油产区、大洋洲原油产区、西非原油产区以及俄罗斯乌拉尔油产区。

中东市场最早的 Benchmark 是阿拉伯轻质原油(Arab light),但是随后被 Dubai 原油所取代。虽然 Dubai 原油并不完全符合作为 Benchmark 的标准,但是该基准能够长期存在的主要原因是 Dubai 代表着高硫、重质这种现货的市场标准。随着产量的减少,Dubai 原油的价格发现功能逐渐被 Oman 原油所取代。Dubai 原油和 Oman 原油共同组成了中东原油价格的基准。特别是中东一些产油国家的官价也都是挂靠于这两种原油价格。参考 Dubai/Oman 价格体系进行报价的地区有中东、中亚以及俄罗斯远东地区以及绝大多数的亚洲地区。也就是说,中国原油价格体系主要参考 Benchmark 中东的 Dubai/Oman 价格。

美国原油存在特殊情况,由于原油曾被限制运出美国,因此美国原油基准参考期货价格。1983 年,WTI 被选为 Nymex 交易所的期货合约品种。WTI 同样也不完全符合 Benchmark 的标准,主要是因为美国限制战略能源物资出口,所以它只能在内陆交易,因此远离国际市场。WTI 成功成为 Benchmark 的关键,是因为它的交易流动性很好,同时交易所里面的期货交易量较大。但是 WTI 也存在一定的不稳定性,主要是因为它通过内陆管线运输,使 WTI 受到一些与其本身生产并不相关的因素的影响,比如其他州的产量过剩,某个小的管线的破裂,某次交易的挤兑现象,甚至天气原因。美洲大陆剔除个别南美洲国家以外都参考 Benchmark WTI 进行定价。

全球交易最为活跃的原油期货有三个,即英国洲际交易所(ICE)的北海布伦特(BRENT)原油期货、纽约商品交易所(NYMEX)的西得克萨斯轻质原油(WTI)期货以及迪拜商品交易所(DME)的 Oman 原油期货。由于原油期货的交易活跃,原油价格发现、风险对冲以及投机交易成了它的主要功能,在 BRENT 市场和 WTI 市场很少有交易者直接通过原油期货来进行现货交割,部分亚洲参与者直接交割 DME 的 Oman 原油期货。

1.4.3 我国油价的参考基准及对物价的传导机制

首先,在研究油价对物价的冲击之前要搞清楚油价应该参考哪个原油基准,因为原油运输成本较高,不同产油区之间的基准价格虽然长期走势基本一致,但是也有可能出现阶段性的偏离。其次,原油价格对 PPI 的影响更为直接,因为原油本身就是石油化工工业的上游原材料,直接决定了石油化工品的出厂价格,而原油炼化成品油价格则会影响运输价格,形成价格的进一步向下游传导。最后，CPI 和原油之间的关系主要是原油传导至成品油价格，再由成品油价格向居民 CPI 传导。

根据我们的测算，我国原油消费的对外依存度逐年上升，2017 年 12 月已经接近 70%，也就意味着本国原油价格权重仅为 30%，海外原油价格变化对我国影响更大。我们按照产地统计了我国进口原油参考的价格基准，大致测算了所参考的价格体系。我们发现，从中东地区进口的原油主要参考 Benchmark 中东，从该计价体系下进口的原油占比虽然逐年降低，但是截至 2017 年底依然占到 45%；我国从俄罗斯、西非以及澳大利亚进口的原油主要参考 Benchmark 欧洲，占进口原油的 40%，但是我们认为这一比例是被高估的，因为俄罗斯的乌拉尔油参考 Benchmark 欧洲，远东油则参考 Benchmark 中东，但是海关数据并未将俄罗斯原油按照产地做区分。剩下约占 15% 的原油进口则来自加拿大、美国等美洲地区，参考 Benchmark WTI。

尽管各类国际基准油价之间存在一定价差，但其价格波动的走势高度一致。在观察油价对通胀的影响时，我们可以选取最具代表性的布伦特油价，观察其同比涨幅与 CPI 各类别同比增速的关联性。

1.5 鲜菜价格波动的主要影响因素有哪些

根据我们的测算，在国家统计局目前采用的 CPI 篮子结构中，鲜菜价格的权重约为 2.7%，鲜果价格权重约为 1.6%。鲜菜、鲜果是除猪肉外较为重要的两项食品价格，其价格同比涨幅的波动均有一定周期性，对 CPI 当月同比增速的影响较大。对鲜菜而言，由于鲜菜的种植周期基本在一年以内，鲜菜价格的波动具有（相对猪肉）更明显的季节性。2017 年 2—4 月，菜价成为影响 CPI 超预期下行的最重要因素。2017 年 2—4 月鲜菜 CPI 的同比增速均低于 −20%，分别将 2—4 月 CPI 整体同比增速拉低了 0.94 个、0.95 个、0.65 个百分点，CPI 从 2017 年 1 月的 +2.6% 超预期下跌到 2 月的 +0.8%，菜价成为影响 2017 年通胀中枢的关键因素。

从 2015 年初开始，农业部开始公布 28 种重点监测鲜菜的日度高频价格数据。根据我们的计算，农业部 28 种重点监测的鲜菜的月度均价同比涨幅，和国家统计局公布的鲜菜 CPI 月同比增速较为吻合，两者口径基本可比。我们将农业部 28 种重点监测蔬菜品种，按大类分为叶子菜（含青菜等 8 个品种）、葱姜蒜（含 6 个品种）、瓜类（含 3 个品种）、萝卜土豆类（含 3 个品种）、茄果类（含茄子等 5 个品种）以及其他（含莲藕等 3 个品种）。

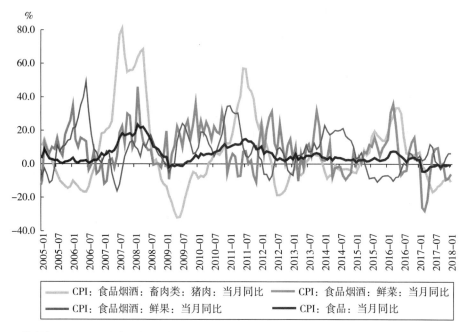

资料来源：Wind，华泰证券研究所。

图3-16 猪肉、鲜菜、鲜果CPI的历史表现回顾

对该类别所含各种鲜菜取价格均值，可见叶子菜、瓜类和茄果类鲜菜价格的周期性相对最明显，其每年的价格变动规律基本可总结为：每年春节过后到年中附近持续回落，第二季度末至七八月降到当年最低价，从年中到第二年春节前后，价格逐渐回升。萝卜土豆类价格的周期性稍弱，可能与其相对便于储藏的特性有关；葱姜蒜价格的周期性相对最弱，可能会受到资金投机等因素的影响。2004—2005年、2009—2011年、2014—2015年，葱姜蒜价格在较长时间内维持高位，没有出现明显的季节性，我们认为其原因可能是资金炒作、经销商囤货，以及价格波动影响农民种植周期几大因素的交叉作用。

1.5.1 2017年2—4月菜价同比大幅下跌的原因何在

我们认为2017年2—4月菜价同比大幅下跌的原因如下：

（1）受2017年春节在1月下旬而2016年春节在2月上旬的春节错位因素影响，2017年春节过后，2—4月菜价缺乏需求端因素支撑。

（2）2016年初的寒冷天气影响了鲜菜供给，从价格监测数据来看，2016年初葱姜蒜、茄果类、瓜类、叶子菜、萝卜土豆等各类菜价都达到了有统计数据以来的历史最高位，叠加2016年春节在2月上旬的春节因素影响，多类蔬菜的价格高点出现在 2016 年 3 月。到了 2016 年末时点，受 2017 年初冬季气温可能继续较低的预期影响，北方越冬储菜的库存较高；但实际上，2016 年初的寒冷天气和 2017 年初的暖冬气温落差较大，2017 年初鲜菜实际产量较高，因而出现了供需失衡局面。2016 年 1 月全国平均气温为 –5.3℃，而 2017 年 1 月全国平均气温仅为 –3.9℃；根据国家气象局发布的信息，2016 年末至 2017 年初的冬季全国平均气温为 –1.5℃，较常年同期偏高 1.9℃，为 1961 年以来最暖的冬季。

（3）一般而言，夏季种植鲜菜，将在年末左右迎来采收和供给高峰，而对南方地区而言，2016 年夏季我国南方爆发了 1998 年以来最严重、影响范围最广的洪灾，我们认为，可能受洪水灾情影响，部分鲜菜品种的夏季种植周期（一般为 4 到 6 个月）被迫延后了 2 到 3 个月。这可能导致了 2017 年 2—3 月的鲜菜供给较为充足，强化了菜价的下跌预期。

（4）2016 年上半年，葱姜蒜类农产品一度受到资金的投机性炒作，在监管部门强化监管、炒作风潮逐渐平抑后，其价格出现了较为明显的回调。葱姜蒜、土豆这些价格周期性偏弱的鲜菜的共同特征包括：便于储存、囤积或转运，炒作相对容易（以生姜为例，其收获后可在适宜的条件下入窖储存，储存期短则几十天，长可达几年）；产地相对集中，易控制货源和市场供给；相对主粮而言，其需求弹性较大，其价格波动会通过影响需求（比如高价导致滞销）而倒逼农民种植结构变化。比如 2007 年蒜价的下跌导致全国各地大蒜种植面积暴减，又导致了大蒜的新一轮紧缺和价格飙升；同样的情况也出现在 2010—2011 年的生姜种植业中。2016 年上半年，在流动性较为充裕的环境下，大类资产价格轮动加速，葱姜蒜类农产品也一度遭遇炒作。随后，一方面投机行为开始受到监管部门管控，另一方面农民在涨价的推动下主动增加了种植面积，我们认为这些都是影响价格回调的原因。

综上所述，我们认为 2017 年 2—4 月菜价的同比大幅下跌，主要是由于当时北方冬储菜库存较高，南方鲜菜供给较为充足，以及春节错位等各方面因素综合造成。从 2017 年 5 月到 2017 年第三季度，随着鲜菜库存逐渐被消化，菜价逐渐出现修复，鲜菜 CPI 同比由负转正。

1.5.2　寒冷天气对菜价的影响有多大

每年冬季的平均气温有所差异，气温与当年食品价格的波动之间是否存在对应联系？我们以国家气象局公布的数据为基准，选取每年冬季 12 月至次年 2 月全国重点城市的平均气温，将当月平均气温与当月的食品 CPI、鲜菜 CPI、猪肉 CPI（从 2011 年开始有数据）环比涨幅做对比。

数据显示，气温对菜价的影响较为明显，从每年冬季的 12 月至次年 2 月，鲜菜价格大都出现了较大幅度的环比上涨，且涨幅整体要远高于猪肉 CPI 和食品 CPI，这可能是由于寒冷天气（霜冻、暴雪等）会对鲜菜的产量、储存和运输产生相对较大的影响。再纵向比较各年度的相同月份在不同气温情况下的食品涨价情况，结果显示，气温和食品价格，尤其是鲜菜价格之间表现出较为显著的负相关关系。即总体而言，当月气温越低，食品价格、鲜菜价格当月上涨的幅度就越大。对 1—2 月而言，存在春节因素的干扰（有些年份春节在 1 月，有些则在 2 月），但该结论对大部分年份的 1—2 月仍然适用。

2 PPI 有哪些重要影响变量

2.1 PPI 核心影响变量

对 PPI 波动贡献最大的是上游的黑色、有色、煤炭、原油、化工五大类行业（包括相关的采掘和加工业），其中国际油价常成为 PPI 的最大不确定性。油价同比涨幅略微领先 PPI 同比增速，两者的正相关性较高；我们的观察结果显示，油价同比领先 PPI 两个月时，两者的相关系数最高。油价的影响因素众多，除了基本面因素，更多的是来自政治因素的影响，主要是中东地区的地缘冲突、政局不稳等因素在不断助推油价上涨。相对于对 CPI 的影响而言，油价对 PPI 的影响更加直接，因为 PPI 结构中直接包含石油采掘、石油加工等相关行业。因此，国际油价常成为 PPI 的最大不确定性。

2.2 为何 2016—2017 年 PPI 的上行未向 CPI 显著传导

历史上，PPI 和 CPI 的走势曾经较为一致，但 2013 年以后两者的走势开始出现显著背离，PPI 振幅较大，CPI 相对平稳。PPI 从 2016 年第三季度开始快速上行，2017 年基本维持在高位震荡，但 CPI 反映的通胀压力并不明显。PPI 之前为何没有向 CPI 明显传导、未来还会不会向 CPI 传导，是市场较为关心的问题。

PPI（生产者物价指数）的篮子构成包含生产资料和生活资料两大类，其中生产资料的权重在 74% 左右，而生活资料的权重在 26% 左右。短期波动上，PPI 主要受供给侧因素（如上游行业去产能、油价因突发事件上涨、环保限产等）影响，涨价链条由生产领域的原材料、燃料和动力行业的价格波动开始向下游传递。原材料、燃料和动力价格构成工业企业生产的可变成本，其价格的变动将顺着产业链传导到零售商品价格和服务项目上，即从 PPI 的生产资料传导到 PPI 的生活资料，而生活资料的构成成分——食品类、衣着类、一般日用品/耐用消费品又与 CPI 大类中的食品烟酒、衣着和生活用品直接关联。同时，服务类价格也会间接受到上游成本提升的一定影响。

但在实际中，一些因素会造成 PPI 向 CPI 传导不畅。首先，工业生产领域的涨价从上游向下游传导的过程中，价格弹性依次衰减（采矿业—原材料—加工业—生活资料）；从历史经验来看，PPI 的整体涨幅与生产资料类 PPI 涨幅相关性较高，而 PPI 生活资料的价格弹性相对小很多。PPI 的上游生产资料价格通过影响生活资料价格来间接影响 CPI，生产资料向生活资料传导、或生活资料价格向 CPI 的传导中任一环节出现问题，都可能造成 PPI 和 CPI 走势背离。其次，整体 CPI 与 PPI 生活资料的波动相对近似，但拆分开来看，不含价格波动较大的食品—能源的核心 CPI 运行较为稳定，但食品 CPI 波动性较大、同比增速的振幅远高于 PPI 生活资料。

表 3-1　　　　　　　　PPI 生活资料与 CPI 篮子构成的直接关联

	CPI	PPI 生活资料
类别一	食品烟酒	食品类
类别二	衣着	衣着类
类别三	生活用品及服务	一般日用品
		耐用消费品
类别四	交通通信	
类别五	医疗保健	
类别六	教育文化娱乐	
类别七	居住	
类别八	其他用品及服务	

资料来源：《中国统计年鉴》，华泰证券研究所。

从拉动涨价的核心因素是供给还是需求的角度出发，PPI 和 CPI 的中长期联动关系可分以下情况讨论：

（1）当总需求拉动总供给、需求和供给都持续扩张时，CPI 和 PPI 同时上涨；典型时期如 2009—2011 年"四万亿"基建投资刺激期间，PPI 与 CPI 同步大幅上行；以及 2006—2008 年中国经济高速增长期，总需求的持续扩张拉动了总供给（产出），CPI 先大幅上涨，并带动 PPI 随后也进入上升周期。

（2）当总需求明显回落而总供给不变时，PPI 与 CPI 可能都会回落，但由于居民消费需求相对稳定，PPI 回落的幅度可能明显大于 CPI。典型时期如 2012 年至 2016 年初，其间我国经济增速放缓，需求端预期明显回调，同时前期工业企业广泛存在投资过度、产能过剩问题，钢铁、煤炭等工业品面临供大于求局面，叠加海外油价大幅下跌的影响，PPI 同比持续负增长。但由于我国经济结构在逐渐转型，消费和服务业对 GDP 的贡献率稳步上行，居民消费增速稳定，其间 CPI 受到消费和服务业需求的拉动，同比增速虽有回落，但跌幅远低于 PPI。

（3）当总供给显著收缩而总需求并未明显复苏时，PPI 可能大幅上涨，但 CPI 涨幅可能不大。2016 年初起，受国家推进供给侧改革，煤炭、钢铁等产能过剩领域大力推行去产能影响，上游行业生产资料的供给明显收缩。在本轮 PPI 涨价周期中，工业原料价格迅速反弹，并在一定程度上向中下游传导，以煤炭、黑色/有色金属、原油、化工行业为代表，带动整体 PPI 迅猛上涨。但由于经济总需求只是韧性较强但并未显著复苏，截至 2017 年底，PPI 的上涨尚未向 CPI 产生显著传导，二者走势再度出现背离。

四、货币政策

1 我国货币政策多目标制

1.1 双重决策机制

《中国人民银行法》明确：中国人民银行是中华人民共和国的中央银行。中国人民银行在国务院领导下，制定和执行货币政策，防范和化解金融风险，维护金融稳定。

双重决策机制的具体表现为，中国人民银行就年度货币供应量、利率、汇率和国务院规定的其他重要事项做出的决定，报国务院批准后执行。中国人民银行就前款规定以外的其他有关货币政策事项做出决定后，即予执行，并报国务院备案。中国人民银行应当向全国人民代表大会常务委员会提出有关货币政策情况和金融业运行情况的工作报告。中国人民银行在国务院领导下依法独立执行货币政策，履行职责，开展业务，不受地方政府、各级政府部门、社会团体和个人的干涉。但政策实施的决策权在国务院。

1.2 我国货币政策的多目标制使货币政策决策难度较大

我国稳健的货币政策还可以分为四种：稳健略宽松、稳健略紧缩、稳健中性、稳健灵活适度。判断四种不同的稳健性的货币政策主要依据最终目标的排序。我国央行货币政策最终目标过多。2016 年周小川在参加 IMF 研讨会谈到人民银行货币政策目标时表示，"长期以来，中国政府赋予央行的年度目标是维护价格稳定、促进经济增长、促进就业、保持国际收支大体平衡。从中长期动态角度来看，转轨经济体的特点决定了央行还必须推动改革开放和金融市场发展，这样做的目的是实现动态的金融稳定和经济转轨，转轨最终是为了支持更有效、更稳定的经济"。因此，我国央行货币政策最终目标不仅包括经济增长、物价稳定、充分就业、国际收支平衡，还包括隐性目标金融稳定，以及转轨时期的金融改革和开放、发展金融市场这两个动态目标。

2016 年初外汇储备下降问题严峻，1 月时任央行行长助理张晓慧表示，"现阶段央行管理流动性的时候，也要高度关注人民币汇率的稳定，因此若降准的政策信号过强，会选用其他补充流动性的工具，不轻易实施降准"，体现出央行将国际收支平衡放在了货币政策各项最终目标的首位。2 月、3 月，国内经济走势出现疲态，2 月底的降准说明"稳增长"成为货币政策最主要的目标。而进入 4 月，我国国际收支压力、经济下行压力、通胀上行压力均有所缓解，央行的最终目标变得不明晰。央行通过 MLF 和 SLF 叙做填补市场流动性缺口，而非降准，"稳增长"已不是首要目标。2016 年第四季度以后，随着特朗普上台，其基建及减税政策在短期无法证伪，美元指数上升较快，人民币汇率压力加大，资本外流加剧，官方外汇储备数据持续下滑逼近 3 万亿美元关口，并在 2017 年 1 月降至 3 万亿美元以下，国际收支平衡成为央行货币政策重要的考量，宽松的边际被限制住了。同时，从 2016 年 10 月底的中央政治局会议释放的信号来看，金融稳定目标的重要性越来越凸显，边际收紧的货币政策主要目的是防风险、抑泡沫。

2018 年 2 月之后，货币政策的最终目标发生了一定变化。2018 年 3 月之后，货币政策不再是以国际收支和金融稳定为主要目标边际收紧的稳健中性货币政策，货币政策由稳健中性转向稳健灵活适度。

第一，国际收支在央行多目标制中的重要性有所降低。

第二，金融稳定在货币政策目标中也有所弱化，但市场对此理解得还不够充分。构建货币政策与宏观审慎双支柱，是央行迫切希望分离金融稳定目标给宏观审慎。央行打造双支柱调控框架的根本目的是缓解货币政策多目标的压力。货币政策目标过多就容易形成目标之间的冲突，给央行执行货币政策带来难度。央行宏观审慎评估政策可以分流金融稳定目标，减少了央行在制定货币政策方面的考量因素。

与之相对应，2018 年央行面临的新问题是社会融资增速可能出现明显的回落。信贷、社会融资和 M_2 增速均属于货币政策中介目标，信贷是经济获得资金的传统方式，社会融资体现了直接融资和金融创新后的实体经济获得资金的能力，M_2 是从商业银行负债端看货币供应的数量。2018 年金融去杠杆延续，银行体系收缩表外信用，并部分转至表内的趋势较为清晰。社会融资代表真正的实体经济获得的融资，一旦出现大幅增速回落，将明显地冲击实体经济，这必定是政府不愿见到的。2018 年政府工作报告尽管没有规定 M_2 和社会融资增速，但仍然提出要保持稳定。因此，处理好信贷、社会融资以及 M_2 增速的稳定是重中之重。

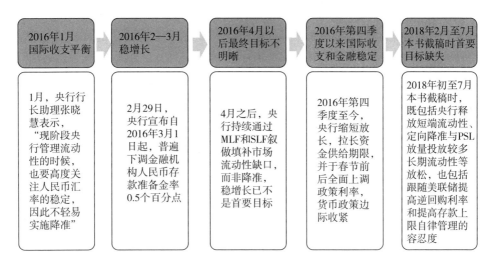

资料来源：中国人民银行，华泰证券研究所。

图4-1 各阶段货币政策决策源自央行不同的最终目标侧重点

2018年1月出现社会融资新增3万亿元，其中信贷新增2.9万亿元的组合，表外融资增速在金融去杠杆大背景下出现了明显的快速下行。2017年社会融资表外融资增速为15.1%，2018年第一季度社会融资表外增速降至5.5%，有接近10%的增速降幅，增速下行明显。

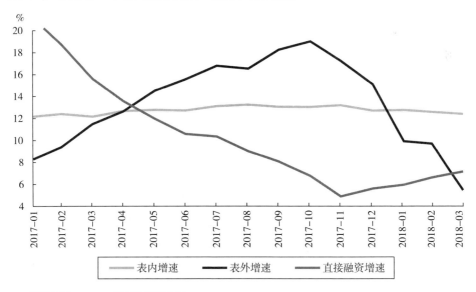

资料来源：Wind，华泰证券研究所。

图4-2 增速角度看社会融资各分项，表外融资增速出现快速下行

1.3 2018 年货币政策如何操作以维稳社会融资增速

表外融资的信托贷款和委托贷款受制于金融去杠杆和去通道是未来很难修复的，2017 年第一季度表外融资月均新增 6000 亿元，而 2018 年第一季度表外融资月均新增为 –400 亿元，新增出现了快速下行，社会融资中表外少增的部分用什么来弥补呢？

按照人民银行社会融资规模的统计方法，其主要包括人民币贷款、外币贷款、委托贷款、信托贷款、未贴现的银行承兑汇票、企业债券、非金融企业境内股票融资、保险公司赔偿、投资性房地产和其他金融工具融资十项指标。如果做一下简单分类，可以大体分为（1）信贷；（2）表外非标融资；（3）股票、债券等直接融资三类。在金融去杠杆下，一个典型趋势的非标转贷，即（2）部分下降、（1）部分提升。央行希望通过非标回表和债券融资的方式维稳社会融资增速。

2017 年第三季度央行货币政策执行报告第一次公开承认了非标转贷，在分析金融机构贷款较快增长的原因中，专门提出"三是近期各监管部门强化了对银行同业业务、表外业务和通道业务的规范，资金需求'非标转贷'"。需要注意的是，这里的"非标转贷"，并不是狭义上通过向某一非标项目发放一笔表内贷款，然后该项目终结表外资金退还银行，而是广义上对应扩大表内信贷，减少表外非标以及借道券商资管"表表外"非标的宏观现象。

非标回表面临三方面困境，一是央行 MPA 考核的信贷规模管理，二是银保监管机构的资本约束，三是银行负债压力仍然较大，其中第三项是最关键的问题。

（1）央行 MPA 考核的信贷规模管理，重点考察广义信贷增速。

（2）银保监管机构的资本约束。商业银行的表外业务基本不受资本约束，而表外转表内后要计入加权风险资产，对应要计提资本。换句话说，商业银行在非标回表过程中面临资本补充压力。

（3）是否有足够存款支持贷款。金融去杠杆本来就会使货币的派生减弱，同时资管新规打破刚性兑付会导致理财产品的吸引力下降。如此一来，理财资金面临再分配：风险偏好高的投资者会选择公募基金、保险甚至直接投资股票，而风险偏好低的投资者会选择货币市场基金、国债和存款，在这一竞争中存款并不占优势。

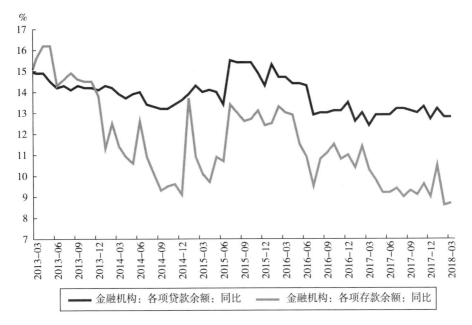

资料来源：Wind，华泰证券研究所。

图4-3 银行存款增速和贷款增速的变化情况

解决商业银行负债端压力的根本还是在央行。央行解决商业银行存款不足的问题只能有两种办法：一种是保持短端流动性充裕，靠人民银行提供资金来源；另一种是提高存款利率增大吸引力，提高存款的竞争力。

（1）保持短端流动性充裕。央行通过公开市场操作直接提供给公开市场一级交易商资金，可以解决一定的资金来源问题，这样的结果是商业银行的整体超储率得到了明显抬升。同时，央行供应资金压低了短端利率，使同业存单的发行量有所扩大，同业存单发行利率明显下行，这在一定程度上有效解决了商业银行负债端没有资金来源的问题，但长期来看同业存单可能会面临没有额度的问题，人民银行2017年第二季度货币政策执行报告中，在安排下一步工作时提出："为了更全面地反映金融机构对同业融资的依赖程度，引导金融机构做好流动性管理，拟于2018年第一季度评估时起，将资产规模5000亿元以上的银行发行的一年以内同业存单纳入MPA同业负债占比指标进行考核"。

（2）提高存款利率增大吸引力。易纲行长在博鳌亚洲论坛提出："目前我们已放开了存贷款利率的限制，也就是说，商业银行存贷款利率可根据基准利率上浮和下浮，根据商业银行自身情况来决定真正的存贷款利率。其实我们的最佳策略是让这两个轨道的利率逐渐统一，这就是我们要做的市场改革。"事实上，自 2015 年 10 月 24 日起，中国人民银行决定对商业银行和农村合作金融机构等不再设置存款利率浮动上限。制约存款利率上限的因素一是市场利率定价自律机制会议，二是 MPA 考核中具有"一票否决"制的指标——定价行为（利率定价行为）。本次央行提高存款利率上浮的容忍度，相比直接提高存贷款基准利率可以进一步减少对市场的心理冲击。

市场很可能会陷入这样的误区：提高存款利率的威力肯定大于提高逆回购利率，所以这代表了央行更紧的信号，甚至说加基准利率才是真正加息周期的开始。答案可能恰恰相反。

需要明确批发资金利率和零售资金利率之间的区别。中央银行与商业银行之间的利率，如政策利率（逆回购、MLF 利率），是批发资金利率；商业银行与企业和个人之间的利率称为零售资金利率。我们所说的存贷款官定基准利率实际上是指导零售资金利率的。在利率市场化的国家，都是取消了存贷款官定基准利率的，我国利率市场化进程实际上也就差彻底取消基准利率这最后一步了（在彻底放开存款上限以后，相当于起到基准线的作用）。随着利率市场化的继续推进，结果会是政策利率提高能有效传导到广谱利率，而不是提高政策利率是"假加息"。且传导方向一定是批发利率向零售利率传导。

企业债券融资可以作为弥补社会融资中表外融资萎缩的一种方式。当市场利率处于上升和高位时，企业通过票据和债券融资的意愿明显下降，尤其是债券作为重要的直接融资工具融资受阻，只有通过压低长端利率，进而引导市场发债利率下行，企业发债的意愿才会明显提高。企业直接融资特别是债券融资逐渐恢复，可以有效对冲表外融资委托贷款和信托贷款的下降。

央行压低长端利率的方式是 PSL 放量和定向降准。抵押补充贷款（Pledged Supplemental Lending，PSL）为开发性金融支持棚改提供了长期稳定、成本适当的资金来源。抵押补充贷款的主要功能是支持国民经济重点领域、薄弱环节和社会事业发展而对金融机构提供期限较长的大额融资。抵押补充贷款采取质押方式发放，合格抵押品包括高等级债券资产和优质信贷资产。PSL 一般期限中枢在 3~5 年，利率普遍低于同期政策银行债券到期收益率。央行公开的历史数据显示，除了首单 PSL 和 3 年期国开债持平以外，此后叙做的 PSL 均低于 3 年期国开债 45BP 左右，2016 年之后央行不再公布 PSL 利率。

央行在 2014 年之后每年年初进行定向降准考核，相当于释放 1 年期流动性，如果银行每年定向降准考核都达标，则相当于释放了长期流动性，定向降准和投放 PSL 类似，其相对于逆回购和 MLF 等货币政策工具更利于压低长端利率。2018 年 1 月 25 日，人民银行针对普惠金融进行了定向降准，央行自己公布向市场释放长期流动性 4500 亿元，2018 年定向降准是央行货币政策结构性宽松的信号。

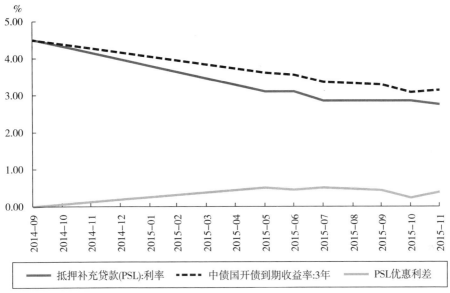

资料来源：Wind，华泰证券研究所。

图4-4　历史数据显示 PSL 低于 3 年期国开债 45BP

1.4　对货币政策与宏观审慎双支柱的理解

党的十九大报告中特别提出要"健全货币政策和宏观审慎政策双支柱调控框架"，这对央行的货币政策有深刻影响。央行打造双支柱调控框架的根本目的是缓解货币政策多目标的压力，央行宏观审慎评估政策可以分流金融稳定目标，减少了央行在制定货币政策方面的考量因素。

央行迫切想分离金融稳定这一货币政策目标给宏观审慎政策。2018 年 3 月 13 日，全国人大审议了《国务院机构改革方案》，将拟订银行、保险业重要监管法规和基本制度的职责划入央行，这也是为了强化央行宏观审慎职责和工具。将相关职责划入央行有利于实现监管政策的制定与执行的分离，解决监管部门既负责行业发展又负责行业监管的矛盾冲突。例如，过去在控制货币政策中介目标 M_2 时，货币政策与监管分离可能导致货币乘数失控，只能被迫选择贷款规模管制；赋予央行此职责可更有效协调宏观审慎管理和微观审慎监管，协调货币政策与金融监管的矛盾。参考美联储，其目标职能除实施货币政策外，还包括对银行和其他金融机构实施监管、确保其稳健运行，其历史上从未将银行监管与货币政策分离，并认为银行监管是货币政策有效传导的重要保障。

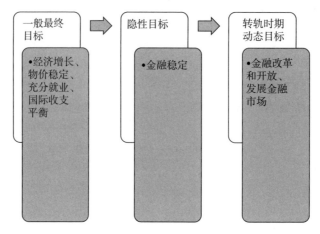

资料来源：Wind，华泰证券研究所。

图 4 – 5　我国央行货币政策最终目标过多

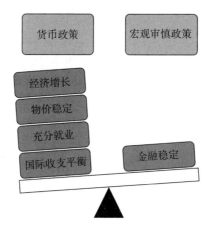

资料来源：Wind，华泰证券研究所。

图 4 – 6　宏观审慎政策可以分流央行的金融稳定目标

　　实际上，在应对金融稳定问题上，如债市高杠杆问题、同业存单发行过大可能导致资金在金融领域空转等问题，在党的十九大前后，监管部门已经在采用宏观审慎监管工具进行应对，但市场对这一重大变化认知不够充分，还认为货币政策的重点在于金融去杠杆。2017 年底央行联合"三会"发布的银发〔2017〕302 号文《中国人民银行　银监会　证监会　保监会关于规范债券市场参与者债券交易业务的通知》明确提出了银行、证券公司、保险公司、基金公司的债券交易杠杆比例，该通知要求各金融机构根据审慎展业的原则，合理控制自身债券交易杠杆比率，将债券交易的杠杆比率主要作为监测整体杠杆的观测指标，要求市场参与者的债券交易杠杆比率超过一定水平时向相关金融监管部门报告，以引导市场参与者审慎经营，切实加强风险防控意识。另外，央行于 2018 年第一季度正式将同业存单纳入 MPA 考核，限制同业存单加同业负债不超过总负债的 1/3，此前同业存单以应计债券进行会计核算，不纳入同业负债口径，将同业存单纳入 MPA 考核实现了通过宏观审慎政策约束银行同业业务，进而减轻了央行货币政策端的负担。

总体来看，未来控制金融杠杆或者解决金融稳定问题会更多地采用宏观审慎监管工具，而不是货币政策工具，这将为货币政策调控好经济增长、就业、物价、国际收支留有足够空间。但建立货币政策与宏观审慎政策双支柱非一日之功，因此货币政策在今后一段时间还会承担少量维护金融稳定的职能，对市场而言，央行可能通过窗口指导，限制月末、季末大行不能给非银机构融出隔夜资金，而是尽量放长期资金等。

2　对 2017 年货币政策转向及利率倒 U 形走势的研判

2.1　2017 年初：真假加息重要吗？不应误判了货币紧缩大势

市场关于央行 2017 年初提高政策利率存在很多分歧，有些观点认为央行是"真的加息"，有些观点认为是"假的加息"。市场对"是否是真加息"的预判，最可能陷入四个低估：低估了利率市场化进程，低估了此次国家对防风险、抑泡沫的决心，低估了中国宏观经济的韧性，低估了国际收支平衡目标的重要性。

随着利率市场化进程的不断推进，官定利率已经在弱化，甚至可能在近两年被取消，基准利率即将由官定利率转为政策利率。所以此次政策利率的调整表明利率调整的拐点已至，未来只需判断加息快慢的问题，不必等待官定利率的上调，货币政策收紧是完全可以确认的方向。

2.1.1　最可能低估之一：低估了利率市场化的进程

市场通常理解的加息是指人民银行存款、贷款基准利率，也就是官定利率的变动，而 2017 年初的加息则是指央行政策利率的加息。因此，我们在决策是否是真正的加息的问题上，首先要弄明白的就是什么是官定利率、什么是政策利率、什么是基准利率。

2.1.1.1　官定利率和政策利率作为不同阶段的基准利率

什么是官定利率？官定利率是指央行公布的金融机构法定存贷款基准利率，也是我们利率市场化改革的对象，我国目前仍公布官定利率作为基准利率，商业银行按此上下浮动进行定价。

什么是政策利率？就是央行引导和调控市场利率的中央银行与金融机构之间的批发资金利率。我国正在积极构建和完善央行政策利率体系，央行以此引导和调控包括市场基准利率和收益率曲线在内的整个市场利率，以实现货币政策目标。对于短期政策利率，人民银行将加强运用短期回购利率和常备借贷便利（SLF）利率，以培育和引导短期市场利率的形成。对于中长期政策利率，人民银行将发挥再贷款、中期借贷便利（MLF）、抵押补充贷款（PSL）等工具对中长期流动性的调节作用以及中期政策利率的功能，引导和稳定中长期市场利率。

什么是基准利率？在利率市场化完成前，官定利率是基准利率，在利率市场化完成后，政策利率即是基准利率，我们经常讨论的美联储加息、欧洲中央银行全面调低利率走廊等都是政策利率。我国官定利率的上下浮动限制已经取消，但央行仍在公布官定利率，并发挥一定的基准利率作用，尤其是在商业银行资金定价方面。

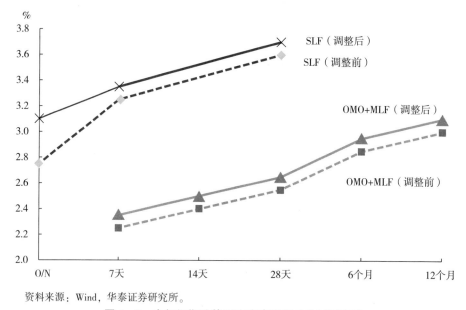

资料来源：Wind，华泰证券研究所。

图4-7 央行短期政策利率走廊期限结构以及变动

当下央行的加息操作的是政策利率加息，但市场低估了利率市场化进程的不断推进，基准利率即将由官定利率转为政策利率。所以政策利率的调整，已经到了利率调整的拐点。

2.1.1.2 利率市场化进程加速，官定利率终将消失

利率市场化最早是在1993年党的十四大《关于金融体制改革的决定》中

提出的，我国利率改革的长远目标是：建立以市场资金供求为基础，以中央银行基准利率为调控核心，由市场资金供求决定各种利率水平的市场利率管理体系。但是利率市场化进程加速则是在党的十八大和"十二五"规划中有关加速利率市场化进程要求提出之后发生的，2013 年通过了《市场利率定价自律机制工作指引》和《贷款基础利率集中报价和发布规则》，并于 2013 年 7 月 20 日发布《中国人民银行关于进一步推进利率市场化改革的通知》，全面放开贷款利率管制。2015 年 10 月 23 日央行放开了存款利率上限的管制，这也标志着我国存贷款基准利率基本上取消了区间管制。

随着利率市场化最后的推进，官定利率会被取消，央行会选择政策利率而不是官定利率作为基准利率。根据发达国家的经验，利率市场化完成后，当局都取消了官定利率。利率市场化推进过程中应更重视政策利率，淡化官定利率，官定利率终将会消失。

2.1.1.3 重视政策利率对市场利率的传导

央行研究所所长孙国锋认为，央行投放中期资金通过影响信贷市场供求关系这一直接渠道和通过利率加成定价这一间接渠道，最终影响商业银行贷款利率和规模。央行投放短期资金也能间接地影响贷款利率，相对于短期政策利率，中期政策利率对贷款利率和规模的影响更为直接、有效。央行中期资金在扩大商业银行资产负债部资产规模的同时，也能够产生一定的溢出效应，即影响资产负债部到金融市场部的转移资金规模，从而扩大后者的资产规模，提高货币市场的资金供给，最终影响货币市场利率和债券市场利率。

央行的本轮政策利率的加息，已经全面传导到了各类资本市场利率，从市场影响力来说已经和之前传统意义上的加息无异。央行还在致力于理顺政策利率向各类市场利率传导的过渡时期，存贷款基准利率仍然会发挥一定作用，利率市场化推进速度会超过预期，政策利率取代存贷款官定利率作为基准利率推进速度加快，官定利率注定会取消。

2.1.2 最可能低估之二：低估了此次国家防风险、抑泡沫的决心

2.1.2.1 国家政策方针重视防范系统性金融风险

2016 年 10 月 28 日，中央政治局会议指出"要坚持稳健的货币政策，在保持流动性合理充裕的同时，注重抑制资产泡沫和防范经济金融风险"。2016 年底的中央经济工作会议提到"要把防控金融风险放到更加重要的位置，下决心处置一批风险点，着力防控资产泡沫，提高和改进监管能力，确保不发生系统性金融风险"。监管部门加强金融监管力度是中央经济工作安排的重要组成部分。

2.1.2.2 金融稳定是央行隐性目标，会影响货币政策

从 2016 年 10 月底中央政治局会议释放的信号来看，金融稳定目标的重要性越来越凸显，边际收紧的货币政策主要目的是防风险、抑泡沫。央行拉长资金供给期限以及全面上调政策利率，提升了资金供给的价格，意在逐步引导金融机构去杠杆，防范系统性金融风险，维护金融稳定。

2.1.2.3 本次防风险、抑泡沫不会浅尝辄止

从流动性状况来看，我国金融市场杠杆去化并未完成，在流动性不出现明显紧张，货币政策最终目标没有大幅偏离的前提下，央行将会继续收紧货币来迫使债市继续去杠杆，防范金融机构期限错配和流动性风险。

下一次如何判断政策利率提升？央行在"缩短放长"去债市杠杆的过程中，短端流动性供给的减少会导致短端利率抬升。从市场利率和政策利率的历史数据来看，当市场利率与政策利率出现较大利率差的时候，就是下一次可能提高政策利率的窗口。在市场利率上行区间，央行上调政策利率，以防止借央行低成本资金套利行为。

2.1.3 最可能低估之三：低估了中国经济的韧性

市场可能低估了中国经济的韧性。回想 2016 年第二季度，当时制造业投资快速滑坡，拖累固定资产投资整体增速，市场一度对经济增速形成了较强的下行预期。但 2016 年全年最终还是平稳收官，四个季度的经济增速分别为 6.7%、6.7%、6.7%、6.8%，全年 +6.7%。宏观经济处于轻微"类滞胀"环境：GDP 潜在增速有下行压力，同时微观价格因素的积聚使通胀预期较高。然而短期内经济不具备大幅下台阶的可能性，中国经济表现出较强的韧性，短期不构成货币政策收紧的制约。

2.1.4 最可能低估之四：低估了国际收支平衡目标的重要性

在个别时点，国际收支平衡会变得尤为重要，甚至成为货币政策首要目标。中国是一个大国，大国在对内平衡与对外平衡之间，通常会选择对内平衡优先，即央行在制定利率等货币政策时，主要依据国内总供给和总需求的波动。然而在个别时点，国际收支平衡会变得尤为重要，甚至成为首要目标，这将导致央行在制定货币政策时更多考虑汇率和资本跨境流动的波动。2015 年底至 2016 年初，在美联储启动加息和中国经济减速预期下，人民币贬值和资本外流问题严峻，央行提出为保持人民币汇率稳定，不轻易实施降准的观点，实际上就是将国际收支平衡放在了货币政策最终目标的首位。

例如，2017 年欧盟地区极右政治势力继续发展，如果在法国、德国、意

大利的大选中极右政治势力掌权，欧盟分裂的预期可能继续推升美元，间接导致人民币对美元贬值压力；同时，2016 年美联储预期年内加息 3 次，也未排除进行"缩表"的可能性，在加息预期较强的时点人民币贬值压力也会变大。当诸多风险事件和短期因素与上述长期因素结合起来，大幅强化人民币贬值压力时，可以预见国际收支平衡或再度成为央行的首要目标。

2.2　2017 年中：我们不能死在债券牛市的前半夜

债市走势有三个基本逻辑。一是经济基本面，包括经济增长和通胀两个主要指标。二是政策面，即货币政策的宽紧程度和金融监管。三是中美利差。2017 年决定债市走势的核心逻辑是政策面，也就是第二个逻辑，第一个和第三个逻辑在这种情形下服从于第二个逻辑，核心的原因是货币政策并不会因为经济走势的回落而宽松，也就是说，经济增长是否逼近目标值决定了利率回落的拐点。10 年期国债收益率 3.6% 未必就是顶部，一旦市场流动性收紧，长短期利率比较平，就仍可能再次导致长端利率上行。

"四个低估"的观点逐步得到验证。一是政策利率提升对实体经济产生了一定影响；二是多项监管政策新规出台，剑指资管产品资金池运作和层层嵌套；三是第一季度 GDP 同比 +6.9% 略超预期，证明经济韧性较强；四是央行在美联储 3 月加息后，紧接着在 3 月 16 日再度上调 7 天逆回购利率。2017 年上半年依然处在倒 U 形的左侧。

2.3　2017 年 7 月——利率倒 U 形走势左侧拐点很清晰

2.3.1　为什么判断利率将迎来倒 U 形左侧的拐点

2.3.1.1　解铃还须系铃人——银监会发声音

银监会副主席王兆星在 2017 年 7 月 11 日接受新华网采访时表示，风险防控工作取得了积极进展。一是商业银行业务结构趋于优化，同业业务规模总体收缩，投向实体经济的传统信贷主业保持了较快增长，特别是加大了对国家重大项目建设和新经济新动能的支持力度。二是各类风险正在逐步得到控制和化解，不良贷款处置力度加大，部分银行的资产负债期限错配程度有所缓解。三是金融市场乱象得到遏制，市场竞争更加理性，经营行为更加规范，非法集资案件数量明显下降。但我们也清醒地认识到风险防控形势依然复杂严峻，加强监管必须持续用力，久久为功，确保"不忽视一个风险，不放过一个隐患"。银监会将积极稳妥地推进各项监管工作，牢牢守住不发生系统性风险的底线，推动银行体系持续稳健发展。

2.3.1.2 央行旗下金融时报的观点值得重视

央行旗下金融时报在 2017 年 7 月 11 日发表文章，银行同业业务和表外业务规模收缩，金融去杠杆效果显现。受央行宏观审慎考核（MPA）及银监会"三违反""三套利""四不当"专项治理等严监管政策影响，银行业开展同业、表外业务显得更为审慎。自 6 月底以来，银行理财规模总体呈下降态势，尤其是同业理财规模出现大幅下降，表外业务逐步回归表内。

金融时报从以下三个方面阐述了金融去杠杆进程和取得的成效。首先，在金融去杠杆的背景下，为防范金融风险，更好地调节流动性，防止银行业风险扩散到实体经济，监管部门近期密集出台文件，强调加强风险监管，内容直指银行同业业务和表外业务。其次，银行表外业务逐渐回归表内，防止资金空转套利，效果已经显现。在多项政策出台后，同业业务和表外业务都出现了明显收缩，尤其是银行资产负债表在个别月份也有明显的收缩。6 月下旬，国有银行同业产品环比下降 30.43%，股份制商业银行环比下降 57.63%，城市商业银行环比下降 46.09%，农村金融机构环比下降 73.74%。最后，监管部门出台的金融政策在指导思想上是要"开正门、堵偏门"，所有的监管制度和规定都不是禁止业务，而是鼓励依法合规地开展业务，以稳定市场和促进经济发展为目的。

2.3.1.3 央行公开市场操作结束到期不叙做

同样在 2017 年 7 月 11 日，央行开展 OMO 操作完全对冲到期逆回购，央行结束了自 6 月 23 日之后一直保持的公开市场到期不叙做的操作，随后的 13 日央行进行了 3600 亿元的 MLF 投放操作，基本对冲当月的 MLF 到期量。央行的公开市场操作的边际转向，也让市场嗅到了货币政策有边际放松的迹象。央行的公开市场操作到期叙做的态度至少缓解了债券市场的谨慎情绪，未来债券收益率继续快速上行的概率在降低。

2.3.1.4 金融工作会议主基调

首先，强调金融支持实体经济，有利于推动长端利率走出倒 U 形走势。全国金融工作会议主要指导五年工作，会议着重强调金融要把服务实体经济作为出发点和落脚点，要清理规范中间业务环节，避免变相抬高实体经济融资成本，着力"强实抑虚"，要把发展直接融资放在重要位置，并改善间接融资结构。长远来看，金融去杠杆后，金融同业空转的现象不再，实体经济不用再承受同业链条增加成本，利率也会逐渐有回落趋势。

其次，强调强化监管防范系统性金融风险使利率短期不会下行。会议强调要以强化金融监管为重点，以防范系统性金融风险为底线，把主动防范化解系统性金融风险放在更加重要的位置。推进构建现代金融监管框架，更加注重宏观审慎原则，加强功能监管和行为监管。

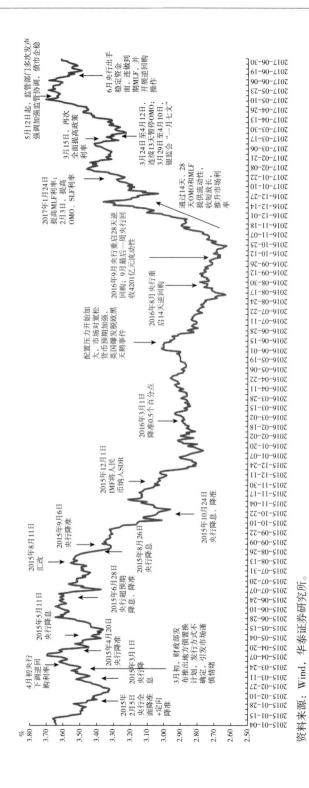

图4-8　10年期国债收益率近三年走势

资料来源：Wind，华泰证券研究所。

最后，会议强调加强监管协调使利率不会轻易上行。会议通稿提出建立国务院金融稳定发展委员会是协调监管机构和杜绝监管套利的制度保障，设立在国务院下有利于统筹各监管部门。金融去杠杆尚未结束，但边际最严的时候已经过去，我们判断接下来利率将以高位震荡为主，不会轻易上行。

2.3.2　2017年下半年利率水平以高位震荡为主

据此，2017年下半年利率将会出现倒U形走势，2017年中时仍处在倒U形的左侧接近拐点处，利率右侧拐点将有可能出现在经济增速快速下行预期出现的时候，2017年下半年利率水平以高位震荡为主。

倒U形走势的历史最可类比的是2013年下半年至2014年上半年的情况。2013年查非标、2017年查同业。表象不同，但本质上都是金融领域的风险隐患。2013年6月"钱荒"后，也出现了央行进行流动性维稳的情况，和2017年4月、5月利率强上行后"一行三会"预期引导、监管协调如出一辙。那一时期利率也走出倒U形曲线。直到2014年上半年，经济下行压力加大，央行开始进行公开市场操作投放货币，利率迎来右侧向下的拐点。

2.3.3　为什么利率不能一直上行

利率存在超调风险。然而一旦长端利率偏离经济中长期的基本面和资本回报率，超调终究会得到修正，利率终将向下。

首先，从中长期经济表现看，利率上行中长期拖累经济，反过来限制了长端利率的进一步上行。从2013—2014年的经验来看，虽然利率的快速上行短期内对经济产生的负面影响较弱，但是中长期仍会拖累经济，当经济出现明显回落预期时，长端利率会转为下行。尤其是现在的经济形势相比2013年，更加无法承受利率的大幅上行。经济增速和物价水平仍然稳健，但与2013相比经济已经明显减速，实际状况更为脆弱。GDP增速下台阶降到7%以下的水平，经济动能转换尚未完成，仍然没有从根本上转变依靠基建和房地产投资的增长模式，经济形势无法承受整体利率提升对实体经济的冲击。

其次，从公有制经济部门软约束来看，利率上行幅度过大，将改变地方政府和国有企业的行为。我国部分地方政府和国有企业存在预算软约束，对利率变化初期并不敏感。但是如果利率上行幅度过大，终会受利率影响，甚至成为重要的游说力量，重新说服中央层面，强调降低企业融资成本，这是长端利率走出倒U形走势的另一个理由。

最后，从金融去杠杆的目的来看，同业链条缩短，实体经济融资成本最终将下降，利率也逐渐会有回落趋势。长期来看，金融去杠杆的目的是引导资金脱虚向实。金融体系中同业链条过长,各个环节的盈利诉求最终累加到了终端,推高了实体经济的融资成本。金融去杠杆后,金融空转的现象不再,长远来看金融同业所加的价格可能被去化,实体经济不用承受同业链条增加成本,利率逐渐也会有回落趋势。

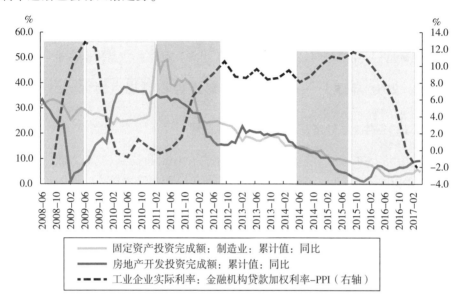

资料来源:Wind,华泰证券研究所。

图 4 - 9   在工业企业实际利率上行期,制造业和地产投资往往出现回落

值得注意的一点是,由于货币政策的多目标制,经济缓慢回落的趋势并不重要,回落趋势并不影响金融稳定和国际收支平衡在央行货币政策目标决定中的重要性,但是一旦接近 GDP 增长的目标值 6.5%,经济增长很有可能成为货币政策决策的最重要目标,所以货币政策可能无法实现持续的紧缩,利率也无法进一步向上抬升,最终重回宽松,利率重现下行的趋势,这对债券是较为有利的,对股市也会形成利好。

2.4   2017 年 11 月——利率倒 U 形走势右侧拐点的判断标准

2017 年国债收益率快速上行和 2013 年"钱荒"情形类似,2014 年伴随着货币政策转向开启了长达 3 年的债牛行情,10 年期国债收益率波幅高达 200BP。2017 年 11 月 14 日,10 年期国债收益率暂时突破 4.0%,并在高位震荡,但这并不改变我们利率倒 U 形走势的观点。长端利率快速上行主要是市场恐慌情绪集中叠加导致,并无货币政策明显收紧和金融去杠杆强力政策出台。央行对经济基本面的判断比市场乐观，坚持稳健中性货币政策的态度坚决，市场之前对货币政策转向的预期落空，是国债利率上升的重要原因。

利率右侧拐点的窗口期可能在 2018 年的第一季度和第二季度，但需要根据以下四大信号综合判断利率倒 U 形的右侧拐点：（1）经济基本面回落；（2）央行采取定向降准；（3）抵押补充贷款（PSL）放量；（4）银监会 2017 年中工作座谈会提及的相关监管政策落地。如果这四大信号之间存在矛盾，比如央行正式落实定向降准但经济基本面尚未回落的情况出现，利率拐点就可能会推迟。

2.5 2018 年 3 月——利率倒 U 形走势右侧拐点出现

2.5.1 条件 1：经济基本面预期回落兑现

党的十九大和中央经济工作会议都淡化了 GDP 目标，以及地方政府纷纷下调全年 GDP 目标，决定了观察指标 1 在 2018 年兑现的概率较高。虽然，1—2 月的宏观经济数据超过了市场预期，但是在未来中美贸易冲突的影响下，净出口回落拖累经济增速的预期明显，市场对 2018 年经济基本面回落的预期分歧不大。利率走势的基本面逻辑主要取决于市场的预期，在市场预期分歧不大的情况下，即便第一季度 GDP 较强，利率倒 U 形右侧拐点的基本面条件可以视作已经兑现。

2.5.2 条件 2：央行定向降准实施兑现

2018 年 1 月 25 日，央行实施了针对普惠金融的定向降准，央行改变了 2018 年定向降准的考核规则，放松了考核标准同时放宽了考核范围，释放流动性 4500 亿元。2018 年定向降准是央行实施定向宽松操作的一个关键信号，在我们的利率倒 U 形右侧拐点判断中具有领先指标的意义。央行实施针对普惠金融的定向降准，主要目的是解决社会结构性融资问题，同时增加了商业银行的广义信用扩张。

2.5.3 条件 3：PSL 放量兑现

央行数据显示，2018 年 2 月，人民银行对国家开发银行、中国进出口银行、中国农业发展银行三家银行净增加抵押补充贷款共 1510 亿元，2 月末抵押补充贷款余额为 29106 亿元。央行向政策性银行投放抵押补充贷款（PSL）是基础货币投放重要方式之一，主要特点是资金期限长以及资金使用利率低。

2.5.4 条件 4：银监会重要监管文件的落地信号变得模糊

我们提出银监会 2017 年中工作座谈会提及的重要监管政策的落地这一利

率倒 U 形右侧拐点判断指标，主要是考量监管靴子阶段性落地对市场谨慎情绪的影响。银监会重大文件制定权移交至央行，叠加贸易战预期冲击风险偏好导致股票市场下行，中央要求不发生处置风险的风险可能推迟出台监管措施，将监管措施对市场的冲击降低到最低点，即使政策出台短期冲击利率，也会因底线思维维护市场情绪，不可能形成中期趋势。因此这一判断信号变得模糊和不重要，不再作为利率倒 U 形右侧拐点的判断依据，右侧拐点已经出现。

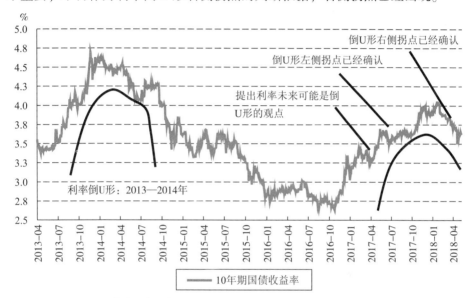

资料来源：Wind，华泰证券研究所。

图 4 – 10　我们判断利率倒 U 形已来到右侧拐点

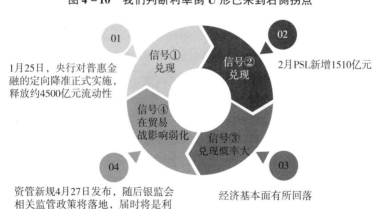

资料来源：Wind，华泰证券研究所。

图 4 – 11　四个信号

3　中美中央银行资产负债表介绍

3.1　人民银行资产负债表

3.1.1　人民银行资产负债表概览

货币当局资产负债表分为职能型资产负债表和分析型资产负债表，职能型资产负债表侧重于央行的货币政策职能，分析型资产负债表则更类似于会计意义的资产负债表，人民银行仅公布职能型资产负债表。

货币当局资产负债表采用复式记账，体现的是我国央行制定和执行货币政策，防范和化解金融风险，维护金融稳定等目的而进行的与其他金融机构和居民进行交易的结果体现。央行的资产负债表分为 6 大资产项目和 7 大负债项目。2017 年 6 月央行的资产规模达到 34.5 万亿元人民币，央行的资产规模的扩张也意味着金融体系特别是银行体系资产规模的扩张，研究央行资产负债表有利于从央行财务的角度去分析央行的货币政策执行操作。

表 4 - 1	货币当局资产负债表（截至 2017 年 6 月）		单位：亿元
国外资产	223007.56	**储备货币**	303771.57
外汇	215153.03	货币发行	73268.68
货币黄金	2541.50	其他存款性公司存款	229662.13
其他国外资产	5313.03	非金融机构存款	840.77
对政府债权	15274.09	**不计入储备货币的金融性公司存款**	7596.84
其中：中央政府	15274.09	发行债券	0
对其他存款性公司债权	85906.57	**国外负债**	1599.31
对其他金融性公司债权	6318.41	**政府存款**	28112.90
对非金融性部门债权	97.13	**自有资金**	219.75
其他资产	14421.85	**其他负债**	3725.25
总资产	345025.62	**总负债**	345025.62

资料来源：中国人民银行，华泰证券研究所。

央行资产负债表有以下几个特点：

第一，央行资产负债表的增速逐渐下行。

第二，央行资产规模占整个银行体系资产规模的比例逐渐下降。

第三，基础货币占总负债的比例以及货币乘数都在上行。

3.1.2 人民银行资产表解析

央行的资产分为国外资产、对政府债权、对其他存款性公司债权、对其他金融性公司债权、对非金融性部门债权以及其他资产6大分项。

3.1.2.1 国外资产

央行国外资产分为外汇、货币黄金以及其他国外资产三大项。央行持有外汇和黄金资产主要是出于稳定币值和平衡国际收支的目的。外汇（通常称为外汇占款）是指央行以人民币计价的买入外汇资产，也即企业通过结售汇行为到商业银行再到中央银行形成外汇储备。由于我国汇率制度安排，资本与金融项目没有完全放开的情况下，人民币汇率仍处在有管理的浮动汇率制度安排，央行为了维持人民币汇率的基本稳定，会择机在境内银行间外汇市场进行外汇干预，央行和商业银行进行交易的结果就是央行外汇占款的增加和减少。黄金是历史成本人民币计价的央行持有的黄金，包含国内和国外两个市场购入的黄金均使用当期人民币计价。其他国外资产主要是指央行持有的以人民币计价的 SDR 以及基金组织头寸，也包含其他存款性公司上缴的外汇准备金。

2000 年到 2014 年，外汇占款是央行最为重要的基础货币投放方式，2014 年至今央行外汇占款出现了 34 个月下降的情况，再贷款开始作为基础货币投放的主要方式。央行外汇占款的减少对央行资产负债表有两种影响方式。

第一种方式，央行外汇资产减少的同时，负债端基础货币同时减少，资产表和负债表同时减结果就是央行缩表。2014 年至 2015 年 12 月，外汇占款增速下滑导致央行资产负债表整体收缩，央行使用降准降息等方式改变了商业银行行为，维持了银行间的流动性。

第二种方式，央行外汇资产减少，央行增加再贷款操作来对冲。2014 年之后央行在不同时期选择使用了不同的操作方式来维持基础货币增速的基本稳定。2016 年全年央行加量叙做再贷款，选择使用资产表表内对冲的方式基本稳定了资产负债表。

3.1.2.2 对政府债权

央行对政府债权指的是人民银行持有的政府债券余额，虽然根据已有《中国人民银行法》第二十九条规定，中国人民银行不得对政府财政透支，不得直接认购、包销国债和其他政府债券。但是，第二十九条并没有禁止央行通过二级市场购买的方式持有政府债券。该项下的对政府债权余额主要是 2007 年 8 月财政部发行的特别国债，当时的背景是财政部发行特别国债购买中央银行外汇储备注资中国投资有限责任公司，央行则将出售外汇储备资产的收益在二级市场购买了财政部发行的特别国债。

3.1.2.3　对其他存款性公司债权

央行对其他存款性公司债权是指央行对存款类金融机构，主要是对商业银行的再贷款类操作，是央行货币政策执行的结果体现。央行使用最为集中的是中央银行贷款、公开市场操作、常备借贷便利（SLF）、中期借贷便利（MLF）以及补充抵押贷款（PSL）五大类货币政策工具，这些操作会在对其他存款性金融机构债权项下体现。

再贴现、再贷款：再贴现是中央银行对金融机构持有的未到期已贴现商业汇票予以贴现的行为；中央银行贷款指中央银行对金融机构的贷款，简称再贷款，是中央银行调控基础货币的渠道之一。中央银行通过适时调整再贷款的总量及利率，吞吐基础货币，促进实现货币信贷总量调控目标，合理引导资金流向和信贷投向。再贷款包括支持"三农"、小微企业以及扶贫项目的建设的信贷类再贷款、支持金融稳定的再贷款以及支持存款类金融机构流动性的再贷款等。

公开市场操作（OMO）：中国人民银行从1998年开始建立公开市场业务一级交易商制度，选择了一批能够承担大额债券交易的商业银行作为公开市场业务的交易对象。近年来，公开市场业务一级交易商制度不断完善，先后建立了一级交易商考评调整机制、信息报告制度等相关管理制度，一级交易商的机构类别也从商业银行扩展至证券公司等其他金融机构。主要包括逆回购操作、SLO、央行票据以及国库现金管理。

常备借贷便利（SLF）的主要特点：一是由金融机构主动发起，金融机构可根据自身流动性需求申请常备借贷便利；二是常备借贷便利是中央银行与金融机构"一对一"交易，针对性强；三是常备借贷便利的交易对手覆盖面广，通常覆盖存款金融机构。

中期借贷便利（MLF）：这是中央银行提供中期基础货币的货币政策工具，对象为符合宏观审慎管理要求的商业银行、政策性银行，可通过招标方式开展。中期借贷便利采取质押方式发放，金融机构提供国债、央行票据、政策性金融债、高等级信用债等优质债券作为合格质押品。中期借贷便利利率发挥中期政策利率的作用，通过调节向金融机构中期融资的成本来对金融机构的资产负债表和市场预期产生影响，引导其向符合国家政策导向的实体经济部门提供低成本资金，促进降低社会融资成本。

抵押补充贷款（PSL）：为贯彻落实国务院第43次常务会议精神，支持国家开发银行加大对"棚户区改造"重点项目的信贷支持力度，2014年4月，中国人民银行创设抵押补充贷款（Pledged Supplemental Lending，PSL），为开发性金融支持棚改提供长期稳定、成本适当的资金来源。抵押补充贷款的主要功能是支持国民经济重点领域、薄弱环节和社会事业发展而对金融机构提供期限较长的大额融资。抵押补充贷款采取质押方式发放，合格抵押品包括高等级债券资产和优质信贷资产。

3.1.2.4　对其他金融性公司债权

央行对其他金融性公司债权主要是指央行为了实现金融稳定需要而被迫向非存款类金融机构发放的救助贷款，主要是向证券公司以及四大资产管理公司发放的再贷款。

3.1.2.5　对非金融性部门债权

央行对非金融性部门债权主要为央行向贫困地区经济建设发放的专项贷款。

3.1.2.6　其他资产

其他资产是指中央银行其他业务形成的资产，包括国际金融组织资产、投资、在途资金占用、暂付款项、待清理资产、待处理损失以及其他等，主要包含以下7个大项。

（1）国际金融组织资产是指中央银行代表国家对国际组织进行投资和捐资而形成的资产。

（2）投资是指人民银行向所属企事业单位的投资。

（3）在途资金占用是指在大额支付等资金汇划系统划款过程中，人民银行垫付的资金。

（4）暂付款项是指人民银行在业务活动中垫付的临时性或暂时不能处理的款项，包括待处理损失款项、待查错账、待上划款项、业务周转金等。

（5）待清理资产是指清理账外经营和违规经营过程中经批准可列账的各类资产。

（6）待处理损失是指在清查财产和办理业务中查明的，并经批准可列账的各类财产物资的盘亏、缺损，以及发生盗窃、诈骗经济案件形成的待处理资金损失。

（7）其他是指除前述资产以外的资产。

3.1.3　人民银行负债表解析

央行的负债分为储备货币、不计入储备货币的金融性公司存款、发行债券、国外负债、政府存款、自有资金以及其他负债7大分项。

3.1.3.1　储备货币

央行储备货币（即基础货币）由货币发行、其他存款性公司存款以及非金融机构存款三部分构成。储备货币是央行的主要负债来源，占整个负债规模的88%左右，也是整个银行间流动性的蓄水池，我们常见的银行间资金拆借市场也是在这一蓄水池中进行的。

货币发行是指央行发行的货币，是实物形态的纸币和硬币，从流通状态来分又分为流通中的货币 M_0 和商业银行库存现金两部分。

其他存款性公司存款是商业银行和政策性银行上缴准备金账户存款，又分为法定准备金和超额准备金两部分，是基础货币的主要构成部分。

非金融机构存款是指支付机构交存人民银行的客户备付金存款。

3.1.3.2　不计入储备货币的金融性公司存款

证券公司支付清算账户以及信托、财务公司和金融租赁公司的准备金存款账户都反映在不计入储备货币的金融性公司存款项下。

3.1.3.3　发行债券

中央银行债券，也称为央行票据，指由人民银行在公开市场中发行中央银行票据所形成的负债，是央行调节基础货币的一项货币政策工具，目的在于减少商业银行可贷资金量，回笼基础货币。央行票据余额体现在该负债项下，当央行发行票据已经全部到期时，该项负债余额为零。

3.1.3.4　国外负债

该负债项目体现的是境外中央银行和金融机构存放于人民银行的清算资金负债。

3.1.3.5　政府存款

《中国人民银行法》第四条第八款规定，中国人民银行的职责包括经理国库。政府存款是央行第二大负债项，政府存款下降体现了财政支出增加，是基础货币扩张的另一个重要因素。在资产负债表规模不变的情况下，基础货币与政府存款呈相反方向变动。本项目的变动代表财政支出额度，可判断财政投放力度。财政收入下降影响此项规模。政府存款体现的就是中央和地方的国库存款余额，而政府存款余额的变动对基础货币也会产生扰动，特别是月中缴税时期政府存款增加，而储备货币相应减少。

3.1.3.6　自有资金

自有资金为央行的资本金。

3.1.3.7　其他负债

央行其他负债历史上主要是记录正回购余额、微调工具以及外汇形式缴存准备金三个大项。

3.2 美联储资产负债表

美联储公布职能型和分析型两种类型的资产负债表，为了进行横向对比，本部分着重分析了美联储的职能型资产负债表。

3.2.1 美联储资产负债表总览

分析型资产负债表更接近会计报表，是所有地方联储资产负债表的并表形式。

美联储职能型资产负债表由三部分构成：资产、负债和净资产，美联储职能型资产负债表的变化反映了美联储执行货币政策职能操作的结果。

表 4-2　　　　美联储职能型资产负债表（截至 2017 年 7 月）　　　单位：亿美元

资产		负债	
黄金证券账户	110.37	联储票据、联储银行持有净额	15149.51
特别提款权账户（SDR）	52.00	逆向回购协议	3437.96
硬币	18.33	存款	25595.68
持有证券、未摊销证券溢价和折扣、回购协议和贷款	43928.51	存款机构定期存款	0.00
持有证券	42422.65	存款机构其他存款	22936.16
持有证券：美国国债	24651.70	美国财政部一般账户	1835.34
持有证券：联邦机构债券	80.97	外国官方	51.90
持有证券：抵押贷款支持债券	17689.99	其他存款	772.29
当前持有的未摊销证券溢价	1650.24	延迟入账现金项目	4.52
当前持有的未摊销证券折扣	-146.36	其他负债及应计股息	46.03
正向回购协议	0.00	财政部的汇款收入	10.66
其他贷款	1.97	总负债	44244.36
有毒资产（贝尔斯登投资组合净额）	17.10	资本账户：实缴资本	308.48
托收中项目	0.56	资本账户：结余	100.00
银行不动产	21.98	资本账户：其他资本账户	0.00
中央银行流动性互换	0.85	全部资本（净资产）	408.48
外币计价资产	210.31		
其他联储资产	292.83		
总资产	44652.84		

资料来源：Wind，美联储，华泰证券研究所。

美联储资产在 2008 年之后大幅扩张，这主要是源于持有证券账户的增加。美联储的资产主要由以下几部分构成：持有证券、黄金证券账户、特别提款权账户、持有贝尔斯登（Maiden Lane）投资组合净额和正向回购协议（相当于我国的逆回购）。

持有证券账户近年来迅猛增长的最主要原因是美国在经济危机之后实施了 4 轮 QE（Quantitative Easing）。持有证券账户和 QE 的内容：持有证券主要包括美国国债、联邦机构债券和抵押贷款支持债券（MBS）这三个细分账户，美联储实施 4 轮 QE 实际上就是通过购买大量国债和 MBS 来增加基础性货币供给，向市场注入大量流动性，从而导致持有证券账户的规模大幅度增加。以下将介绍 4 轮 QE 具体的实施时间、项目和数量。

第一轮 QE：时间为 2008 年 11 月至 2010 年 4 月，其间美联储购买了总值为 1.725 万亿美元的持有证券，其中，MBS 为 1.25 万亿美元，美国国债为 0.3 万亿美元；联邦机构债券为 0.175 万亿美元。

第二轮 QE：时间为 2010 年 11 月 4 日至 2011 年 6 月，美联储宣布计划每月购入 750 亿美元的长期美国国债，共计 6000 亿美元。

第三轮 QE：美联储宣布于 2012 年 9 月开始，每月购入 400 亿美元 MBS，直到就业市场有较大程度好转为止。

第四轮 QE：时间为 2012 年 12 月，美联储宣布每月购买 450 亿美元美国国债，再加上第三轮 QE 中的每月购买 400 亿美元 MBS，此时美联储每月共计购买 850 亿美元持有证券。经过以上 4 轮 QE 后，美联储资产的美国国债和 MBS 账户迅速增长，从而使持有证券账户增加，最终结果是美联储资产大幅度扩张。

在 4 轮 QE 之后，持有证券的细分账户在金额上和结构上发生了以下变化。首先，从金额上来说，持有证券细分账户中的美国国债和抵押支持债券都得到了大幅度的增长；从美国国债来看，在国际金融危机前，都保持着稳定的增长态势，是美联储资产中最重要的组成部分，而在国际金融危机之后，呈现出阶梯性增长的状态；从抵押支持债券来看，2008 年国际金融危机之前，该细分账户并不存在，科目余额为零，国际金融危机之后，美联储大量买入抵押支持债券，近年来已成为另一个构成美联储资产的重要组成部分。因此，在对持有证券细分账户的金额变化趋势进行分析后，可以看出近年来推动美联储资产增长的主要是美国国债和抵押支持债券的增加。

其次，从内部结构上来说，持有证券中的美国国债比例下降，抵押贷款支持债券比重上升。具体而言，持有证券的内部结构在 2008 年国际金融危机前后发生了较大的改变：在国际金融危机前，持有证券由美国国债和联邦机构债券构成，且美国国债在持有证券中占比超过99%；而在国际金融危机之后，持有证券中新增了抵押贷款支持债券（MBS），且MBS占持有证券的比重开始逐渐上升，从2009年1月的1.11%上升到2017年7月的41.7%，而美国国债的比重开始逐步下降，从2009年1月的94.1%下降到2017年1月的58.1%。

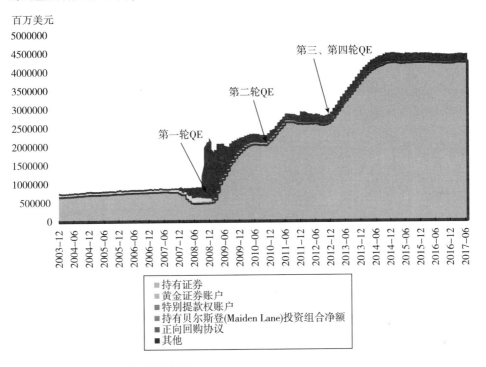

资料来源：Wind，华泰证券研究所。

图4－12　美联储资产内部结构

3.2.2　美联储的资产表

美联储的资产主要由黄金证券账户、特别提款权账户、持有证券、未摊销证券溢价和折扣、回购协议和贷款、持有贝尔斯登投资组合净额、外币计价资产和其他联储资产等账户构成。其中，持有证券、未摊销证券溢价和折扣是资产的最主要组成部分。2017年7月，持有证券、未摊销证券溢价和折扣账户在总资产中占比达95%左右。该账户下又可以继续分为持有证券、正向回购协议和其他贷款等账户。接下来，将分别对资产的重要账户进行解释和分析。

黄金证券账户和特别提款权账户指的是美国联邦储备系统从美国财政部提取的黄金及特别提款权余额。

3.2.2.1　持有证券

持有证券是美联储资产负债表资产端一个十分重要的组成部分，它是负债的基础货币发行的重要保证。持有证券账户主要由持有美国国债、持有联邦机构债券和抵押贷款支持债券组成。

持有证券：美国国债：它指的是美联储持有的美国国债债券，是美国进行公开市场操作和调节市场流动性的手段之一。美联储2008年初至2009年初减持国债，是因为通过公开市场操作投放的货币不具有指向性，而美联储救市为实现"专款专用"，通过减持国债回笼资金，再通过其他专项计划购买其他资产或投放给特定机构。

持有证券：联邦机构债券：该账户是2008年国际金融危机之后出现的新账户。联邦机构债券指的是由美国联邦政府所属机构或联邦政府创办的经营机构发行的债券。非美国财政部发行，因此不是美国财政部的直接债券。在美国，只有两种机构有权力发行联邦机构债券：一种是联邦政府所属机构，其资金主要来源于联邦政府，如美国进出口银行和吉利美等；另一种是联邦创办机构，这类机构虽然是独立经营，但是仍受到联邦政府的控制。

持有证券：抵押贷款支持债券（MBS）：抵押贷款支持债券指的是房产信托机构购买了金融机构的抵押贷款合约后，将符合条件的贷款做成一个贷款集合然后发行证券。证券的现金流主要是该贷款集合定期发生的本金及利息的现金流入。美联储持有的MBS主要是房地美、房利美、吉利美发行的MBS。由于有抵押物，MBS还具有较高的安全程度。

3.2.2.2　持有贝尔斯登投资组合净额

该账户是美联储在2008年国际金融危机中由于救助大型金融机构而产生的新账户。在2008年6月、11月和12月分别向 Maiden Lane LLC、Maiden Lane III LLC 和 Maiden Lane II LLC 发放贷款，从而形成贝尔斯登投资组合的净额为701亿美元。随着经济形势的好转，到2011年该账户余额开始减少，截至2017年8月持有贝尔斯登投资组合净额仅为17.1亿美元。

3.2.2.3　正向回购协议

正向回购协议指的是美联储向市场交易商购买证券，按协议在日后将买入的证券返还给市场交易商。正向回购协议也是美联储公开市场操作的一种方式，它主要是向市场释放流动性。这与美联储负债的"逆向回购协议"是相反的。

3.2.2.4　中央银行流动性互换

中央银行流动性互换是一种短期的资金融通工具。主要通过美联储与其他中央银行进行货币互换，为国际市场提供美元流动性。随着量化宽松的实施而减少。

3.2.2.5 其他联储资产

其他联储资产主要包括美联储所持其他资产的市场公允价值的重估，以及以外币计价的资产，因为汇率变化而对其价值重估的增加部分。一般认为此项反映了美联储联合多国中央银行在救市过程中向其他国家中央银行提供外汇掉期（swap line）的额度。

3.2.3 美联储的负债表

美联储资产负债表中的负债主要由联储票据、联储银行持有净额（以下简称联邦储备券）、逆向回购协议和存款等部分组成。其中，联邦储备券和存款为负债的重要组成部分。截至 2017 年 7 月，联邦储备券和存款在总负债中的占比分别为 34.2% 和 57.8%。其中，存款又可以进一步分为存款机构定期存款、存款机构其他存款和美国财政部一般账户。本部分将针对以上几个重要账户及其细分账户进行释义和分析。

联储票据、联储银行持有净额即日常所说的"美钞"。它在流通中的现金占比约为 90%。而其余 10% 主要指的是流通中的其他美国货币和硬币。

存款机构其他存款则可以近似表示准备金总额。准备金可以分为超额准备金和法定准备金。超额准备金就是指存款机构在储存到中央银行的法定准备金之外，主要用于支付清算、头寸调拨或作为资产运用的备用资金。美国存款机构在美联储的存款 90% 以上都是超额准备金。美联储账上有这么多超额准备金也实属无奈，因为商业银行信贷投放意愿不足，所以只有通过 QE 扩表，来增加更多的商业银行信贷投放。2008 年国际金融危机之后美联储通过 4 轮 QE 总计扩张资产负债表约 3.5 万亿美元，而有 2.2 万亿美元被存款类金融机构以超额准备金的形式存放在美联储准备金账户，资金沉淀比例为 63%。

美联储应对国际金融危机购买美国国债、MBS 等资产的资金来源以准备金为主，而非印钞。准备金中主要为存款机构在美联储的存款准备金，其中又以超额准备金为主，2008 年国际金融危机后该数值暴增。美联储购买存款机构手上的证券资产或向它们放贷，存款机构在美联储设立存款账户并将出售资产或获得的贷款存入此账户。美联储通过存款来扩张基础货币的操作，类似于商业银行扩张派生货币的乘数效应。

实际上，联储票据、联储银行持有净额和存款机构其他存款两项占了美国的基础货币很大一部分比重。这是因为基础货币是流通中货币与准备金之和，其中，流通中的货币又包括公众持有的现金和存款机构的库存现金。公众持有的现金、准备金分别对应美联储资产负债表中的联储票据、联储银行持有净额和存款机构其他存款两项。

逆向回购协议是指美联储出售部分其持有的证券给初级市场交易商，按协议在日后（通常在短期内）重新买回。这是美联储补充自身资金和收缩市场流动性的途径，所以美联储的这一操作也加剧了 2008 年的通缩。

美国财政部一般账户设立的目的在于服务财政日常资金收支和转移，因此该数值波动较大。

对以上负债各个账户进行比较可以发现，联邦储备券、存款机构的准备金存款、美国财政部存款这些负债是美联储进行货币政策操作的主要来源。而逆向回购协议相对而言，由于操作数量较少，是美联储货币政策操作的辅助手段。

3.3 中美中央银行资产负债表规模及结构的对比

3.3.1 规模对比：人民银行资产负债表规模大于美联储

人民银行资产规模大于美联储，但国际金融危机后美联储资产负债表规模随几轮 QE 出现跳升，膨胀速度高于人民银行。国际金融危机前，我国贸易和资本项目双顺差导致我们央行资产负债表被动扩张，膨胀速度高于美联储，在 2004 年附近人民银行总资产超过美联储；国际金融危机后，美联储通过 4 轮 QE 实现了资产负债表规模的陡增，此期间，美联储资产负债表增幅大于人民银行。截至 2017 年 6 月的最新数据显示，美联储资产负债表规模相比实施量化宽松前扩大了 4.9 倍，是同期的人民银行数据的 1.7 倍。

3.3.2 结构对比：人民银行资产负债表较为单一

这部分将分别从资产和负债两个方面对中美中央银行的资产负债表的结构进行比较。

从资产方面来看，外汇占款和对金融机构的债券是促使我国央行资产扩张的两个最重要的因素：一方面，外汇是人民银行的主要资产，我国外汇占比一直较高，但是在 2014 年后有下降趋势，由于外汇储备是人民银行总资产持续增加的最主要来源，因此，我国资产负债表的扩张是被动扩张；另一方面，对其他存款性公司的债权也促使了央行资产规模的扩张，且 2014 年后影响逐步上升。而美国中央银行规模扩张的最主要因素是持有证券，其中，又以美国国债和抵押资产支持证券（MBS）的扩张为主。

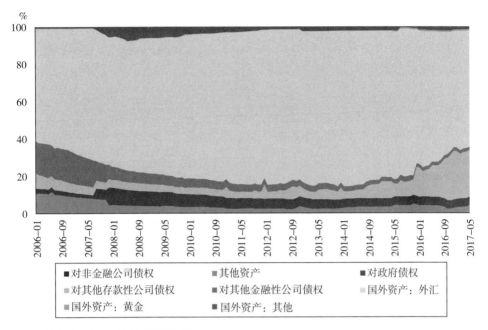

资料来源：Wind，华泰证券研究所。

图 4 – 13　人民银行资产结构

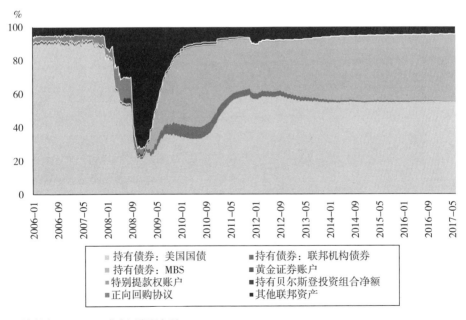

资料来源：Wind，华泰证券研究所。

图 4 – 14　美联储资产结构

从负债方面来看，我国央行以储备货币—其他存款性公司存款为主，且占比呈上升趋势；再者就是货币发行和债券发行（即央行票据）。近几年货币发行占比基本稳定，债券发行占比下降。而美联储的负债以储备货币—货币发行为主。

实际上，美国政府是通过发行国债并由中央银行在二级市场购买来间接发行货币的，美元的源头在于美国国债。

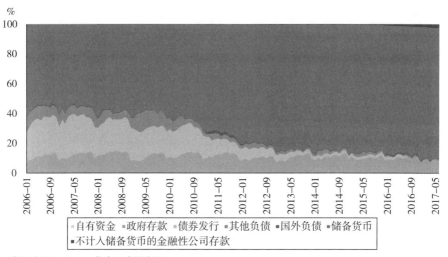

资料来源：Wind，华泰证券研究所。

图 4 – 15　人民银行负债结构

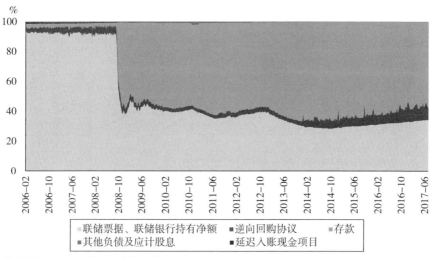

资料来源：Wind，华泰证券研究所。

图 4 – 16　美联储负债结构

五、金融稳定

1　为何要注重防风险和抑泡沫

中央将防风险、抑制资产价格泡沫作为工作重点的集中表态是在 2016 年 10 月的中央政治局会议上，这一次中共中央政治局召开会议并分析研究经济形势和经济工作，会议提出"注重抑制资产泡沫和防范经济金融风险"。同年 12 月的中央经济工作会议上，中央再一次强调"要把防控金融风险放到更加重要的位置，下决心处置一批风险点，着力防控资产泡沫，提高和改进监管能力，确保不发生系统性金融风险。"并提出"房子是用来住的、不是用来炒的"的定位，这就向市场传达了中央关于资产泡沫和经济风险不仅仅是指金融领域也包括房地产市场。2017 年两会期间，房地产泡沫和金融风险再一次被中央文件强调。由此，党中央和国务院下决心防风险、抑泡沫，而且从中央关于金融和房地产泡沫的表态的连贯性上来看，中央的决心是坚定的，政策储备也是充足的。

依据《中国金融稳定报告（2008）》，系统性金融风险通常指金融风险从一个机构传递到多家机构、从一个市场蔓延到多个市场，从而使整个金融体系变脆弱的可能性。系统性金融风险一旦发生，将导致金融机构、金融市场和金融基础设施难以发挥风险管理、资源配置、支付结算等关键功能，严重时会引发金融危机，影响国民经济健康运行。系统性金融风险的产生途径可以概括为两类：一是内生途径，主要来自金融机构风险累积、金融市场动荡和金融基础设施不完备；二是外生途径，源于宏观经济不稳定因素和突发事件冲击。

我国系统性风险的风险点主要在于房地产市场局部过热及杠杆高、理财产品、委外快速发展及债市杠杆高、非金融企业部门去杠杆对金融体系可能产生的冲击、地方政府隐性债务过高及财政金融化等。房地产市场、债市去杠杆是防范系统性风险的重要领域。

中央关于防风险、抑泡沫的最高建筑已经传导至政策执行层面，"一行三会"的部分政策已经落地。人民银行 2017 年货币政策目标的两大主要矛盾是金融稳定和国际收支，央行之后的货币政策执行也将继续延续这一总体思路。银监会承担的关于防风险、去泡沫的责任更多一些，因为本轮金融风险的始作俑者是银行理财业务的无序发展。经济越好，金融监管政策出台得越坚决。

1.1 流动性、资本管制、资产价格和通胀的辨析

1.1.1 我国货币环境宽裕

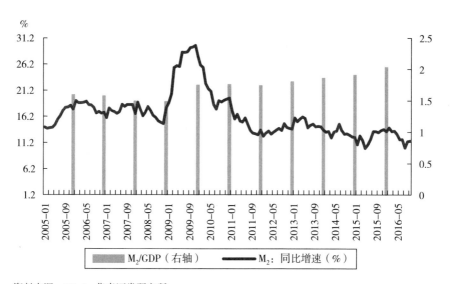

资料来源：Wind，华泰证券研究所。

图 5 - 1 我国 M$_2$ 增速及 M$_2$ 占 GDP 的比重

资料来源：Wind，华泰证券研究所。

图 5 - 2 我国货币乘数逐年走高，货币环境宽裕

我国资本市场存量流动性较好，M_2 的快速扩张为我国市场提供了宽裕的货币环境。M_2 年增速近几年一直保持在 13% 左右，M_2 存量占 GDP 的比重也在逐年走高。另外，我国的货币乘数在 2014 年初超过美国，随后趋势性走高，因此，虽然央行资产负债表并未显著扩张，即基础货币投放并未出现过快增长，但较高的货币乘数仍然导致市场流动性过剩。

1.1.2 资产价格和通胀是流动性的表现形式

在货币环境宽裕、资本管制加强的情况下，资金要么推高通胀，要么流入大类资产、催生资产价格泡沫。2015 年、2016 年我国 CPI 除 2016 年初和年末温和通胀外，整体低位运行，未出现明显的通货膨胀。宽裕的货币环境下，资金的配置需求激增，并集中体现在大类资产价格中，由此出现了我国资本市场中股市—债市—商品—地产—商品的加速轮动。资产价格的重要推动因素是货币，对任何一种资产价格的估值也要看货币。而对通胀而言，几乎所有的中央银行都认为通胀是一种货币现象。尽管通胀成因有很多，但货币供应量与物价之间存在必然的联系，货币环境过度宽裕，通胀只是早晚的问题。因此，国内巨量的流动性在无法流出的情况下，要么以资产价格的形式表现，要么以通胀的形式表现。

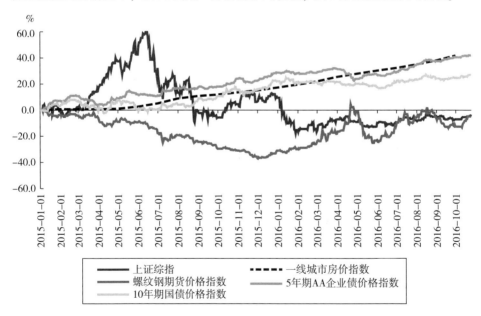

注：以 2015 年 1 月 1 日为基期，序列反映相对基期的收益。

资料来源：Wind，华泰证券研究所。

图 5 - 3　2015—2016 年股市—债市—商品—地产—商品（相对于基期）收益轮动加速

1.2　防风险抑泡沫体现了政策前瞻性

在再通胀的全球大背景下，境内的物价水平也有可能会触及央行货币政策目标的容忍线，假设未来通胀水平超预期地触碰 3% 的水平，那时央行会选择紧缩的货币政策进行应对。如果央行的加息动作处在资产泡沫晚期，那么将会带来更大的金融震荡，甚至金融危机。1990 年日本中央银行加息主动刺破了日本的房地产泡沫，日本出现了"失去的二十年"；2007 年美联储的加息也直接导致了国际金融危机。这些历史的例子告诉我们，在通胀上行周期积累的资产泡沫将会给中央银行货币政策操作带来较大的风险和不可控性。所以抑制资产价格泡沫和金融去杠杆是为了使未来央行为应对通胀而加息时不受金融资产价格泡沫的掣肘，体现了国家及货币当局的前瞻性。

2　监管套利之辩

2.1　金融监管套利的定义和内涵

套利（arbitrage）的定义是"在金融行为中，套利是在一个金融市场上购买证券或货币并在另外一个市场上卖出获利的活动"。套利的行为人通过资本在市场间的流转，来赚取两个市场之间资产的价差。

"监管套利"借用了金融学中的"套利"一词，与套利类似，监管套利捕捉的也是市场中的非均衡。金融监管套利在学术界并没有统一的定义，较为广泛接受的定义是 Frank Partnoy（1997）提出的"监管套利是一种金融交易（financial transactions），旨在利用制度差异性所创造的套利机会，来获取利润或降低成本"。这些机会的出现则是源于一个已经被广泛认可的观点，即同样的经济目的，可以通过多种交易策略来实现。至少存在这样一种共识，即金融监管套利是"金融机构利用不同的监管规则的差异，在不违背金融监管的法律法规的前提下，谋取利润的行为"。具体可能包括：在同一地域做类似的金融业务但分属不同监管机构监管之间的套利；也可能是同一金融监管部门对不同金融机构监管规则的差异化引起的套利；还有可能存在于不同地域由于各自管辖权不同导致的监管规则不同形成的套利。

中国的金融监管套利问题是一个极其复杂的问题。

一是金融创新与金融监管是一个矛盾共同体，很多金融创新都是为了突破监管的限制而诞生的，从而监管套利很容易披着金融创新的外衣；随着创新过度、监管套利问题逐渐严重，金融监管规则会再次升级予以应对，在这种循环往复的反馈作用下，金融得以发展。

二是综合经营与分业监管的矛盾。分业监管不适应综合经营态势，是中国当下最突出的金融问题之一，金融监管套利又是突出问题的集中表现点。

三是监管体制改革没那么简单。对央行而言，肯定希望通过监管体制改革来实现功能监管，以拉平监管规则，彻底防止监管套利。而银行—证券—保险业监管机构认为，通过加强自身行业的监管也能解决监管套利问题，通过密集出台加强监管措施有效应对风险，这样可以避免监管体制变革带来的动作过大问题。央行牵头出台资产管理行业的规则，实质上就是一种妥协方案。

四是就套利本身解决套利问题，可能会"按下葫芦浮起瓢"。这涉及银行业利率市场化后的盈利模式，单一银行制银行如何发展等问题。

2.2 从单一银行制说起

单一银行制也称单元制、单元银行制，即商业银行只有一个独立的银行机构，不设立分支机构。与其相对的是总分行制。实行单一银行制的商业银行在经营管理上较灵活，但其经营范围受到地域的限制，难以在大范围内调配资金，风险抵押能力相对较弱。实行这种制度的国家主要是美国，也有人将美国资产规模较小的地区性银行称为社区银行。其思想渊源可以追溯到杰弗逊·杰克逊的反对垄断、特权以及崇尚自由竞争的思想（汉密尔顿主义者与杰弗逊·杰克逊主义者两种银行观之间的斗争）。

表 5-1 单一银行制与总分行制的比较

	单一银行制	总分行制
规模	小	大
跨区（州、省）经营	不允许	允许
竞争程度	低	高
银行与当地政府的关系	容易协调	不容易协调
资金流动性	低	高
受风险冲击影响程度	大	小
信用风险集中爆发可能	大	小

资料来源：华泰证券研究所。

中国的银行业脱胎于计划经济向市场经济转轨的特殊背景，不同银行天然具有牌照差异。以出生定终身，比如工商银行脱胎于央行，建设银行脱胎于财政部，而很多中小地方银行源于当地集中金融资源支持地方建设和经济发展的初衷。具体来讲，我国银行业分为大型商业银行（原为国有银行，改制而来）、全国性股份制商业银行、城市商业银行（原为城信社，改制而来）、农村商业银行（原为农信社，改制而来）、政策性银行和邮储银行。由于历史沿革和政策方向的原因，我国的"全国牌照类"银行（大型商业银行、全国性股份制商业银行）实行总分行制，而"地方牌照类"的中小银行（城市商业银行、农村商业银行）实行单一银行制。

表 5 - 2　　　　　中国银行业：单一银行制与总分行制的比较

全国牌照：总分行制		地方牌照：单一银行制	
大型商业银行	全国性股份制商业银行	城市商业银行	农村商业银行
中国工商银行、中国农业银行、中国银行、中国建设银行、交通银行（五大行）	我国现有 12 家全国性中小型股份制商业银行：招商银行、浦发银行、中信银行、中国光大银行、华夏银行、中国民生银行、广发银行、兴业银行、平安银行、恒丰银行、浙商银行、渤海银行	城市商业银行的前身是 20 世纪 80 年代设立的城市信用社，当时的定位是：为中小企业提供金融支持，为地方经济搭桥铺路。从 20 世纪 90 年代中期，以城市信用社为基础，各地纷纷组建城市商业银行，现在全国城市商业银行已超过百家	农村金融机构包括农村信用社、农村商业银行、农村合作银行、村镇银行、农村资金互助社等。农村信用社后来符合条件的逐步转制成为农村商业银行

资料来源：华泰证券研究所。

21 世纪初，中国一些中小银行转制后开始初步设立异地支行，国际金融危机后国家收紧异地设支行政策，对于中小银行异地设立支行、跨省开展业务还有很多限制。2006 年以来，银监会相继出台《城市商业银行异地分支机构管理办法》《关于中小商业银行分支机构市场准入政策的调整意见（试行）》，消除了城市商业银行跨区域经营的政策性障碍。城市商业银行迅速扩张，对推动其转型、促进地方经济发展起到了举足轻重的作用，但同时也暴露了一些问题。

2011 年，时任国务院副总理王岐山，从风险防范的视角在两会期间批评了城市商业银行一味做大、向大银行发展的势头，随后银监会基本上停止批复城市商业银行跨省新设分行，城市商业银行跨区域经营发展的步伐逐步放缓。

以城市商业银行为代表的中小银行核心目标仍是在当地服务实体经济，包括为地方政府基础设施建设、公共服务提升、产业发展转型等融资，当然也包括小微和"三农"。与美国相比，我们的问题在信用管理上。美国的社区银行主要服务对私客户，利用的是与客户的熟悉度，消除了信息不对称，因此提高了风险防控能力，而国内的中小银行面对的主要是辖区内的企业客户，一旦信用状况不好就会很被动，如果加上地方政府过度干预，城市商业银行的信用风险就可能会集中爆发，导致无法发展资产端业务。这种情况最危险的时候出现在 2015 年底和 2016 年初。

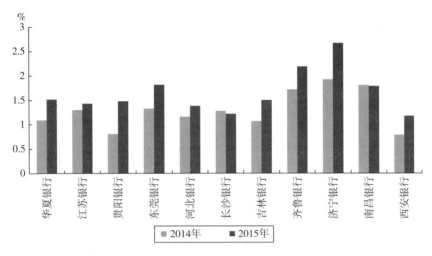

资料来源：华泰证券研究所。

图 5－4　部分城市商业银行前两年不良贷款率升高较多

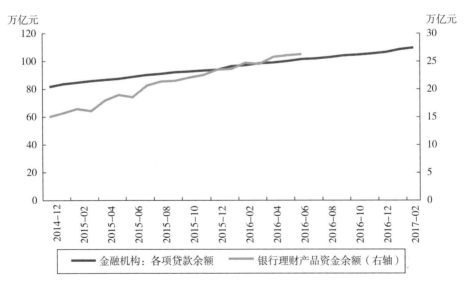

资料来源：Wind，华泰证券研究所。

图 5－5　理财规模扩张速度大于各项贷款

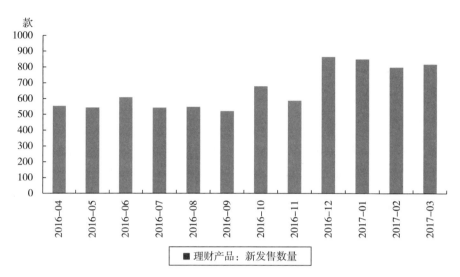

图 5 - 6　理财业务专业委员会常委单位 2016 年第四季度发行理财产品在提速

在这种情况下，同业业务、理财业务成为城市商业银行有效规避当地信用风险的工具，最终的资产能够配置到全国，作为"理性经济人"的城市商业银行都会将其作为发展方向。能够观察到的现象是，2016 年之后，同业业务、理财业务快速扩张，这其中又以城市商业银行的扩张速度最为迅速。当然，资产端这种配置需要的管理能力理论上应该较高，但是城市商业银行在扩张中将其视为第二位的问题，首先考虑的是"生存"而不是"提升"，这就为同业业务庞大、理财嵌套、杠杆过高等问题埋下了隐患。

2.3　利率市场化后银行的利润从哪里来

利率市场化是我国金融体制改革的重要一项。周小川 2011 年在《关于推进利率市场化改革的若干思考》一文中对利率市场化的必要性有过精彩论述。（1）利率市场化是发挥市场配置资源作用的一个重要方面；利率本质上是资金的价格，只有利率真正完成市场化才能使整个价格体系完成市场化；（2）利率市场化体现了金融机构在竞争性市场中的自主定价权；（3）利率市场化也反映了客户有选择权；（4）利率市场化反映了差异性、多样性金融产品和服务的供求关系以及金融企业对风险的判断和定价；（5）利率市场化也是宏观调控的需要，央行需要一个顺畅、有效的利率传导机制。

利率市场化已接近最后阶段。自 2013 年下半年起，利率市场化进程开始提速，7 月央行取消了贷款利率下限，随后在降息过程中逐步打开存款利率上限，并于 2015 年 10 月取消存款利率上限。存款利率上限取消意味着我国利率管制已基本放开，利率市场化最关键的步骤已经走完，进入收尾阶段。

表 5 - 3　　　　　　　　2013 年以来利率市场化进程大事记

时　间	事　件
2013 年 7 月	放开金融机构贷款利率管制。取消金融机构贷款利率 0.7 倍的下限，取消票据贴现利率管制，对农村信用社贷款利率不再设立上限
2013 年 10 月	贷款基础利率集中报价和发布机制正式运行
2013 年 12 月	重启同业大额存单业务
2014 年 3 月	放开中国（上海）自由贸易试验区小额外币存款利率上限
2014 年 11 月	在降息的同时，将人民币存款利率浮动区间的上限由存款基准利率的 1.1 倍扩大至 1.2 倍
2015 年 3 月	在降息的同时，进一步将存款利率浮动区间上限扩大至 1.3 倍
2015 年 5 月	在降息的同时，进一步将存款利率浮动区间上限扩大至 1.5 倍，放开小额外币存款利率上限
2015 年 6 月	重启面向个人与企业的大额存单业务
2015 年 8 月	在降息的同时，放开金融机构一年期以上（不含一年期）定期存款利率浮动上限
2015 年 10 月	在降息的同时，放开商业银行和农村合作金融机构等活期及一年期（含）以内定期存款利率的上限。利率市场化基本完成

资料来源：华泰证券研究所。

利率市场化的推进，意味着商业银行原有的盈利模式需要转变，不能过度依赖息差收入。商业银行原有的盈利模式主要是靠息差获得收入，但随着利率市场化的推进，息差逐步收窄，这使银行难以维持原有的盈利水平，导致近年来商业银行非息收入占比不断提升。

各类中间业务中，理财产品最终成为银行最适合发展的业务。中间业务收入主要包括两块，一是发展理财产品等资产管理类的业务，二是收费类项目。对于收费类项目，监管部门依然持审慎态度。2011 年银监会 22 号文《关于银行业金融机构免除部分服务收费的通知》废除了个人储蓄账户的开户手续费等 34 项业务的收费名目。2014 年银监会、国家发展改革委发布《商业银行服务价格管理办法》《国家发展改革委、中国银监会关于印发商业银行服务政府指导价政府定价目录的通知》，同样以规范和减免收费为指导思想。2016 年国家发展改革委印发《商业银行收费行为执法指南》，进一步整顿银行乱收费问题。因此对银行而言，最适合发展的中间业务就是理财产品等资产管理类业务。基于上述原因，再加上银行的盈利冲动，近年来银行理财业务规模急速膨胀。相较于基金等投资品种，银行理财产品之所以得到迅速发展，根本原因在于理财产品在刚性兑付的逻辑下，享受了资产管理产品保本保收益的套利红利。

2.4 维护金融稳定伴随着道德风险

监管机构为维护金融稳定、消化系统性金融风险隐患，在关键时点上可能会出台强监管措施。但由于恐慌情绪在市场交易主体之间传染、市场主体对监管举措理解有偏差等原因，强监管措施对市场的冲击可能被过分放大，甚至演变成局部金融危机。而在市场波动或局部金融危机的应对和处理过程中，往往伴随着严重的道德风险问题。

金融危机处置过程中面临的最大的道德风险就是"大而不能倒"（too big to fall）。一些金融机构，因其业务体量较大、在金融混业经营体系中起到重要关联性作用，而成为不允许倒闭的角色。为了避免这类金融机构倒闭，政府会选择出资救助，或者邀集金融业其他重磅企业联合出资为受救助者兜底。而无论任何行业、任何企业，如果预知自己的业务行为最终会获得第三人，尤其是政府的无限兜底，必然会变得肆意妄为。

"大而不能倒"的典型例子是次贷危机期间美国政府对大型金融机构的救助。在21世纪初的数年间，美国金融衍生品市场野蛮扩张，埋下了系统性风险的火种，最终导致了2008年次贷危机的爆发。在次贷危机之初，雷曼兄弟因受危机冲击而宣告破产，市场巨幅震荡；随后，为平抑市场波动，美联储紧急入市，先后调集巨额资金救助花旗集团、美国国际集团 AIG 等金融机构，美国前九大银行都接受了政府的注资。2008年10月3日，美国众议院通过了《2008年紧急经济稳定法案》（EESA），该救助法案允许美国财政部动用7000亿美元购买陷入困境的金融机构的不良资产。

客观来看，救市行为避免了市场波动进一步放大，但事后也引来了极大争议。反对者认为政府的救助行为意味着纳税人要为华尔街的错误埋单，这使"大而不能倒"、具有系统性重要地位的金融机构的政策选择进一步固化，放大了金融机构冒险、投机的道德风险。

中国金融市场不仅存在"大而不能倒"现象，即使对于小型金融机构，也可能存在类似的道德风险。"小也不能倒"的主要原因在于金融机构之间在业务和资金上的关联性，一旦同业链条存在系统性问题就很难处置。强监管措施一旦切断同业链条，可能同时触发各家金融机构的类似问题，使市场受到流动性冲击。

对于公募基金和保险公司的债券投资，其交易杠杆已经有较为明确的限制。杠杆倍数看似不高，但是整个同业交易中的杠杆嵌套情况却是不得而知。机构对央行"嗷嗷待哺"的思维模式并没有发生本质改变，市场资金面会从平时非常宽裕，瞬间转换到一旦央行不放流动性，资金面就变得非常紧张，大量的同向交易印证了其背后一定存在较多的杠杆。

金融机构之所以不愿主动去杠杆、纠正监管套利行为，主要原因之一就是笃定央行不敢放任第二次"钱荒"，认定央行会在流动性紧张的时点上施以援手。在这些时点上，由于中国市场的特殊性，"小也不能倒"，央行出于防范系统性风险的动机，一般情况下会多给予流动性支持；然而金融机构与央行的这种博弈恰恰存在较大的道德风险，一旦习惯了央行的"关爱"，得到的负向激励时间过长，其行为习惯纠正起来并不容易，反而会埋下更多的监管套利隐患。

金融机构有序拆解杠杆是一种理想状态，但现实来看，最大的可能是杠杆去化不力，或者是另一个极端——杠杆剧烈去化。所以很多中小金融机构仍然在新老划断和"央行不会放任系统性风险"的预期下，进行着最后的疯狂。因此，央行通过"缩短放长"和提高政策利率的方式，可以抑制部分金融机构和一定时期杠杆高的问题，但很难完全解决金融去杠杆的难题；还需要出台资产管理行业的统一规则，防止监管套利，改变理财产品资金池运作和刚性兑付，去除金融机构的渠道化运作，才能有效抑制该问题。

2.5 短期阵痛需得法才能换来长期健康稳定

统一监管规则，服务实体经济。统筹解决金融监管套利问题，最好的方式还是实施统一的功能监管，即资产管理行业采用统一的监管规则。如果不能在监管体制上做文章，就应该彻底地解决利率市场化后商业银行的稳定盈利来源问题，在商业银行主营业务利润降低的大背景下会自然地产生套利的冲动，同时也要解决不同商业银行以出身定终身的问题。城市商业银行和农信社一出生便被限定了经营范围，在天然的盈利驱使下容易产生更加激进的业务创新模式。

结合监管环境，长期来看商业银行势必要大幅压缩理财产品和同业业务以及压缩金融同业链条，回归基金、保险的销售渠道提供商的角色。而整个金融业的定位也将会更加贴近金融支持实体经济的主基调。

3　金融去杠杆的节奏与经济形势息息相关

市场最关注金融去杠杆的节奏，但判断政策出台的时间和力度又恰恰是最难的。虽然金融去杠杆的节奏难以判断，但是以下几个原则是能够确定的：

（1）经济形势越好，金融去杠杆就越坚决。金融去杠杆与实体经济之间确实存在着密切的联系，但是主逻辑并不是如果金融去杠杆误伤到实体经济就会导致去杠杆力度减弱，而是另一条线，即经济表现越好，实体经济的支撑作用越强，金融去杠杆的力度就越大。

（2）在敏感时间点之前的半个月至1个月会适当呵护市场，保证金融环境平稳可控。无论是央行的收缩基础货币和提高政策利率，还是银监会的加强监管，抑或是"资管新规"，都是为了促进金融市场的稳定发展，不发生系统性金融风险。这也是政治换届年的重要经济工作。基于这个逻辑，在一些重要的时间节点，如中央重大会议期间，监管部门还是会适当呵护市场，避免在此期间产生超调或过激反应。

（3）监管部门的政策出台均匀分布的概率比较大，既能实现去杠杆的目标，又避免了大幅波动。

4　金融去杠杆的目标是引导资金脱虚向实

金融去杠杆的目标是切断过多的金融同业链条，鼓励资金进入实体经济，这是一条短期存在阵痛，但有利于经济长期发展的必经之路。

打破空转套利，实现资金的脱虚向实，一方面仍有赖于实体经济投资回报率的回升，另一方面，监管部门集中发力实施金融去杠杆，化解金融风险。2016年8月、9月起，央行实行从"缩短放长"到"提价保量"，再到"提价缩量"的收缩性货币政策。收缩性货币政策下，当市场资金面趋紧、同业负债成本（同业存单利率）显著上行时，难以承受高负债成本的机构将逐步退出发行市场，发行需求降低；同时，债市在缺乏资金的推动后下跌，资产端预期收益率呈现调整，进一步与负债成本倒挂，实现央行打掉终端投资的债市高杠杆、切断金融同业杠杆链条的目标。2017年第一季度，理财产品正式纳入MPA广义信贷考核，这是央行从金融稳定的视角出发防范系统性风险，一定程度上限制了表外理财的无序扩张。

郭树清在2017年3月国务院新闻办答记者问中明确提出坚决治理各种金融乱象，此后，银监会以及银监会办公厅密集出台了7个文件来落实郭树清的讲话。发文级别更高的银监发 4 号、5 号、6 号、7 号文从银行业服务实体经济、控制批发性融资和同业存单以及银行理财等方面对银行提出了全面自查要求，属于总领性文件。银监会办公厅的 45 号、46 号、53 号文主要是要求银行业针对"三违反""三套利"以及"四不当"行为进行自查，均剑指同业业务和理财业务。

表 5 – 4　　　　　　　　　银监会"一月七文"去杠杆态度坚决

监管文件	文号	主要内容	发文日期
《关于开展银行业"违法、违规、违章"行为专项治理的通知》	银监办发〔2017〕45 号	对制度性建设、合规管理、风险管理、流程及系统控制提出了要求；主要处理乱办业务、乱设机构行为，不当利益输送行为、信贷业务、同业业务和理财业务、信用卡业务和信息披露问题	2017 年 3 月 29 日
《关于开展银行业"监管套利、空转套利、关联套利"专项治理的通知》	银监办发〔2017〕46 号	(1) 监管套利：规避监管指标套利和规避监管政策违规套利，如银行利用监管漏洞利用 SPV 套利；(2) 空转套利：信贷空转、票据空转、理财空转、同业空转，如多层嵌套产品，使资金一直存续在各层产品，而没有进入实体经济；(3) 关联套利：违规向关联方授信、转移资产或提供其他服务，违反或规避并表管理规定，如母子公司变相输送利益	2017 年 3 月 29 日
《关于开展银行业"不当创新、不当交易、不当激励、不当收费"专项治理工作的通知》	银监办发〔2017〕53 号	再次强调如何规范同业和理财业务，对银行同业业务来说，是否穿透、是否嵌套、是否计提资本成本；买入返售是否符合规范、卖出回购是否出表；监管指标执行是否到位，同业存单纳入同业负债后的比例	2017 年 4 月 11 日
《关于提升银行业服务实体经济质效的指导意见》	银监发〔2017〕4 号	将同业业务、投资业务、托管业务、理财业务纳入流动性监管的范围。围绕"三去一降一补"提升银行业服务实体经济水平，推进体质机制改革创新，提高银行业服务实体经济的内生动力	2017 年 4 月 7 日

监管文件	文号	主要内容	发文日期
《关于集中开展银行业市场乱象整治工作的通知》	银监发〔2017〕5号	针对以下金融市场乱象：（1）股权和对外投资；（2）机构及高管方面；（3）规章制度方面；（4）业务层面；（5）产品方面；（6）人员行为方面；（7）行为廉洁风险方面；（8）监管履职方面；（9）内外勾结违法方面；（10）涉及非法金融互动方面	2017年4月7日
《关于银行业风险防控工作的指导意见》	银监发〔2017〕6号	提出加强债券投资业务管理，密切关注债券市场波动；完善流动性风险治理体系，提升流动性风险管控能力等十项监管内容。严控投资杠杆，加强风险监控，整治同业业务，严查违规行为	2017年4月7日
《关于切实弥补监管短板提升监管效能的通知》	银监发〔2017〕7号	明确将《银行业理财业务监督管理办法》列为推进更为急迫的制定类，直击市场要害	2017年4月10日

资料来源：华泰证券研究所。

银监会的监管自查带来了赎回压力，从企业的角度看，利率债收益率上行传导至信用债，导致实体企业直接融资成本提高，转而采取间接融资。从银行的角度看，理财业务扩张受阻，信贷投放意愿增强，供需匹配，利好传统信贷业务回归服务实体经济的本质。

5 2016年底开始的金融去杠杆重点是压缩同业链条

2016年底开始的金融去杠杆，主要针对的是同业业务中的期限错配、高杠杆交易行为，以及因此衍生的道德风险和监管套利等现象。

5.1 同业存单市场迅猛发展，但过度依赖存单存在风险

同业存单是大额可转让定期存单（Negotiable Certificate of Deposits，NCDs）的一种类型。在中国，大额可转让定期存单分为三种类型，即银行对企业、对个人和对同业发行的存单。

历史上存单业务一度被叫停，2013年央行重启了同业存单发行的审批。

20 世纪 80 年代的存单市场总体上处于摸索期，缺乏统一的管理制度。直到 1989 年人民银行出台 158 号文《大额可转让定期存单管理办法》，正式在全国范围内推行大额可转让定期存单，才填补了这一制度空白。但随后宏观经济出现过热、通胀高企，人民银行为抑制高息揽存现象，于 1990 年 5 月规定了存单的发行利率上限，使存单市场降温。1996 年央行曾对《大额可转让定期存单管理办法》进行了修订，但当时的存单市场盗开、伪造现象猖獗，央行在 1997 年暂停了银行大额存单发行的审批。直至 2013 年 12 月《同业存单管理暂行办法》出台，存单先在同业市场上恢复，2015 年 6 月《大额存单管理暂行办法》又恢复了面向企业和个人的存单业务。

同业存单重启符合利率市场化推进的需要。央行推进利率市场化时依据的是"先同业、后企业和个人，先长期后短期"的思路；由于同业存单的发行利率、发行价格等以市场化方式确定，实质上就是公开买卖存款的价格，因而可以为后续存款利率的完全市场化提供参照系。同业存单定价主要参考同期限 SHIBOR，深化 SHIBOR 的定价作用也是利率市场化的重要举措，因此同业存单市场与 SHIBOR 也有相互促进的作用，使 SHIBOR 能够更好地代表市场利率的水平和波动。

同业存单重启也是银行主动扩大负债的诉求。在储蓄率出现拐点、外汇占款萎缩以及表外理财扩张之下，银行缺乏低成本负债的资金来源。相比同业负债、理财产品，同业存单成本较低，稳定性也较好。同业存单市场重启后发展迅猛，截至 2017 年 3 月底达到 7.4 万亿元的规模。2017 年 1—2 月同业存单累计发行 2.9 万亿元，占债市发行规模的 66%。同时同业存单的存量也稳步增长，至 2 月托管余额已增至 7.4 万亿元，占总量的 11%。

但过度依赖同业存单同样存在风险。作为商业银行的主动负债工具，同业存单不同于一般存款。存款的形成取决于存款人的意愿，银行方面相对被动，但存款一旦形成则较为稳定。而同业存单作为一种批发性资金来源，平时可供银行主动获得较为稳定的资金，但一旦遇到流动性危机，过度依赖来自同业的批发性资金可能面临较大风险，甚至会出现倒闭的案例。1984 年，美国大陆伊利诺银行就曾遭遇了一次严重的流动性危机。

5.2 同业存单纳入同业负债占总负债比例的测算

正是由于同业存单可能会引发流动性风险，在同业存单发行量大幅增长的情况下，监管部门越来越重视这一业务，无论是央行 MPA 考核，还是银监会监督检查力度的增强，都将矛头指向了这一业务。细化到微观数据，我们查阅了所有已披露的银行业金融机构数据，按规模计算，覆盖了 80% 以上的机构

（详细计算表可与我们联系交流）。主要结论如下：

（1）总体风险不大。2016年底，同业负债余额为32.2万亿元，银行业金融机构总负债214.8亿元，同业负债占总负债的比例为15.0%。同业存单年末余额为6.3万亿元，如果将同业存单纳入统计，（同业负债＋同业存单）/总负债为17.9%，与1/3（33.3%）还有很大距离，所以银行业总体指标处于安全范围，即便纳入同业存单，仍然不会有较大问题。

（2）结构风险存在。根据已公布数据的计算，股份制商业银行的比例最接近监管上限1/3，其次为城市商业银行。相对于同业存单来说，城市商业银行更加依赖其进行主动负债，如果将同业存单纳入统计，城市商业银行的平均比例将由15.3%提升至25.6%。

表5-5 结构风险存在（只列示已公布财务数据的银行业金融机构情况）

	同业负债（万亿元）	总负债（万亿元）	同业存单（万亿元）	是否受1/3监管	同业负债/总负债	（同业负债＋同业存单）/总负债
大型商业银行	8.90	92.13	0.08	是	9.7%	9.7%
股份制商业银行	8.42	38.67	2.74	是	21.8%	28.9%
城市商业银行	2.56	16.69	1.72	是	15.3%	25.6%
农村商业银行	0.38	4.26	0.22	是	8.8%	14.0%
村镇银行	0.00	0.01	0.00	否	4.0%	4.0%
总计	20.27	151.76	4.76		13.4%	16.5%

资料来源：Wind，银监会网站，华泰证券研究所。

（3）个别银行风险已经暴露。在可查数据的银行业金融机构中，如果不将同业存单纳入统计，有2家农村商业银行和1家城市商业银行已经突破了1/3的限制（共3家）。如果将同业存单纳入，将有3家股份制商业银行、5家城市商业银行、3家农村商业银行突破1/3的限制（共11家），此外还有11家处于30%以上，接近1/3，包括2家股份制商业银行、8家城市商业银行和1家农村商业银行。同业存单纳入后，个别银行风险不容低估，除了可能突破监管红线的机构数明显增多，可能还会涉及部分股份制商业银行。

（4）总负债17万亿元左右的"黑箱"要尤其关注。在我们的测算中，有16.85万亿元规模的负债无法对应到具体的银行，其对应的同业存单规模是1.55万亿元，占比达9.2%。未能对应的同业负债总额为9.42万亿元，但这其中包括一些农信社和村镇银行，这类金融机构不受1/3比例的限制。由此，这16.85万亿元规模对应的商业银行变成了"黑箱"（后续可能会有银行继续公布年报，形成对数据的更新）。

表 5 - 6　　　　　　　**17 万亿元负债规模对应的银行"黑箱"风险**

	同业负债（万亿元）	总负债（万亿元）	同业存单（万亿元）	是否受 1/3 监管	同业负债/总负债	（同业负债＋同业存单）/总负债
银行业总计	32.20	214.80	6.30		15.0%	17.9%
政策性银行	2.51	21.60	0.00		11.6%	11.6%
商业银行		168.60		是		
已匹配	20.27	151.75	4.76	是	13.4%	16.5%
未匹配	9.42	16.85	1.55	是		
其他		24.60	0.01	否		

资料来源：Wind，银监会网站，华泰证券研究所。

　　主要测算方法说明：（1）已公布财务报表数据的银行业金融机构共 133 家，负债总额为 151.8 万亿元，占商业银行总规模的 90%。我们将这些银行一一计算。同时我们抽取上海清算所同业存单托管数据，并将同业存单按发行人进行统计，一一对应到已公布数据的银行。（2）由于政策性银行未公布年报，我们按照 2015 年的负债增速和当年的其他类金融机构的规模增速，对其同业负债和总负债规模进行测算。（3）以银监会第一季度经济金融形势分析会和业务统计监测数据年报总数为基础，扣除已经具体匹配到各家金融机构的加总数据，即是未公布数据的商业银行和一些不受 1/3 比例限制的金融机构（农信社、村镇银行等）。在此基础上，我们分别对已有数据的银行中不符合监管规定的，以及未匹配到个体数据的总体中可能存在的情况进行分析。

　　测算方法可能面临的估算误差：（1）同业负债中还包括一些同业之间的卖出回购，但由于数据限制和分类不确定性，我们未将这部分纳入同业负债，这可能会导致低估已公布数据银行的同业负债/总负债比例，同时高估未公布数据的银行的同业规模。但根据我们的草根调研，这部分的误差不大，主要是因为银行同业负债绝大部分来源于同业存款和同业拆借。（2）我们在匹配同业存单数据时，由于数据限制选取的是实际发行规模，与按照摊余成本计量存在一定差异，但计算表明差异最多为 0.5%，几乎可以忽略。

5.3　对市场的影响及解决方式

　　如果同业负债占总负债的比例超过了 1/3，那么机构可能面对两种处罚。

　　（1）来自 MPA 考核的处罚，由于同业存单纳入同业负债主要影响"资产负债情况"和"流动性"两项同属于 MPA 考核中的"两票否决"范畴，即使有一项不通过也不至于考核落入 C 档，加之 MPA 的惩罚措施是存款准备金的利率，这并不足以抑制银行扩大规模抵消惩罚的动机，因此该项影响不大。下文我们将详细回顾 MPA 考核体系及同业存单纳入同业负债对 MPA 考核的影响。

（2）来自银发〔2014〕127 号文的处罚。人民银行在规范同业业务的银发〔2014〕127 号文《关于规范金融机构同业业务的通知》中明确，"中国人民银行和各金融监管部门依照法定职责，全面加强对同业业务的监督检查，对业务结构复杂、风险管理能力与业务发展不相适应的金融机构加大现场检查和专项检查力度，对违规开展同业业务的金融机构依法进行处罚。"根据银监会出台的"三套利"等监管文件，商业银行主要是自查整改，同时银监会也会先摸个底，自查整改阶段后，同业存单纳入同业负债的概率较大。如果商业银行不进行必要的调整，很可能会面临更加严厉的措施，包括罚金、处罚高管、停止准入审批（如高管资格、分支机构设立、牌照申请等）等，这对银行的影响更大。

6 宏观审慎评估体系（MPA）回顾

6.1 宏观审慎评估体系（MPA）概要

2015 年底，央行宣布从 2016 年起将现有的差别准备金动态调整和合意贷款管理机制升级为宏观审慎评估体系（MPA）。

MPA 的考核对象为银行业存款类金融机构，包括大型商业银行、股份制商业银行、城市商业银行、农村金融机构等。其中，开业不满三年的存款类金融机构暂不参与评估；对非存款类金融机构不适用的指标也不纳入非存款金融机构的评估。央行将存款类金融机构分为三类：第一类为全国性系统重要性机构（N‒SIFIs），即按照系统重要性金融机构评估规则评出的大型商业银行；第二类为区域性系统重要性机构（R‒SIFIs），由各省人民银行评估得出；第三类为普通机构（CFIs），非前两类的普通商业银行。

宏观审慎评估体系考核包括资本和杠杆情况、资产负债情况、流动性、定价行为、资产质量、跨境融资风险、信贷政策执行七个方面的 16 项指标。每项指标满分 100 分，优秀线是 90 分，合格线是 60 分。依据考核结果将银行分为 A、B、C 三档。评定标准为：

- A 档：七大方面的得分均在 90 分以上；
- C 档：如果资本和杠杆情况、定价行为的任一项达不到 60 分，或者其余几项的任两项达不到 60 分；

● B 档：其余机构。

对不同评定结果的机构实行相应的奖惩措施：对于被评为 A 档的机构，下季度存款准备金利率在法定存款准备金利率的基础上上调 10% ~ 30%；对于被评为 C 档的机构，下季度存款准备金利率在法定存款准备金利率的基础上下调 10% ~30%。对于被评为 A 档的机构，优先发放支农支小再贷款、再贴现，优先金融市场准入及各类金融债券发行审批，金融创新产品先行先试，在"执行人民银行政策评价"中加分等；对于被评为 C 档的机构，实施惩罚性的常备借贷便利（SLF）利率，限制金融市场准入及各类金融债券发行等，在"执行人民银行政策评价"中被扣分等惩戒措施。

表 5 –7   宏观审慎评估体系（MPA）考核的七个方面 16 项指标

七大方面（各100分）	16 项指标
资本和杠杆情况	资本充足率（80分）、杠杆率（20分）、总损失吸收能力（暂不纳入）
资产负债情况	广义信贷（60分）、委托贷款（15分）、同业负债（25分）
流动性	流动性覆盖率（40分）、净稳定资金比例（40分）、遵守准备金制度情况（20分）
定价行为	利率定价（100分）
资产质量	不良贷款率（50分）、拨备覆盖率（50分）
跨境融资风险	跨境融资风险加权余额（100分）
信贷政策执行	信贷政策评估结果（40分）、信贷执行情况（30分）、央行资金运用情况（30分）

资料来源：Wind，华泰证券研究所。

从评定标准来看，其中最重要的两项是资本和杠杆情况（宏观审慎资本充足率）及定价行为（利率自律定价机制），这两项具有一票否决的性质，即一项不符合总体就不符合，其他项目是两票否决。定价行为的评分标准是，利率定价行为符合市场竞争秩序要求为 100 分，不符合为 0 分，此项目属于 MPA 考核中比较容易满足的指标。

资本和杠杆情况主要考核机构实际资本充足率与宏观审慎资本充足率的比较，后者受广义信贷的影响很大。

表 5 - 8 资本和杠杆情况评分标准

指标体系		评分标准
资本和杠杆情况（100 分）	资本充足率（80 分）（与宏观审慎资本充足率 C* 做比较）	$[C^*, \infty)$：80 分 $[C^*-4\%, \infty)$：48～80 分 $[0\%, C^*-4\%)$：0 分
	杠杆率（20 分）	$[4\%, \infty)$：20 分 $[0\%, 4\%)$：0 分

资料来源：Wind，华泰证券研究所。

宏观审慎资本充足率（C^*）= 结构性参数（α_i）×（最低资本充足率要求 + 系统重要性附加资本 + 储备资本 + 资本缓冲要求）

逆周期资本缓冲 = max $\{\beta_i \times [$机构 i 广义信贷增速 - （目标 GDP 增速 + 目标 CPI）]，$0\}$，其中，β_i 为机构 i 对整体信贷顺周期贡献参数，该值小于 1 且大于 0。β_i = 宏观经济热度参数（β_{i1}）× 系统重要性参数（β_{i2}）。目标 GDP 增速按全国 GDP 目标减 1 个百分点，目标 CPI 为国家预定目标。广义信贷增速如果过高，逆周期资本缓冲就会很高，从而导致宏观审慎资本充足率很高，如果机构实际资本充足率低于该目标值 4%，就不合格。2016 年 MPA 考核中，广义信贷 = 各项贷款 + 债券投资 + 股权及其他投资 + 买入返售资产 + 存放非存款类金融机构款项，2017 年第一季度开始，将表外理财纳入广义信贷范围，其中为防止重复计算，表外理财资产端需扣除现金和存款。

为测算最极端的情况下 MPA 考核对机构净利润的影响，我们分别选取大型商业银行、城市商业银行、农村商业银行各 1 家的净利润进行压力测试。数据显示，当 MPA 考核定档 C 类，法定存款准备金利率在 1.62% 的基础上分别下调 10%、20% 和 30% 时，净利润受到的影响幅度基本都在 2%～6% 之间，影响并不是很大。

由于下浮存款准备金利率对商业银行的利润影响不大，所以一些中小银行可能会采取冒险行为故意扩大广义信贷，赚取收益，以覆盖 MPA 考核不通过所带来的惩罚。近期财新报道，有 3 家城市商业银行被额外增加了停止公开市场操作一级交易商资格和 SLF 利率上调的触发。央行也表态，对 MPA 考核不通过的市场主体可能增加取消一级交易商资格、上调 SLF 利率、提高存款保险费率等措施。

6.2 同业存单与 MPA 的关系

同业存单被纳入同业负债，进而进入 MPA 考核，会影响 MPA 中的资产负债情况（直接影响同业负债体量）和流动性（影响流动性覆盖率和净稳定资金比例）。相比银发〔2014〕127号文与MPA考核，对同业负债/总负债有相同的"占比不超过三分之一"的限制，但按考核规则来看，银发〔2014〕127号文的约束更大。

同业存单被纳入同业负债、进而进入MPA考核，会影响流动性考核中的"净稳定资金比例"指标。净稳定资金比例（NFSR）=可用的稳定资金/业务所需的稳定资金，在计算NSFR时，同业存单算作"金融债"，在分子中权重为100%；而同业存款算作"同业负债"，视其期限，在分子中权重为50%或0。这就带来了监管套利的机会，即同业存单发行得越多，越能抬高NSFR。

另外，同业存单被纳入同业负债、进而银行出于资产负债的角度考量而减少同业存单发行，也会间接影响流动性指标中的另一项——流动性覆盖率。流动性覆盖率（LCR）=优质流动性资产储备/未来30天资金净流出量，该指标整体考察银行是否有充足的合格资产变现以满足未来至少30天的流动性需求，其标准逐年递增，2015年底要求为70%，此后逐年递增10%，2017年底前应达到90%。优质流动性资产包括现金、超额准备金或者高等级债券等，不包含同业存单；未来30天资金净流出量=现金流出量－min（现金流入量，现金流出量的75%）。虽然同业存单并不能直接扩大分子，但通过发行存单来增加现金流入比零售存款更稳定，能间接改善分母，有利于流动性覆盖率达标。若同业存单发行受限，对LCR也会形成间接影响。

7 资管新规对市场的影响

2018年4月央行正式发布资管新规，资管新规的过渡期延长至2020年底，是更加柔性政策。资管新规正式稿延续了之前征求意见稿中，关于按照新老划断原则设置过渡期的方式，且将过渡期延长至2020年底，比市场之前预期的2019年底时间更长，这是更加柔性的政策，反映了监管层对市场情绪的安抚。在过渡期内，要求金融机构新发行的产品要符合资管新规要求；为对接存量产品所投资的未到期资产而发行的老产品要控制在存量规模以内，并有序压缩递减，这部分要求与之前的征求意见稿一致。金融机构应当在过渡期内设置资管业务整改计划，并由监管部门认可，提前完成整改将给予奖励，防控金融风险的大趋势没有改变。

资管新规进一步细化了标准化债权类资产的定义。标准化债权类资产在资管新规中得到进一步细化和明确，新增条件要求标准化债权类资产需满足以下四点：（1）等分化、可交易；（2）信息披露充分；（3）集中登记，独立托管；

（4）公允定价，流动性机制完善。同时，资管新规明确界定凡不属于标准化债权类资产的债权类资产均为非标准化债权类资产。标准化债权类资产经科学化界定后，有助于清晰界定非标准化债权与标准化债权，促使资管新规有效落地。

非标资产允许有限定地采取摊余成本法计量。资管新规征求意见稿发布时，对非标资产无法采用净值法计量的争议较大，正式稿允许对符合一定条件的金融资产以摊余成本计量，解决了非标资产无法市值核算的问题。但同时也要求当摊余成本法无法真实公允反映金融资产净值时，托管机构应当督促金融机构调整核算和估值方法。例如，开发商建设过程中已经"跑路"，此时该金融资产的加权平均价格与资产管理产品实际兑付时金融资产的价值将出现明显偏离，不可能一直按照原值计价，资管新规对于两者偏离度达到5%或以上的产品数超过所发行产品总数的5%的金融机构，要求不得再发行以摊余成本计量的资产管理产品。

资管新规的核心要求并未发生变化。与此前的征求意见稿相比，规范资管行业发展的监管核心要义并未发生变化，主要包括：（1）打破刚兑，其认定标准包括四条，即违反净值原则、滚动发行、在发生兑付困难时再发行产品或用自筹资金兑付以及监管认定的其他情形；（2）单独管理、单独建账、单独核算，不得开展资金池运作；（3）只允许一层委外，禁止多层嵌套，并实行穿透监管；（4）降低期限错配风险，投资非标资产其终止日不能晚于封闭产品到期日和开放产品最近一次开放日，继续要求强化久期管理。从这些内容来看，正式稿与征求意见稿并未出现纲领性变化，在国家坚决打好"三大攻坚战"的大背景下，防范金融风险的决心之大，毋庸置疑。

资管新规正式稿与征求意见稿差异不大，对股票市场与债券市场的短期影响较多体现在心理层面，大多数市场冲击已在资管新规征求意见稿时已有所反映。在资管新规执行过程中，仍存在小概率触发风险的可能性，但是因为有不能因为处置风险而产生新的风险的底线，政府一定会呵护市场。中长期来看，资管新规必定会提高资管行业的健康性，反而是提高资本市场效率和投资价值的助推器。

资管新规的出台并不意味着金融去杠杆的结束，具体还需要监管部门出台各自监管领域的实施细则。

表 5 – 9　银监会弥补银行业监管制度短板工作项目（银监发〔2017〕7 号文）

一、制定类	
1.《商业银行押品管理指引》	9.《国家开发银行监督管理暂行办法》
2.《商业银行表外业务风险管理指引》（修订）	10.《政策性银行监督管理暂行办法》
3.《银行业金融机构股东管理办法》	11.《商业银行信用风险管理指引》
4.《商业银行委托贷款管理办法》	12.《网络借贷信息中介机构信息披露指引》
5.《交叉金融产品风险管理办法》	13.《商业银行银行账户利率风险管理指引》（修订）
6.《金融资产管理公司资本管理办法（试行）》	14.《网络小额贷款管理指导意见》
7.《商业银行流动性风险管理办法（试行）》（修订）	15.《银行业监管统计管理暂行办法》（修订）
8.《商业银行大额风险暴露管理办法》	16.《商业银行理财业务监督管理办法》
二、推进类	
17.《商业银行破产风险处置条例》	20.《处置非法集资条例》
18.《融资担保公司管理条例》	21.《全球系统重要性银行监管指引》
19.《信托公司条例》	22.《商业银行系统重要性评估和资本要求指引》
三、研究类	
23.《关于规范银行业务治理体系的指导意见》	25.《商业银行信息披露管理办法》（修订）
24.《商业银行资产证券化资本计量规则》（修订）	26.《全球系统重要性银行总损失吸收能力监管办法》

资料来源：银监会，华泰证券研究所。

六、财政政策

1 财政预算的"四本账"

2014 年修订、2015 年 1 月 1 日起正式实施的新《预算法》第五条明确规定：预算包括一般公共预算、政府性基金预算、国有资本经营预算、社会保险基金预算。四本预算分别履行不同职能。四本预算相对独立，以一般公共预算为核心，必要时要确保一般公共预算稳定。《预算法》规定：一般公共预算、政府性基金预算、国有资本经营预算、社会保险基金预算应当保持完整、独立。政府性基金预算、国有资本经营预算、社会保险基金预算应当与一般公共预算相衔接。

表 6-1 财政的"四本账"

预算科目	解释	可发行债券	通俗解释
一般公共预算	对以税收为主体的财政收入，安排用于保障和改善民生、推动经济社会发展、维护国家安全、维持国家机构正常运转等方面的收支预算	一般债券	基本运行开支，主要是收税，也包括一些具备税收性质的非税收入
政府性基金预算	对依照法律、行政法规的规定在一定期限内向特定对象征收、收取或者以其他方式筹集的资金，专项用于特定公共事业发展的收支预算。根据基金项目收入情况和实际支出需要，按基金项目编制，做到以收定支	专项债券	主要是修路、水利等，以及土地储备等需要花的钱，来源一是基金收费，二是土地出让，三是举债融资
国有资本经营预算	对国有资本收益做出支出安排的收支预算。按照收支平衡的原则编制，不列赤字，并安排资金调入一般公共预算		政府作为国有企业出资人管理的钱。由于存在调入机制，国有资本经营预算成为每年决算时保证财政赤字处于合理水平的关键

预算科目	解释	可发行债券	通俗解释
社会保险基金预算	对社会保险缴款、一般公共预算安排和其他方式筹集的资金,专项用于社会保险的收支预算。按照统筹层次和社会保险项目分别编制,做到收支平衡		专款专用,不能乱动

资料来源:《预算法》,华泰证券研究所。

一般公共预算是对以税收为主体的财政收入,安排用于保障和改善民生、推动经济社会发展、维护国家安全、维持国家机构正常运转等方面的收支预算。

中央一般公共预算包括中央各部门(含直属单位,下同)的预算和中央对地方的税收返还、转移支付预算。中央一般公共预算收入包括中央本级收入和地方向中央的上解收入。中央一般公共预算支出包括中央本级支出、中央对地方的税收返还和转移支付。地方各级一般公共预算包括本级各部门(含直属单位,下同)的预算和税收返还、转移支付预算。地方各级一般公共预算收入包括地方本级收入、上级政府对本级政府的税收返还和转移支付、下级政府的上解收入。地方各级一般公共预算支出包括地方本级支出、对上级政府的上解支出、对下级政府的税收返还和转移支付。

政府性基金预算是对依照法律、行政法规的规定在一定期限内向特定对象征收、收取或者以其他方式筹集的资金,专项用于特定公共事业发展的收支预算。政府性基金预算应当根据基金项目收入情况和实际支出需要,按基金项目编制,做到以收定支。

国有资本经营预算是对国有资本收益做出支出安排的收支预算。国有资本经营预算应当按照收支平衡的原则编制,不列赤字,并安排资金调入一般公共预算。

社会保险基金预算是对社会保险缴款、一般公共预算安排和其他方式筹集的资金,专项用于社会保险的收支预算。社会保险基金预算应当按照统筹层次和社会保险项目分别编制,做到收支平衡。

2 财政赤字

财政赤字,即预算赤字,指财政支出大于财政收入的差额。

一般来说,中央财政赤字 = 中央财政本级支出 + 对地方税收返还和转移支付＋安排中央预算稳定调节基金－中央财政本级收入－地方上解收入－调入中央预算稳定调节基金。地方各级预算按照量入为出、收支平衡的原则编制，不列赤字。但经国务院批准的省、自治区、直辖市的预算中必需的建设投资的部分资金除外。

财政部有关负责人就2016年财政赤字有关问题答记者问时明确表示：财政赤字不是一般公共预算收入与一般公共预算支出简单相减得出的结果，还要考虑使用预算稳定调节基金、从政府性基金预算和国有资本经营预算调入资金、动用结转结余资金等因素（这些资金实际上来源于以前年度财政收入，不能再重复列入一般公共预算收入）。

考虑以上因素后，我国财政赤字的计算公式为：财政赤字＝（全国一般公共预算收入＋调入预算稳定调节基金和其他预算资金＋动用结转结余资金）－（全国一般公共预算支出＋补充预算稳定调节基金＋结转下年支出的资金）。

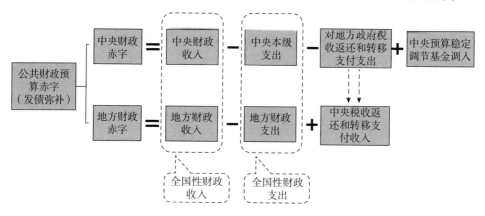

资料来源：银监会，华泰证券研究所。

图6－1　公共财政预算赤字

3　我国税收体系

3.1　我国的主要税种

目前我国现行税种按照税收征收权限和收入支配权限分类，可分为中央税、地方税和中央与地方共享税；按照课税对象分类，可分为商品和劳务税、所得税、资源税、财产和行为税、特定目的税五大类。

值得注意的是，营业税已不存在。2017年10月30日，国务院常务会议通过了《国务院关于废止〈中华人民共和国营业税暂行条例〉和修改〈中华人民共和国增值税暂行条例〉的决定（草案)》，标志着实施了 60 多年的营业税正式退出历史舞台。

3.1.1 现阶段征收的主要税种

【增值税】增值税是以商品（含应税劳务）在流转过程中产生的增值额作为计税依据而征收的一种流转税，是中国最主要的税种之一。2017 年增值税收入约占税收收入的 40%，是目前最大的税种。增值税由国税局负责征收，税收收入中央和地方 5∶5 分成；进口环节的增值税由海关负责征收，税收收入全部为中央财政收入。

【消费税】消费税是在对货物普遍征收增值税的基础上，选择少数消费品再征收的一个税种，以消费品的流转额作为征税对象，主要是为了调节产品结构，引导消费方向，保证国家财政收入。现行消费税的征收范围主要包括：烟，酒，鞭炮，焰火，化妆品，成品油，贵重首饰及珠宝玉石，高尔夫球及球具，高档手表，游艇，木制一次性筷子，实木地板，摩托车，小汽车，电池，涂料等税目。

【企业所得税】企业所得税是指对中华人民共和国境内的企业和其他取得收入的组织以其生产经营所得为课税对象所征收的一种所得税。纳税人包括国有企业、集体企业、私营企业、联营企业、股份制企业、有生产经营所得和其他所得的其他组织。一般企业所得税税率为 25%，对部分企业给予税率优惠。

【个人所得税】个人所得税是国家对本国公民、居住在本国境内的个人的所得和境外个人来源于本国的所得征收的一个税种。包括工资薪金所得（适用 7 级超额累进税率）、个体工商户的生产、经营所得（适用 5 级超额累进税率）、个人的稿酬、劳务报酬、特许权使用费、利息股息、红利、财产租赁、财产转让、偶然所得和其他所得（适用 20% 的比例税率，按次计征）。

【资源税】资源税是以各种应税自然资源为课税对象、为了调节资源级差收入并体现国有资源有偿使用而征收的一种税。中国资源税征税范围包括矿产品和盐两大类，属于地方税种。

【城市维护建设税】城市维护建设税（简称城建税）属于附加税，纳税人是在征税范围内从事工商经营、缴纳增值税和消费税的单位和个人，以纳税人实际缴纳的增值税、消费税的税额为计税依据。税款专门用于城市的公用事业和公共设施的维护建设，属于地方税种。

【房产税】房产税是以房屋为征税对象，按房屋的计税余值或租金收入为计税依据，向产权所有人征收的一种财产税。在我国并未全面开征，除试点城市外，个人所有非营业用的房产均免征房产税。属于地方税种。

【关税】关税指海关根据法律规定，对通过其关境的进出口货物课征的一种税收，中国进出口关税条例由国务院制定。通常所称的关税主要指进口关税。

【契税】契税是土地、房屋权属转移时向其承受者征收的一种税收，根据现行条例，在中国境内取得土地、房屋权属的企业和个人，应当依法缴纳契税。契税实行 3%~5% 的幅度比例税率。属于地方税种。

【车辆购置税】车辆购置税是一种特定财产税，对购置（包括购买、进口、自产、受赠、获奖或以其他方式取得并自用）应税车辆的单位和个人进行征收，征税范围为汽车、摩托车、电车、挂车、农用运输车。

【土地增值税】土地增值税是以转让国有土地使用权、地上的建筑物及其附着物取得的收入，减除法定扣除项目金额后的增值额作为计税依据，并按照四级超率累进税率进行征收。属于地方税种。

【城镇土地使用税】城镇土地使用税是指国家在城市、县城、建制镇、工矿区范围内，对使用土地的单位和个人，以其实际占用的土地面积为计税依据，按照规定的税额计算征收的一种税。属于地方税种。

【耕地占用税】耕地占用税是对占用耕地建房或从事其他非农业建设的单位和个人征收的税。其税率采用了地区差别定额税率，属于地方税种。

3.1.2　主要税种份额

当前财税体制下，我们使用税收累计占比来衡量主要税种的税收份额，截至 2018 年 5 月的数据显示，国内增值税为第一大份额，占比超过 32%；随后是企业所得税，税收份额达 22%，增值税与企业所得税占比总计超过 55%，成为国内税收的主要支撑。

此外，占比超过 1% 但不足 10% 的税种有 11 种，共同组成第二集团。进口环节增值税和消费税占比 9.4%，个人所得税占比 8.97%，国内消费税占比 7.85%，土地增值税占比 3.24%，契税占比 3.12%，城市维护建设税占比 2.8%，车辆购置税占比 2.03%，房产税占比 1.7%，关税占比 1.6%，印花税占比 1.49%，城镇土地使用税占比 1.42%。

除上述 13 种税种外，还有 4 类税收收入较少的税种，分别为资源税、耕地占用税、环境保护税和其他税收，占比分别为 0.91%、0.71%、0.06% 和 0.50%。同时在现有税收体系下，外贸企业出口退税会减少税收收入，出口退税份额约为 −8.02%。

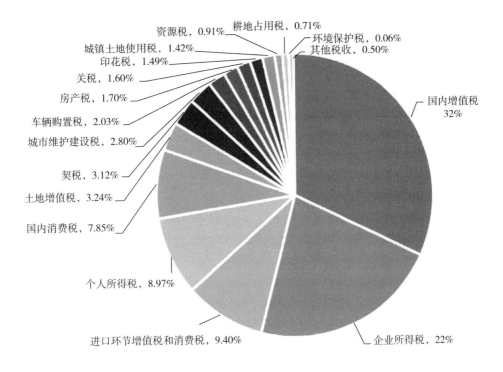

资料来源：Wind，华泰证券研究所。

图 6-2 财税体系下主要税种份额（截至 2018 年 5 月）

3.2 我国的税制改革

供给侧改革五大任务，较早启动的就是降成本。2016 年 8 月 8 日，国务院印发《降低实体经济企业成本工作方案》（以下简称《方案》），从八个方面提出了降低实体经济企业成本的具体措施：降低企业税费负担、企业融资成本、制度性交易成本、企业人工成本、企业用能用地成本、企业物流成本，提高企业资金周转效率，鼓励引导企业内部挖潜。

在企业最关注的税收成本、融资成本以及制度性交易成本方面，《方案》具体提出合理降低企业税费负担，包括全面落实营改增、研发费用加计扣除政策，免征 18 项行政事业性收费，取消减免一批政府性基金等；有效降低企业融资成本，包括保持流动性合理充裕，提高直接融资比重，降低贷款中间环节费用，扩大长期低成本资金规模，加大不良资产处置力度，稳妥推进民营银行设立等；着力降低制度性交易成本，包括深化"放管服"改革，提高政府公共服务能力和水平，大幅压减各类行政审批前置中介服务事项，组织实施公平竞争审查制度，逐步实行全国统一的市场准入负面清单制度等。

在 2018 年两会上，李克强总理提到：在财政收支矛盾较大的情况下，着眼"放水养鱼"、增强后劲，我国率先大幅减税降费。分步骤全面推开营改增，结束了 66 年的营业税征收历史，累计减税超过 2 万亿元，加上采取小微企业税收优惠、清理各种收费等措施，共减轻市场主体负担 3 万多亿元。加强地方政府债务管理，实施地方政府存量债务置换，降低利息负担 1.2 万亿元。

表 6 – 2 　　　　　　　　　　　近年来重点减税措施

项目	措施
营改增	从 2012 年 1 月在上海率先试点，到 2016 年 5 月在房地产业、建筑业、金融业和生活服务业全面推开，再到 2017 年 10 月 30 日国务院常务会议通过《关于废止〈中华人民共和国营业税暂行条例〉和修改〈中华人民共和国增值税暂行条例〉的决定（草案）》，实施 60 多年的营业税正式退出历史舞台。累计减税超过 2 万亿元
研发费用加计扣除	2017 年 4 月 19 日，国务院常务会议决定，自 2017 年 1 月 1 日至 2019 年 12 月 31 日，将科技型中小企业开展研发活动中实际发生的研发费用在企业所得税税前加计扣除的比例由 50% 提高至 75%；形成无形资产的部分，按照无形资产成本的 175% 在税前摊销。该政策进一步降低了中小企业的税费负担
小型微利企业减半征税	从 2014 年起，国家先后 3 次扩大小型微利企业所得税减半征税范围，从年应纳税所得额 6 万元以下的企业扩大到 30 万元以下的企业。2017 年，政府工作报告提出进一步扩大享受减半征收企业所得税优惠的小型微利企业范围，年应纳税所得额上限由 30 万元提高至 50 万元。2018 年，政府工作报告提出，大幅扩展享受减半征收所得税优惠政策的小微企业范围
创业投资税收优惠试点	2017 年 4 月，国务院决定在京津冀、上海等 8 个全面创新改革试验地区和苏州工业园区开展创业投资税收优惠政策试点。其中公司制创投企业以股权方式直接投资初创科技型企业满 2 年的，可按投资额的 70% 在股权持有满 2 年的当年抵扣该公司制创业投资企业的应纳税所得额。该税收优惠政策意在鼓励资本支持实体经济与创新驱动，间接推进供给侧结构性改革

资料来源：中央政府网站，财政部，国家税务总局，华泰证券研究所。

营改增历程

营业税改增值税，简称营改增，是指以前缴纳营业税的应税项目改成缴纳增值税。营改增在全国的推开，大致经历了以下三个阶段。

第一阶段：2011 年，经国务院批准，财政部、国家税务总局联合下发营业税改增值税试点方案。从 2012 年 1 月 1 日起，在上海交通运输业和部分现代服务业开展营业税改增值税试点。

第二阶段：自 2012 年 8 月 1 日起至年底，国务院将扩大营改增试点至 8 个省市；2013 年 8 月 1 日，营改增范围已推广到全国试行，将广播影视服务业纳入试点范围。

第三阶段：2014 年 1 月 1 日起，将铁路运输和邮政服务业纳入营业税改征增值税试点，至此交通运输业已全部纳入营改增范围；2016 年 3 月 18 日召开的国务院常务会议决定，自 2016 年 5 月 1 日起，中国将全面推开营改增试点，将建筑业、房地产业、金融业、生活服务业全部纳入营改增试点，至此，营业税退出历史舞台，增值税制度将更加规范。

营业税改增值税主要涉及的范围是交通运输业以及部分现代服务业，交通运输业包括：陆路运输、水路运输、航空运输、管道运输；现代服务业包括：研发和技术服务、信息技术服务、文化创意服务、物流辅助服务、有形动产租赁服务、鉴证咨询服务。

3.3 减增值税对利润增速的弹性测算

2018 年 3 月 28 日，李克强总理主持召开国务院常务会议，确定深化增值税改革的措施，明确将进一步减轻市场主体税负。会议决定，从 2018 年 5 月 1 日起，将制造业等行业的增值税税率从 17% 降至 16%，将交通运输、建筑、基础电信服务等行业及农产品等货物的增值税税率从 11% 降至 10%，预计全年可减税 2400 亿元。此外会议还决定，将统一增值税小规模纳税人标准，对装备制造等先进制造业、研发等现代服务业符合条件的企业和电网企业在一定时期内未抵扣完的进项税额予以一次性退还。

增值税是流转税，理论上由最终购买者承担税负。所以增值税对企业的影响并不是直接的。比如企业出售一批商品，价格是 200 万元，按照 17% 的税率，需要缴纳 34 万元增值税，但是这里面只是 200 万元计入企业的营业收入中，增值税在应交增值税项下核算。会计处理如下：

借：银行存款 234 万元

贷：营业收入 200 万元

应交增值税——销项税额 34 万元

在增值税汇缴过程中，还需要抵扣原材料采购以及其他成本的进项税额。对一个企业来讲，增值税看似并没有影响收入也没有影响利润，只对现金流产生了影响，增值税的层层转嫁，最终由终端购买者（购买—消费）承担了。

间接的影响来自企业下游客户的"价内税错觉"。增值税是价外税，但以前的营业税、消费税等都是价内税，客户在购买商品时，一些采购部门往往由于"价内税错觉"仍然关注总价，而不是把价款和增值税分开来比较性价比。在上述例子中，234万元的产品可能不降价或降价的量仍会给企业带来收益。按照17%的税率降低至16%的规定，（1）如果不降价，那么营业收入的计入金额就变成了（234/（1＋16%））＝201.7万元，营业收入增长了0.86%；（2）假如降低了1万元，变成了233万元，那么营业收入也变成了200.86万元，增长了0.43%。

通过测算，可以得出两条重要结论：第一，增值税对企业利润的影响比所得税更大，如果所得税税率由25%降低到20%，那么利润增速将提高5个百分点，但是由于增值税会影响成本和收益端，其对利润增速的贡献更大，税率降低1个百分点可能就会提高利润增速5个百分点左右。第二，相比之下，所得税对于所有盈利水平的企业都是同质的，但增值税不同，越是利润率水平低的企业，增值税对其的正向影响越大，弹性越高。

表6-3　　　　　增值税对企业利润增速影响的测算
（按照假定企业10%、5%、1%的不同利润率水平）

	利润率	10%		5%		1%	
	税率	17%	16%	17%	16%	17%	16%
（1）	营业收入	200	201.72	200	201.72	200	201.72
（2）	销项增值税	34	32.28	34	32.28	34	32.28
（3）	营业成本	100	100.86	105	105.91	108	108.93
（4）	进项增值税	17	16.14	17.85	16.94	18.36	17.43
（5）（工资等无进项抵扣项目）	营业费用	80	80	85	85	90	90
（6）＝（1）－（3）－（5）	利润总额	20	20.86	10	10.81	2	2.79
（7）＝（2）－（3）	应交增值税	17	16.14	16.15	15.34	15.64	14.85
	减税后利润增速	4.30%	8.10%	39.50%			

注：假定企业客户具有"价内税幻觉"，不关注净价，只关注含增值税的总价，如果企业降价，利润增速将打折扣。

资料来源：财政部，华泰证券研究所。

在营改增以后，我国增值税税率主要有17%、13%、11%、6%以及按照征收率3%（不可抵扣进项）四档税率和一档征收率。2017年政府工作报告提出简化增值税税率结构，将四档税率简并至三档，2017年7月1日起由四档减至17%、11%和6%三档，取消了13%的税率。将农产品、天然气等增值税税率从13%降至11%。2018年政府工作报告提出：三档变两档，降低制造业和交通运输业税率。

表6-4　　　　　　　　制造业主要行业享受税率情况

序号	证监会行业分类：制造业二级	适用税率	备注（按11%增值税征收产品）
1	农副食品加工业	17%，11%	农产品（含粮食）、食用植物油、饲料
2	食品制造业	17%，11%	食用盐
3	酒、饮料和精制茶制造业	17%	
4	烟草制品业	17%	
5	纺织业	17%	
6	纺织服装、服饰业	17%	
7	皮革、毛皮、羽毛及其制品和制鞋业	17%	
8	木材加工及木、竹、藤、棕、草制品业	17%	
9	家具制造业	17%	
10	造纸及纸制品业	17%	
11	印刷和记录媒介复制业	17%	
12	文教、工美、体育和娱乐用品制造业	17%，11%	图书、报纸、杂志、音像制品、电子出版物
13	石油加工、炼焦及核燃料加工业	17%，11%	石油液化气、天然气
14	化学原料及化学制品制造业	17%，11%	二甲醚、农药、化肥
15	医药制造业	17%，11%	二甲醚
16	化学纤维制造业	17%	
17	橡胶和塑料制品业	17%，11%	农膜
18	非金属矿物制品业	17%，11%	居民用煤炭制品
19	黑色金属冶炼及压延加工业	17%	
20	有色金属冶炼及压延加工业	17%	
21	金属制品业	17%	
22	通用设备制造业	17%	
23	专用设备制造业	17%，11%	农机
24	汽车制造业	17%	

序号	证监会行业分类：制造业二级	适用税率	备注（按11%增值税征收产品）
25	铁路、船舶、航空航天和其他运输设备制造业	17%	
26	电气机械及器材制造业	17%	
27	计算机、通信和其他电子设备制造业	17%	
28	仪器仪表制造业	17%	
29	其他制造业	17%	
30	废弃资源综合利用业	17%，11%	沼气
31	金属制品、机械和设备修理业	17%	

资料来源：财政部，国家税务总局，证监会，华泰证券研究所。

3.4　个税改革新亮点

2018 年 6 月 19 日，《中华人民共和国个人所得税法修正案（草案）》提请第十三届全国人大常委会第三次会议审议。

单纯提高免征额和降低税率对经济和消费影响有限。个税调整草案将个税免征额从 3500 元/月提高到 5000 元/月，并对级距和税率做出调整，反映出国家有意通过减税扩大消费内需稳定经济的初衷。2017 年全年个税总额 11966 亿元，占总税收的比重只有 8%。如果本次税改方案对整体减税幅度为 10%，那么每年减税总额约为 1200 亿元，储蓄率为 40% ~ 50%，则预计增加消费 700 亿元，假设分配到社会消费品零售总额中 400 亿元，只占社会消费品零售总额年度值 36.6 万亿元的 0.1% 左右，影响不大。1200 亿元的个税降低占 2017 年全年税收 14.43 万亿元的 0.8%，占全部财政收入 17.26 万亿元的 0.7%，影响也不明显。

在专项附加扣除中包括子女教育支出。近年来，子女教育支出的扩大已成为城市夫妇生育率下降的重要原因。我国已经全面放开二孩政策，但 2017 年我国人口出生率仍相比 2016 年有所回落，2018 年 3 月，全国人大审议了《国务院机构改革方案》，决定组建国家卫生健康委员会，作为国务院组成部门，不再保留国家卫生和计划生育委员会，意在淡化计划生育概念，预计在人口老龄化和生育率逐渐下降的形势下，未来不排除全面取消计划生育政策的可能性。

税改方案提出对部分劳动性所得实行综合征税。将工资、薪金所得，劳务报酬所得，稿酬所得，特许权使用费所得 4 项劳动性所得（以下统称综合所得）纳入综合征税范围，适用统一的超额累进税率，居民个人按年合并计算个人所得税，非居民个人按月或者按次分项计算个人所得税。综合所得征税，要核算好多种源泉收入如何计算抵扣额，以及平衡源泉扣缴和申报纳税两种方式如何使用；按月纳税改为按年纳税也可能会出现全年特定月份征管工作量较大等问题。

4 政府债

4.1 什么是政府债

政府债是政府为筹集资金而向出资者出具并承诺在一定时期支付利息和偿还本金的债务凭证，具体包括国家债券（即中央政府债券）、地方政府债券和政府担保债券等。

国家债券（国债）的发行者是中央政府，由国家承担偿还本息的责任。它可以全部在证券交易所上市，也可以在到期前用作抵押贷款的担保品。地方政府债券指某一国家中有财政收入的地方政府地方公共机构发行的债券。地方政府债券一般用于交通、通信、住宅、教育、医院和污水处理系统等地方性公共设施的建设。地方政府债券一般以当地政府的税收能力作为还本付息的担保。

国债是总额调控，地方政府债券则为限额调控。国债总额是指当年新债额与历年积累额的总和，即截至某日的现存的、尚未清偿的债务总额。一般说来，国债的当年发行取决于政府的需要，即决定于政府预算收支的差额，它主要用于公益事业的建设和弥补财政赤字。国债总额的调控是国债管理的重要内容，它是指国家的国债管理部门为实现一定的经济和社会目标而对国债总额进行的调度和控制。通常，政府通过其财政部或中央银行在市场上买卖国债就能够实现对国债总额的调节。在国债总额的控制方面，一直有国债限额论和国债无限额论两种不同的观点，并且，有的国家在事实上还规定了国债上限，其财政部不得逾越，以此来控制国债的总额。

2015 年 12 月 21 日，财政部以财预〔2015〕225 号文印发《关于对地方政府债务实行限额管理的实施意见》。该意见分为切实加强地方政府债务限额管理、建立健全地方政府债务风险防控机制、妥善处理存量债务 3 部分。该意见要求合理确定地方政府债务总限额。对地方政府债务余额实行限额管理。年度地方政府债务限额等于上年地方政府债务限额加上当年新增债务限额（或减去当年调减债务限额）。

4.2　全面解析地方政府债

为什么要研究地方政府债？

首先要明确研究地方政府债务的重要性，这至少包括三个方面。

第一，地方政府债关系到宏观经济的总体走势。在我国还没有完全实现经济转型升级之前，基建和房地产仍然是经济的核心驱动力，而地方政府债是其中的重要一环。土地出让、转移支付、地方债是地方政府财力的主要来源，土地出让收入一度是偿还地方政府债的重要资金来源，进而影响房地产投资情况。而地方政府债发行收入主要用于投资性支出，如交通基础设施、水利建设、园区开发等，影响基建投资情况，进而左右政府逆周期调控能力。

第二，地方政府债是防控财政金融风险的重要一环。时任中央财经领导小组办公室副主任杨伟民出席团结香港基金讲座时表示，金融领域存在八大风险，其一就是地方政府债务风险。地方政府债务是否会出现风险，将影响整个资本市场的风险偏好水平。防范地方政府债务风险，也是掣肘货币政策和财政政策的变量。这次高规格的金融工作会议也态度坚决地表示：严防地方政府债务风险，违规举债将终身问责。

第三，地方政府债本身作为一种债权类资产配置价值几何？债券市场的主要标的可以简单地划分为利率债、信用债和货币市场工具。以前，地方政府主要靠融资平台发债融资时，基本将其视为信用债，随着新《预算法》的实施和《国务院关于加强地方政府性债务管理的意见》（国发〔2014〕43号，以下简称43号文）的出台，地方政府发债方式出现了较大变化，只有省级政府和5个计划单列市可以发行债券。这种规范的政府债券，性质应处于利率债和信用债之间。有必要权衡地方政府债的风险收益情况，结合投资者属性和偏好，判断其是否具有配置价值。

第一问：地方政府专项债和一般债的区别是什么？

一般债券与专项债券：按照财政部规定，地方政府新发债券分为一般债券和专项债券，列入不同的预算科目。2015年，财政部明确：对没有收益的公益性事业发展举借的一般债务，发行一般债券融资，主要靠一般公共预算收入偿还；对有一定收益的公益性事业发展举借的专项债务，发行专项债券融资，以对应的政府性基金或专项收入偿还。值得注意的是，地方政府债只能用于公益性支出（类比企业的资本性支出），不能用于经常性支出（类比企业的费用性支出），划分为一般债券和专项债券的依据是公益性支出是否在未来可产生收益。

第二问：地方政府债包括什么？

中华人民共和国成立初期，国家曾允许地方政府发行"地方经济建设折实公债"等债券。1985 年，为了控制地方政府投资规模，中央决定暂停地方政府发行债券。1994 年的《预算法》明确规定，地方各级预算不列赤字，"除法律和国务院规定的以外，地方政府不得发行地方政府债券"。1995 年的《担保法》也明确规定，"国家机关不得为保证人，但经国务院批准为使用外国政府或者国际经济组织贷款进行转贷的除外"。此后，为弥补建设资金不足，各地通过搭建融资平台、向金融机构贷款、到企业债市场融资等方式变相举债，但增速并不快，规模也不大。

金融危机是改变地方政府举债的第一个变量。2008 年起，为应对国际金融危机的冲击，国家出台了一揽子计划（即众所周知的"四万亿"经济刺激计划），在扩大政府公共投资和宽松货币信贷等条件下，地方政府债务规模大幅扩张，债务风险快速累积，地方政府债务引起了各方面的关注。

新《预算法》和 43 号文是改变地方政府举债的第二个变量。一方面，2013 年审计署的全面审计发现了一些地方政府举债乱象导致的问题；另一方面，经过地方自发自还试点探索，国务院开始在顶层设计上正式赋予地方政府发行债券的权力，并明确此为举债融资的唯一合法途径。同时，以审计、甄别后的地方政府债为基础，实行限额管理，确保地方政府债余额处于限额以内。此后，财政部先后发布一系列管理办法，包括后文即将介绍的土储债办法和公路债办法等，自此地方政府债开始逐渐走向规范之路。然而当下仍然有一些地方没有转变思想，以老路子违规融资，已经受到财政部联合其他有关部委的问责。

存量债务与新增债务：以前，地方政府债务并不仅仅是标准化债券的一种形式，还有银行贷款、BT（建设—转移）、应付未付款项、垫资施工款等多种形式。在时间维度上，可以将地方政府债划分为存量债务和新增债务，以 2014 年为一个标志性年度。2014 年以前，地方政府多靠贷款举债，但由于政府部门不能成为商业银行的放贷主体，于是很多融资平台公司雨后春笋般兴起，演化成公司举债、财政还款的现象。随着新《预算法》实施和 43 号文的出台，地方政府只能以发行标准化债券的形式举债。即从 2015 年开始，地方政府的新增债务只有标准化债券一种形式。

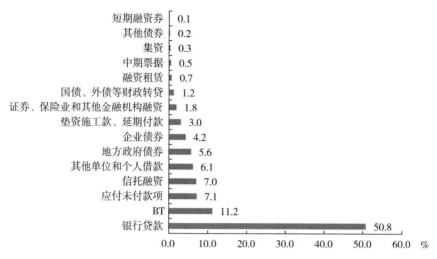

资料来源：审计署，2013 年地方政府债务审计报告，华泰证券研究所。

图 6 - 3   2013 年 6 月地方政府负债的主要结构比例

第三问：存量债务置换是怎么回事？

2013 年，为了准确掌握地方政府融资举债情况，有效防控风险，审计署开展又一次全国范围的地方政府债务审计，时间节点是 2013 年 6 月，以支出责任划分为三种口径：政府负有偿还责任的债务、政府负有担保责任的债务和政府可能承担一定救助责任的债务，规模分别为 10.89 万亿元、2.67 万亿元、4.34 万亿元。后两者在改革以后属于地方政府债务限额外的或有债务，也可以成为潜在债务、隐性债务。

表 6 - 5 政府债务与政府或有债务的划分

名称	含义	性质	备注
政府负有偿还责任的债务	需由财政资金偿还的债务	政府债务	
政府负有担保责任的债务	当某个被担保人无力偿还时，政府需承担连带责任的债务	政府或有债务	不属于政府债务，但可能转化为政府债务。根据审计署 2007 年之后的审计结果，转化比例在 9.95% ~ 19.13% 之间

名称	含义	性质	备注
政府可能承担一定救助责任的债务	政府不负有法律偿还责任，但当债人出现偿债困难时，政府可能需给予一定救助的债务	政府或有债务	不属于政府债务，但可能转化为政府债务。根据审计署2007年之后的审计结果，转化比例在4.83%～14.64%之间

资料来源：2013年地方政府债务审计报告，审计署，华泰证券研究所。

按照审计署的审计结果，属于政府债务的部分在2013年6月达到了10.89万亿元，举债主体集中在融资平台公司和政府下属的国有企事业单位。这些负债虽然在经济下行压力较大时期，解决了地方政府资金来源，有力保障了稳增长，但在后期会带来利息支出过重，给财政可持续性带来风险，也可能引发地方政府债务风险。于是，按照财政部统一部署，对这些存量债务开展置换。具体方法是：地方政府在财政部下达的额度内，以省级政府或计划单列市为主体发行地方政府债，发债收入用于偿还经审计的存量债务。

表6-6　　　　存量债务的举债主体（2013年6月审计结果）　　　　单位：亿元

举债主体类别	政府负有偿还责任的债务	政府或有债务	
		政府负有担保责任的债务	政府可能承担一定救助责任的债务
融资平台公司	40755.54	8832.51	20116.37
政府部门和机构	30913.38	9684.20	0.00
经费补助事业单位	17761.87	1031.71	5157.10
国有独资或控股企业	11562.54	5754.14	14039.26
自收自支事业单位	3462.91	377.92	2184.63
其他单位	3162.64	831.42	0.00
公用事业单位	1240.29	143.87	1896.36
合计	108859.17	26655.77	43393.72

资料来源：审计署，华泰证券研究所。

2013年审计之后，为了衔接好存量债务置换，财政部开展了两项重要工作。其一，在2014年对地方政府债务进一步进行甄别，甄别以后确属于地方政府的债务纳入预算管理（其中也包括一些原属于或有债务经核实确需转为政府债务的），除此之外的债务按照"企业是企业、政府是政府"的原则，谁借谁还，权责一致。其二，按照 43 号文的要求，继续做好在建项目的后续融资工作，符合要求的继续发放贷款，"对使用债务资金的在建项目，原贷款银行等要重新进行审核，凡符合国家有关规定的项目，要继续按协议提供贷款，推进项目建设"。

表 6-7　　　　　　每年到期债务量以及完成置换量　　　　单位：万亿元

	总债务到期额度	非债券形式到期额度	完成置换额度
以前年度逾期	0.9	0.83	
2015 年	3.1	2.87	3.2
2016 年	2.8	2.59	4.9
2017 年	2.4	2.22	
2018 年以后	6.2	5.74	

注：非债券形式到期额度按照14.24万亿元的债务总额乘以15.4万亿元总额中不同年份到期比例估算。

资料来源：全国人大《关于规范地方政府债务管理工作情况的调研报告》，华泰证券研究所。

第四问：如何具体衡量地方政府债务风险？

国际上对政府性债务负担状况尚无统一评价标准，然而参考一些国家和国际组织的做法，有四个指标可以综合观察政府债务风险：负债率、政府外债与GDP（国内生产总值）的比率（即外债比率）、债务率和逾期债务率。具体到地方政府债务，因为举借外债通常是国家主权行为，所以不用于衡量地方政府债务，基本上是三个指标：负债率、债务率和逾期债务率。

表 6-8　　　　　　　　　衡量债务风险的指标

名称	内容	备注	用途
负债率	年末债务余额与当年 GDP 的比率	衡量经济总规模对政府债务的承载能力或经济增长对政府举债依赖程度的指标。国际上通常以《马斯特里赫特条约》规定的负债率60%作为政府债务风险控制标准参考值	中央、地方
外债比率	年末政府外债余额与当年 GDP 的比率	衡量经济增长对政府外债依赖程度的指标。国际通常使用的控制标准参考值为20%	中央
债务率	年末债务余额与当年政府综合财力的比率	衡量债务规模大小的指标。国际货币基金组织确定的债务率控制标准参考值为90%～150%	中央、地方

续表

名称	内容	备注	用途
逾期债务率	年末逾期债务余额占年末债务余额的比重	反映到期不能偿还债务所占比重的指标	中央、地方

资料来源：2013 年地方政府债务审计报告，审计署，华泰证券研究所。

负债率（债务余额/GDP）：全国视角来看，我国 2016 年总负债 27.32 万亿元，GDP 为 74.4 万亿元，负债率为 36.72%，远低于国际通行的 60% 控制标准，但如果将我们粗略估算的 20 万亿元地方政府隐性债务（不一定产生偿还义务）也全部纳入的话，负债率可达 63.6%，不过这 20 万亿元里面按照经验真正产生偿还义务的最多 20%（按照审计结果最大发生偿还率计算），如此计算，我国负债率保守期望估值为 42.1%，处于合理区间。从各省情况看，参差不齐，但除了贵州超过 60% 以外，各地均处于较低水平。

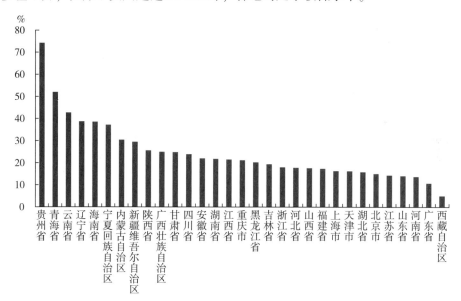

资料来源：财政部，各地财政厅，华泰证券研究所。

图 6-4　2016 年底各地负债率

债务率（债务余额/综合财力）：综合财力并没有明确的指标，一般债券和专项债券分别对应一般公共预算和政府性基金预算，以两者的收入作为综合财力的衡量是比较科学的，在财政部曾经公布的债务率数据中（2015 年地方政府债务率为 89.2%，参见《坚决堵住违法举债渠道——财政部有关负责人就地方政府债务问题答记者问》）也可以推算出这一口径的科学性。我们以此计算各省的债务率情况，仍然是只有贵州在100%以上，其他各省市均处于安全区间，但陕西省、湖南省、辽宁省超过了90%，发达地区如北京、上海、重庆、江苏、广东等，债务率很低。

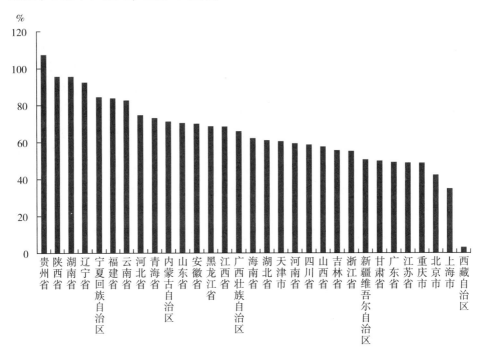

注：河北、山西、黑龙江、江西、河南、湖北、广东由于数据可获得性，采用一般预算支出数据。
资料来源：财政部，各地财政厅，华泰证券研究所。

图6-5 2016年底各地债务率

逾期债务率（逾期债务/债务余额）：这项没有公开数据，也无法计算，但从历次审计以及财政部发言人给出的结论看，我国这项指标处于很低的水平。2013年审计报告显示，截至2012年底，全国政府负有偿还责任债务的逾期债务率为5.38%，除去应付未付款项形成的逾期债务后，逾期债务率为1.01%；政府负有担保责任的债务、政府可能承担一定救助责任的债务的逾期债务率分别为1.61%和1.97%，均处于较低水平。在全国人大2015年的调研报告中，以前年度逾期债务为0.9万亿元，总债务为15.4万亿元，债务逾期率为5.8%，与2013年审计的2012年底数据相比并无显著变化，猜测这主要是由于存量债务中的应付未付款项或者工程垫资等。

第五问：地方政府债务限额是怎么来的？

新《预算法》规定地方政府债实行余额管理，余额不能超过限额。限额要经过全国人大批准。

同时，财政部还会按照限额划分后安排各省的限额，在每年的财政决算表中公布。为此，财政部专门出台了《新增地方政府债务限额分配管理暂行办法》，以财预〔2017〕35号通知的形式下发。具体来说，新增限额分配应当体现正向激励原则，财政实力强、举债空间大、债务风险低、债务管理绩效好的地区多安排，财政实力弱、举债空间小、债务风险高、债务管理绩效差的地区少安排或不安排。

新增限额分配用公式表示为

某地区新增限额 =（该地区财力 × 系数 1 + 该地区重大项目支出 × 系数 2）× 该地区债务风险系数 × 波动系数 + 债务管理绩效因素调整 + 地方申请因素调整

系数 1 和系数 2 根据各地区财力、重大项目支出以及当年全国新增地方政府债务限额规模确定。用公式表示为

系数 1 =（某年新增限额 - 某年新增限额中用于支持重大项目的支出额度）/（∑各地政府财力）

系数 2 =（某年新增债务限额中用于支持重大项目的支出额度）÷（∑各地重大项目支出额度）

财政部在当年财政预算和政府债务限额经两会审议批准后，将新发债券限额分配至各省、自治区、直辖市、计划单列市，各地区再按照工作进度报地区人大审议后正式发行。

第六问：发债钱也不够怎么办？

由于分税制改革以后，财政收入中央占大头、财政支出地方占大头，换句话说，收入支出权利不对等，我们主要靠中央对地方转移支付解决，然而在稳增长压力较大的年份，仍然存在地方政府融资压力较大的问题。地方政府债在规范以后，每年新增额度有限，目前 2017 年最多也只有 1.63 万亿元，叠加额度分配要考虑地方财力情况（财力越小的地区分配的额度越小），这就导致一些中西部地区面临很大的融资难题。

财政部考虑到这些情况，于是开出了很多解决药方，总的思路就是调动社会资本的积极性——"大家一起搞建设"。归纳起来，可选的方式有 PPP（政府与社会资本合作）、产业投资基金、政府购买服务等。

表6-9 　　　　　　　　　　　地方政府的其他融资方式

PPP	由社会资本承担设计、建设、运营、维护基础设施的大部分工作，并通过使用者或政府付费来获得合理投资回报
产业投资基金	政府通过成立基金，吸引社会资本以股权形式介入项目公司，参与基建类项目的建设和运营，按投资领域的不同，可分为创业投资基金、企业重组投资基金、基础设施投资基金等类别
政府购买服务	通过政府财政向各类社会服务机构支付费用，用于购买其以契约方式提供的、由政府界定种类和品质的全部或部分公共服务

资料来源：财政部，华泰证券研究所。

PPP：在2015年开始推动PPP的时候，分国家发展改革委和财政部两条线，国家发展改革委由于具有调度投资的职能，更倾向于推广；财政部兼具防范财政风险的职能，更倾向于规范和指引。

产业投资基金：一般以政府引导资金的形式运作，核心有两点：一是撬动其他金融资本，二是股权投入。具体来说，政府可以发起母基金，吸引银行、保险等金融机构和实业资本提供项目建设所需要的资金，成立产业投资基金，再以股权投资方式对接项目，进一步吸引其他投资人进入，实现财政资金的多轮放大效应。

政府购买服务：根据2014年公布的《中华人民共和国政府采购法》，政府采购是指以合同方式有偿取得货物、工程和服务的行为，包括购买、租赁、委托、雇用等。以前，政府购买的对象多为货物和工程，受制于招投标程序复杂，政府更青睐于购买服务的形式，也有在启动初期相关制度不健全的原因。理论上讲，政府购买服务适用于一些未来不太能产生收益的公益性项目，不能完全覆盖成本，政府作为一类使用人在预计使用年度内安排一定的预算付费，保证项目承建方能够获得合理报酬，前期需要签订政府购买协议等。实际操作中，很容易演变为一种融资行为，即政府仍实质上承担项目执行人的角色，而只是借用这种方式完成举债行为。

除此之外，政府还有一些其他创新举措，最典型的是专项建设基金。专项建设基金创设于2015年8月，旨在解决重大项目资本金不足的问题。其操作方式为，国家开发银行、农业发展银行向邮储银行或市场机构发行专项建设债券，建立专项建设基金，如国开基金或者农发基金，采用股权方式投入项目公司。

第七问：查违规举债查什么，影响多大？

在第六问中我们提到的PPP、政府购买服务、产业投资基金都是政府鼓励的方向，这在 43 号文中已明确。但是，近年来，伪 PPP、假政府购买服务、名股实债类基金大量涌现，成了"上有政策、下有对策"的违规变相举债。简单来说，合法的情况是要么政府股权投入，要么在预算中安排付费，但绝不能以金融机构为支付对象定期付款。不管如何包装，只要是变成了"以金融机构为支付对象定期付款"就可以被认定为违规举债。

中央已经开始关注地方债风险，财政部于 2016 年印发了《关于开展部分地区地方政府债务管理存在薄弱环节问题专项核查工作的通知》（财办预〔2016〕94 号），依托各地财政监察专员办核查出一些违规举债问题。2017 年 1 月初，财政部曾分别致函内蒙古、山东、河南、重庆、四川 5 个地方政府及商务部、银监会 2 个部委，建议对辖内部分县市及金融机构涉嫌违法违规举债、担保的行为进行核实。

查的违规内容主要包括以下几点：（1）政府出具担保函，如重庆第一个案例；（2）别人举债政府用、政府还，如山东案例；（3）政府借钱，但不是正规发债渠道，如湖北案例；（4）将还本付息支出纳入预算，如河南第一个案例。这里解释一下，政府购买服务和 PPP 中政府使用费的部分是需要纳入财政预算和中长期财政规划的，但纳入的是使用费，或者是可以被认为财政补贴支出的内容，而不能是向提供融资主体支出的本金和利息。

此后，财政部发布了两个重要文件，即《关于进一步规范地方政府举债融资行为的通知》（财预〔2017〕50 号）、《关于坚决制止地方以政府购买服务名义违法违规融资的通知》（财预〔2017〕87 号），严查违规举债，其根本目的还是规范地方政府的行为，而不是"一竿子全部打死"，正规的 PPP、政府购买服务、产业投资基金仍然是鼓励的方向。

第八问：如何"开前门、堵后门"？

解决中央地方关系的大问题有三个思路：一是完善地方税种，如已推出待实施的环保税和正在加快建立的房产税；二是改革完善中央转移支付框架，增加一般性转移支付比例，赋予地方更多自主权；三是完善地方负债体制，主要是遏制大量违规举债，适度合理规范举债。近年来财政部坚持"开前门、堵后门"的理念，会同有关部门加快建立规范的地方政府举债融资机制，增强地方经济财政发展可持续性，不断开好政府规范举债的"前门"。

表6-10   土地储备专项债券和收费公路专项债券基本情况对比

专项债品种	简介	背景
土地储备专项债券	(1) 土地储备专项债券期限原则上不超过5年。 (2) 可以对应单一项目发行，也可以对应同一地区的多个项目集合发行。 (3) 专款专用。 (4) 因储备土地未能按计划出让、土地出让收入暂时难以实现，不能偿还到期债券本金时，可在专项债限额内发行土地储备专项债券周转偿还，项目收入实现后予以归还	(1) 土地储备制度是指市县政府或国土资源部门委托土地储备机构，依据土地利用总体规划、城市总体规划和土地利用年度计划，将按照法定程序收回、收购、优先购买或征收的土地纳入政府储备，对储备土地进行必要的基础设施建设及管理，以备政府供应土地、调控市场的一种制度安排。 (2) 2015年以前，地方土地储备资金的来源以银行贷款为主。 (3) 2016年开始，在土地储备机构与融资平台进一步分离的基础上，命令金融机构不能再给土地储备机构发放贷款
收费公路专项债券	(1) 收费公路专项债券期限原则上单次发行不超过15年。 (2) 可以对应单一项目发行，也可以对应一个地区的多个项目集合发行，收费公路专项债券以项目对应并纳入。 (3) 专款专用。 (4) 政府性基金预算管理的车辆通行费收入、专项收入偿还；其中，债券对应项目形成的广告收入、服务设施收入等专项收入全部纳入政府性基金预算管理，除根据省级财政部门规定支付必需的日常运转经费外，专门用于偿还收费公路专项债券本息	(1) 过去地方发展收费公路主要有两种模式，一种是由社会投资者运用BOT等经营性模式建设，另一种是由县级以上交通运输部门采用"贷款修路、收费还贷"模式建设。 (2) 新《预算法》和43号文之后，地方原有各类交通融资平台的政府融资功能被取消，发行地方政府债券成为地方政府实施债务融资新建公路的唯一渠道。政府收费公路"贷款修路、收费还贷"模式需要相应调整，改为以政府发行专项债券方式筹措建设资金

注：土地储备专项债券可以借新还旧。

资料来源：财政部，华泰证券研究所。

第九问：作为一种基础资产，地方政府债的风险收益如何？

按照发行要求，地方政府债需要评级，利率以同期国债收益率为基准并在此基础上略高于国债。从到期收益率来看，地方政府债收益率介于政策性金融债和国债之间，更贴近政策性金融债。从风险角度看，一般债券是因为出现了地方财政赤字才发行弥补的，相当于以当地的税收财力作为担保，属于风险极低的债种；专项债券在逐渐按照品种区分以后，违约可能存在些许差异，土地储备专项债券由于存在借新还旧机制，违约风险很小；收费公路专项债券更针对项目，如果项目在选址、盈利测算等方面存在问题，确实存在违约可能。

值得关注的是地方政府债的免税效应。财税〔2013〕5 号规定：对企业和个人取得的 2012 年及以后年度发行的地方政府债券利息收入，免征企业所得税和个人所得税。同时，财税〔2016〕36 号附件三规定：地方政府债利息收入免征增值税。

表 6 – 11　　　　　　　　　债券减免税情况汇总

银行、保险、券商的自营（增值税利息—征6%、资本利得—征6%；所得税—免）

	增值税		所得税	
	持有期利息收入	资本利得	持有期利息收入	资本利得
国债	免	6%	免	25%
地方政府债	免	6%	免	25%
政策性金融债	免	6%	25%	25%
铁道债	6%	6%	减半	25%
商业银行债券（同业）	免	6%	25%	25%
信用债等	6%	6%	25%	25%

注：《财政部　国家税务总局关于资管产品增值税有关问题的通知》（财税〔2017〕56 号）尚未提及自营，增值税税率仍为6%，可抵扣。

公募基金（增值税利息—征、资本利得—免；所得税—免）

	增值税		所得税	
	持有期利息收入	资本利得	持有期利息收入	资本利得
国债	免	免	免	免
地方政府债	免	免	免	免
政策性金融债	免	免	免	免
铁道债	3%	免	免	免
商业银行债券（同业）	免	免	免	免
信用债等	3%	免	免	免

注：《财政部　国家税务总局关于资管产品增值税有关问题的通知》（财税〔2017〕56 号）规定实施简易税率3%，不可抵扣。公募基金的买卖价差/资本利得可以免增值税。

资管类机构（增值税利息—征、资本利得—征；所得税—免）

	增值税		所得税	
	持有期利息收入	资本利得	持有期利息收入	资本利得
国债	免	3%	免	免
地方政府债	免	3%	免	免
政策性金融债	免	3%	免	免
铁道债	3%	3%	免	免
商业银行债券（同业）	免	3%	免	免
信用债等	3%	3%	免	免

注：《财政部　国家税务总局关于资管产品增值税有关问题的通知》（财税〔2017〕56号）规定实施简易税率3%，不可抵扣。包括各类资管类机构：非保本理财、基金专户、券商资管、保险资管、信托等非法人类机构。非保本资管产品需按照规定由管理人缴纳增值税，穿透后根据具体的投资品种来缴纳；所得税尚未提及可免。

资料来源：财政部，国家税务总局，华泰证券研究所。

七、利率为轴的大类资产配置框架

1　美林时钟的再回顾

　　美林时钟是 2004 年由美林证券（Merrill Lynch）通过对超过 30 年的数据统计分析得出的资产配置模型，它通过将资产轮动及行业策略与经济周期联系起来，指导经济周期不同阶段的资产配置。该模型将经济周期分为四个阶段：复苏、过热、滞胀、衰退，并使用产出缺口和 CPI 来识别经济。四个阶段对应的优质资产分别为股票、大宗商品、货币资产、债券。经典的繁荣至萧条的经济周期在四个阶段间依序轮动，不过现实并不会简单地按照经典的经济周期进行轮动，有时时钟会向后移动或者向前跳过一个阶段。

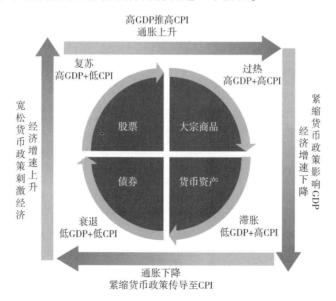

资料来源：美林证券，华泰证券研究所。

图 7-1　美林时钟轮动机制

经济由衰退至复苏：宽松货币政策刺激下，经济由衰退转向复苏，企业经营业绩提升，由于股票对经济复苏的弹性更大，其相对债券和货币资产具备明显的超额收益。

经济由复苏至过热：高 GDP 推高 CPI，商品类资产与 CPI 正相关，高 CPI 环境下，大宗商品投资价值高，而股票、债券、货币资产的收益由于无法抵御通胀，不是好的投资选择。

经济由过热至滞胀：为控制高通胀，中央银行采取紧缩货币政策，但是首先作用于 GDP，使 GDP 降低，经济陷入滞胀。由于 CPI 仍然居高，货币政策将持续紧缩。货币政策紧缩提高了货币类资产的收益水平，降低了股票、债券、大宗商品的投资价值。

经济由滞胀至衰退：紧缩的货币政策将 CPI 拉回低位，为刺激经济，中央银行将采取宽松货币政策。由于经济低迷，总需求疲软，股市和商品类资产均没有上行逻辑，此时长端利率由于处于利率曲线高点的成本优势，成为优质投资资产。

美林证券通过 2004 年以前逾 30 年的资产表现总结出美林时钟逻辑。依据美林时钟，国际金融危机后美国经济先后经历了衰退和复苏两个时期，2008 年下半年至 2009 年 7 月为衰退时期；2011 年 11 月开始进入复苏时期。观测两个时期的四类资产表现，发现 2008 年国际金融危机后美林时钟在指导美国大类资产配置中仍具有一定的参考价值。衰退时期，债券相比其他三类资产具有明显的超额收益；复苏时期，美股走出了持续向上行情。四类资产的计算基准分别选用美国国债收益率、标普 500 指数、标准普尔大宗商品 GSCI 总回报指数和美国 3 个月国库券。

2 美林时钟指导中国大类资产配置靠谱吗

回溯来看，2011 年以后，美林时钟的指导力非常弱、经常错。

自 2011 年以后，中国一直在权衡缓释多种风险，分别经历了地产泡沫风险（2011 年、2015 年）、地方债务风险（2013—2014 年）、影子银行风险（非标通道业务，2012—2013 年）、金融同业风险（2016—2017 年）以及贯穿始终的实体经济下行风险。在风险的不断传递中，货币政策和金融监管政策考虑的经济和通胀以外的因素越来越多，从而导致只有两个输入变量的美林时钟解释能力变得非常弱、经常错。

我们对 2011 年以后的大类资产配置思路进行了回溯，发现按照美林时钟的思路，只有 28% 的正确率。需要说明的是，美林时钟衡量经济和通胀没有统一的变量，在衡量经济上行或下行的指标上，有经济增速与潜在增速的差异、产出缺口等变量，在通胀上也有 CPI 和 PPI 等多种衡量维度。在具体操作上，我们采用 GDP 与长期均衡值的偏离作为产出缺口，CPI 的走势作为通胀的衡量，两者匹配观察是在美林时钟的哪个象限，推荐的最优配置大类资产是否与实际表现相一致。

具体方法是：对国家统计局公布的不变价 GDP，使用 X‐12&ARIMA 模型方法进行季节调整，经过单位根检验表明在 10%（p 值为 0.0546）的显著性水平可以认为原序列为 I（1）序列，采用 HP 滤波法估算潜在产出，λ 按照以往文献设置成 1600，产出缺口定义为（实际 GDP‐潜在产出）/实际 GDP，CPI 为以 2009 年第一季度为基数的定基 CPI，现金收益率定义为 3 个月期 SHIBOR 利率，股票收益率选择沪深 300 指数收盘价收益率，债券收益率选择中债综合指数收盘价收益率，大宗商品收益率选择南华综合指数收益率。

需要提醒的是，任何一种方法在计算上均会存在误差，甚至存在个别季度与直觉不相符的情况，但任何一种算法也基本上都能大致反映经济和通胀的走势。我们的目的不是精准地划分出历史上的每个季度到底处于哪个阶段（复苏、过热、滞胀、衰退），而是选择一种标准来大致检验美林时钟的有效性。当然，结果显示美林时钟的有效性并不尽如人意。

表 7‐1　　　美林时钟对 2011 年至 2017 年历史上各个季度的检验

时间	产出缺口	经济趋势	CPI	通货膨胀	经济周期	SHIBOR：3 个月	沪深 300 指数收盘价收益率	中债综合指数收盘价收益率	南华综合指数收益率
2011 年 3 月	-6.81%	↓	107.25972	↑	滞胀阶段	1.14%	1.05%	0.53%	-2.90%
2011 年 6 月	1.84%	↑	107.8503	↑	过热阶段	1.04%	-6.48%	0.92%	-6.26%
2011 年 9 月	3.75%	↑	108.96913	↑	过热阶段	1.60%	-20.69%	1.24%	-10.36%
2011 年 12 月	10.59%	↑	109.49786	↑	过热阶段	1.41%	-17.24%	4.56%	-13.41%
2012 年 3 月	-8.93%	↓	111.301	↑	滞胀阶段	1.37%	6.79%	0.84%	5.97%
2012 年 6 月	-0.35%	↓	110.85621	↓	衰退阶段	1.22%	-6.52%	2.49%	-7.09%
2012 年 9 月	1.66%	↑	110.96406	↑	过热阶段	1.02%	-12.91%	0.14%	3.56%
2012 年 12 月	9.27%	↑	111.66691	↑	过热阶段	0.92%	13.22%	0.63%	4.82%
2013 年 3 月	-10.71%	↓	113.88265	↑	滞胀阶段	0.98%	-1.16%	1.42%	-6.35%
2013 年 6 月	-2.21%	↓	113.42828	↓	衰退阶段	0.97%	-17.54%	1.26%	-12.08%
2013 年 9 月	0.22%	↑	113.99671	↑	过热阶段	1.32%	-7.44%	-1.34%	0.83%
2013 年 12 月	7.75%	↑	114.9135	↑	过热阶段	1.17%	0.42%	-1.75%	-4.80%
2014 年 3 月	-12.94%	↓	116.47097	↑	滞胀阶段	1.39%	-7.57%	2.48%	-6.93%
2014 年 6 月	-4.19%	↓	115.92826	↓	衰退阶段	1.38%	-1.15%	3.16%	-1.07%
2014 年 9 月	-2.11%	↓	116.23824	↑	滞胀阶段	1.19%	14.00%	2.09%	-9.34%

续表

时间	产出缺口	经济趋势	CPI	通货膨胀	经济周期	SHIBOR:3个月	沪深300指数收盘价收益率	中债综合指数收盘价收益率	南华综合指数收益率
2014年12月	5.62%	↑	116.65475	↑	过热阶段	1.14%	50.03%	3.72%	−4.70%
2015年3月	−15.90%	↓	117.85767	↑	滞胀阶段	1.28%	11.25%	0.69%	−2.34%
2015年6月	−6.99%	↓	117.52439	↓	衰退阶段	1.22%	24.21%	1.17%	−5.98%
2015年9月	−5.03%	↓	118.25221	↑	滞胀阶段	0.80%	−36.90%	2.46%	−13.08%
2015年12月	2.86%	↑	118.36184	↑	过热阶段	0.79%	10.97%	3.17%	−3.11%
2016年3月	−4.82%	↓	120.44228	↑	滞胀阶段	0.77%	−7.23%	1.24%	10.22%
2016年6月	3.74%	↑	120.09544	↓	复苏阶段	0.71%	7.62%	1.02%	19.72%
2016年9月	6.07%	↑	120.35771	↑	过热阶段	0.74%	2.93%	2.48%	15.66%
2016年12月	12.07%	↑	120.98165	↑	过热阶段	0.70%	0.26%	−1.05%	20.71%
2017年3月	−7.31%	↓	122.16455	↑	滞胀阶段	0.82%	3.41%	−0.30%	3.09%

注：深灰表示不符合美林时钟，浅灰表示符合。

资料来源：Wind，华泰证券研究所。

3　美林时钟之所以在中国有效性差在于利率的决定因素不同

美林时钟之所以广受资产配置者欢迎，是因为它仅用了经济增长和通货膨胀两个最基础的宏观变量，以极其简洁的方式揭示了资产配置的一般规律，而且在国外的资产配置实践中确实有现实意义。美林时钟这种简洁的分析范式是我们非常推崇的，同时我们也一直在寻求对美林时钟进行改进，从而让其更适用于指导中国大类资产配置。这里需要做的首要工作，就是弄清美林时钟在中国特殊的环境下是否遗漏了某个重要的外生变量。经过我们的研究，认为这一变量就是利率，也即直接源于货币政策和金融监管政策叠加产生的结果。

事实上，利率短期内取决于中央银行的货币政策和金融监管政策，中长期则取决于经济的潜在增速、长期物价趋势和长期资本回报率等。以美国作为类比，中国与其最大的不同在于，短期货币政策和金融监管政策不是仅由经济增长和通胀两个因素决定的，还要考虑金融稳定、国际收支平衡等因素，这就导致利率相对于经济增长和通胀又产生了某种外生的性质，而利率在中国又是影响大类资产走势的"轴心"，短期的影响往往又更加重要，这样就导致了美林时钟在中国的失灵。

3.1 为什么美林时钟在美国有效性强

美林时钟在美国有较强的现实意义。美林时钟最早就是从美国经济和市场数据中总结出的规律。当经济数据处于美林时钟指示的某个阶段时，美林时钟推荐的资产类别平均回报率多数情况下确实高于其他类别。

美林时钟在美国的有效性，与美联储货币政策框架有很大关系。美联储的货币政策双目标制指的是维持接近但不高于 2% 的通胀水平，以及在此基础上的最大充分就业。这决定了经济增长（产出缺口）和物价水平不仅会影响利率的长期走势，也会通过货币政策及预期影响到其短期走势。也就是说，美联储货币政策框架下，存在"经济增长和物价水平—货币政策及其预期—市场利率—大类资产走势"的传导渠道。而美林时钟对所处经济阶段的划分依据也主要是经济增长和物价水平，相当于直接从"经济增长和物价水平"看到"大类资产走势"。因此，美联储货币政策框架决定了美林时钟在美国是基本有效的。

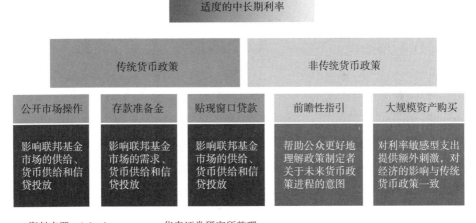

资料来源：federalreserve.gov，华泰证券研究所整理。

图 7－2　美联储货币政策职责与工具

3.1.1 泰勒规则

利率成为美联储宏观调控的中间目标，进而催生了泰勒规则。从 20 世纪 80 年代开始，随着经济学理论尤其是货币主义学派的发展，以及财政政策受到国会制度的约束，货币政策成为美国政府对经济进行调控的主要工具。随着美国金融市场的发展，20 世纪 90 年代开始，美联储决定以调整名义利率作为宏观调控的主要手段，代替了对货币供应量直接调控的政策规则。这是泰勒规则诞生的背景。泰勒规则是常用的简单的货币政策规则之一，它认为中央银行应该根据产出和通胀的情况实施利率政策。约翰·泰勒于1993年在一篇论文中提出"泰勒规则"，认为货币政策应该遵循以下规则：

$$r = 0.5 \times (\pi_t - 2) + 0.5 \times \hat{y} + \pi_t + 2$$

其中，r 代表真实利率；π_t 代表通胀，$(\pi_t - 2)$ 代表实际通胀与目标通胀的差距，目标通胀一般设为2%，整体赋予权重0.5；$\hat{y}$ 为产出缺口，即实际产出偏离潜在产出①的部分；$(\pi_t + 2)$ 代表产出缺口以及通胀目标偏离均为零情况下的名义利率，其中2%为长期实际利率。在实际中，如果尝试从泰勒规则的角度观察美联储的加息行为，一般用联邦基金利率衡量 r，用核心 PCE 衡量通胀 π_t，用实际产出偏离潜在产出的百分比衡量产出缺口。

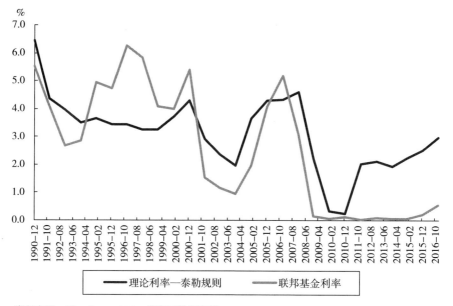

资料来源：Bloomberg，CBO，华泰证券研究所。

图 7 - 3　泰勒规则在美国的应用

简单地说，泰勒规则认为，如果通胀高于通胀目标，中央银行就应该上调利率，缓解通胀压力，反之则相反；如果产出低于潜在产出水平或者失业率高于自然失业率，中央银行就应该下调利率，刺激经济、增加产出、降低失业

---

① 潜在产出是指一国在一定时期内可供利用的经济资源在充分利用的条件下所能生产的最大产量，也就是该国在充分就业状态下所能生产的国内生产总值。

率。由图 7 - 3 可以看出，1990 年至 2010 年，除了 1993 年至 1997 年，其余时间泰勒规则下的理论利率与联邦基金利率走势较为一致。但是 2010 年以后，泰勒规则的理论利率开始走高，联邦基金利率则一直保持接近零利率的水平。

3.1.2 伯南克规则

2010 年以后，泰勒规则的理论利率开始走高，联邦基金利率则一直保持接近零利率的水平。伯南克在卸任美联储主席后，专门写了一篇文章表明美联储的利率政策遵循的是"伯南克规则"：

$$r = 0.5 \times (\pi_t - 2) + \hat{y} + \pi_t + 2$$

伯南克规则比泰勒规则更显"鸽派"。伯南克规则与泰勒规则的不同在于产出缺口权重的调整。在前面提到的泰勒规则中，产出缺口的权重为 0.5，而伯南克更加注重产出缺口，将系数调整为 1，凸显"鸽派"特征。这意味着当实际的 GDP 低于潜在 GDP 时，伯南克规则显示的理论利率会更低。产出缺口的数据也支持了这一观点。2008 年至 2011 年，两种理论利率都有 U 形走势，但伯南克规则的利率显著低于泰勒规则的利率。这是因为 2008 年至 2011 年确实有较大的产出缺口，且产出缺口最低达到 -5.8%。

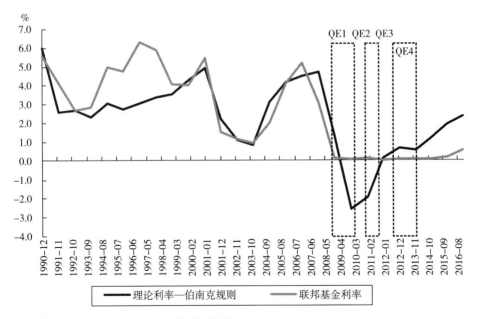

资料来源：Bloomberg，CBO，华泰证券研究所。

图 7 - 4　伯南克规则在美国的应用

3.1.3 埃文斯规则

美联储认为，在经济深度衰退之后的复苏阶段，相对长时间地维持超低利率才是最优决策，基于此，美联储在 2012 年 12 月的 FOMC 会议上进一步修订了泰勒规则，形成了埃文斯规则（以芝加哥联储主席 Charles Evans 命名）：

$$r = 0.5 \times (\pi_{t+1} - 2) + \hat{y} + \pi_{t+1} + 2 + 2 \times (5.5 - U_t)$$

其中，U_t 表示实际失业率，5.5% 是美联储失业率目标。与泰勒规则和伯南克规则采用 GDP 作为增长指标不同，埃文斯规则选取失业率作为经济增长指标。同时考虑到泰勒规则和伯南克规则使用历史数据的滞后缺陷，埃文斯规则采用 1~2 年通货膨胀预期数据，旨在与联邦基金利率的指导意义相适应，对货币政策的前瞻性和预期导向更为有效。从数据结果来看，埃文斯规则下 2008 年国际金融危机之前理论利率与实际联邦基金利率的契合度更高。美联储基准利率在 2014 年初已经开始低于理论值，即按照美国经济、就业市场和通胀的表现，美联储基准利率已经偏低。

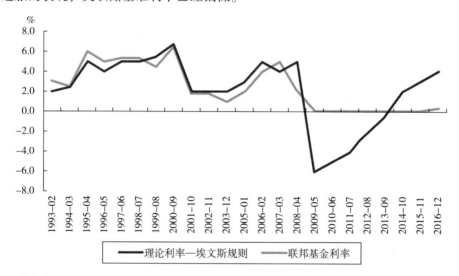

资料来源：Bloomberg，CBO，华泰证券研究所。

图 7 - 5　埃文斯规则在美国的应用

3.1.4 耶伦规则

耶伦自上台后反复强调对劳动力市场的关注，特别是劳动参与率指标。加入劳动参与率指标后的"耶伦规则"为：

$$r = 0.5 \times (l_t - 66.5) + 0.5 \times (\pi_t - 2) + \hat{y} + \pi_t + 2$$

其中，l_t 为劳动参与率，66.5 是劳动参与率的历史平均值。新加入的 $0.5 \times (l_t - 66.5)$ 表示在其他条件不变的情况下，劳动参与率每低于（高于）正常水平 1 个百分点，美联储应降低（增加）联邦基金利率 0.5 个百分点。

耶伦规则比伯南克规则和泰勒规则更关注经济活动指标的变化。与伯南克规则相比，耶伦规则将劳动参与率是否偏离其正常值 66.5% 考虑在内，其权重与盯住通胀水平的权重一致。与泰勒规则相比，耶伦规则不仅加大了对产出缺口的权重，还考虑了劳动参与率。经济活动指标对耶伦规则理论利率影响更大。

总的来看，美国的利率政策大致由"规则"系列决定。1990—2016 年，耶伦规则很好地拟合了利率的走势，在量化宽松政策方面也颇具意义。除 2008 年国际金融危机初期之外，两条曲线的拟合程度比伯南克规则更好。同时，直到 2015 年第二季度为止，根据耶伦规则计算出的理论利率水平依然为负。这也进一步佐证了耶伦规则的有效性。从结果上看，耶伦也似乎比伯南克更加鸽派。

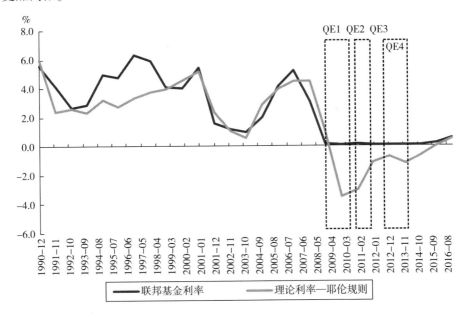

资料来源：Bloomberg，CBO，华泰证券研究所。

图 7 - 6　耶伦规则在美国的应用

泰勒规则及其变种清晰地刻画了美联储货币政策与经济增长和通胀的关系。同时，美联储也擅长前瞻性指引。前瞻性指引分为两类：一类是美联储历次公布的 FOMC 利率决议中的货币政策导向，也称为正式的前瞻性指引；另一类是非正式的前瞻性指引，是在两次 FOMC 会议之间大量且频繁的联储官员讲话。基于此就很容易通过经济增长和物价水平来判断利率水平，进而判断资产配置的变化。美林时钟就是从美国经济和市场数据中总结出的规律，抓住了该影响路径的核心，从而当经济数据处于美林时钟指示的某个阶段时，美林时钟推荐的资产类别平均回报率高于其他类别。这是理解美林时钟在美国有效性的关键。

3.2　为什么美林时钟在中国有效性弱

美林时钟在中国指导大类资产配置时有效性弱，从而必须要加入第三个输入变量"利率"的根本原因在于，中国的利率和货币政策决策因素较其他国家更复杂，央行不像美联储那样有明确的"利率定价方程"，而是一个多目标制的决策体系。中国人民银行在国务院领导下，制定和执行货币政策，防范和化解金融风险，维护金融稳定，其最终目标可总结为经济增长、物价稳定、充分就业、国际收支平衡以及隐性的金融稳定，也就是"4 + 1"的货币政策最终目标模式。此外，在转轨时期还有两个目标是发展金融市场和金融改革开放。目标之多堪称全球之最。

分析央行的货币政策首先应理解多目标制。根据丁伯根原则（政策工具的数量至少要等于目标变量的数量），一个货币政策最终目标应有相应的政策工具与之对应，但我国央行实际上可运用的工具不足（准备金率、利率、再贷款等），而最终目标又过多，众多货币政策最终目标之间还可能存在互相矛盾的逻辑，这造成了央行在很多时候很难给出一个简洁的前瞻性指引。我们在判断货币政策取向的时候只能抓住主要矛盾，随着国内、国际经济背景的变化，对央行最终目标的重要性进行排序，关注主要矛盾来判断其货币政策取向。

4　利率为轴的大类资产配置框架

我们以利率为轴，将美林时钟在四个维度进行拓展。分别是利率强上行阶段、利率上行阶段、利率下行阶段和利率强下行阶段。美林时钟在不同的维度会产生一些变化。

（1）在利率强上行阶段，表现为所有大类资产的价格都在下跌，"现金为王"在所有经济周期中都适用，即无论经济是上行还是下行，通胀是上行还是下行，利率的强上行让市场流动性非常紧张，风险偏好快速下降，经常性出现"股债商三杀"的局面。这一情景的典型特征是金融监管的加强，如果同时货币政策处于边际收紧的状态，这一情景的特征会更加鲜明。

（2）在利率上行阶段，即货币政策边际收紧的状态下，美林时钟变动不大，唯一的变化在于本来在衰退时期应配置债券，但由于利率上行，对债券构成了直接冲击，反而配置货币资产成为最佳选择。

（3）在利率下行阶段，即货币政策边际放松的状态下，美林时钟也变动不大，唯一的变化在于本来在滞胀时期应配置货币资产，但由于利率下行，市场流动性充裕，对债券构成利好，所以债券替代货币资产成为最佳选择。

（4）在利率强下行阶段，比如金融监管的放松叠加货币政策的边际放松，市场流动性非常充裕，信用创造能力提升，加杠杆行为充斥市场，这会使美林时钟发生显著变化。一方面，本应在过热时期配置大宗商品，但由于利率强下行拉高风险偏好，叠加经济向好，分子分母端同时改善股票估值，会导致股票超越大宗商品成为更优选择。另一方面，在滞胀阶段，本应配置货币资产，但利率的强下行导致市场上并不缺乏资金，通胀高企成为配置大类资产的一个重要影响因素，两个因素叠加使大宗商品成为更优的选择。

表7－2　　　　　　　我们在美林时钟上的改进——利率为轴

利率强上行（一）		经济上行	经济下行	货币政策快速收紧或加强监管
	通胀上行	货币资产	货币资产	
	通胀下行	货币资产	货币资产	
利率上行（二）		经济上行	经济下行	货币政策边际收紧
	通胀上行	大宗商品	货币资产	
	通胀下行	股票	货币资产	
利率下行（三）		经济上行	经济下行	货币政策边际宽松
	通胀上行	大宗商品	债券	
	通胀下行	股票	债券	
利率强下行（四）		经济上行	经济下行	货币政策快速宽松或放松监管
	通胀上行	股票	大宗商品	
	通胀下行	股票	债券	

资料来源：华泰证券研究所。

我们以此模型对中国2011年至2017年各季度大类资产配置变化进行回溯，配置准确率提升至72%，远高于直接应用美林时钟的28%。

这里需要说明的是，我们所说的利率强上行阶段、上行阶段、下行阶段、强下行阶段，并不是指市场利率的绝对水平，而是指货币政策收紧放松以及金融监管程度变化的趋势。从结果上看，基本也能够与7天回购利率印证，但也存在差异，主要原因在于：一是以 7 天回购利率为代表的市场利率不仅受货币政策和金融监管政策影响，还与经济通胀相关，本质上就是现金回报的表征，所以我们不选择此作为判断利率阶段的标准，也避免出现内生变量解释内生变量的问题。二是市场利率也有季节性因素影响，我们发现在第一季度往往 7 天回购利率相对高一些，这可能也与春节期间现金需求量大、银行流动性被动紧张有关。

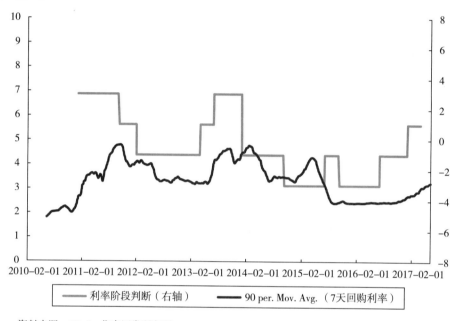

资料来源：Wind，华泰证券研究所。

图 7 - 7 7 天回购利率（90 日移动平均）与利率阶段判断对比
（强上行 +3，上行 +1，下行 -1，强下行 -3）

在判断货币政策收紧和放松的程度时，采用四个指标：

- 一是 M_2 同比增速边际上升和下降的幅度，如果出现了较大幅度的上升或下降，则认为是货币政策的快速宽松和收紧。

- 二是央行资产负债表中的储备货币，可以认为是投放在市场上的基础货币（基础货币余额按季度公布，与此走势一致，故采用更高频的货币当局资产负债表中数据）。需要提示的是，如果央行降低存款准备金率，储备货币会下降（如 2015 年的情况），这应被认为是货币政策的放松而不是收紧，此时货币乘数放大。

- 三是存款准备金率，如果下降则为放松阶段，如果提升则为收紧阶段。存款准备金率的变动影响较大，一般认为是货币政策快速宽松和收紧的表征。

- 四是利率，在利率市场化改革以前，主要参考的是基准利率，随着存贷款上下限的全面放开，以及央行调控市场利率主要采用公开市场操作改变政策利率从而间接传导到市场的方式开始，政策利率（7 天逆回购、MLF 等招标中标利率）成为主要参考。

在判断金融监管的程度上，以 2013 年下半年严查非标通道业务及 2017 年 4 月开始严查同业和委外业务为典型代表的两次加强监管时期，此外 2014 年末至 2015 年上半年为监管宽松时期，这期间表现为证监会对融资融券放量导致场外配资等大规模兴起的容忍，保监会逐渐放松保险资金投资限制等，这些因素导致非银行金融机构更方便地从银行端融出更多的资金，叠加存款准备金率下降的影响，货币乘数快速增加，从而导致市场上总的资金供给量增加，引发利率快速下行。判断金融监管程度的两个指标，可以参考银行机构对非银行金融机构的债权变动，以及货币乘数的变动（剔除存款准备金率变动的影响）。

需要说明的是，这里判断是利率上行阶段还是利率下行阶段的时候，对货币政策的取向和金融监管的程度的判断，存在一定的主观因素，但我们基本上采取了比较公允的态度或市场上比较认可的判断。在一些具体期间仍然可能会存在争议，但这不会实质性地影响我们对模型有效性的判断。如果更换经济增长和通胀的衡量指标，比如在经济指标上用工业增加值、克强指数等，在通胀上用 PPI 等，"利率为轴"的模型均比简单的美林时钟解释力提升 20～30 个百分点，这也显著证明了我们提出的模型的解释能力。

表 7-3　利率为轴模型对 2011 年至 2017 年历史上各个季度的检验

时间	经济周期	货币政策	金融监管	利率阶段	SHIBOR：3 个月	沪深 300 指数收盘价收益率	中债综合指数收盘价收益率	南华综合指数收益率
2011 年 3 月	滞胀阶段	快速收紧		利率强上行	1.14%	1.05%	0.53%	-2.90%
2011 年 6 月	过热阶段	快速收紧		利率强上行	1.04%	-6.48%	0.92%	-6.26%
2011 年 9 月	过热阶段	快速收紧		利率强上行	1.60%	-20.69%	1.24%	-10.36%
2011 年 12 月	过热阶段	收紧		利率上行	1.41%	-17.24%	4.56%	-13.41%
2012 年 3 月	滞胀阶段	宽松		利率下行	1.37%	6.79%	0.84%	5.97%
2012 年 6 月	衰退阶段	宽松		利率下行	1.22%	-6.52%	2.49%	-7.09%
2012 年 9 月	过热阶段	宽松		利率下行	1.02%	-12.91%	0.14%	3.56%
2012 年 12 月	过热阶段	宽松		利率下行	0.92%	13.22%	0.63%	4.82%
2013 年 3 月	滞胀阶段	宽松		利率下行	0.98%	-1.16%	1.42%	-6.35%
2013 年 6 月	衰退阶段	宽松		利率上行	0.97%	-17.54%	1.26%	-12.08%

续表

时间	经济周期	货币政策	金融监管	利率阶段	SHIBOR：3 个月	沪深 300 指数收盘价收益率	中债综合指数收盘价收益率	南华综合指数收益率
2013 年 9 月	过热阶段	收紧	加强	利率强上行	1.32%	−7.44%	−1.34%	0.83%
2013 年 12 月	过热阶段	收紧	加强	利率强上行	1.17%	0.42%	−1.75%	−4.80%
2014 年 3 月	滞胀阶段	宽松		利率下行	1.39%	−7.57%	2.48%	−6.93%
2014 年 6 月	衰退阶段	宽松		利率下行	1.38%	−1.15%	3.16%	−1.07%
2014 年 9 月	滞胀阶段	宽松		利率下行	1.19%	14.00%	2.09%	−9.34%
2014 年 12 月	过热阶段	宽松	宽松	利率强下行	1.14%	50.03%	3.72%	−4.70%
2015 年 3 月	滞胀阶段	宽松	宽松	利率强下行	1.28%	11.25%	0.69%	−2.34%
2015 年 6 月	衰退阶段	宽松	宽松	利率强下行	1.22%	24.21%	1.17%	−5.98%
2015 年 9 月	滞胀阶段	宽松		利率下行	0.80%	−36.90%	2.46%	−13.08%
2015 年 12 月	过热阶段	快速宽松		利率强下行	0.79%	10.97%	3.17%	−3.11%
2016 年 3 月	滞胀阶段	快速宽松		利率强下行	0.77%	−7.23%	1.24%	10.22%
2016 年 6 月	复苏阶段	快速宽松		利率强下行	0.71%	7.62%	1.02%	19.72%
2016 年 9 月	过热阶段	宽松		利率下行	0.74%	2.93%	2.48%	15.66%
2016 年 12 月	过热阶段	宽松		利率下行	0.70%	0.26%	−1.05%	20.71%
2017 年 3 月	滞胀阶段	收紧		利率上行	0.82%	3.41%	−0.30%	3.09%

注：深灰表示不符合，浅灰表示符合。

资料来源：Wind，华泰证券研究所。

国外篇

八、美元周期、人民币汇率与大国博弈

1 国际货币体系治理：美元一家独大

1.1 美元一家独大的基本判断

1.1.1 布雷顿森林体系：美元霸权起于黄金储备，终于"双挂钩"机制

美国曾经拥有高达全世界 70% 的黄金储备量，这成为第二次世界大战后美元霸权地位建立的基础，但黄金储备的消耗也将美元"一家独大"推向"群雄争霸"。20 世纪初，黄金曾经在金融系统中占有异常重要的地位，比如英镑和卢布就是 100% 由黄金背书的，一国的黄金储备与其货币的国际地位正相关。1944 年 7 月建立的布雷顿森林体系延续了这个核心框架，其关于美元与黄金储备的内容包括：第一，美元与黄金挂钩。各国确认 1944 年 1 月美国规定的 35 美元/盎司的金价，每一美元的含金量为 0.888671 克黄金。各国政府或中央银行可按该价格用美元向美国兑换黄金，并需协同美国在国际市场上维持这一黄金官价。第二，其他国家的货币与美元挂钩。其他国家规定各自货币的含金量，通过含金量的比例确定同美元的固定汇率。第三，确定国际储备资产，上述关于货币平价的"双挂钩"规定，使美元处于等同黄金的地位，成为各国外汇储备中最主要的国际储备货币。

1938—1949 年，美国的黄金储备从 13000 吨增加到 21800 吨，占全球黄金储备的 70%，美国的黄金储备在第二次世界大战期间得到显著扩充，足以为强势美元背书，是美国敢于推行布雷顿森林体系的关键因素之一。在布雷顿森林体系建立后，当时的纽约联储作为金融监管方，运用黄金的买入和卖出来创建黄金总库，包括德国、英国、法国、意大利、比利时、荷兰和瑞士西方 7 国的中央银行都参与其中，这些参与黄金总库的国家从美国的黄金储备中获得黄金售出的补偿，利润分成为一半一半。但该体系存在天然悖论，若要推广美

元，就要承受长期的逆差，使美元向全世界流出；但若要维持强势美元的地位，就要控制美元的发行量，这与美元一家独大的世界货币目标是相悖的。"特里芬两难"的悖论很快就在现实中得到印证。美国国际收支连年逆差，黄金——美元的挂钩环节随之受冲击，美国黄金储备迅速消耗，从 1949 年的 21800 吨下降到 1971 年的 9070 吨，降幅达 58.5%。黄金储备的下降逐渐引发美元地位的动摇，在反复冲击下，1971 年，尼克松政府宣布了布雷顿森林体系的瓦解。根据我们掌握的资料，从 20 世纪 60 年代下半叶起，欧盟国家的黄金储备量开始超越美国，美元的一家独大局面逐渐向美元、欧元、日元等的群雄争霸局面转变。

1.1.2 20 世纪 70 年代至今：美国实体经济强势，美元在金融、贸易领域使用范围极广

布雷顿森林体系解体之后，世界货币体系开始向多极化切换；但即便是不再"唯我独尊"，美元仍然是全球最强势的货币，没有之一；原因无他，在于美国拥有压倒性的经济实力与金融市场深度。将美元指数的历史走势与美国经济体量在全世界的占比做比较，从 20 世纪 70 年代以来，无论从第二、第三产业还是从 GDP 总量的角度看，美元的强弱都与美国经济在全球的影响力密切相关。美元指数至今的三轮强周期（1975—1982 年、1995—2002 年、2011 年至今）期间，均伴随着美国经济的强势复苏。因此，在分析美元指数走势的时候，我们不仅要关心美国经济与自身历史阶段的纵向对比，更要关注其与其他主要经济体的横向比较；汇率问题，在长周期内将回归到经济基本面的相对强弱上。

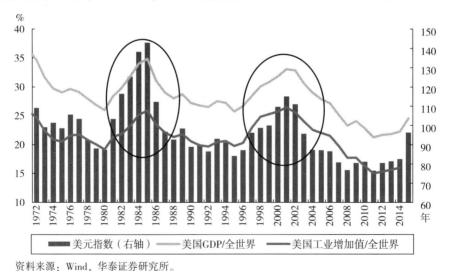

资料来源：Wind，华泰证券研究所。

图 8－1　美元指数在长周期内的趋势与美国经济的影响力密切相关

美国的金融市场与强大的实体经济同步发展，在多层次的金融市场和完善的制度建设保障下，美元在股市、外汇市场和大宗商品交易中运用得最为广泛，进一步巩固了其世界货币的位置。对美国、欧元区、英国、日本和中国五大经济体的股票交易所成交金额做粗略对比（实际上，使用美元作为计价货币的股票交易所并不局限于美国本土），纽约证券交易所、纳斯达克交易所、美国证券交易所三家的股票年度交易量达到了14万亿美元，而日本、伦敦、欧元区的成交量相比来说则太小了，中国在2015年牛市最高点的成交量一度超越美国，但中国证券市场并不是完全对外开放的，这也限制了人民币在证券交易中的使用维度。

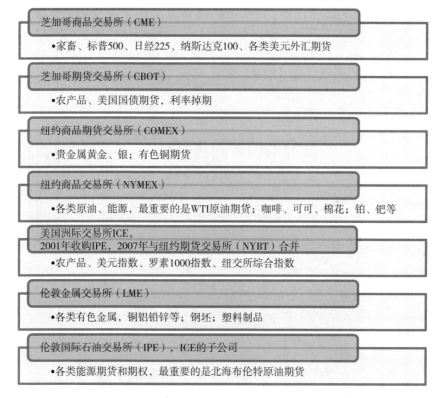

芝加哥商品交易所（CME）
•家畜、标普500、日经225、纳斯达克100、各类美元外汇期货

芝加哥期货交易所（CBOT）
•农产品、美国国债期货，利率掉期

纽约商品期货交易所（COMEX）
•贵金属黄金、银；有色铜期货

纽约商品交易所（NYMEX）
•各类原油、能源，最重要的是WTI原油期货；咖啡、可可、棉花；铂、钯等

美国洲际交易所ICE，
2001年收购IPE，2007年与纽约期货交易所（NYBT）合并
•农产品、美元指数、罗素1000指数、纽交所综合指数

伦敦金属交易所（LME）
•各类有色金属，铜铝铅锌等；钢坯；塑料制品

伦敦国际石油交易所（IPE），ICE的子公司
•各类能源期货和期权，最重要的是北海布伦特原油期货

资料来源：Wind，华泰证券研究所。

图8-2　各商品交易所的主要品种（从商品数据库记录）

与股票市场和外汇市场情况类似，美国也建立了层次最丰富、制度最完善、规模最大的大宗商品交易市场，诸多重要衍生品的交易场所均在美国。主要资产衍生品包括贵金属、原油、有色金属、美元外汇以及股指期货，而美国

独揽全世界 7 大商品交易所中的 5 个，贵金属、WTI 原油、美元指数、股指期货的交易权均未旁落，并于 2007 年收购了伦敦国际原油交易所（IPE），进一步抢占市场，巩固了自己在大宗商品交易领域的规则制定和定价权。

1.2 美元能坚持住的根本：源源不断的资本流入

1.2.1 长年财政赤字？高额外债来补

除去外部的"竞争对手"——欧元、日元、人民币等主动发起的挑战之外，从美国自身的基本面来看，其世界货币地位也有一些不稳固之处。比如联邦政府长年存在巨额财政赤字，而一国的财政赤字往往对其本币形成贬值压力，也带来了对其货币地位的质疑。美元之所以能化解诸如此类的挑战，根本原因在于其能通过各种途径吸收源源不断的资本流入；这些途径既包括吸收外来主动投资，也包括外部金融环境震荡过大时的资本回撤。

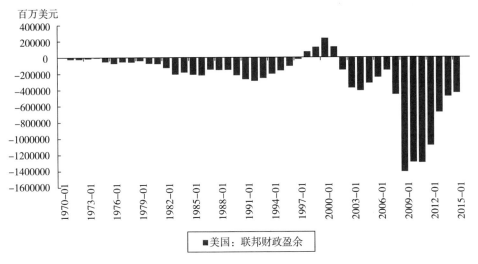

资料来源：Wind，华泰证券研究所。

图 8 - 3 联邦政府财政长期赤字（唯一例外的是克林顿政府当政时）

美国市场既是套息资本的源头，又是资本的避风港。正是由于美国这样的特殊地位，其可以用相对较低的成本维持极高的外债规模，为其财政赤字融资。2015 年美国的外债总额是 2004 年的两倍还多，而其中超过一半是以美元计价；这相当于变相锁定了其他国家对美国、对美元资产的长期投资。美国外债总额占 GDP 的比重，2004 年是 64%，而到 2015 年则上升到 98%。美国的国际收支账户集中体现为经常账户逆差、而金融账户长期净流入。从金融账户口径，以及美国财政部 TIC 报告给出的跨境资本流动口径，都可以得到同样的结论，美国通过信贷、投资、发债、外汇买卖、证券发行与流通等方式，吸收了大量的外部资本，尤其是在 21 世纪初的 2000—2008 年。

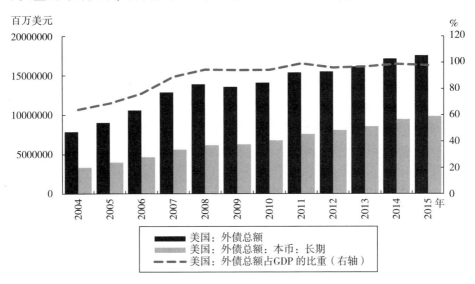

资料来源：Wind，华泰证券研究所。

图 8-4　美国维持很高的外债规模，且超过一半是以美元标价

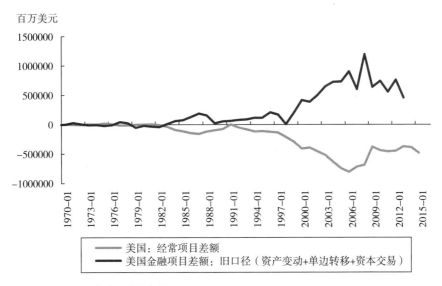

资料来源：Wind，华泰证券研究所。

图 8-5　美国国际收支长期处于"经常逆差＋金融顺差"的组合模式

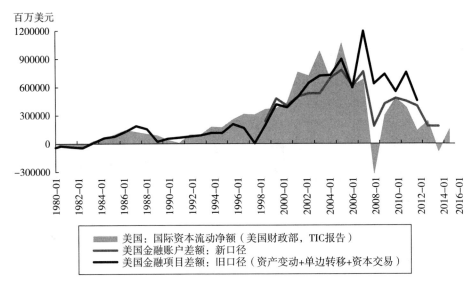

注：TIC 报告中的国际资本流动指资本在国际间转移，具体包括贷款、援助、输出/输入、投资、债务的变动，利息收支、信贷、外汇买卖、证券发行与流通等。净额为正表示流入美国。

资料来源：Wind，华泰证券研究所。

图 8 – 6　各种核算口径均说明美国在 21 世纪初吸收了大量资本流入

1.2.2　外债有哪些形式？最主要的是美国长期国债

国外主体持有美国外债的途径中，最主要的是持有美元债券、持股美国公司。根据美国财政部公布的数据，外国投资者对美国债券和股票的净投资有两个高峰，一个在 1996 年，主要是资本从外部回流，体现为外国对长期美国国债净买入量上升；另一个在 2000—2007 年，主要是资本的主动流入，体现为对美国企业债、政府机构债和公司股票的大量净买入。需要注意的是，次贷危机之后，对美国的资本净流入总量下降，但外国对长期美债的净买入量却创出新高（2010 年），再次印证了美国国债的避险属性；从股票共同基金（mutual fund）流量来看，近年来的净买入基本来自外部，这进一步说明外部资本对美国市场融资的巨大意义。

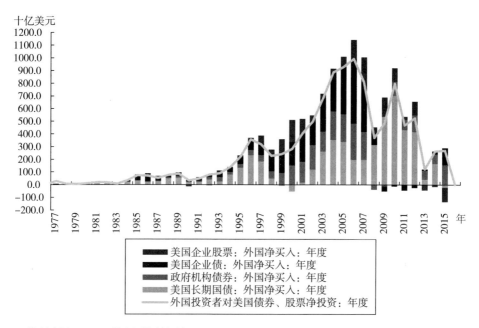

资料来源：Wind，华泰证券研究所。

图 8 - 7　美国债券和股票吸引资本净流入有两个高峰期

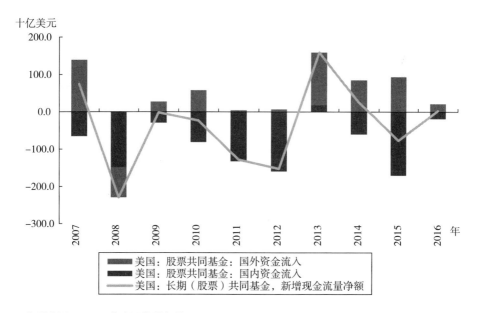

资料来源：Wind，华泰证券研究所。

图 8 - 8　股票基金近年来的净流入基本来自外部

1.2.3 美元始终是全球最重要的外汇储备币种，核心地位不倒

根据 IMF 提供的全球外汇储备统计，在已确认币种的官方储备量中，美元币种占比达到 65% （尽管相对 2002 年上一轮美元周期高点有所下降）。对发达国家而言，美元的占比相对稳定，始终在 60% ~ 70%；发展中国家 2002年以来的外储币种构成更加多样化，欧元 + 日元 + 英镑的占比一度达到 38%，但在 2011 年起这轮美元强周期开始后，对美元的偏好重新回升。

总结起来，美国自 21 世纪以来更加依赖发外债为财政赤字融资，而长期国债又是其主要形式；出于避险需求和相对收益，外国资本大量持有美国国债，尤其是在美国经济对欧洲、日本的相对优势逐渐显著的时候。美元的地位在过去 50 年中受到了多轮挑战，但各国对其信心犹在，通过美国国债、外汇储备等形式变相为美国市场注入了长期投资，这是美元"第一货币"地位得以屹立不倒的根本。

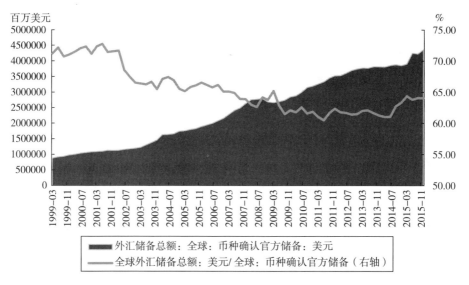

资料来源：Wind，华泰证券研究所。

图 8 - 9　美元在全球外汇储备中的占比约为 65%

2 美元周期决定国际资本流动

美元周期并非一个陌生的概念，但近年来美元的大幅走强使其成为主导国际资本流动和资产价格波动的核心因素，背后则是国际货币体系中美元一家独

大和金融危机后美国经济率先复苏。

影响美元波动的变量林林总总，但从大的时间尺度看，美元周期性波动主要由本国宏观经济增长状况、货币政策松紧、国际收支平衡/失衡等主要因素导致。当美国内生增长动力较强，呈现增速走高、通胀走低时，美元往往走强；美元走强意味着贸易赤字扩大，又对经济增长造成拖累，当美国内生增长动力衰弱，呈现增速走低、通胀走高时，美元往往走弱。当外部因素与美国国内政策共振时，美元就会走出"大周期"。

美元指数是美元名义汇率中最广为关注的指标。美元指数是衡量美元在国际外汇市场汇率变化的一项综合指标。1985年，纽约棉花交易所（NYCE）推出了美元指数期货，因此编制了这一指数并发布数据。几经变动，目前美元指数期货在美国洲际交易所（ICE）交易，ICE也负责发布美元指数及美指期货价格的实时数据。美元指数由美元对六个主要国际货币（欧元、日元、英镑、加拿大元、瑞典克朗和瑞士法郎）的汇率经过加权几何平均计算获得。美元指数取1973年3月月均值为参照点（100），不过当时美元指数成分中还包括马克、法郎等欧洲货币。2002年欧元完全取代欧元区国家货币后，原属欧元区国家货币的权重被归给欧元，成为美元指数中权重最大的货币。

表8-1 美元指数的组成

货币	符号	比重
欧元	EUR	0.576
日元	JPY	0.136
英镑	GBP	0.119
加拿大元	CAD	0.091
瑞典克朗	SEK	0.042
瑞士法郎	CHF	0.036

资料来源：ICE，华泰证券研究所。

2.1 历史上美元周期与新兴市场危机

自1973年布雷顿森林体系完全破灭后，美元共经历了两轮完整的大周期。第一轮美元周期自1980年启动，1985年见顶下行，1987年触底。20世纪70年代美国长期滞胀，1981年上任的里根政府为应对滞胀，采取了紧缩的货币政策和扩张的财政政策。1981年美国的商业银行利率高至15.75%，是同时期日本商业银行利率6.95%的一倍还多。高利率吸引外部资本购进美国国债，因此美元汇率被大幅抬升，美元指数突破160；1985年起，为应对美国庞大的经常项目逆差，美国与英法德日四国签订广场协议，五国联合干预汇市，引导美元贬值。直到 1987 年股灾爆发，美元指数共计下跌接近一半至 88。1986—1992 年，美联储也有一轮加息/降息周期，但在广场协议框架之下，尤其是日元兑美元的大幅升值，导致美元指数实际的波幅较小。

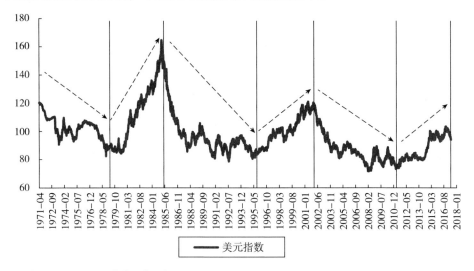

资料来源：Wind，华泰证券研究所。

图 8 – 10　美元周期

第二轮美元周期是 1995 年启动，2001 年见顶，至 2005 年触底。1995 年日本经济深陷通缩，经济增速不断下滑以致出现负增长，为刺激日本经济，日美双方联合干预引导日元对美元贬值，直至 1997 年东南亚危机。1998 年起克林顿政府改善财政赤字的经济政策见效，美国转为财政盈余，同时信息科技革命大大提振了美国的经济增速，基本面的改善和美联储加息一起推动美元指数走高至 2001 年 120 的高位；2001 年互联网泡沫破灭，世界贸易大厦受袭，美联储转为降息。随后美国陷入伊拉克战争的泥潭之中，经济增长放缓，财政转为赤字，美元指数持续下降至 72，是历史最低水平。

从全球资本流动的角度看，每次美元贬值都伴有资本涌入新兴市场，新兴市场进入景气周期；而每次美元升值都伴有资本从新兴市场流出，新兴市场进入萧条周期，并伴随着债务危机/金融危机爆发的破坏性打击。比如 1982 年拉美债务危机就是在美元第一轮升值中爆发的，美元第二轮升值则引发了 1994 年墨西哥金融危机和 1997 年东南亚金融危机。因此美元每一轮升值周期，都是对新兴市场宏观调控和货币政策框架的一次考验。

表8-2　　　　历轮美元周期中，主要股指的区间环比涨跌幅表现

股指环比涨跌幅	1978—1985年美元升值	1985—1995年	1995年1月至1998年8月亚洲金融危机	1998年8月至2002年美元继续升值	2002年初至2007年	2007—2009年次贷危机	2009—2014年美国QE	2014年初至2015年底
标普500	74.01%	174.62%	108.44%	19.93%	23.54%	-36.31%	104.63%	10.58%
法兰克福综指	42.74%	156.62%	129.47%	6.75%	27.84%	-27.08%	98.58%	12.47%
日经225指数	92.32%	70.87%	-28.47%	-25.27%	63.39%	-48.57%	83.88%	16.83%
韩国综指		621.16%	-69.81%	123.66%	106.78%	-21.61%	78.87%	-2.49%
恒生指数		218.93%	-11.18%	56.66%	75.17%	-27.94%	61.99%	-5.97%
新加坡海峡指数			-61.76%	90.84%	78.57%	-39.64%	79.81%	-8.99%
上证综指			77.54%	43.10%	261.73%	-69.42%	16.21%	67.26%
孟买30指数	128.92%	1344%	-25.29%	11.20%	521.86%	-52.45%	119.45%	23.37%
圣保罗指数			50.55%	33.23%	741.89%	-45.86%	43.75%	-23.27%
俄罗斯RTS指数			-87.04%	296.33%	639.06%	-67.12%	223.51%	-62.97%

资料来源：Wind，华泰证券研究所。

2.1.1　前两轮美元升值周期导致的危机

在第一轮美元升值周期中，美元指数最高时升值75%，美国货币政策收紧、美元升值，导致大宗商品价格下跌和资本流出，是引爆20世纪80年代拉美债务危机的直接导火索。拉美国家的债务危机，根源是其不健康的经济发展模式：外债杠杆率过高，部分国家短债规模快速上升。当美联储大幅加息、货币政策转向紧缩，国际资本流向逆转，大宗商品价格下跌时，拉美国家国际收支入不敷出，最终触发债务违约浪潮。

20世纪70年代，联邦基金利率整体较低。1971年联邦基金利率维持在3.5%左右，1972年升至5.5%，第一次石油危机过后的1976—1977年回落至4.75%左右。受益于当时美联储相对宽松的货币政策和较低的利率水平，以出口大宗商品为经济重要拉动点的拉美国家从其存放出口收入的发达国家商业银行得到了大量贷款，通过举借外债保证资金供给、维持较高的经济增速，国家债务杠杆率不断上升。20世纪70年代墨西哥的GDP不变价年均增速达到6.7%，巴西同期年均增速为8.5%，与之相应，两国外债杠杆率迅速上升。以墨西哥为例，外债总额占GDP之比从20世纪70年代初的20%左右上升到1982年的62.6%。

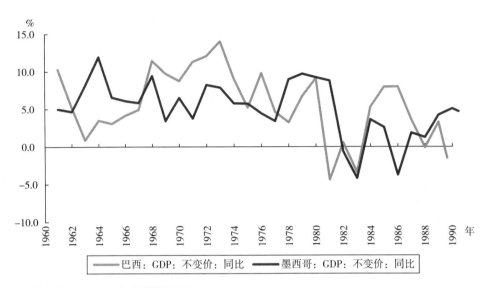

资料来源：Wind，华泰证券研究所。

图 8 - 11 拉美国家 20 世纪 70 年代的经济高增速在债务危机的冲击下难以为继

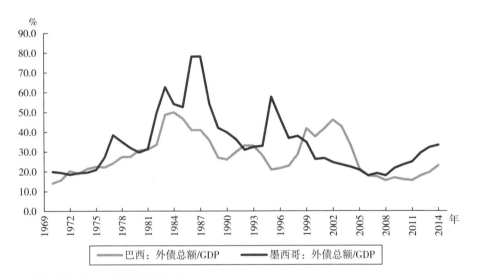

资料来源：Wind，华泰证券研究所。

图 8 - 12 巴西和墨西哥外债杠杆率 20 世纪 70 年代迅速上升

1979 年沃尔克上任美联储主席后，采取了坚决抑制通胀的紧缩政策，到 1982 年，联邦基金利率从 1979 年的 11.2% 的平均水平提升至 20% 左右的历史最高点，在美联储收紧货币政策影响下，大量资金流出拉美地区。美国收紧货币政策、美元走强意味着大宗商品价格的下跌，CRB 期货价格指数自 1980 年 12 月起一路下滑至 1982 年 9 月末危机前夕，指数由 334.7 跌至 227.9，而大宗商品价格下跌意味着拉美国家出口收入减少、国际收支和偿债能力进一步恶化。以 1982 年墨西哥宣布无力偿还外债为标志，拉美国家债务危机相继爆发，厄瓜多尔、玻利维亚、巴西、委内瑞拉等国相继出现偿债违约，美联储紧缩货币政策、美元强势升值成为引爆债务危机的导火索。

随着全球金融市场联系更加紧密，美元周期对各国的影响力也随着跨国资本流动约束放松、套息交易途径的丰富而更加强化。重点观察全球套息交易（carry trade）的外围国家——东亚经济体和新兴市场金砖国家，日本、中国香港、新加坡、韩国等的股指走势一致性越来越高，与美元周期的外部大环境高度相关。

在美元第二轮升值周期中，从 1995 年初至 2002 年初，美元指数升值近 40%。首先是 1995 年初至 1998 年 8 月，在美元升值的背景下，东南亚金融危机爆发，其影响逐渐扩散和传导，美元对日元、韩元、新加坡元、印度卢比、巴西雷亚尔、俄罗斯卢布大幅升值，只有人民币强力持稳，其间反而对美元升值 1.8%。当东南亚危机稍微缓解后、直到 2002 年美元第二轮升值周期结束前，美元对巴西和俄罗斯货币加速升值，俄罗斯又遭遇了严重危机，而人民币对美元再升值 0.4%。

东亚/东南亚经济体（中国香港、韩国、中国台湾、菲律宾、印度尼西亚、新加坡），以及除中国以外的金砖国家，它们作为外围市场的典型代表，在 1997 年都遭遇了较为严重的股市危机，美元升值对其的冲击基本依循 "本币贬值—资本撤出，汇率危机—股市危机" 的传染路径。当美元升值压力较强、本币贬值压力严重时，加上国际炒家的恶意攻击推波助澜，泰国、马来西亚、中国台湾、韩国、印度尼西亚等国的汇率政策受到极大挑战。部分经济体量较小、外汇储备不足的经济体被迫放弃与美元的联系汇率制而转为浮动汇率，而当局弃守汇率的行为又进一步强化了资本的外逃压力。

在东南亚金融危机稍微平息时，俄罗斯又爆发了金融危机，起因也是美元升值周期和资本外逃。俄罗斯自 1996 年起对外资开放，外资出于看好俄罗斯金融市场，纷纷投资其股市和债市。但在外资流入的同时，一些危险特征也开始浮现：吸收外资的期限结构中，短期投资的比例远大于中长期投资（FDI）；由于巨额资本流入—流出同时存在，俄罗斯外汇储备增长缓慢（干预市场、抵抗危机能力差）；俄罗斯经济过于依赖能源出口贸易，缺乏稳定的财政来源；偿债状况不容乐观，常年 "借新还旧" 以弥补财政缺口，债务越滚越多。

从 1997 年开始，在亚洲金融危机的影响下，外资开始撤离俄罗斯市场。1998 年俄罗斯大笔债务陆续到期，当年俄罗斯财政赤字连续第三年大幅扩张，加剧了外资的恐慌情绪。危机的直接导火索来自政府应对不当的制度因素和政治因素：一是 1997 年 3 月，俄罗斯领导班子未定，政局不安；二是俄罗斯议会修改私有化政策，引起外资对俄罗斯政府的不信任，纷纷抛售股票。资本大量抽出以及抛售风潮使股市暴跌，卢布对美元的贬值幅度也突破了俄罗斯政府规定的上限。

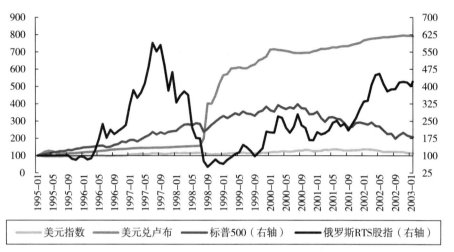

注：汇率和股指均已换算成以 1995 年 1 月为基期的定基指数。
资料来源：Wind，华泰证券研究所。

**图 8－13　俄罗斯卢布和股市在第二轮美元升值周期中受到严重冲击，
触发点也是美元升值周期中的资本外逃**

2.1.2　2011 年开始的美元升值原因：经济复苏 + 加息预期 + 外部环境

2011 年，美元迎来一轮新的升值周期。国际金融危机和量化宽松政策使美元在 2011 年中之前处于弱势。但到了 2011 年下半年，欧债危机的发酵使美元再度成为避险资产，美元开始进入低位盘整期。2013 年底，随着美国经济向好，美联储开始逐步削减 QE 规模，至 2014 年底完全退出 QE，其间美欧经济走势进一步分化，美元指数也自 80 的水平开始强势回升。2015 年初，欧洲中央银行为了摆脱通缩困扰，开始购买机构债，美元指数在 3 月突破 100，但随即陷入震荡。美联储于 2015 年 12 月首次加息，驱动美元指数涨落的主要是金融市场对美联储加息节奏的预期波动，以及欧日货币政策的外溢效应。

2.2　新兴市场应对美元周期冲击的长期措施与短期措施

新兴经济体的本质特征决定其难以回避美元周期涨落的影响。首先，新兴市场国家大多缺乏完善的工业产业链，制造业自给程度低，大量产成品、中间品、原材料依赖进口，这一点决定了美元周期会通过经常项目影响新兴市场经济。即使是出口导向型经济体，如果出口部门的上游依赖进口程度较大，货币贬值对出口的刺激也会打折扣。

其次，新兴市场国家缺乏有深度的资本市场，甚至货币和融资主要依靠美元等外币，这一点决定了美元周期会通过资本项目影响新兴市场经济。同时金融系统依赖外资意味着中央银行对金融系统的控制能力差，缺乏逆周期的货币政策操作空间。

最后，虽然外部冲击对新兴市场影响巨大，作为追赶型经济体，新兴市场国家仍然需要一定程度的对外开放，融入全球产业链，才有可能实现高速增长。在这一矛盾下，新兴市场难以回避美元周期涨落的影响，只能尽可能减小其对自身经济的冲击。

从长期来看，新兴市场国家应对美元周期的根本措施可归结于两条，一是搞好经济基本面，培育经济内生增长动力。比如2015年新兴市场国家在资本外流压力下，国债等金融资产普遍遭到抛售。而经济增速稳定向好的印度受到的冲击就相对较小。以国债市场为例，印度长端国债收益率并未像巴西、俄罗斯等国那样经历显著上行。

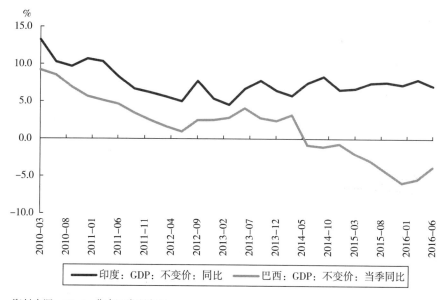

资料来源：Wind，华泰证券研究所。

图 8 – 14　2015 年印度经济稳定增长

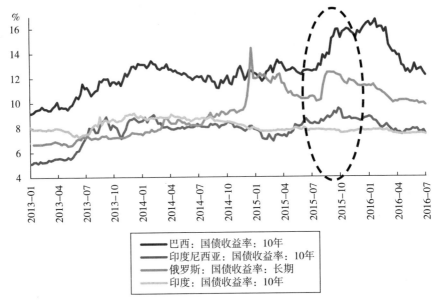

巴西：国债收益率：10年
印度尼西亚：国债收益率：10年
俄罗斯：国债收益率：长期
印度：国债收益率：10年

资料来源：Wind，华泰证券研究所。

图 8-15　2015 年印度债市的表现好于其他新兴市场国家

二是完善其金融系统和货币政策框架，推动本币在国际贸易与金融活动中的使用，减小在国际收支中对美元的依赖。比如中国在国际金融危机后推动人民币国际化战略、加入 SDR 货币篮子、增加在 IMF 出资份额等行动；再如汇率制度的变化，虽然固定汇率有助于减小出口部门的金融不确定性，但在危机情形下固定汇率制度更容易受到冲击。根据 IMF 的统计，国际金融危机以来，采用软性盯住汇率制度的国家明显增加。采用硬性盯住汇率的国家同样也增加了，不过这主要是一些背靠大国的袖珍国家。

表 8-3　　　　　　　　　　IMF 成员国各种汇率制度占比　　　　　　　　单位：%

汇率制度	2008 年	2009 年	2010 年	2011 年	2012 年	2013 年	2014 年
硬性盯住汇率制度	12.2	12.2	13.2	13.2	13.2	13.1	13.1
无独立法定货币制度	5.3	5.3	6.3	6.8	6.8	6.8	6.8
货币局制度（联系汇率制度）	6.9	6.9	6.9	6.3	6.3	6.3	6.3
软性盯住汇率制度	39.9	34.6	39.7	43.2	39.5	42.9	43.5
传统的盯住制度	22.3	22.3	23.3	22.6	22.6	23.6	23.0
稳定化安排	12.8	6.9	12.7	12.1	8.4	9.9	11.0

续表

汇率制度	2008 年	2009 年	2010 年	2011 年	2012 年	2013 年	2014 年
爬行盯住制度	2.7	2.7	1.6	1.6	1.6	1.0	1.0
类似爬行的汇率安排	1.1	0.5	1.1	6.3	6.3	7.9	7.9
水平带内的盯住制度	1.1	2.1	1.1	0.5	0.5	0.5	0.5
浮动制度	39.9	42.0	36.0	34.7	34.7	34.0	34.0
浮动制度	20.2	24.5	20.1	18.9	18.4	18.3	18.8
自由浮动制度	19.7	17.6	15.9	15.8	16.3	15.7	15.2
其他汇率安排	8.0	11.2	11.1	8.9	12.6	9.9	9.4

资料来源：华泰证券研究所。

当新兴市场面临资本流出压力时，长期措施是"远水救不了近火"。从短期来看，资本流出压力下，强化资本管制、守住外汇储备可能是更好的选择。1997 年亚洲金融危机中的马来西亚可以作为一个正面例子。危机后马来西亚拒绝了 IMF 的援助计划，于 1998 年开始实行资本管制下的固定汇率，1999 年实行撤资税。而接受 IMF 援助计划的印度尼西亚等国，由于按照 IMF 的要求采取了紧缩的货币政策和财政政策，经济恢复差于马来西亚。

2001 年的阿根廷则是一个反面例子。1999 年开始阿根廷经济恶化，于是先前实行的固定汇率下本币出现高估。先知先觉的投资者和居民开始怀疑固定汇率的持续性，把比索资产转换成更安全的美元。资本流出压力下，阿根廷当局并未调整汇率，也未实行有效的资本管制，任由外汇储备下降。到 2001 年阿根廷的外汇储备由前一年的 219 亿美元锐减至 9 亿美元，银行业也无法提供充足的美元流动性，阿根廷政府在尝试一切办法无果之后，终于宣布实行资本管制，并采取浮动汇率制。美元兑比索在九个月内从 1∶1 暴涨至 1∶3.75，这相当于每个阿根廷人的财富都下跌超过 70%。阿根廷股指也一度跌至十年最低。这次经济危机一共持续了三个季度，随着比索贬值到位，阿根廷经济才逐渐开始复苏。

2.3 人民币汇率的影响因素

汇率有以下三大决定因素：第一，两国经济基本面。决定汇率的中长期因素是两国的基本面状况之差，经济基本面好支撑货币升值。以人民币兑美元汇率为例，中美之间存在"比好逻辑"和"比差逻辑"。第二，利率差。两国利率差会影响资金流向，进而影响汇率走势。例如 2017 年美联储预期加息 3 次，3 月加息如期兑现，美联储预期引导节奏加快；我国央行 2017 年内已两次全面上调政策利率，紧跟美联储会议决议，一定程度上降低了两国利差，有助于缓解贬值压力。第三，国际收支状况。国际收支是一国对外经济活动中的各种收支的总和，一般情况下，国际收支逆差将引起本币贬值。

具体到人民币汇率水平的判断，主要有四大因素需要考量：第一，美元指数走势的判断。从 2011 年开始的美元升值周期来看，驱动美元指数涨落的市场信号，主要是金融市场对美联储加息节奏的预期波动，以及欧日货币政策的外溢效应。不能简单地认为美国经济强或加息，美元就应该升值，汇率决定于双边或多边国家的变化，从不取决于单边国家。第二，央行对人民币汇率的基本调控态度。例如，人民币汇率在 2017 年 5 月加入逆周期调节因子之后，央行对汇率的调节能力大大提高。第三，中美利差的未来走势判断。第四，国际收支状况。

2.4　从美元周期到人民币汇率

2.4.1　美元周期下中国的主动应对

国际货币体系中美元一股独大，而美国汇率政策通常仅着眼于本国经济的稳定，最终造成美元周期起落冲击新兴市场的现象。对此，中国在发展自身经济、练好"内功"之外，也有一系列主动应对的措施，意图淡化美元在外贸和投资等方面的地位。这些措施包括人民币国际化、加入 SDR 货币篮子、增加在 IMF 的出资份额等。

2.4.1.1　人民币国际化：一盘"很大的棋"

人民币国际化有助于减小中国国际收支对美元的依赖。在跨境贸易和服务方面，外贸企业通常持有大量外币债权和债务，因此会承担一定的汇率风险。而人民币国际化意味着外贸可用本币计价和结算，收窄企业风险敞口，因而有助于商品贸易、服务贸易和跨境投资的发展；在跨境投资方面，开放人民币跨境投资同样有利于减轻对外投资的币种错配问题。同时中国长期以来是经常项目顺差国，开放人民币跨境投资有利于人民币在境内外市场上循环流通。此外，人民币国际化也有深化金融市场、获得政治经济话语权、逐渐成为储备货币等方面的目的。

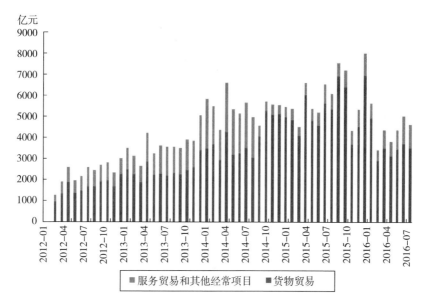

资料来源：Wind，华泰证券研究所。

图 8 – 16　人民币跨境贸易结算金额

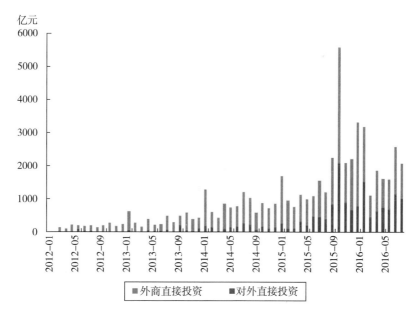

资料来源：Wind，华泰证券研究所。

图 8 – 17　人民币直接投资结算金额

人民币国际化的政策框架包括经常项目可兑换和资本项目可兑换两部分。经常项目下，2009 年 7 月，跨境贸易人民币结算试点从上海、广州、深圳、珠海、东莞五市起步，符合条件的外贸企业可以选择以人民币结算跨境贸易。随后试点范围逐步扩大，地域上扩大至全国，主体上扩大至各类外贸企业及个人，业务类型上扩大至各种门类的经常项目贸易，结算流程也进一步简化。2015 年，跨境人民币收付金额合计 12.10 万亿元，同比增长 21.7%，占同期本外币跨境收付总额的比重达 28.7%。

资本项目下又可细分成直接投资人民币结算、人民币跨境融资、人民币证券投资三块。直接投资人民币结算方面，央行自 2011 年起允许以人民币进行 ODI 和 FDI，2013 年起允许境外机构以人民币建立或参股金融机构，2014 年开展跨境双向人民币资金池；人民币跨境融资方面，央行自 2011 年起允许银行对境外项目发放人民币贷款；人民币证券投资方面，央行自 2010 年起允许部分境外机构进入银行间债券市场。2011 年出台的 RQFII 制度和 2014 年出台的 RQDII 制度允许境内外的人民币跨境投资证券。2014 年末沪港通启动，两地投资者可以买卖在对方交易所上市的股票。2015 年，我国进一步放松企业发行外债管制，放宽跨境双向人民币资金池业务，允许境外中央银行等机构参与中国银行间外汇市场。

表 8 - 4　　　　　　　　　　人民币国际化使用的政策框架

经常项目可兑换		2009 年 7 月跨境贸易人民币结算试点从上海、广州、深圳、珠海、东莞起步
		2010 年 6 月、2011 年 8 月两次扩大试点，跨境贸易人民币结算范围扩大至全国
		2012 年 6 月境内所有贸易、服务企业均可选择以人民币结算
		2013 年 7 月人民币结算流程进一步简化
		2013 年 12 月人民币购售业务由额度管理调整为宏观审慎管理（MPA）
		2014 年 3 月下放出口货物贸易重点监管企业名单审核权限，简化管理流程
		2014 年 6 月开展个人货物、服务人民币结算业务，支持银行与支付机构合作开展跨境人民币结算业务
		2014 年 11 月跨国企业集团开展经常项目跨境人民币集中收付业务
资本项目可兑换	直接投资人民币结算	2011 年 1 月允许境内机构使用人民币进行对外直接投资
		2011 年 10 月允许境外投资者使用人民币到境内开展直接投资
		2013 年 9 月允许境外投资者使用人民币在境内设立、并购和参股金融机构
		2014 年 6 月直接投资跨境人民币结算业务办理流程进一步简化

	直接投资人民币结算	2014 年 11 月允许符合条件的跨国企业集团可以开展跨境双向人民币资金池业务 2015 年 9 月跨境人民币资金池业务再扩围。降低境内外准入门槛，提高跨境人民币资金净流入额上限
	人民币跨境融资	2011 年 10 月允许境内银行开展境外项目人民币贷款业务 2013 年 7 月允许境内银行开展跨境人民币贸易融资资产跨境转让业务，境内非金融机构可以开展人民币境外放款业务和对外提供人民币担保，放宽境内代理行对境外参加行的人民币账户融资期限和限额 2014 年 9 月明确境外非金融企业在境内银行间债券市场发行人民币债务融资工具的跨境人民币结算政策
资本项目可兑换	人民币证券投资	2010 年 8 月允许境外中央银行、境外人民币清算行和境外参加行等机构进入银行间债券市场投资 2011 年 12 月出台 RQFII 制度，允许符合条件的境内基金管理公司和证券公司的香港子公司可以运用其在香港募集的人民币资金在经批准的投资额度内开展境内证券投资业务 2013 年 3 月人民银行、证监会、国家外汇管理局修订 RQFII 试点办法，扩大试点机构范围，放宽投资比例限制 2014 年 11 月出台 RQDII 制度，允许合格的境内机构运用境内的人民币投资境外金融市场的人民币计价产品 2014 年 11 月沪港通正式启动，两地投资者可以买卖在对方交易所上市的股票 2015 年 5 月允许符合条件的境外人民币清算行和境外参加行在银行间债券市场开展债券回购交易 2015 年 7 月允许境外中央银行和其他官方储备机构进入中国银行间市场。简化申请程序，取消额度限制，投资范围从现券扩展至债券回购、债券借贷、债券远期、利率互换、远期利率协议等交易，允许其自主选择人民银行或银行间市场结算代理人为其代理交易和结算

资料来源：华泰证券研究所。

　　除了经常项目和资本项目的逐步开放，央行也通过发展双边本币互换、推动人民币国际债券发行、在境外金融市场建立人民币清算安排、开发人民币跨境支付系统（CIPS）和人民币跨境收付信息管理系统（RCPMIS）等手段拓展人民币的境外流通和跨境流通。截至 2016 年 3 月，人民币货币互换规模达到 3.48 万亿元。截至 2015 年 12 月，人民币是全球第三大贸易融资货币、第五大支付货币、第五大外汇交易货币。

　　央行在《2016 年人民币国际化报告》中称，综合反映人民币国际使用程度的量化指标 RII 达到 3.6，五年间增长逾十倍，可见人民币国际化仍然保持了良好的发展势头。未来人民币国际化的发展仍将继续推进，但在当前国际环境下，也需要按《2016 年人民币国际化报告》所说，"以宏观审慎政策框架作为制度保障，将汇率管理作为宏观金融风险管理的主要抓手，将资本流动管理作为宏观金融风险管理的关键切入点，全力防范和化解极具破坏性的系统性金融危机，确保人民币国际化战略最终目标的实现"。

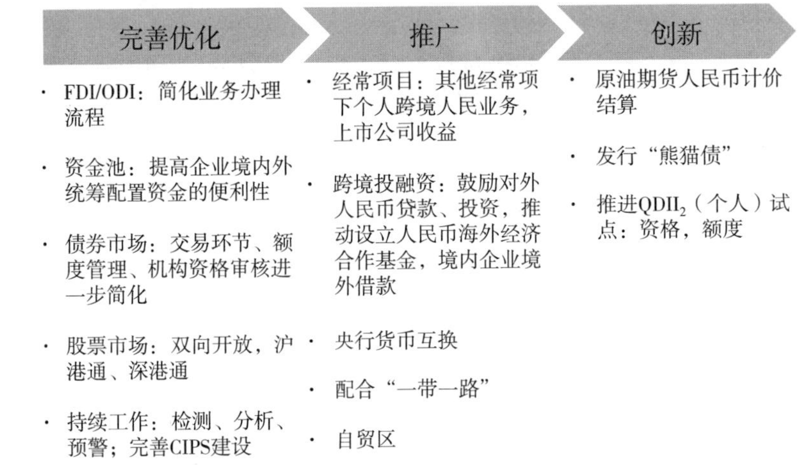

完善优化	推广	创新
· FDI/ODI：简化业务办理流程 · 资金池：提高企业境内外统筹配置资金的便利性 · 债券市场：交易环节、额度管理、机构资格审核进一步简化 · 股票市场：双向开放，沪港通、深港通 · 持续工作：检测、分析、预警；完善CIPS建设	· 经常项目：其他经常项下个人跨境人民业务，上市公司收益 · 跨境投融资：鼓励对外人民币贷款、投资，推动设立人民币海外经济合作基金，境内企业境外借款 · 央行货币互换 · 配合"一带一路" · 自贸区	· 原油期货人民币计价结算 · 发行"熊猫债" · 推进QDII$_2$（个人）试点：资格，额度

资料来源：Wind，华泰证券研究所。

图 8-18　一张图看懂人民币国际化思路

2.4.1.2　加入 SDR 货币篮子：国际机构对人民币的认可

2015 年 12 月，IMF 执董会公布了五年一度的特别提款权（SDR）货币篮子权重调整，宣布正式将人民币纳入 SDR 货币篮子，决议将于 2016 年 10 月 1 日生效。人民币在 SDR 货币篮子中的比重将为 10.92%。SDR 货币篮子中，美元的比重将为 41.73%，欧元为 30.93%，日元为 8.33%，英镑为 8.09%。人民币将成为 SDR 货币篮子中比重仅次于美元、欧元的第三大货币。人民币进入 SDR 货币篮子意味着 IMF 认可人民币成为"可自由使用货币"。和一般的理解不同，可自由使用货币指的是 IMF 及成员国可将人民币自由而不受损失地兑换成 SDR 或其他主要货币，因此这一标准实际上对汇率制度和资本管制是有一定容忍度的。入篮 SDR 有利于人民币国际化的推进，尤其是人民币作为储备货币的地位；同时，入篮后 SDR 作为计价单位和资产载体也减少了美元波动的影响。比如央行宣布自 2016 年 4 月开始发布以 SDR 计价的外汇储备数据，近期周小川也曾表示会积极研究在中国发行 SDR 计值的债券，发展 SDR 计值的资产市场。

表 8-5 SDR 货币篮子中各种货币的权重 单位:%

	1981—1985 年	1986—1990 年	1991—1995 年	1996—2000 年	2001—2005 年	2006—2010 年	2011—2015 年	2016 年 10 月至今
美元	42	42	40	39	45	44	41.9	41.7
欧元	—	—	—	—	29	34	37.4	30.9
马克	19	19	21	21	—	—	—	—
法郎	13	12	11	11	—	—	—	—
英镑	13	12	11	11	11	11	11.3	8.1
日元	13	15	17	18	15	11	9.4	8.3
人民币	—	—	—	—	—	—	—	10.9

资料来源: IMF,华泰证券研究所。

2.4.1.3 增加在 IMF 的出资份额:扩大自身在国际机构的话语权

2016 年 1 月,IMF 份额扩容的提案终于通过并生效,一是 IMF 成员总份额从 2385 亿 SDR 翻倍至 4770 亿 SDR,二是其中中国的份额从 3.8% 提高至 6.1%,自此成为 IMF 继美国、日本之后的第三大股东,而美国的份额微降至 16.5%(见表 8-6)。

IMF 份额和 SDR 货币篮子一样都是每五年审核一次。在现行的规则中,IMF 份额是由一国 GDP(50%)、开放度(30%)、经济波动性(15%),以及国际储备(5%)四个要素加权计算的。其中,GDP 是通过基于市场汇率计算的 GDP(60%)和基于购买力平价计算的 GDP(40%)的混合变量计算的。中国的 IMF 份额提高意味着(1)中国对 IMF 出资占比也相应提高;(2)中国在决定 IMF 事务中有了更多的投票权。

表 8-6 IMF 前十大股东国

排名	国家	份额(2016 年 1 月生效)	原份额	变动幅度
1	美国	17.68%	16.65%	1.03%
2	日本	6.56%	6.24%	0.32%
3	中国	6.49%	3.70%	2.79%
4	德国	5.67%	5.94%	-0.27%
5	法国	4.29%	4.96%	-0.67%
6	英国	4.29%	4.50%	-0.21%
7	意大利	3.21%	3.22%	-0.01%

排名	国家	份额 （2016 年 1 月生效）	原份额	变动幅度
8	印度	2.79%	1.81%	0.98%
9	俄罗斯	2.75%	3.11%	− 0.36%
10	巴西	2.35%	1.38%	0.97%

资料来源：IMF，华泰证券研究所。

2.4.2 美元周期下中国的被动应对

2015 年以后，随着美元的迅速走强，以及中国国内基本面的变化，国际货币体系和美元升值周期的负面影响从"远虑"变成了"近忧"。这种影响集中体现在人民币汇率上。美元方面，随着美联储逐渐缩小购债规模，乃至完全退出 QE，并逐渐培育加息的预期。同时欧元区在 2015 年初宣布进行全面 QE，更助长了美元的升值动力。美元自 2014 年下半年走出一波大行情，美元指数由 80 升至 2015 年 3 月的 100。中国方面，自 2014 年底央行启动降息降准的宽松政策，叠加股灾后大量资金从股市撤出，人民币遭遇了明显的贬值压力。从数据来看，一是 2014 年底开始外汇占款和外汇储备双双下降成为趋势，表明

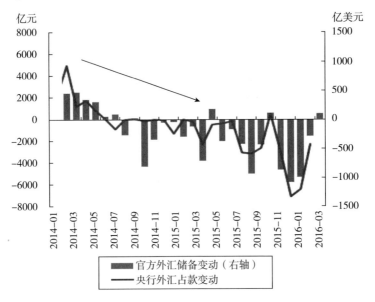

资料来源：Wind，华泰证券研究所。

图 8 - 19　外汇占款和外汇储备由升转降

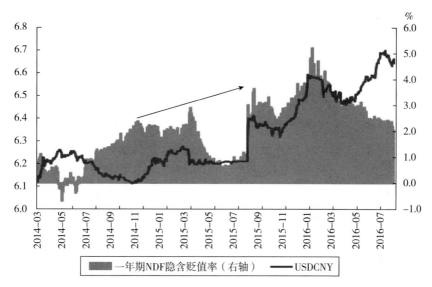

资料来源：Wind，华泰证券研究所。

图 8－20　NDF 隐含贬值率上升

贸易顺差之下，有大量热钱流出；二是离岸 NDF 隐含的贬值预期逐渐上升，表明外部市场倾向于认为人民币汇率出现高估。

此前央行的主动应对措施都是从长远角度出发，难以缓解直接的贬值压力。于是针对贬值压力，央行在 2015 年进行了诸多改革和干预，重要的节点包括"8·11 汇改"、公布 CFETS 人民币名义汇率权重，以及 1 月在离岸市场上的操作。

2.4.2.1　2015 年 8 月：汇率中间价形成机制改革

股灾后，央行为了防范风险，一度介入外汇市场以期汇率稳定。因此至 2015 年 8 月初，人民币对美元汇率始终稳定，和前期相比日内波动和日间波动都大幅缩小。

2015 年 8 月 11 日，央行宣布从即日起调整美元兑人民币中间价形成机制，新的机制将更多地参考前一日的收盘价。由于此前人民币中间价明显高于收盘价，因此汇改当天中间价下调接近 2%，第二天又继续下调 1.6%。伴随着中间价的下调，外汇市场人民币成交价在两日之内跌 3.9%，直到第三日央行召开新闻发布会解释政策，汇率才复归稳定，直到 10 月底一直保持着小幅升值的状态。

"8·11 汇改"和央行之前的"降息 + 打开存款利率上限"类似，同是一半改革一半调控的思路。在改革方面，汇改顺应了 IMF 对人民币加入 SDR 货币篮子的要求，也将中间价从稳定汇率波动的职责中解放出来，把稳定汇率的责任交给消耗外汇储备的直接介入操作；在调控方面，央行选择在 8 月 11 日下调中间价，有通过一次性贬值和市场找均衡汇率的意图。然而均衡汇率尚未找到，已经对金融市场造成了较大影响，也外溢至国际市场。由于股灾殷鉴不远，这次调控最后以央行重回守汇率告终。

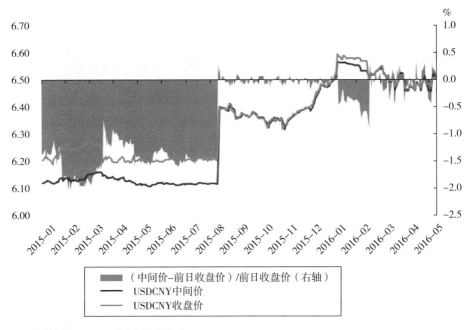

资料来源：Wind，华泰证券研究所。

图 8 – 21 中间价 vs 收盘价

2.4.2.2 2015 年 12 月：推出 CFETS 人民币汇率指数

自 2015 年 11 月起，人民币对美元重回贬值轨道，但采取的是逐日小幅贬值的路径。然而外汇储备消耗依然较大，11 月外汇储备减少 872 亿美元，仅略低于 8 月的 939 亿美元，NDF 隐含的贬值率持续升高。

2015 年 12 月 11 日，外汇交易中心发布 CFETS 人民币汇率指数，并公布指数的计算方法和权重，称观察人民币汇率要看一篮子货币。CFETS 指数中美元、欧元、日元、港元的权重分别为 0.26、0.21、0.15、0.07，另有 0.31 的权重分配给其他与中国贸易额较大的国家的货币。

CFETS 指数意图引导市场改变过去主要关注人民币对美元双边汇率的习惯，但由于人民币对美元之外的货币均相对强势，贬值忧虑之下，美元/人民币仍是最需要关注的汇率变量。

3 中国与美国的比差逻辑与比好逻辑

3.1 中美经济对比，存在比差逻辑和比好逻辑

中美经济对比存在"比差逻辑"和"比好逻辑"。人民币汇率走势主要是由贬值压力和央行干预意愿共同决定的。而人民币贬值压力的大小，取决于两国基本面及预期的此消彼长。从 2015 年底之后，中美经济对比是在"比差逻辑"和"比好逻辑"之间切换的。

（1）2015 年底至 2016 年初是"比好逻辑"，人民币贬值带动股债调整。2015 年底美国各项经济指标均相对好看，至 12 月美联储启动加息。当时美联储预期美国 2016 年经济增速将达到 2.4%，全年通胀 1.6%，美联储将在 2016 年加息四次。

在对美国经济预期向好的同时，市场对中国 2016 年的经济表现担忧。当时的逻辑在于，央行宽松货币政策被美联储加息和贬值压力限制，同时金融业增速难以像前期那么高，难以支撑经济。维持 2015 年增长的动力不再，2016 年经济在第一季度就可能出现明显下跌，同时人民币汇率可能出现一次性贬值，这是投资的最大风险。在这样的认知下，2015 年底至次年 1 月，人民币汇率出现了较大贬值压力，贬值也带动了股票市场和债券市场同时期的回调。

（2）2016 年 2 月到 11 月美国大选前夕是"比差逻辑"，美国没那么好，中国也没那么差。2016 年 2 月美股遭遇较大回调，表明市场关注点已从美国经济复苏长期趋势转移至加息对实体经济和金融市场的切实影响上来。此后美国经济数据总体不佳，第一、第二季度 GDP 环比年化分别仅为 0.8% 和 1.4%，远低于预期。非农就业数据也持续偏弱，并在 5 月出现了 2.5 万人的"地量"。美联储高官曾在 5 月重提加息，但由于非农地量和之后的英国脱欧黑天鹅事件，最终不了了之。

同时，中国经济增速却在基建和地产投资的驱动下，总体保持稳定。前三个季度 GDP 同比增速维持在 6.7%，8 月后随着上游价格回暖，经济景气进一步回升。在这一段时间，中—美基本面分化处于修复的阶段，表现为美元指数走弱，人民币贬值压力明显减轻，外汇占款和外汇储备下降趋缓。在这一时期内，人民币汇率依旧贬值，但更多的是央行顺势而为，而非被迫贬值，因此贬值也未对资本市场造成较大冲击，这一期间内股票市场和债券市场的表现均相对较好。

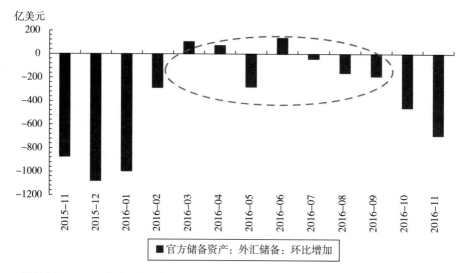

资料来源：Wind，华泰证券研究所。

图 8 – 22　外汇储备下降速度一度放缓

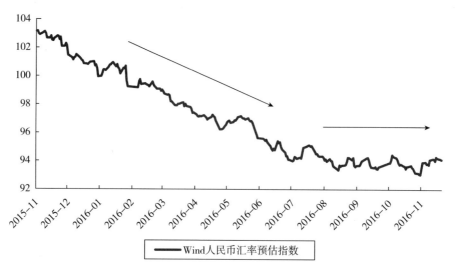

资料来源：Wind，华泰证券研究所。

图 8 – 23　截至 2016 年 8 月底，人民币对一篮子货币贬值，随后保持稳定

（3）美国大选后到 2017 年 1 月底重回"比好逻辑"，美国向好预期无法证伪，中国汇率贬值压力大，债券市场、股票市场出现调整。美国大选后市场对新政府寄予厚望，认为特朗普的基建支出、减税、金融去管制、贸易保护主义、振兴本国制造业等一系列措施总体上有利于美国通胀和经济走好。再加上

12 月加息预期持续升温，人民币贬值压力重新加大。同时，中国在经济目标基本达成以及美联储加息压力下，金融去杠杆的力度加强。所以 2016 年 12 月以来债券市场出现调整，股票市场也从年内相对高点回落。

3.2　股债汇市场风险联动是如何进行的

3.2.1　外汇市场波动影响债券市场：流动性冲击和资产重估

外汇市场波动对国内债券市场的影响，主要通过流动性冲击和资产重估两条路径传导。当人民币贬值预期较强时，市场购汇行为旺盛，银行间市场资金池收紧，对债券市场流动性影响较大。

首先，外汇占款曾经是主要的基础货币投放渠道，但自 2014 年中期起，在人民币贬值预期笼罩下，外汇占款大部分月份环比负增长，银行间资金池流动性受贬值预期影响更加明显，对央行货币政策操作更加敏感；一旦流动性受到冲击，融资难度加大、银行间质押回购利率上行，短端利率受冲击程度更大，机构被动去杠杆。2016 年 11 月，银行间隔夜质押回购利率（R001）日内最高达到 5%，11 月内 R001 高点均值达到 2.87%，说明对部分机构而言，隔夜价格已经超出 10Y 国债，出现倒挂。外汇市场波动对银行间流动性的压力可见一斑。

资料来源：Wind，华泰证券研究所。

图 8 - 24　2016 年 11 月之后美元指数、我国和美国 10 年期国债收益率均上行

其次，当外汇市场波动对银行间流动性产生冲击时，央行作为最后贷款人，放流动性则助长道德风险，因此央行有意引导投资者主动调整预期，改变机构不备头寸的习惯。央行 2016 年下半年的缩短放长操作，其出发点为引导金融机构的资金融通行为，优化货币市场交易期限结构，防范机构的资产负债期限错配和流动性风险，维持流动性的合理充裕，但客观上会造成短端流动性收紧。

最后，资产的重估效应不可忽视。2016 年 11 月之后，"特朗普新政"拉升了对美国经济增长和通胀的预期，美元升值伴随着美国国债长端利率上行。一方面，美国经济体量巨大，美债是全球很多地区利率的名义锚；另一方面，在美元升值大背景下，我国有资本流出压力，国内资产价格面临重估压力。在流动性和资产重估的综合作用下，国内利率跟随上行。

3.2.2 外汇市场波动冲击股票市场：美元周期、资产重估和资本外流

美元周期对全球流动性有着很强的影响力，这一方面是因为美元汇率的强弱是其货币政策的映射，更重要的是，得益于美元的特殊国际地位，美国是对全球流动性进行吸收和再分配的核心。汇率与股票市场的联动是资本跨境流动在股票市场层面上的映射，而美元周期的波动直接影响着资本全球配置的偏好，当人民币对美元面临贬值压力时，国内资产价格面临重估压力，最直接受影响的就是股票市场。

资产价格的重估压力，在市场对中美经济增长和利率政策的预期差拉大时，体现得尤为突出。2016 年最典型的例子就是 1 月和 11 月。2016 年 1 月时美联储刚进行过一次加息，并且市场预期美国 2016 年会再加息四次，美国经济预期强势复苏；而同一时点上，市场预期中国经济下行压力较大，央行或再降息以刺激经济。因此从经济增长预期差、利率政策预期差两个角度看，1 月时人民币贬值压力较大，同期股票市场暴跌。

2016 年 11 月初特朗普当选后，人民币对美元贬值压力再度增强，也可以从上面两条逻辑得到解释。一方面，市场在消化了"特朗普新政"之后，认为其确有可能带动美国经济进一步复苏，同时可能推动美联储货币政策更快地实现正常化，乐观情况下 2017 年美国再度加息次数或高于预期；另一方面，虽然中国宏观数据仍运行平稳，但未来经济仍有下行压力。尽管央行出于维护国际收支平衡的目标，不愿选择降息，但美元升值预期再起，资本流出压力较大；同时美联储议息会议将至，流动性冲击蔓延，股票市场再度出现回调。

3.2.3 股债市场联动逻辑：估值、盈利、流动性和信用风险

债券市场和股票市场的联动逻辑可从多个层面解释。

第一，由股票估值模型分析，在理论假设下，无风险收益率（E/P）上行对应市盈率（P/E）回调，即债券市场收益率上行可能会压制股票市场估值中枢，这是 2016 年 12 月以来股票市场受债券市场负面传导的一种可能解释；但从另一角度看，利率的中长期上行一般伴随着经济增速预期、通胀预期回暖，进而会对企业盈利端预期形成支撑。短期内利率出现迅速大幅上行，压制股票市场估值的效应占主导。

第二，流动性冲击仍然是股债联动的重要因素。由于债券市场受流动性影响显著，在债券市场资金面趋紧的时点上，对于同时持有股债仓位的投资者，其在资产配置上可能会抛空部分股票以保证债券流动性，尤其在基金面临赎回压力时。

第三，在债券市场信用风险爆发的情境下，股债可能在特定时期内同时成为风险资产、同时受到冲击，负面预期向两个市场传导蔓延，2016 年第二季度信用风险集中爆发时的市场表现正对应这一结论。

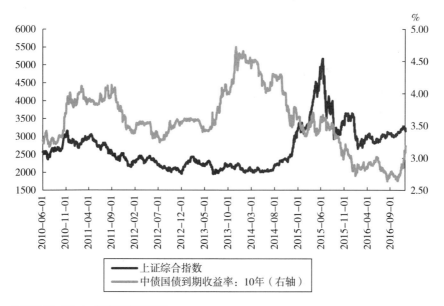

资料来源：Wind，华泰证券研究所。

图 8 - 25 上证综指和 10 年期国债收益率

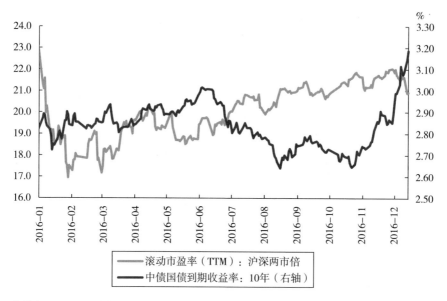

资料来源：Wind，华泰证券研究所。

图 8-26　短期内，利率大幅上行可能会压制股票市场估值中枢

3.3　2016 年股债汇市场风险联动回顾

3.3.1　2016 年 1 月，外汇市场贬值传导到股票市场暴跌

我们对 2016 年的各轮股债汇市场风险联动予以回顾。

从 2015 年 11 月初至 12 月底，美国各项经济数据向好，加上美联储官员出面做预期引导，市场对美联储 2015 年 12 月加息逐渐形成了一致预期，并且对美国经济前景展望较为乐观。而美联储内部的信心似乎更加充分，在 2015 年 12 月 FOMC 会议决议加息后，美联储官员投票点阵图显示其内部预计 2016 年每季度加息一次、全年加息四次，这多少超出了此前的市场预期。美元指数在 2015 年 11 月 1 日至 2016 年 1 月 1 日间升值 1.87%，而人民币对美元汇率同期贬值 2.79%，2016 年 1 月环比再贬值 1.32%。尤其是 1 月刚开年的一周时间内，美元—人民币汇率从 6.49 直接贬到 6.59，在 "8·11 汇改" 之后，再一次触发了市场的恐慌情绪。

2016 年 1 月，创业板综指下跌 -26.6%，上证综指同期下跌 -24%。进入 2 月之后，人民币贬值节奏有所缓解，但一直到 2 月中上旬，港元汇率连续受到冲击，对欧洲银行业的风险担忧也集中爆发，全球金融市场都因为对美联储加息节奏预期过高而受到巨大冲击。不过国内债券市场在此期间并未出现调整。

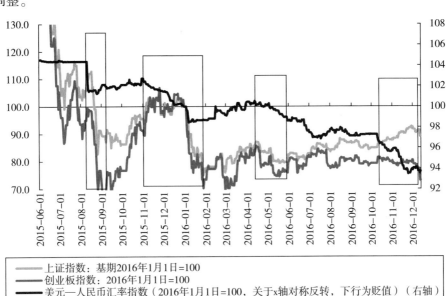

上证指数：基期2016年1月1日=100
创业板指数：2016年1月1日=100
美元—人民币汇率指数（2016年1月1日=100，关于x轴对称反转，下行为贬值）（右轴）

资料来源：Wind，华泰证券研究所。

图 8－27　上证综指和创业板指数与美元—人民币汇率指数对比（均换算成定基指数）

3.3.2　4—5 月中旬，债券市场信用风险集中爆发并传导至股票市场

信用债违约事件从 2015 年中期开始逐渐密集，从民营企业到中央企业均有涉及，行业分布也更加多元。2016 年第一季度，国家开始容忍债券市场有序打破刚性兑付，信用风险逐渐释放。4—5 月债券市场风险集中爆发，5 年期、10 年期的 AA 企业债与同期限国债的信用利差在整个 4 月期间分别扩大46BP、26BP，国债无风险收益率也出现上行。

同期的汇率市场背景，人民币继续小幅贬值。从 4 月 1 日开始截至 5 月 18 日，美元指数环比上涨 0.7%，人民币对美元贬值 1.1%，在债券市场信用风险集中爆发的背景下，10 年期国债收益率上行 11.3BP。债券市场风险对股票市场负面冲击明显，同期创业板、上证综指环比分别下跌 －8.4% 和 －6.7%。

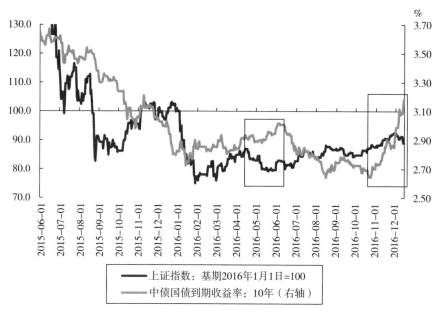

资料来源：Wind，华泰证券研究所。

图 8 – 28 2016 年两段"股债双杀"，但逻辑并不相同

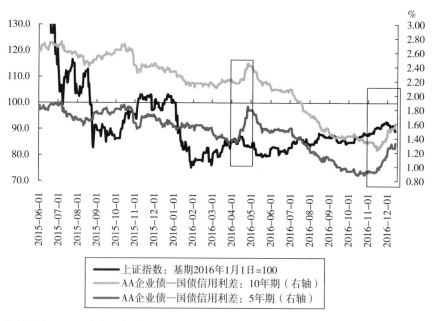

资料来源：Wind，华泰证券研究所。

图 8 – 29 资产价格的变化特征类似，同期信用利差均出现扩张

3.3.3 7—9月，人民币波动中贬值，债券市场出现调整，股票市场未被传导

6月底的英国意外脱欧黑天鹅事件，成为推动美元指数升值的一把小火。人民币对美元在7—8月间波动中贬值，7月中旬一度贬至6.7。7月，债券市场资金面紧但未调整，长端国债收益率仍在下行，主要原因是第二季度制造业投资下行过快，引发对国内经济增速下行的担忧，市场存在对央行货币政策宽松的预期；无风险收益率下行一直持续到8月中旬，其间股票市场未受到负面影响，上证和创业板指数均有上涨。

但从8月中旬开始，时点逐渐接近美联储9月议息会议，尽管市场预期9月就加息的可能性较低，但普遍认为美联储一定会在9月会议上进行预期引导，为12月加息做好准备。因此全球市场波动性上升，市场引来一轮"小考"。从8月15日至9月上旬，人民币汇率继续波动中小幅贬值，同时由于债券获利盘太大，债券市场开始出现调整，10年期国债收益率上行到2.8%（+15BP），上证综指小幅回落。不过总体而言，由于市场均对美联储9月不会真刀真枪加息心知肚明，因此造成的波动幅度并不大，随后也迅速平复。

3.3.4 10月之后人民币趋势性贬值，从债券市场受冲击蔓延到"股债双杀"

10月之后，债券市场在很典型的流动性冲击和资产重估双重效应下受到打击。从10月上中旬开始，市场对美联储加息的一致预期逐渐指向12月，美元指数波动中走强并站上98，随后逐步逼近100关口。人民币对美元汇率在10月至11月底之间趋势性贬值，一路突破6.7/6.8，逼近6.9关口；11月上旬特朗普当选美国总统，市场对其政策解读为利好美国经济和通胀，同时可能令美联储加息节奏快于预期，进一步强化了美元升值预期。

外汇市场波动对债券市场流动性冲击明显，而央行同期"缩短放长"意图也相当显著，无意在短端给予流动性支持。因此在同期美债收益率大幅上行的背景下，国内10年期国债收益率也跟随上行，11月底时点上接近3%，收益率上行超过+30BP（10月20日至11月底）。同期股票市场仍然未受传导，上证指数其间涨幅6.1%，主要逻辑是价格回升驱动盈利预期回暖。

从11月底开始，汇率继续波动中贬值，人民币对美元跌破6.9。央行坚持缩短放长，机构继续被动去杠杆，股市开始担心流动性问题；同时，临近美联储12月议息会议，对2017年的美国经济和加息的表述非常关键，2017年1月资本流出压力加大的预期开始在股票市场反映。股票市场对汇率贬值的逻辑，从改善贸易条件和企业的基本面，重新切换到资本要流出、资产价格要重估。

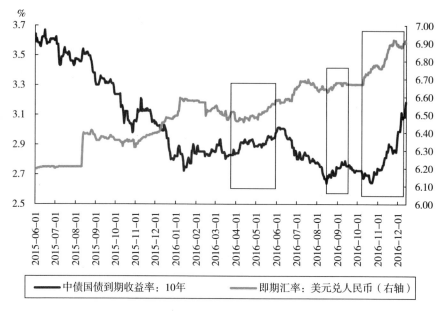

资料来源：Wind，华泰证券研究所。

图 8 – 30　汇率贬值冲击流动性以及资产重估效应，成为债券市场调整的两大关键因素

3.4　结论：中国不能以不变应万变，而应该更加积极应对

在由外汇传导至债券和股票的传导路径中，我们存在比好逻辑和比差逻辑，无论处在哪个逻辑循环之中，政策都不能以不变应万变，我们需要分析当下所处的逻辑从而主动出击。在比差逻辑中，中国变得没有那么差，资本流出压力小，汇率可以更加自由浮动，投资者可根据经济基本面略向好或略向差，分别投资权益类资产和固定收益资产；在比好逻辑中，中国面临资本流出压力，汇率应加强预期管理，必要时守汇率，力保经济基本面不出问题，通过改革促进经济回升预期和资产价格上涨预期，积极应对！

4　油价上行、美股波动与中美大国博弈

4.1　如果油价超预期上涨，将对中国金融稳定造成较大威胁

4.1.1　中国原油的进口依存度较高

在国际原油进口方面，根据 2017 年数据，美国、中国、印度、日本是全

球原油进口量排名前四的国家。中国原油进口量近年来维持着较高速度增长，根据海关（原油进口量）和国家统计局（原油消费量）的数据计算，2017年我国原油对外依存度（进口量/消费量之比）已经接近70%。

近年来，随着环境保护工作的推进，我国煤炭用量在总能源消费中的占比逐年下降，清洁能源和天然气的占比逐步上升，原油的用量占比则维持基本稳定。原油的对外依存度过高成为我国原油消费占比上升的瓶颈，原油不仅是重要的能源品，更是维护国家安全的重要战略物资。环保和能源安全成为制约因素，天然气或者其他清洁能源有望成为解决这一问题的突破口。特朗普2017年11月访华期间，中美能源公司签订了天然气和页岩气能源合作协议，可以从侧面印证国家积极实施天然气替代煤炭的战略部署。同时，我国大力发展新能源汽车，采取油加乙醇等举措也是旨在降低汽车燃料消耗量，缓解燃油供求矛盾。尽管我国已在采取发展新能源等举措，以避免油价高企的负面影响，但就现阶段而言，我国能源消费结构中对原油仍然是较为依赖的。

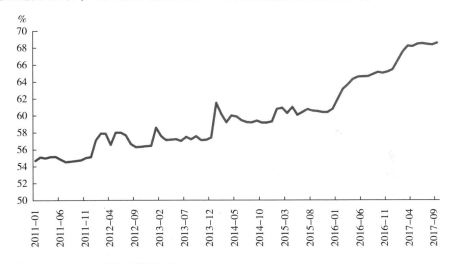

资料来源：Wind，华泰证券研究所。

图 8-31　我国原油供给对外依存度（原油总进口/总消费量）

4.1.2　油价虽不是 CPI 的主要构成要素，但却是各个行业的成本基础

2016年初我国CPI篮子进行了调整，新的八大类中增加了"其他用品及服务"，并将原来的"食品"调整为"食品烟酒"，各类权重也进行了修正。在CPI新的八大类：食品烟酒、衣着、居住、生活用品及服务、教育文娱、交通通信、医疗保健、其他用品及服务中，如果只观察与油价的直接相关度，居

住（主要因素是房租/水电等）、交通通信、其他用品及服务 CPI 同比增速与
油价涨幅的正相关性较高，但其波动弹性明显低于油价。

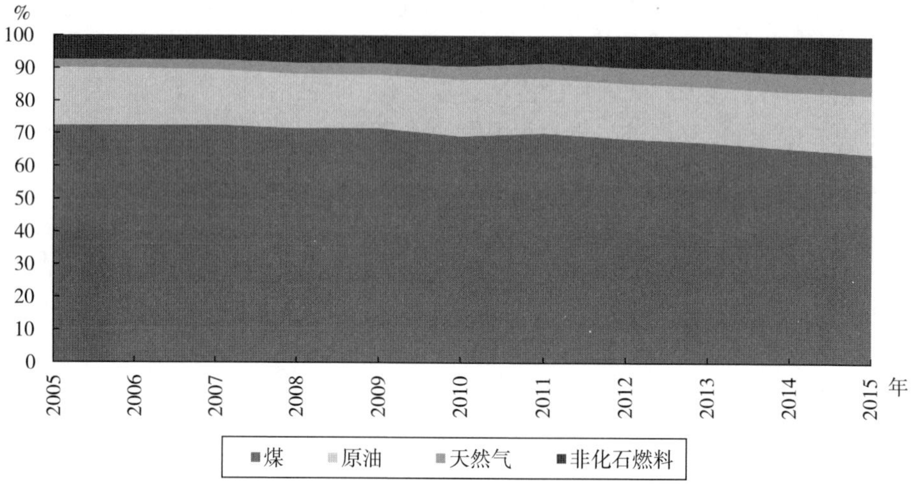

资料来源：Wind，华泰证券研究所。

图 8－32　中国能源使用占比：原油的消费量维持基本稳定

我国 CPI 篮子中没有专门对标油价的品类，这也就使油价的短期波动，与
CPI 当月同比增速的正相关性不太明显。但是，尽管油价不是 CPI 的主要构成
要素，但油价是各个行业的成本基础。以农产品价格为例，农业生产的用电、
化肥、机械化收割、运输、储藏各个环节，其成本都与油价波动有直接或间接
的联系。这也就使油价成为长周期内影响通胀中枢的最重要变量之一。

4.1.3　通胀高企可能导致央行连续加息等货币政策收紧，刺破房地产泡沫

从前几轮通胀上行周期中我国央行的货币政策操作来看，在通胀过快上
行、而经济增长动能仍然较强的情况下，央行都选择了收紧货币，把控通胀放
在更突出的位置上，同时注重对公众通胀预期的管理。如果通胀快速上行的同
时，经济面临外部冲击风险和下行压力（2008 年、2011 年），则实行整体稳
健、适度宽松的货币政策，及时释放确保经济增长和稳定市场信心的信号。

回顾历史，在经历上两轮为应对通胀和经济过热的加息周期后，我国地产
投资和房价指数同比均出现了显著的下滑。对中国当下而言，货币政策尚不具
备连续加息应对通胀快速上升的能力，因为当前国内房地产价格处在历史高
位，连续加息可能会对地产市场形成过大的冲击，使房地产价格大幅下跌，可
能会引发我国金融市场大幅波动。因此，通胀快速上行风险是中国当前金融稳

定问题的最大威胁。

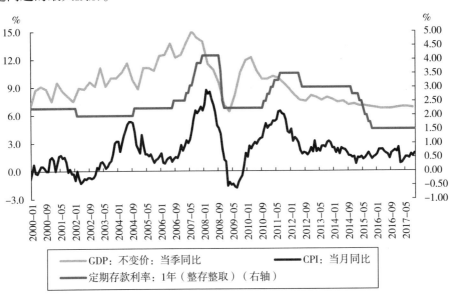

资料来源：Wind，华泰证券研究所。

图 8 - 33　在 2007 年和 2010—2011 年，我国均采取了加息操作以应对上行过快的通胀

4.1.4　油价很可能是中美博弈过程中美国的利器

美国拥有全球层次最丰富、制度最完善、规模最大的大宗商品交易市场，主要的原油期货品种交易市场均在美国，国际原油现货和期货交易绝大部分以美元计价，美国对原油定价的影响力较强。

此前，从 2014 年第三季度开始，一直到 2016 年初，国际油价整体从 110 美元/桶左右跌到 30 美元/桶以下。当时美国页岩油生产成本仍然较高，高于中东等主要产油国，在超低油价环境下页岩油产业处于亏损状态，当时美国页岩油钻井开工数持续下降。但美国并非资源出口依赖型国家，经济并未受到很明显的冲击，反而趁着低油价大量积累了原油储备。相反，类似俄罗斯这样严重依赖资源（原油）出口的国家，2015—2016 年的低油价对其经济产生了较大的负面影响。

在这几年中，美国页岩油产业技术继续迎来技术进步，生产成本进一步下降。而国际油价从 2016 年第一季度之后迎来反弹，布伦特油价在 2016 年中至 2017 年第三季度的大部分时间处于 50～55 美元/桶的区间，在这个价格点位上，美国页岩油生产已经可以实现盈利。因此回顾来看，美国可以说是利用油价这件"战略利器"沉重地打击了它的竞争对手——俄罗斯。

但俄罗斯只是美国的第二大竞争对手，从经济体量、政治影响力、发展速度来看，中国已经逐渐成为美国最主要的竞争对手。中国作为美国当前第一重要的竞争对手，尽管同时也是美国重要的合作伙伴，但美国精英阶层可能会对中国的综合国力和影响力抬升产生越来越多的忌惮。自特朗普就任美国总统之后，中美大国博弈的力度有所上升，对华政策在美国外交战略中的重要性进一步加强。特朗普的对外政策态度，尤其是对中国这样持续崛起的大国的整体态度，是竞争大于合作。

油价这一资产价格在中美博弈过程中的位置非常关键，高油价很可能是美国用于限制中国的"利器"。由于我国原油供给在相当程度上依赖进口，且货币政策相当忌惮高油价可能引发的输入型通胀，但美国原油自给度相对较高，页岩油生产效率持续提高，因此，油价一定程度的上涨对美国经济的影响不大。从大国博弈视角来看，高油价是对美国有利、而对中国较为不利的。

2017年第四季度至2018年上半年，推动油价上涨的主要因素不是基本面因素，而是多项中东地缘政治风险事件。而沙特阿拉伯"反腐"、伊朗国内暴乱、美国驻以色列大使馆迁移等事件，当中可能存在美国政治力量的参与。

4.2　美国金融市场的潜在风险

美国多年的牛市，都是获利盘。美股捆绑宏观经济、货币政策、金融稳定，这是典型的逼空行情。只有调整过的市场才是健康的，没有调整过的市场蕴藏着较大风险。只是没有触发因素，而且没有触发之前还会继续上涨。

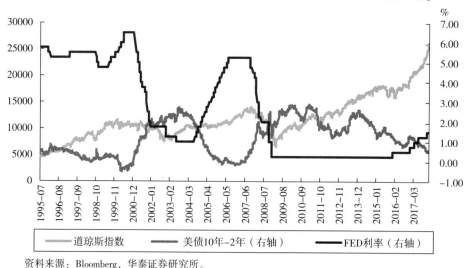

资料来源：Bloomberg，华泰证券研究所。

图 8 - 34　美债期限利差在两次美国股票市场调整之前均提前反弹

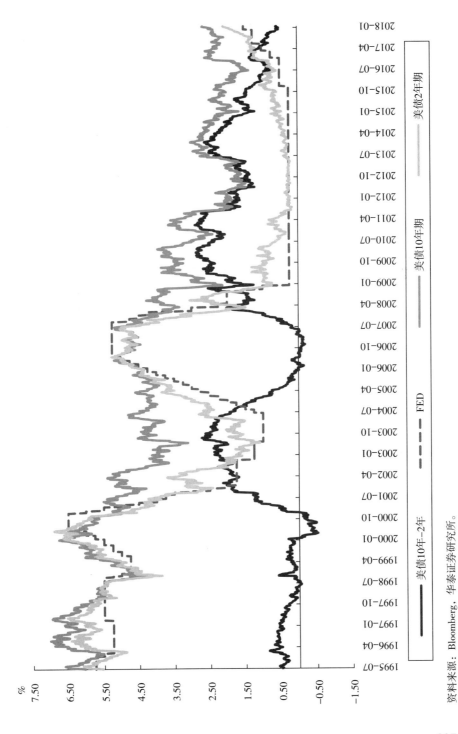

图8-35 美国历史上长短端利率比较平之后都是大危机

资料来源：Bloomberg，华泰证券研究所。

2008 年国际金融危机之后，美联储开始通过扩张资产负债表和降息来为金融系统提供流动性。自国际金融危机爆发之后经过短暂的调整，美国股票市场重新上扬，至 2018 年已维持了 10 年牛市，在此期间，美国国债收益率的长短期收益率越来越平，至 2018 年初已经接近历史的最低水平，而美国国债期限利差的反弹也往往伴随着股票市场的大幅调整。可以看到 2000 年科技泡沫破裂之前，以及 2008 年的次贷危机发生之前美国股票市场的长期上涨都是伴随着国债利差的持续收窄，而美债期限利差的反弹往往会提前股票市场调整发生。

历史上长短端利率比较平之后都是大危机。美国国债收益率出现过 3 次持续"国债收益率趋平"的期限结构特征。第一次持续的"国债收益率曲线趋平"开始于 1988 年 11 月，持续接近两年至 1990 年 8 月。在此阶段中，美国 10 年期国债收益率呈震荡下行趋势，而 2 年期国债收益率则高位上行，最高突破 9%，使美国长短期债券收益率出现倒挂，最终随着短期国债收益率的下行，国债收益率曲线恢复陡峭。此阶段，虽然美国并未出现大的经济危机，但其经济增速从 1988 年开始也出现了大幅下滑。

第二阶段间断式地持续了接近三年，开始于 1997 年 12 月底，直到 2001 年 3 月底长短端利差才重新开始走扩。三年间"长短端利率平"也有不同特点。开始阶段，2 年期国债收益率与 10 年期国债收益率均呈下行态势，但长端利率下行幅度较大，导致长短期利差逐步收窄。而 2000 年初，短期债券收益率上行，而长短债券收益率则相对平稳甚至下行，导致二者利差收窄甚至出现倒挂。随后，随着长短期债券收益率的下行，其中短期下行较快，国债收益率曲线逐步恢复陡峭。本次债券收益率曲线趋平也先于 2000 年初美国爆发的互联网投机泡沫破裂危机。

第三阶段始于 2005 年 6 月，持续至 2008 年 1 月，本次收益率曲线趋平也主要源自美联储加息导致的短端债券收益率的迅速上行。且 2006 年 7 月底开始至 2007 年 6 月，10 年期美债收益率持续低于 2 年期美债收益率，倒挂程度和持续时间均严重于之前。若以 100BP 作为划分，美债此次收益率曲线的趋平也提前了美国次贷危机的爆发 1 年多时间。

长短端利率比较平后的三种情形：

情形一：货币政策转向宽松，短端下行收益率曲线重回陡峭。

情形二：短端快速上行就是货币市场危机，类似于中国 2013 年的钱荒。2013 年央行收紧货币政策以应对地方融资平台无序的非标融资，4 月市场和央行对赌货币政策不会一直收紧，长短端债券收益率差距逐渐缩小，央行和市场之间的分歧逐渐积累，直到同年 6 月出现了钱荒，长短端利率倒挂。由此，2014 年初 GDP 增速下行 0.3%。

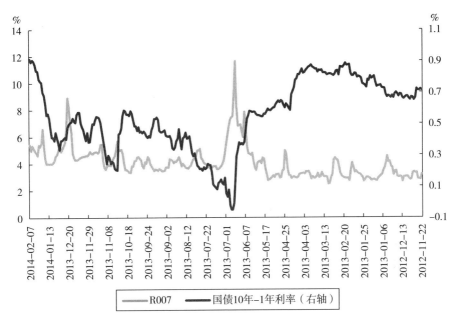

R007 ——— 国债10年-1年利率（右轴）

资料来源：Wind，华泰证券研究所。

图 8 - 36 **2013 年市场与央行对赌的结果便是货币市场危机（钱荒）和随之而来的经济增速下滑**

情形三：长端利率快速上行造成"股债双杀"。长端利率作为无风险利率影响股票估值，美股对长端利率上行预期不够充分，一旦快速上行将会冲击美国股票市场。我国在 2016 年第四季度到 2017 年第四季度，发生了三次"股债双杀"，特别是依靠估值的科技股票，在遇到无风险长端利率上行期间，估值压力更大。

中国是美债的第一大持有主体，如果抛售美债转持其他可能会对美国市场产生重创。长期以来，美国形成了典型的债务推动型经济增长模式，"高消费、高负债、低储蓄"是其基本特征，面对储蓄不足与巨额经常项目赤字，美国不得不通过向国际市场提供以国债为代表的金融产品吸引资本回流，通过资本与金融项目的顺差来弥补其经常项目的巨额赤字，因而造成国债规模一直持续扩大。从 2001 年的 5.9 万亿美元增长到如今的 20.49 万亿美元，成为世界上最大的债务国。根据美国财政部发布的数据，海外投资者和国际投资者在美国国债持有者中占比最大，有近 40% 的比重，其次是美联储 2.4 万亿美元的持有量，占比 15% 左右。在美国国债的海外持有者和国际持有者中，中国的美债持有量最多，其次是日本。中国现行的经济发展模式形成了长期双顺差

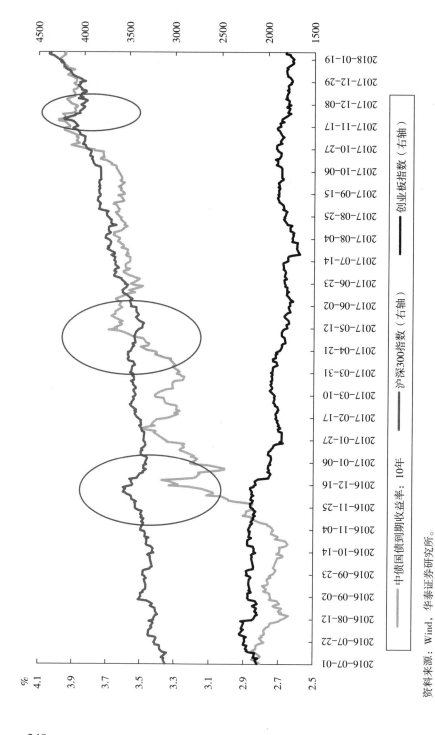

图8-37 2016年第四季度到2017年第四季度，发生了三次"股债双杀"

资料来源：Wind，华泰证券研究所。

格局，为了缓解外汇储备的高增长压力从而大量购买美国国债。作为美国最大债权国的中国持有近 1.2 万亿美元的美国国债，约占海外投资者总持有量的 18%。

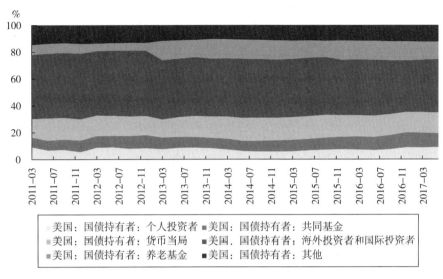

资料来源：Wind，华泰证券研究所。

图 8 - 38　海外投资者和国际投资者在美国国债持有者中占比近 40%

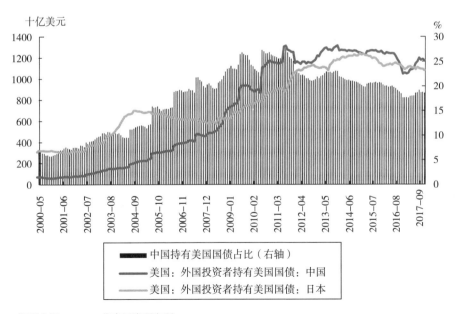

资料来源：Wind，华泰证券研究所。

图 8 - 39　中国持有近 1.2 万亿美元美国国债

美国国债收益率与中国持有美国国债的数量大体呈现反向关系。从 2000 年到 2010 年，中国保持对美债的净流入，而美国 10 年期国债的收益率中枢一直处于下行趋势。2011 年以来，中国对美债增持的步伐放缓，甚至个别年份出现抛售美债的现象，美国国债收益率曲线也逐步走平。2016 年 11 月，全球中央银行开启了美债狂抛售潮，中国较 10 月减持 664 亿美元，当月美国国债长端利率上行 54BP。作为美国第一大债券国的中国，大量抛售美债转而持有其他金融资产，可能会促使他国加入到抛售行列中来。抛售美债导致的美元的大幅贬值和国债利率上行，将对美国的债券市场和股票市场造成重创，甚至出现短暂的崩溃。

4.3　规避黑天鹅风险的关键，在于中美有效管控分歧

4.3.1　中美两国合则两利，斗则两伤

中美两国作为最大的发展中国家和发达国家，是全球经济与金融市场的最主要决定力量。从 GDP 占比来看，两国合计占全球的 1/3 以上，美国绝对量最大，中国增长量最大。中国经济规模 2017 年已经达到美国经济总量的三分之二左右，按照这个速度，保守计算可能在之后 15 年内超过美国。在中美之间差距缩小的过程中，总体表现是摩擦与冲突的加剧。无论是分析我国春秋战国时期的连横合纵，还是分析第二次世界大战以后美苏之间的冷战博弈，在老二逐渐对老大的位置形成挑战的时候，均可能表现为矛盾冲突的增加。

同时也应看到，虽然中美之间博弈大于合作，但博弈中也有合作，这就决定了两国之间合则两利，斗则两伤。从两国贸易关系来看，中美仍然是彼此双方的主要贸易伙伴。以 2017 年 1—11 月的数据看，美国是中国的第一大出口国、第三大进口国；中国则是美国的第三大出口国、第一大进口国。虽然中美贸易总体上以中国顺差为主，但从贸易商品结构来看，机电产品是最主要的贸易品，此外我国主要出口劳动密集型产品，进口高端附加值产品及原材料，两者之间存在较大的贸易互补性，充分发挥了彼此之间的比较优势。这种贸易关系本质上仍然是伙伴关系，也就决定了一旦爆发剧烈冲突，对双方都没有好处。

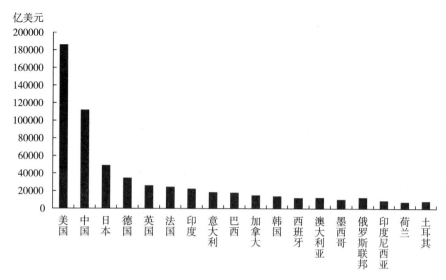

资料来源：Wind，华泰证券研究所。

图 8 - 40　2016 年世界前 18 大经济体 GDP

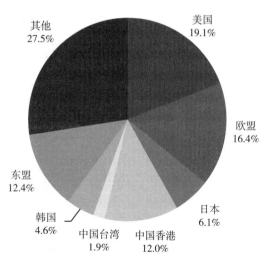

资料来源：Wind，华泰证券研究所。

图 8 - 41　截至 2017 年 11 月中国出口各国占比

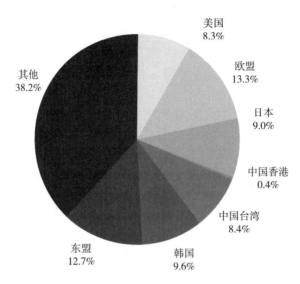

资料来源：Wind，华泰证券研究所。

图 8 – 42 截至 2017 年 11 月中国进口各国占比

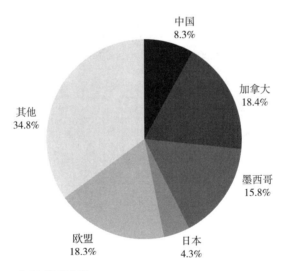

资料来源：Wind，华泰证券研究所。

图 8 – 43 截至 2017 年 11 月美国出口各国占比

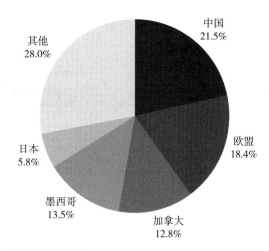

资料来源：Wind，华泰证券研究所。

图 8 - 44 截至 2017 年 11 月美国进口各国占比

4.3.2 中美的未来战略关系一定是在曲折中前行

现代社会由于核武器的极端破坏力所带来的威慑，大国之间爆发战争级别的冲突概率已经非常小。但受制于中美意识形态差异、美国两党政治博弈等因素，我们判断中美之间的关系未来很可能是 W 形走势，通俗来讲就是曲折中前行。这一点已经在特朗普上台以后的对话和战略中有所验证。事实上，受一定政治势力左右，美国对我国的态度总是时好时坏，而我国处于发展的黄金期，国内外形势也需要我们妥善处理国际关系，尽量采用"求共识、谋合作"的姿态。所以，中美之间的博弈最悲观的时候应抱有乐观的态度，最乐观的时候应抱有一份谨慎。

九、国际比较系列研究

1 中国相当于发达国家的哪个阶段

1.1 人均 GDP 和人均可支配收入的国际比较

1.1.1 中国已迈入中等偏上收入国家行列

2016 年中国人均 GDP 首次高于中高等收入国家人均 GDP（7939 美元），和全世界人均 GDP 10151 美元的差距进一步缩窄，最接近于 2007 年的世界平均水平。2016 年中国的人均 GDP 水平等于美国人均 GDP 的 27%。接着进行纵向比较，看美国什么阶段相当于美国现在人均 GDP 的 27%。可以看到，20 世纪 50 年代初的美国相当于现在美国人均 GDP 的 27%，即中国近似于美国的 50 年代初。

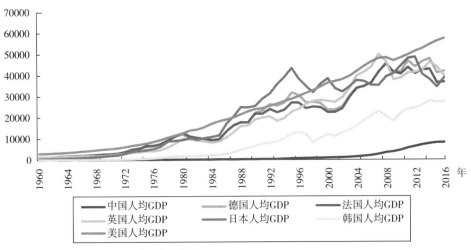

资料来源：世界银行，华泰证券研究所。

图 9-1 人均 GDP：中国 vs 各发达国家（现价美元：即期汇率）

如果按照当期汇率折算，中国人均 GDP 和人均可支配收入水平接近于 20 世纪 70 年代末至 80 年代初的发达国家。根据世界银行统计的人均 GDP 数据，按当期汇率换算成美元进行对比，2016 年中国人均 GDP 为 8123 美元，接近于 20 世纪 70 年代末的美国、德国、法国、日本，80 年代初的英国，90 年代初的韩国。

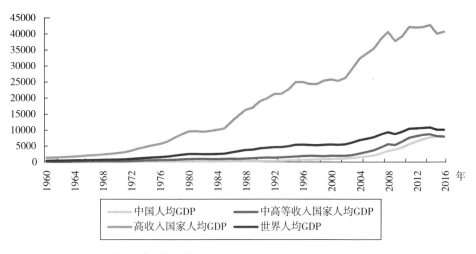

资料来源：世界银行，华泰证券研究所。

图 9 - 2　人均 GDP：中国 vs 各收入水平国家（现价美元：即期汇率）

如果按照购买力平价折算，中国人均 GDP 会更高。根据世界银行统计的人均 GDP 数据，以购买力平价计算，我国汇率存在低估，如此计算，人均 GDP 水平相当于 20 世纪 80 年代初的美国（1983—1984 年），80 年代末的德国、法国、英国、日本（1987—1988 年），90 年代末的韩国（1996—1997 年），基本上相当于按照即期汇率折算再向前发展 5 年左右。

无论采取何种折算方式，我们都可以判断，我国已经进入了中等偏上收入国家的行列，也就是进入了突破中等收入陷阱的决胜阶段。国际上公认的成功跨越了中等收入陷阱的国家和地区有日本和"亚洲四小龙"，但就比较大规模的经济体而言，仅有日本和韩国实现了由低收入国家向高收入国家的转换。日本人均国内生产总值在 1972 年接近 3000 美元，到 1984 年突破 1 万美元。韩国人均国内生产总值在 1987 年超过 3000 美元，1995 年达到了 11469 美元，2014 年更是达到了 28101 美元，进入了发达国家的行列。从中等收入国家跨入高收入国家，日本花了大约 12 年时间，韩国则用了 8 年。

我国按照购买力平价计算，从中低收入国家，进入中等收入国家的时间点大约在 2006 年。以日本、韩国的经验看，规模大的经济体往往突破中等收入陷阱的时间更长，按照中国经济的增速，在全面建成小康社会之际，也基本可以确认从中等收入国家进入低水平的高收入国家行列，这也是"新时代"这一提法的题中之义。

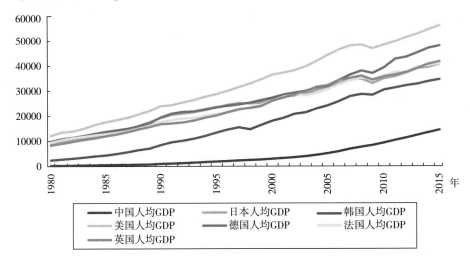

资料来源：世界银行，华泰证券研究所。

图9-3 人均GDP：中国 vs 各发达国家（现价国际元：购买力平价）

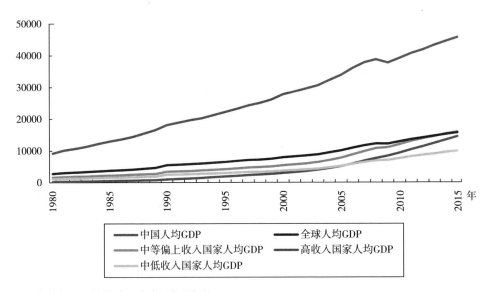

资料来源：世界银行，华泰证券研究所。

图9-4 人均GDP：中国 vs 各收入水平国家（现价国际元：购买力平价）

1.1.2 如何才能突破中等收入陷阱

"中等收入陷阱"这一概念最早由世界银行在《东亚经济发展报告(2006)》中提出,指的是当低收入国家迈入中等收入国家后,劳动力成本上升,但技术创新并未得到显著发展,导致该国家与低收入国家相比,失去了低廉劳动力成本的优势,而在技术创新方面,无法与高收入国家比肩,导致经济长期停滞不前,迟迟不能进入高收入国家行列。

跨越中等收入陷阱,需深化产业结构性改革,推动第三产业发展,构筑新的经济增长推动力。中国的优势产业集中在劳动力和资源密集型行业,但迈入中等收入国家水平后,劳动力和原材料等的价格上涨,推动经济由粗放型向集约型转变,进一步深化经济结构调整和产业升级。如何平稳实现产业结构升级是中国现阶段的较大挑战,其核心关键在于在稳健增长、调整结构、惠及民生、促进改革之间寻找平稳点,以可持续的方式循序推进。未能实现转型,或是创新瓶颈未能突破,是大多数中等收入国家停滞不前的原因。中国政府在结构升级中因势利导,积极推动供给侧改革促进行业出清和技术革新,提出了"中国制造"的全面深化改革规划,改变制造业"大而不强"的局面。

在经济转型的过程中,应消费升级,扩大内需,维持经济发展动力,不过分依赖外部经济,降低外部波动对中国经济的影响。全球中央银行货币政策边际收紧,长期宽松和低利率的金融环境可能面临拐点,部分金融市场或将受到冲击。潜在的贸易摩擦、贸易逆差和外部债务积累,是部分国家落入中等收入陷阱的原因。中国经常账户长期保持贸易顺差,并且是对外净债权人,持有的外国资产大于欠外国的债务,对外部经济依赖度相对较小。

循序渐进发展城市化,缓解因快速发展带来的城市问题集中爆发,形成对经济的持续支撑。

应注意避免拉美国家"过度城市化"问题,即大城市过度发展导致人口过于集中,造成城市与农村差异悬殊以及大城市内存在大量"贫民窟"的现象,收入差距扩大,社会严重分化,中低收入居民消费需求严重不足,减弱对经济增长的拉动,激化社会矛盾。中国城市化进程和拉美国家情况不同,但需引以为鉴。

1.2 城市化率的国际比较

1.2.1 中国城市化进程依然处于高速发展阶段

2016年中国城市化率达到57.35%。诺贝尔奖得主约瑟夫·斯蒂格利茨说过，21 世纪影响人类发展的有两件大事，一是美国的高科技发展，二是中国的城市化。根据国家统计局公布的数据，截至 2016 年末，中国城市数量达到 657 个，城市化率已经达到 57.35%。

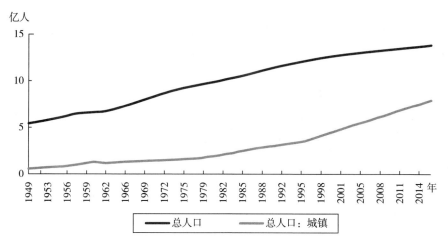

资料来源：Wind，华泰证券研究所。

图 9 - 5　我国城镇人口 vs 总人口

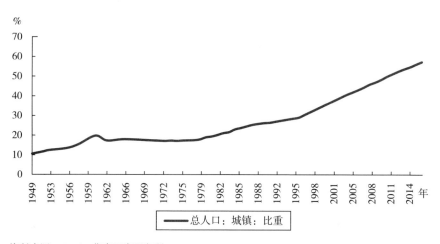

资料来源：Wind，华泰证券研究所。

图 9 - 6　我国常住人口城镇化率

城市化率口径中是包含一部分进城务工人员的。在我国，城市化率的计算是以城镇常住人口为分子，以总人口为分母计算得出的。所谓常住人口就是城里面居住 6 个月以上的人群，包括一次性居住 6 个月，或者是一年之内居住过 6 个月以上。因此城市化率的统计口径中不仅包括了具有城镇户口的人，也包括了部分拥有农村户口但长期在城市工作的人。这样的统计口径与国际通行的标准是一致的。如在联合国公布的数据中，2014 年中国城市化率为 54.41%，与同期国家统计局公布的 54.77% 极为接近。

中国城市化进程接近于 1851 年的英国、1930 年的美国、1955 年的日本和 1980 年的韩国。与其他国家的城市化历史数据相对照，我们找到了各国与中国城市化率相当的年份。可以看到英国、德国、美国是最早启动城市化进程的国家，随后法国、意大利、日本等"老牌资本主义国家"均在 1960 年之前就达到了中国 2016 年的城市化水平。苏联（1965 年）、巴西（1970 年）、南非（2000 年）也分别先后达到了中国 2016 年的城市化水平。

对照各国城市化发展历史，未来五年中国城市化进程依然处于高速发展阶段。在表 9-1 中列述的 16 国达到中国 2016 年城市化水平后，其后五年内，其城市化率平均增长 3.52 个百分点。其中 1970 年之后达到这一水平的经济体城市化速度更快，五年内平均增长 4.62 个百分点。但这其中也包含两个例外，一是 1930 年的美国，二是 1965 年的瑞士，两国五年内城市化水平都是停滞的。究其原因，美国是受 1929 年大萧条影响所致，而瑞士则是在收入水平大幅增长后出现了一定的逆城市化现象。

表 9-1　　　　　中国城市化率 vs 16 国历史数据

国家	年份	城市化率（%）	与 2016 年相距（年）	其后五年的城市化率（%）	五年变动（%）
中国	2016	57.35	—	—	—
英国	1851	54.00	165	58.00	4.00
德国	1905	57.20	111	60.00	2.80
美国	1930	56.20	86	56.20	0.00
法国	1955	58.16	61	61.88	3.72
意大利	1955	56.86	61	59.36	2.51
日本	1955	58.42	61	63.27	4.85
荷兰	1955	57.98	61	59.75	1.77
西班牙	1960	56.57	56	61.28	4.71
俄罗斯	1965	58.17	51	62.47	4.30
瑞士	1965	57.37	51	57.37	0.00
巴西	1970	55.91	46	60.79	4.88
墨西哥	1970	59.02	46	62.76	3.74
沙特阿拉伯	1975	58.35	41	65.86	7.51

续表

国家	年份	城市化率 (%)	与2016年 相距（年）	其后五年的 城市化率（%）	五年变动 (%)
韩国	1980	56.72	36	64.88	8.16
土耳其	1990	59.20	26	59.98	0.77
南非	2000	56.89	16	59.54	2.65

资料来源：Wind，《城市化道路国际比较研究》（何志扬，2013），华泰证券研究所。

1.2.2 各国城市化进程存在三种不同的模式

在各国城市化高速发展阶段中，存在三种不同的模式。首先是英美发达国家模式，包括英国、美国、加拿大、澳大利亚等国家。这些国家城市化进程的推动力量主要是第三产业。在城市化高速发展阶段中，第三产业占GDP的比重不断扩大，而第二产业占比不断缩小。如1990年，美国城市化率达到75.3%，第三产业占比升至77.7%，但第二产业占比降至20.7%。

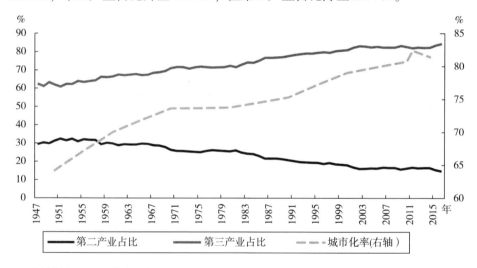

资料来源：Wind，华泰证券研究所。

图9-7 美国的城市化发展主要由第三产业推动

其次是日本和德国模式，包括德国、日本、意大利等国家。在这些国家城市化高速发展阶段中，第二产业依然是重要的经济支柱，第二产业和第三产业对城市化的贡献是相当的。比如1975年日本城市化率达到75.7%，第三产业占比升至51.0%，第二产业占比依然高达43.2%。之后日本第二产业占比终于逐渐回落，第三产业占比上升，但与前一种模式不同，第三产业占比扩张下，城市化率并未继续快速上升。这一种模式下最终城市化率往往略低，比如意大利至 2014 年城市化率也只有 68.8%。

最后是拉美国家模式，包括巴西、智利、阿根廷、墨西哥等国家。这些国家在城市化高速发展阶段中，第三产业在 GDP 中的占比走高，第二产业占比走低，与英美发达国家模式相似。但不同于前两种模式的是，这些国家在较低的人均 GDP 水平下就启动了城市化进程，随后人均 GDP 持续低于同样城市化水平的其他国家。比如 1995 年美国、加拿大、巴西的城市化率分别是77.26%、77.68%、77.61%，极为相近，但（已基于购买力平价调整过）人均 GDP 分别是 2.9 万国际元、2.3 万国际元、0.8 万国际元。

1.2.3 城市化进程的边际拐点何时到来

各国城市化的历史表明，当城市化率达到 70%～75% 时，城市化的进程将放缓。城市化率的增长往往会呈现一个拉长的 S 形曲线，即经过第一个拐点后城市化率加速上升，而经过第二个拐点后城市化率增速将明显放缓。

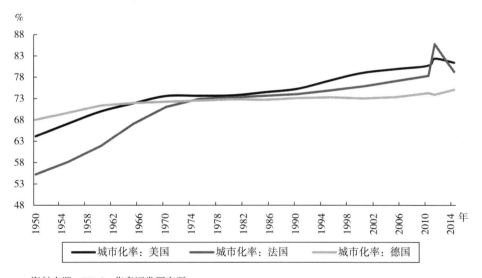

资料来源：Wind，华泰证券研究所。

图 9 - 8　美国、法国、德国的城市化进程

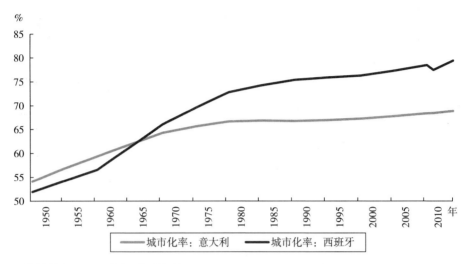

资料来源：Wind，华泰证券研究所。

图 9 – 9　意大利、西班牙的城市化进程

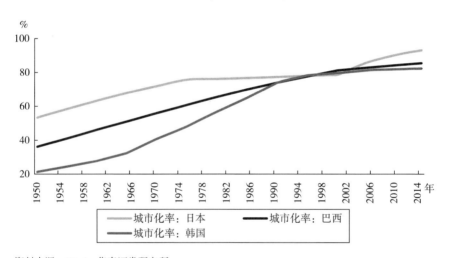

资料来源：Wind，华泰证券研究所。

图 9 – 10　日本、韩国、巴西的城市化进程

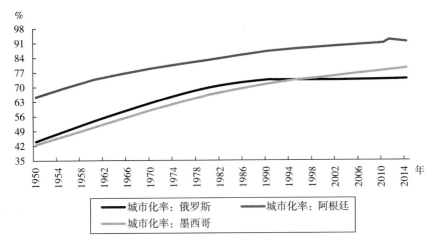

资料来源：Wind，华泰证券研究所。

图 9 - 11　俄罗斯、阿根廷、墨西哥的城市化进程

1.2.4　推进城市化的本质是提高潜在经济增速

生产要素改革决定经济长期发展。近年来，各类供给侧政策和需求侧政策层出不穷，导致市场对生产要素改革的关注往往不足。虽然货币政策和财政政策对经济的影响立竿见影，是熨平中期经济波动的利器，但长期经济增长速度则由各类要素生产率的进步决定。改革开放以来，通过对生产要素的改革所释放的制度红利，是中国经济取得诸多成就的重要原因。生产要素改革包括两个重要方向，一是以非户籍人口落户为主的劳动力要素改革，二是以农村土地流转为主的土地要素改革，而这两项改革实际上又都指向经济增长的核心目标，即人的城市化。

1.3　我国人口老龄化水平的国际比较

1.3.1　中国老龄化程度高、增速快

2016 年中国 65 岁及以上人口占比达到 10.8%。2016 年全国总人口达到 13.8 亿人，较 2015 年增长 809 万人。从年龄结构看 0 ~ 14 岁人口占比上升 0.1 个百分点至 16.6%；15 ~ 64 岁人口占比下降 0.4 个百分点至 72.6%；65 岁及以上人口占比上升 0.3 个百分点至 10.8%。按照联合国《人口老龄化及其社会经济后果》确定的划分标准，65 岁及以上人口占比超过 7% 就意味着该国进入老龄化。根据人口模型预测，中国 65 岁及以上人口占比将继续提升，

至 2020 年将升至 12.1%，年均增长 0.5 个百分点；至 2030 年将升至 17.2%，年均增长 0.5 个百分点；至 2040 年将升至 24.6%，年均增长 0.7 个百分点。

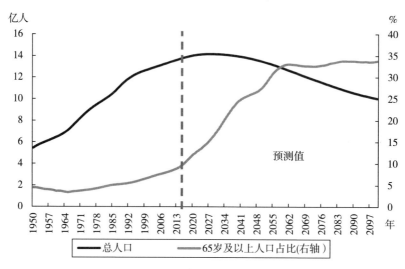

资料来源：Wind，华泰证券研究所。

图 9 - 12　中国总人口与老龄人口占比（历史数据及预测）

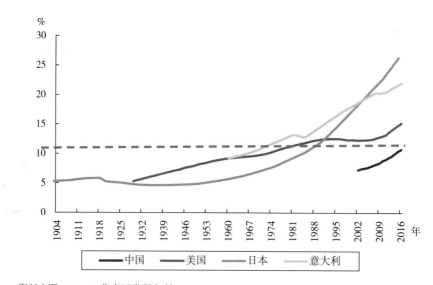

资料来源：Wind，华泰证券研究所。

图 9 - 13　各国 65 岁以上人口占比

　　2016 年中国 65 岁及以上人口占比近似于 20 世纪 70 年代的美国、80 年代的日本、70 年代的意大利，但中国老龄化速度快于上述三国。对照发达国家人口数据，2016 年 10.8% 的老年人口占比相当于 1977 年的美国（10.85%）、1985 年的日本（10.3%）、1970 年的意大利（10.8%）。不过上述国家在对应年代的老龄化速度均不及当下的中国。如果拿 65 岁及以上人口占比的增速比较，2011—2016 年我国 65 岁及以上人口占比年均上升 0.34 个百分点，增速相当于 1986—1990 年的日本和意大利，而美国直到近些年才达到这一速度。

人口老龄化对家庭微观行为影响显著。中国人口的老龄化倾向，给传统的以家庭为单位的"养儿防老"模式带来了挑战，还进一步衍生出了"空巢老人""留守儿童"等一系列社会现象。我们将从家庭行为的微观视角，从抚养负担、消费—储蓄选择、资产配置三个方面来剖析老龄化带来的影响。

1.3.2 人口老龄化导致全社会抚养负担或大幅提升

抚养比是广泛使用的衡量抚养负担的指标。抚养比指的是劳动力人均承担的抚养人数，即（未成年人口 + 老年人口）/劳动力人口。依照国际通行的标准，未成年人口指的是 0 ~ 14 岁的人口，老年人口指的是 65 岁及以上的人口。

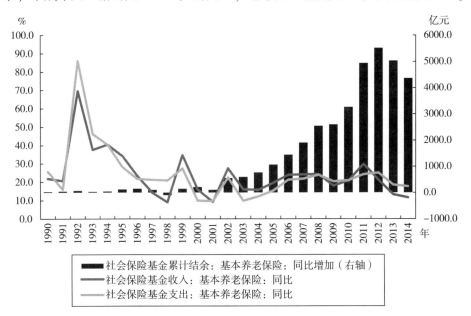

资料来源：Wind，华泰证券研究所。

图 9 - 14   养老保险支出增速超过收入增速

根据我们的测算，2050 年，我国的总抚养比将达到 69.7%，老年抚养比将达到 46.7%，全社会平均抚养负担将是现在的 1.9 倍，老年人抚养负担将是现在的 3.6 倍。2007 年之后，原本的劳动力人口开始大量退出劳动力市场，而计划生育政策导致劳动力市场新鲜血液不足，老年抚养比开始快速上升。2016 年，我国的总抚养比为 36.6%，少年儿童抚养比为 23.5%，老年抚养比为 13.0%，处于历史的相对低点；我们的抚养比不仅远低于美国、日本、德国等发达国家，也低于印度、巴西等新兴市场国家。但随着我国逐渐步入老龄化社会，抚养比有可能出现较大上升。

随着人口的老龄化，养老保险支出增速超过收入增速。我国养老保险规模快速增加，2014 年参与城镇基本养老保险的离退休人数已达 8593 万人，养老保险的收支压力也开始逐渐显现。从数据来看，我国社会保险基金中，养老保险的收入一直大于支出，累计余额持续增长。从 2000 年开始，我国社会保险基金中养老保险的收入增速一直大于支出。2000—2012 年，养老保险收入年均增速为 20.72%，养老保险支出年均增速为 18.80%。但从 2012 年开始，养老保险收入增速下降明显，支出增速超过了收入增速，累计余额增速也相应减缓，人口老龄化带来的压力初见端倪。

1.3.3　人口老龄化导致储蓄率下降、消费上升、经济增速回落

生命周期理论认为老龄化社会应以高消费、低储蓄、低增长为特征。从经典的生命周期理论（life cycle hypothesis）看，一般而言老龄人口储蓄倾向较低、消费倾向较高，当社会中的老年人口占比增加时，社会整体的消费率就会上升，储蓄率则会下降。而储蓄率的下降将导致经济增速的回落。这一特征在日本最为典型，实际上，不少经济学研究将日本经历的“失去的二十年”归因于人口老龄化的加速。

然而在中国这一特征尚不明显。虽然中国老龄化的程度已经相当于 20 世纪 80 年代的日本，但居民消费增速并未大幅增长，甚至处于历史较低水平。除了整个宏观经济减速之外，还存在一些特有的因素：（1）当前一辈老年人是 1950 年及以前出生的人，他们的收入水平普遍不高，消费观念受传统影响较深，大多属于节俭型，消费能力不强。（2）城镇地区相对富足的老人们有很强的赠与动机。他们对自己的消费虽然克制，但是对后代很慷慨。老年人减少自己的消费为后代进行储蓄。（3）我国居民预防性储蓄动机较强。第六次人口普查数据显示，我国妇女的总和生育率为 1.18，其中城市为 0.88，镇为 1.15，农村为 1.44，这与发达国家 1.7 的总和生育率相差很多。少子化使今后的不确定性增加，人们不得不增加储蓄以防未来的不确定性。

资料来源：Wind，华泰证券研究所。

图 9 – 15　日本居民储蓄存款长年负增长

从长期来看，中国消费终归向经典理论靠拢，消费成为经济增长的最主要动力。随着消费观念较为现代、消费倾向相对较高的 60 后、70 后逐渐进入老龄化阶段，或许将逐渐改变中国老年人"低收入、低消费"的局面，人口年龄结构对消费行为的边际影响，也将越来越趋近于经典理论的推断。

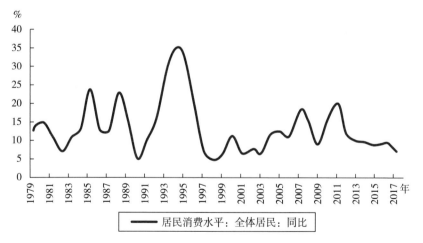

资料来源：Wind，华泰证券研究所。

图 9 – 16　居民消费增速仍低

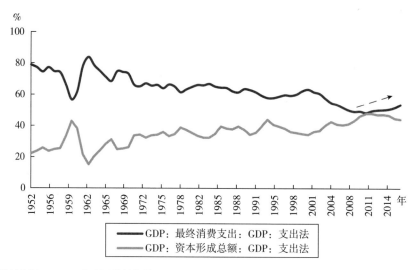

资料来源：Wind，华泰证券研究所。

图 9 - 17 最终消费在 GDP 中的占比缓慢上升

1.3.4 人口老龄化导致居民资产配置发生变化

近年来，居民资产多元化配置趋势明显。《中国家庭金融调查报告（2011）》的数据显示，样本家庭所持有的金融资产为 6.37 万元，持有的非金融资产为 115 万元。在金融资产中，储蓄存款比例最高，占比超过一半，远远超过其他类型资产。除存款外，在居民资产中，理财产品凭借较高的收益和较低的风险，增长最为迅速。2010—2014 年，居民理财产品规模增加了 6.6 倍，占居民资产的比例迅速上升至 15%。而保险、股票也展现出了较高的增速，占居民资产的比例也分别上升了 3.81 个和 3.84 个百分点。相对应，居民资产中存款比例从 72% 下降至 56%。

相比美国、日本等老龄化严重的国家，我国居民的资产配置选择有相同之处也有差别：共同点表现在金融资产总量近年来出现上升，安全资产比例有所下降；股市参与度显著增长，通过保险基金等参与股市趋势明显；"负债消费"模式有所增长。

不同之处主要表现在：我国储蓄存款居高不下，而保险、基金、股票绝对占比还是太小；参与股市投资行为的风险度高，直接持股的占比较高，而美国、日本等国则主要通过买入基金等媒介，实现间接持股。

人口结构变化也会影响资产配置选择：中年家庭更青睐高风险资产，年轻家庭和老年家庭更青睐低风险资产。根据美国消费者财务特征调查数据，年轻家庭在有限收入、购房置家、幼儿抚养等多方面约束下，很少投资于风险资产，之后才逐渐参与风险资本市场；随着年龄增加，居民会趋于风险厌恶，老龄家庭更偏好投资于低风险或无风险资产（如银行存款、债券等）。其他研究也进一步表明，随着年龄的递增，居民对风险资产和无风险资产的配置参与比例分别呈现"倒U形"和"U形"的分布特征。家庭金融结构与年龄并不存在简单的线性关系，而是表现为随着年龄增长对风险资产的偏好先增后减。我们发现当家庭年龄处于中年阶段时，会更青睐股票等风险资产。而在青年阶段和老年阶段时，家庭金融资产的选择会更为保守，其资产组合显著区别于中年阶段。

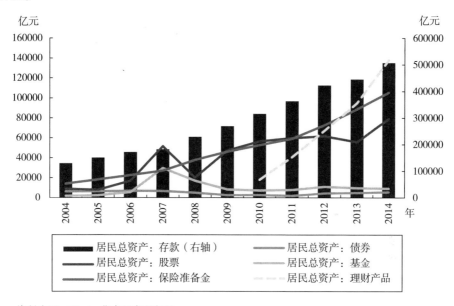

资料来源：Wind，华泰证券研究所。

图 9-18　中国居民金融资产配置情况

1.4　我国重化工业发展阶段的国际比较

1.4.1　从产能过剩和去产能阶段看，中国重化工业发展阶段相当于发达国家 20 世纪 70 年代末的水平

中国重化工业在经历了长期的供过于求后进入去产能阶段。去产能在自 2016 年启动的供给侧改革中占据着重要地位，2016 年钢铁去产能计划 4500 万吨，实际完成 6500 万吨；煤炭去产能计划 2.5 亿吨，实际完成 2.9 亿吨。2017 年钢铁去产能计划 5000 万吨，1—6 月已全部完成；煤炭去产能计划 1.5

亿吨，1—7 月已经完成 1.28 亿吨。

表 9-2				钢铁煤炭去产能	单位：万吨
	2016 年计划	2016 年实际	2017 年计划	2017 年实际	"十三五"（2016—2020 年）计划
钢铁去产能	4500	6500	5000	5000（截至 6 月）	10000~15000
煤炭去产能	25000	29000	15000	12800（截至 7 月）	80000

资料来源：国家发展改革委，工信部，煤炭工业协会，华泰证券研究所。

与中国去产能形成对比的是，20 世纪 70 年代末，欧洲共同体和日本也曾相继开展了钢铁等重化工业的去产能计划。20 世纪 70 年代的发达国家经历了两次石油危机的冲击，经济增速在受到冲击后逐渐回落，未能回到之前的水平。然而前期对经济的乐观预期下，重化工业产能曾经大幅扩张。因此这些行业迅速进入供过于求的阶段，到了 20 世纪 70 年代末，供需格局迟迟得不到好转之下，欧洲共同体与日本相继通过全行业协调的方式，开始去化产能。欧洲共同体、日本在 20 世纪 70 年代的经历，实际上与中国在欧债危机冲击后经济回落、产能大幅扩张导致过剩，产业结构需要调整的背景较为相似。

1.4.2 日本 20 世纪 70 年代末钢铁去产能

石油危机后，日本经济开始转型。作为能源极度依赖进口的日本，石油危机对日本经济的影响既体现在增速上，也体现在经济结构的调整上。1973 年，日本政府出台了《石油供求合理化法》《安定国民生活临时措施法》等确保能源供应和分配的措施。同时调整产业政策方向，一是促进高能耗行业从扩张向集约转型；二是大力发展加工业，摆脱经济发展对能源的依赖；三是发展包括节能技术在内的高技术产业。

1978 年"特安法"公布，标志着钢铁等行业被认定为萧条行业。石油危机造成能源价格暴涨、世界性需求不振，再加上发展中国家的追赶，包括钢铁在内的传统行业，迅速进入衰退期。日本政府于 1978 年 5 月制定了《特定产业安定临时措施法》，简称"特安法"。"特安法"规定平炉电炉炼钢业、炼铝业、合成纤维业、造船业等制造业为"结构性萧条行业"，日本政府将协助行业处理过剩设备。

"特安法"和其他政策条款下，日本政府对过剩行业设备的处理方法包括：（1）设备注册制度。对现有设备和生产品种进行摸底，限制非注册设备和新增设备的生产。（2）制定准入标准。过剩行业新企业的组建，需要满足一定的产能门槛。（3）淘汰落后设备。要新增设备必须先淘汰一定的旧设备。（4）实行政府补偿。政府出资收购过剩设备，然后予以报废。（5）鼓励使用节能设备。由政策性银行提供低息贷款，推广节能设备的使用。此外，日本政府设立萧条基金，对由于设备报废而产生的借款提供信用保证。

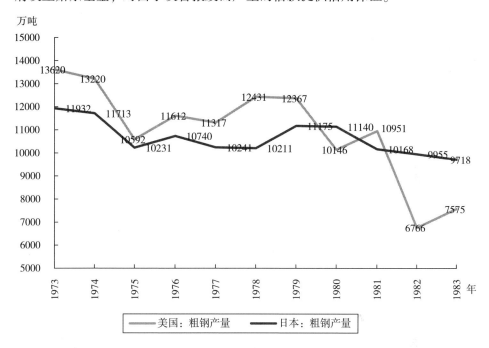

资料来源：worldsteel.com，华泰证券研究所整理。

图 9-19 日本粗钢产量 vs 美国粗钢产量（1973—1983 年）

同时，日本政府积极干预受萧条行业影响较大的群体和地区。针对产业调整中可能产生的失业和地方经济衰退问题，日本政府还出台了《特别萧条地区产业离职者临时措施法》《特定萧条地区离职者临时措施法》《特定产业结构改善临时措施法》等政策。针对失业者的措施包括（1）对失业者进行再就业培训；（2）雇佣特定产业、地区的失业者，日本政府对企业提供雇佣开发补助费；（3）延长失业保险金等。针对衰退地区的措施包括（1）支持过剩行业就地转产；（2）提供转型企业维持生产的低息紧急贷款；（3）对特定企业退还法人税、所得税、提供企业诱导补贴等。

成为萧条行业的日本钢铁产量缓慢下降，钢铁行业价格条件好转。"特安法"下的日本钢铁行业，终于自高速扩张进入衰退期。不过在之后的时间里，日本钢铁产量基本维持稳定，也没有出现大幅下行。到1983年，日本粗钢产

量降至 9718 万吨，较 1973 年的高峰下降了 19%，即产量年化降幅仅为
1.9%。作为日本钢价的替代变量，同期钢铁行业 PPI 累计上升了 71%。不过，
PPI 上升不仅仅是去产能的影响，PPI 回升是外部冲击、经济转型和行业发展
变化三者合力的结果。

在总产量稳定的背后，是先进产能逐步替代落后产能，日本钢铁的国际竞
争力依旧在提升。到 1979 年，世界最大的 10 座高炉中，日本占有 7 座。至
1982 年，日本粗钢产量超过美国，成为全球第二大钢铁生产国，仅次于苏联。

表 9-3　　　　**日本粗钢产量（按生产工艺分解）**　　　　单位：万吨

年份	平炉法	吹氧转炉法	电炉法	总计
1974	155	9469	2089	11713
1975	110	8443	1678	10231
1976	49	8689	2002	10740
1977	38	8243	1960	10241
1978	0	7975	2236	10211
1979	0	8537	2638	11175

资料来源：《日本的产业政策》（小宫隆太郎），华泰证券研究所整理。

1.4.3　欧洲共同体 20 世纪 70 年代末钢铁去产能

和日本同期遭遇的外部冲击一致，西欧的粗钢产量在 1974 年达到峰值后，
即陷入严重的钢铁危机，产能过剩、需求萎缩。欧洲共同体国家政府采取了多
项措施来化解西欧产能过剩，应对钢铁危机。

1977 年欧洲共同体出台"达维尼翁计划"，限制钢铁降价，去化钢铁产
能。欧洲在 1976 年提出在欧洲共同体范围内确定钢铁产品价格指导方针来防
止恶性竞争和抵御需求萎缩，并在此基础上于 1977 年提出了"达维尼翁计
划"（Davignon）。该计划规定了钢筋最低出售价格，还提出了等量置换和减
量置换的建议，即每增加一吨产能就要有相当的产能或更大的产能被淘汰，以
防止产能扩张。

在这一计划的指导下，欧洲共同体开始限制各成员国的粗钢产量，规定了
最高总产量限额和欧洲共同体成员国内大多数品种钢材贸易量最大限额；建立
最低价格机制，评估钢铁企业竞争力，完善钢铁行业补贴制度。政府补贴主要
用于设备升级与安置工人，以大幅削减钢铁产能，提高行业和企业竞争力。
1978 年之后，补贴大部分被用于建立替代性行业和转岗员工培训。在针对限
制进口方面，欧洲共同体还与其 15 个主要钢材进口来源国（占进口钢材总量

的75%）达成了"自愿限制协议"。该协议对从欧洲自贸成员国之外的国家进口钢材数量进行了明确限额，对进口价格也做了明确规定。

1.4.4 钢铁去产能与PPI、钢铁板块股价的互相作用：以日本为例

日本在20世纪70年代末出现的通胀实际上是外部冲击、经济转型和行业发展变化三者合力的结果。自1978年日本钢铁产业逐渐成为萧条行业以来，日本的PPI和CPI确实出现了明显上升的趋势。但从之前石油危机的历史表现以及钢铁行业PPI波动小于全行业PPI的现象来看，钢铁行业价格上涨并非PPI指数大幅上扬的首要因素。貌似"去产能"引起的通胀，实际上有外部冲击、经济转型和行业发展变化三个方面的原因。

输入型通胀是解释钢铁行业波动的关键变量。从产能数据来看，作为"特安法"规定的萧条行业，日本钢铁行业在1978—1983年产能一度继续着惯性扩张，但扩张速度已经放缓。在这一阶段中，钢铁行业景气出现先强后弱的走势。

表9-4　　油价和PPI走势不同阶段下粗钢行业景气明显不同

	原油价格	PPI定基	粗钢产量	粗钢库存	产能利用率	新日铁股价	神户制钢股价
1978年1月至1980年5月	+162.7%	+20.1%	+20.7%	-32.3%	+17.2%	+39.6%	+90.0%
1980年6月至1981年6月	-2.4%	-17.7%	-11.8%	19.6%	-12.5%	+53.7%	+35.4%

资料来源：Wind，华泰证券研究所。

结合钢铁行业数据与通胀数据，可以看到，1978年之后的钢铁行业表现以及拐点，均与通胀走势密切相关。从1978年1月到1980年5月，原油价格大幅上升，导致日本PPI持续走高。在这一阶段，钢铁行业实际上是比较景气的，具体表现为粗钢产量上升、粗钢库存下降、产能利用率上升；而从1980年6月到1981年6月，PPI从高点回落，钢铁行业才展现出萧条的特征，具体表现为粗钢产量下降、粗钢库存上升、产能利用率下降。

日本钢铁行业的产能去化较慢，在去产能政策推出初期到产能真正拐点之前，钢铁行业股价迎来了三波上涨行情，且涨幅明显优于大盘。1974年10月至1978年底，钢铁股的表现是弱于大盘的。1978年12月开始，即"特安法"公布半年之后，钢铁股的走势发生明显好转，1978年12月至1981年8月，新日铁住金和神户制钢两家公司的股价有三次明显上涨。在此期间，新日铁住金

股价涨幅为 95.7% ，神户制钢股价涨幅则高达 122.9% ；与此同时，日经 225 指数从 5967 点缓慢上升到 7816 点，涨幅仅为 40% 。

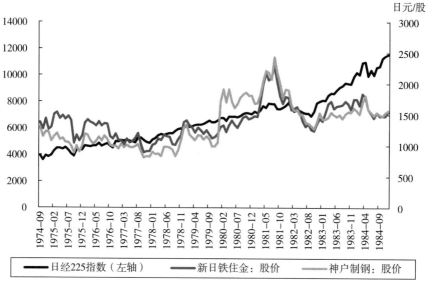

资料来源：Wind，Bloomberg，华泰证券研究所。

图 9 - 20   去产能前期日本钢铁行业股价迎来三波上涨行情

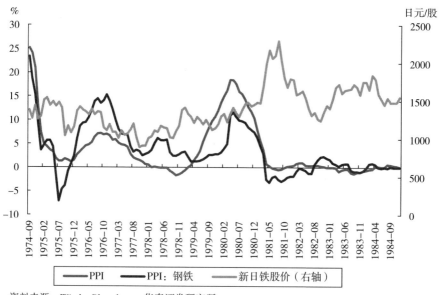

资料来源：Wind，Bloomberg，华泰证券研究所。

图 9 - 21   去产能前期钢铁股走势和 PPI 较为一致但具有一定滞后

资料来源：Bloomberg，华泰证券研究所。

图9-22　产能拐点前夕，钢铁股迅速下跌

去产能前期 PPI 走势与 PPI 钢铁分项走势较为一致，股价走势则具有一定的滞后。PPI 同比和 PPI 钢铁分项同比大幅上涨分别开始于 1979 年 3 月和 1980 年 4 月，而新日铁住金股价最大涨幅（即第三波上涨）则开始于 1981 年 3 月。

产能拐点前夕，钢铁股曾迅速下跌，随后的表现显著弱于大盘。从 1981 年 8 月开始，钢铁股出现了持续下跌。1981 年 8 月至 1982 年 9 月，新日铁住金和神户制钢股价跌幅分别为 40% 和 36.2%，跌幅远高于大盘。从 1982 年 9 月开始到 1984 年底去产能结束，钢铁股走势基本保持平稳，新日铁住金股价涨幅为 14.8%，神户制钢则为 15.4%。与此同时，日经 225 指数从 7123 点大幅上涨为 11543 点，涨幅高达 62.1%。

1.5　环境污染与单位能耗的国际比较

1.5.1　我国环境保护滞后于经济发展

我国环境污染问题复杂且紧迫，政府近年来加大了环保力度。根据环保部发布的《2016 年环境状况公报》，环境空气质量达标的城市仅占全国全部城市数的 24.9%，饮用水源也有约 10% 不达标。除此之外，土壤污染成为全国工业城市基地遗留的尖锐问题，生态环境被破坏的速度也远高于自然生态修复速度，其恶化趋势也未能扭转。因此，绿色发展和推动自然资本大量增值已然成为政府发展经济一再强调的重点目标。目前我国环境保护还处于发展的初级阶段。近年来政府为解决突出的环境问题，不断完善环境保护政策法律法规体系，同时加快调整产业结构，逐步减小我国对能耗产业的依赖程度。

表 9-5   近年来环保立法加速

年　份	环保法令
2013	《大气污染防治行动计划》
2015	《水污染防治行动计划》
2015	新《环境保护法》
2016	新《大气污染防治法》
2016	《土壤污染防治行动计划》

资料来源：《2016 年环境状况公报》，华泰证券研究所。

环境污染与经济发展往往呈现倒 U 形关系，即环境库兹涅茨曲线（EKC）。环境库兹涅茨曲线是由诺贝尔经济学家库兹涅茨于 1955 年提出的库兹涅茨曲线引申而来的，在学术界获得了相对广泛的肯定。类比经济发展与收入差距变化的倒 U 形关系，经济增长（人均 GDP）与环境污染程度也存在相应的倒 U 形逻辑：当一个国家经济发展水平较低的时候，环境污染的程度较轻且会随着经济发展程度而加剧；但是当经济发展到达一定水平——库兹涅茨曲线的"拐点"之后，环境污染程度会随着经济的发展逐渐得到改善。

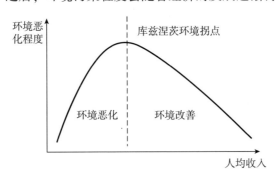

资料来源：华泰证券研究所。

图 9-23　环境库兹涅茨曲线（EKC）

1.5.2 中国硫氧化物和氮氧化物排放落后发达国家20~30年

从硫氧化物和氮氧化物人均排放量来看，中国和英美日等发达国家均已经进入 EKC 曲线的右侧下滑区域。因为 EKC 曲线的局限性在于它只研究特定的环境污染物，比如大气污染物中的二氧化硫；所以以 EKC 特征明显的二氧化硫（SO_2）和氮氧化物（NOx）为环境污染程度指标，美国、英国和日本等发达国家和中国在大气污染 EKC 曲线上均已经进入右侧区域。尽管作为仍处于工业化进程中的中国目前 EKC 整体表现不显著，但难以否认 EKC 是不同经济发展阶段收入与环境关系的基本轨迹。

中国相比英美日等发达国家进入 EKC 右侧通道晚 20~30 年。在二氧化硫 EKC 上，中国比英美日晚了近 30 年才走到拐点；而当中国在 2006 年达到二氧化硫排放峰值时，其二氧化硫排放量约为 2589 万吨，和美国拐点数值（2804万吨）差距不大。而在以氮氧化物衡量的 EKC 上，中国 2012 年拐点处的氮氧化物排放量为 2338 万吨，略低于美国拐点处氮氧化物的排放值（2534 万吨）。

表 9 – 6　　　　　　　　　中美两国硫氧化物峰值年份

	人均 SO_2 排放峰值时间	SO_2 排放峰值（吨）	当年人均 GDP（美元：现价）
美国	1974 年	2804	7242
中国	2006 年	2589	2099

资料来源：世界银行，华泰证券研究所。

表 9 – 7　　　　　　　　　中美两国氮氧化物峰值年份

	人均 NOx 排放峰值时间	NOx 排放峰值（万吨）	当年人均 GDP（美元：现价）
美国	1994 年	2534	27777
中国	2012 年	2338	6188

资料来源：世界银行，华泰证券研究所。

1.5.3 中国环境库兹涅茨曲线的整体拐点将很快到来

横纵坐标方面均反映中国环境库兹涅茨曲线即将迎来拐点。从横坐标来看，格鲁斯曼和克鲁格（1995）提出 EKC 曲线时发现，曲线的拐点实际上会因为污染物指标的不同而有所差别，但大多数国家在人均 GDP 8000 美元之前达到拐点。2016 年中国人均 GDP 达到 8123 美元，正处于上述拐点人均 GDP

值域附近，应该紧邻或已经出现拐点。

再从纵坐标来看，根据上述数据和现存研究，在 EKC 曲线研究局限性背景下，中国的一些主要污染物排放总量已经进入下行通道；主要大气污染物二氧化硫和氮氧化物已经分别在 2006 年和 2012 年就出现了拐点，而二氧化碳的排放量虽然还未出现峰值，但中国政府向《联合国气候变化框架公约》提交了二氧化碳排放 2030 年左右达到峰值并争取尽早达峰的目标，二氧化碳的排放量预计可能会进入下行通道，所以主要大气污染物的叠加总量应该将在未来几年内达到峰值。

综合 EKC 曲线的横纵坐标，中国人均 GDP 刚刚越过多数国家 EKC 曲线拐点出现时的经济发展水平，而大气排放量也马上会迎来总体叠加峰值，加之政府大力度的新环保体制出台，在中国经济的新常态下，国民对环境保护的意识和认知加强会进一步推动环境库兹涅茨曲线拐点的到来。

1.5.4 中国单位 GDP 能耗相当于发达国家 20 世纪 80 年代的水平

我国单位 GDP 能耗近 35 年来呈下降趋势。单位 GDP 能耗是反映国家能源利用总体状况的能源效率指标，其下降幅度越大代表我国低能耗进程发展越快，经济发展的资源环境代价越小。2016 年我国单位 GDP 能耗为 0.61 吨标准煤，同比下降 5%，高于政府预期。国家统计局数据显示，自 1980 年以来，我国单位 GDP 能耗一直处于下降通道中：1980 年到 2002 年单位 GDP 能耗呈线性减小，12 年间下降了 1.75 吨标准煤/万元；2003 年到 2005 年出现小幅上升至 1 吨标准煤/万元，这是因为该时间段内高耗能产业在国民经济中的加速发展；2006 年至 2015 年，在政策导向下，单位 GDP 能耗回到直线下降通道。

中国的单位 GDP 能耗水平相当于全球平均单位 GDP 能耗 1993 年的水平，中等收入国家 2000 年左右的能耗水平，高收入国家 20 世纪 80 年代的水平。尽管截至 2015 年我国单位能耗下降成果显著，但如果将中国置于全球范围的横向比较中，我国单位能耗依然高于发达国家乃至全世界的平均水平。世界银行的数据显示，以 2011 年不变价计算，2014 年全球平均消耗每千克油当量，可创造 7.89 美元的 GDP，高收入国家可创造 8.8 美元，而中国仅能创造 5.7 美元，相当于中等收入国家约 15 年前的创造效率。而同样作为发展中国家的印度早在 1998 年单位能耗就能创造 5.7 美元的 GDP，2014 年消耗同样单位能耗的油当量比中国多创造约 3 美元的 GDP。由此可见，中国单位能耗创造 GDP 的效率相比全球其他国家仍有很大差距。

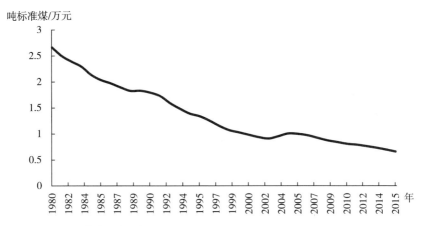

吨标准煤/万元

资料来源：Wind，华泰证券研究所。

图 9 - 24　我国单位 GDP 能耗发展进程

2　利率走势及对估值影响的国际比较

从我国资本市场的历史经验总结来看，在企业盈利驱动的股票牛市中，往往是阶段性牛市、小牛市、慢牛市，如 2009 年时的近 3500 点，但如果是无风险利率下行推动的牛市，却更多是大牛市、强牛市，如 2015 年的 5000 点。为什么中国的无风险利率对股票市场的影响如此显著？从国际比较的视角看，探讨利率与估值之间的相关关系，我们发现中国具有最显著的负估值利率弹性。

2.1　利率是估值的核心

2008 年国际金融危机以后，我国从出口外向型经济 V 形反转至投资内向型经济，当时不仅 GDP 的季度数据实现了 V 形反转，工业增加值、PPI 等实体经济指标也出现了明显的向好，在"四万亿"的强势逆周期调控下，产能开始了一轮扩张。随之而来的是工业企业利润的反映，资本市场股票价格比利润更加提前，中国资本市场在国际金融危机以后率先出现了一小波牛市。

虽然 2008—2009 年货币政策环境也较为宽松，然而是配合财政强刺激所为，即根本原因还是因为"四万亿"引发的供需缺口导致利润提升，这与 2017 年 9 月的情况有很大相似，只不过彼时是扩大需求，此时是收缩供给，结果都是供需缺口导致的利润提升。从数据上看，在 2009 年上证指数上扬时，无风险收益率也处于一个上行阶段，这说明是因为经济形势阶段性好转导致投资回报率提升。小牛市的根本原因，还是分子端而不是分母端。

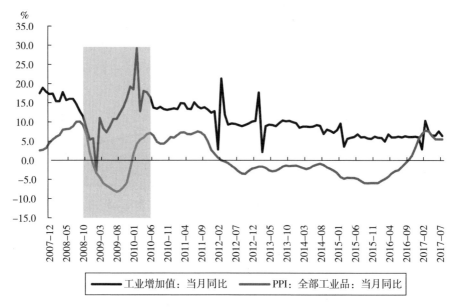

资料来源：Wind，华泰证券研究所。

图 9 - 25 "四万亿"驱动实体经济短期复苏

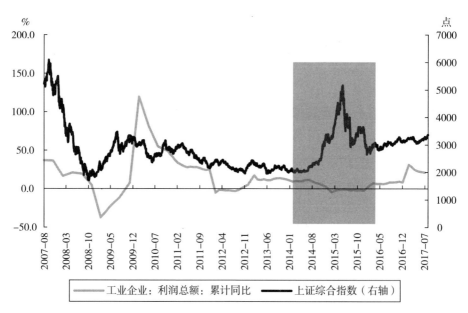

资料来源：Wind，华泰证券研究所。

图 9 - 26 企业利润驱动的 3500 点小牛市

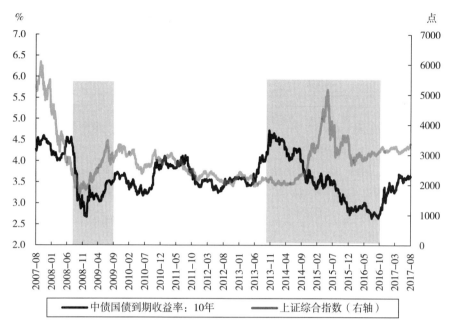

资料来源：Wind，华泰证券研究所。

图 9 – 27   无风险利率下行催生的 5000 点大牛市

2015 年，由于之前为了应对三期叠加的风险，我国稳健的货币政策实际上略显宽松，结果是存量流动性过剩，导致无风险利率（以 10 年期国债收益率表征）出现了长达近 3 年的下行（2013 年 11 月至 2016 年 10 月），无风险利率的下行，对估值的影响显著大于盈利改善催生的小牛市，直接导致了 2015 年的 5000 点大牛市。

为什么会有这种现象呢？横向比较来看，中国是否具有特殊性，或者说中国的股票估值是否对利率最敏感，属于全球最高？出现这种现象的原因是什么？我国的利率环境更像发达国家还是更像发展中国家？中长期会如何演化？本部分将一一展开论述。

从宏观角度研究资产配置的框架，利率有重要作用。对股票估值来说，利率决定了风险成本，进而会影响估值；对债券来说，利率会影响债券到期收益率，通过久期作用，与债券价格形成反向关系。利率是估值的核心，估值又是投资的法门。本部分从国际比较的视角分析我国与其他国家利率条件差别、形成机制异同，以及定量分析对估值的影响。

表 9 - 8　　用利率为轴的框架改进美林时钟，大幅提高分析适用性

利率强上行（一）		经济上行	经济下行	货币政策快速收紧或加强监管
	通胀上行	货币资产	货币资产	
	通胀下行	货币资产	货币资产	
利率上行（二）		经济上行	经济下行	货币政策边际收紧
	通胀上行	大宗商品	货币资产	
	通胀下行	股票	货币资产	
利率下行（三）		经济上行	经济下行	货币政策边际宽松
	通胀上行	大宗商品	债券	
	通胀下行	股票	债券	
利率强下行（四）		经济上行	经济下行	货币政策快速宽松或放松监管
	通胀上行	股票	大宗商品	
	通胀下行	股票	债券	

资料来源：华泰证券研究所。

2.2　国际金融危机之后各国利率由低到高

　　国际金融危机以后，世界主要经济体纷纷采取较为宽松的货币政策来应对经济的过快下滑，总体上处于一轮政策宽松周期。在市场利率表现上，世界主要经济体的国债收益率走势基本表现出较为同步的下行，2013 年前后由于欧洲主权债务危机以及我国防范金融风险严查非标融资的影响，债券收益率有所反弹上行。周小川于 2017 年第一季度在博鳌亚洲论坛 2017 年年会分论坛上，认为："在实施多年的量化宽松之后，许多国家都存在流动性过剩"；"全球货币宽松周期已近尾声"。

　　利率走势上也存在分化：

　　（1）日本一直维持着相对较低的利率，这也导致其在后金融危机时代的应对中更加捉襟见肘，不得不在全球率先进行"负利率"的政策创新。2016 年 2 月，日本国债到期收益率变成负值。

　　（2）中美欧债券收益率在 2011 年以前差异不大，2011 年以后开始出现分化，我国由于为遏制房地产风险、地方政府债务风险等，坚持稳健货币政策，实际执行中虽略显宽松，但并不像欧美中央银行那么激进，导致 2011 年伊始利差开始拉开，并持续至 2017 年 9 月。2017 年中国货币政策修正为稳健中性，政策利率有所抬升，但抬升幅度远小于美联储。一种观点认为目前我国与发达国家的利差是由于发展阶段不同，新兴市场国家与发达国家之间潜在增速的差

异导致。但是，除此之外还有货币政策上不同步的原因，而且这一原因影响
更大。

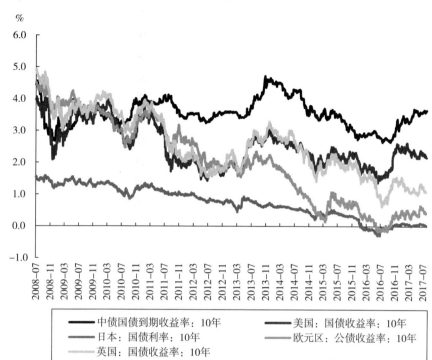

资料来源：Wind，华泰证券研究所。

图 9－28　国际金融危机以后，各国国债利率走势较为同步，总体下行，后期有所分化

（3）2013 年欧债危机爆发以后，为了有效应对而避免欧元区解体，欧洲
中央银行发力，欧元区债券收益率一路下行，直追日本，到 2016 年 6 月时也
出现了公债收益率为负的情况。

（4）2016 年开始，美国率先表现出明显的经济复苏迹象，2016 年下半年
特朗普上台，更是给美国弱复苏的经济，叠加了"基建＋再工业化"的预期，
致使美国国债收益率一路上行，与英国开始出现分化走势，并与中国国债之间
的利差进一步缩小。在特朗普预期被证伪以后，同时我国按照 2016 年底中央
经济工作会议部署大力防风险抑泡沫，促进金融脱虚向实，中美利差又开始
扩大。

与发达国家有所不同，新兴市场国家利率走势更多依赖于自身的经济社会
状态。

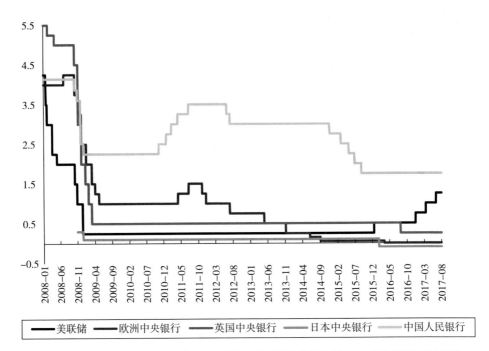

注：图中中国人民银行为基准利率，2015 年以后我国基准利率虽未调整，但政策利率存在调整。

资料来源：Wind，华泰证券研究所。

图 9 - 29　国际金融危机以后各国加息频次、力度逐渐分化，
中国相对更加稳健，美国率先走出阴霾

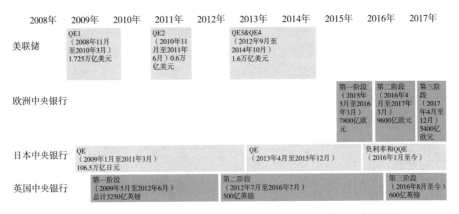

资料来源：美联储，欧洲中央银行，日本中央银行，英国中央银行，华泰证券研究所。

图 9 - 30　国际金融危机以后各国缩表进程不一

（1）印度由于近年来的快速增长，已经逐渐成为新兴市场国家中一种不可忽视的力量，其国债收益率也处于逐渐下行区间，一般来说，在新兴市场国家向发达国家追赶的过程中，经济结构会向发达国家趋同，发展速度也会逐渐慢下来，资本回报的潜在增速逐渐下降，印度就处在这个区间。

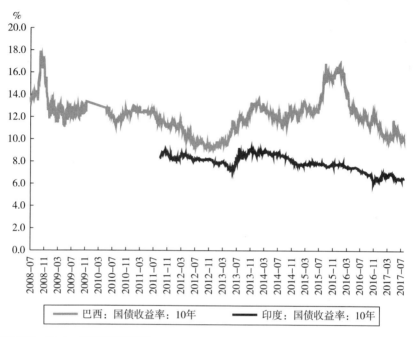

资料来源：Wind，华泰证券研究所。

图 9 – 31　新兴市场国家国债收益率更多取决于自身的经济社会状态

（2）巴西是典型的资源品出口国，在 2015—2016 年全球主要经济体为应对国际金融危机以后的经济二次探底，放松货币政策从而导致利率进一步下行时，经济下行对出口需求减弱，导致了对资源型新兴市场国家巨大的冲击，巴西同时由于举办重大活动（2014 年世界杯、2016 年奥运会）透支了财政，腐败问题、党争问题接踵而至，其间不断遭遇国际评级机构下调主权评级，国债收益率逆势走高，最高时超过了 16.5%。

2.3　我国利率环境更贴近于发达国家

我们可以划分为四种利率水平进行比较。第一是国债到期收益率，一般用来衡量长期资金成本中枢，既是整个资本市场的无风险利率衡量，也是一个国家中长期潜在增速的反映，是资本市场资金成本蕴含信息最多的指标。第二是政策利率，即央行决定加息还是降息的利率，是央行对商业银行进行资金融出的成本。第三是同业之间的拆借利率，也就是金融机构之间的短期往来借款的资金成本，是短端市场利率的反映。第四是贷款利率，是实体经济从金融机构获得资金的成本，是实体经济融资成本的反映。

2.3.1 国债到期收益率：我国向发达国家日渐趋近

按照世界银行的数据，我国在 2016 年人均 GDP 仍处于 8000 美元左右的水平，与俄罗斯、印度、巴西等新兴市场国家位于同一区间，但如果按照经济总量来说，我国已经稳居世界第二，与美国、日本、英国、德国等位于同一区间。那么问题是：如果看利率水平和资本市场环境，我国是更像发达国家一些呢，还是更像新兴市场国家一些？按照经济学基本理论，根据费雪公式（Fisher's Identity），$i = r + \pi$，即利率等于实际利率与通胀之和。对一个一般的柯布—道格拉斯生产函数 $F(K,L)$ 而言，长期来看，实际利率（r）等于均衡条件下的边际资本产出（MPK），即

$$r = MPK = \frac{\partial F(K,L)}{\partial K} = \frac{\partial (A K^\alpha L^{1-\alpha})}{\partial K} = A \left(\frac{L}{K}\right)^{1-\alpha}$$

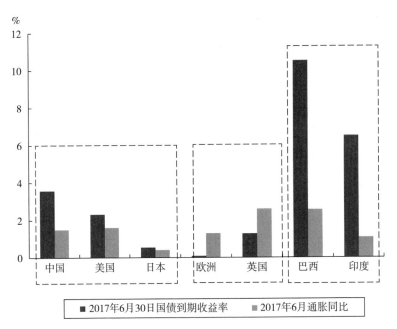

■ 2017年6月30日国债到期收益率　■ 2017年6月通胀同比

资料来源：Wind，华泰证券研究所。

图 9 - 32　我国国债到期收益率的水平实际上更贴近于发达国家，如美国、欧洲、日本这样的经济体

由边际产出的全导数

$$dr = dMPK = K^{\alpha-1} L^{1-\alpha} dA + A(1-\alpha)K^{1-\alpha} L^{-\alpha} dL - A(1-\alpha)K^{\alpha-2} L^{1-\alpha} dK$$

可知实际利率与（1）技术进步增长正相关，（2）劳动力增长正相关，（3）资本增长负相关。

本质上说，剔除通胀因素之外，名义利率会更多地反映了一个经济体的长期潜在增速（技术进步和劳动力积累），在新兴市场国家向发达国家追赶的过程中（资本积累），长期资本回报会趋于下降。所以我们从 10 年期国债到期收益率可以看出，巴西、印度等国明显高于欧美发达国家。我国的利率水平，已经更加趋近于发达国家，而且未来会越来越像。从数据对比中可以看出，我国与美国、日本相似度更高，虽然我国实际利率水平仍然显著高于二者，但相对于巴西、印度等相对更高的实际利率水平而言，我国与其已经有显著的不同。欧洲中央银行货币政策仍然滞后于经济复苏进程。

2.3.2 政策利率：中国有时不得不追随美国

我们在图 9 – 30 中已经画出了各国在国际金融危机以后加息和降息的路径，除了中国以外，各国均为政策利率，我国央行自 2015 年 10 月起，不再设置存款利率上限，此后基准利率失去了利率调控的价值，更多地在个人房贷利

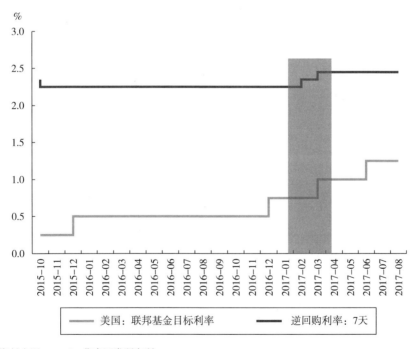

资料来源：Wind，华泰证券研究所。

图 9 – 33　我国政策利率有时不得不跟随美国

率折扣上发挥作用。央行开始转向以政策利率引导市场利率的方式，以 OMO 和 MLF 作为主要操作工具，通过建立"利率走廊"来实现调控，进一步与发达国家调控市场利率的方式接轨。

各国主要发达经济体除美国以外，还处于宽松的尾部，政策利率还未进入加息区间。总体上说，我国政策利率的高低水平更趋近发达国家，虽然仍较高，但相比巴西、印度等新兴市场国家已经显著较低。

由于中国与世界融入日益加深，且与世界第一大经济体美国的进出口关系、金融市场互动关系日益紧密，国际收支平衡又是重要的最终目标，在政策利率的调整上，我们有时不得不追随美国。美国加息的过程，可能会导致全球资本回流美国，历史上美国几次加息分别造成了新兴市场国家的金融危机。我国为了避免资本流动冲击，有时也需要同步调整政策利率，这种情况在 2017 年上半年表现得较为明显。

2.3.3 拆借利率：中国相对高一些，导致期限收益率曲线更平坦

发达国家资本流动相对自由，形成了规模较大的离岸国际货币市场，以伦敦同业市场最具代表性，从 LIBOR 隔夜拆借利率来看，发达国家的拆借利率较低。

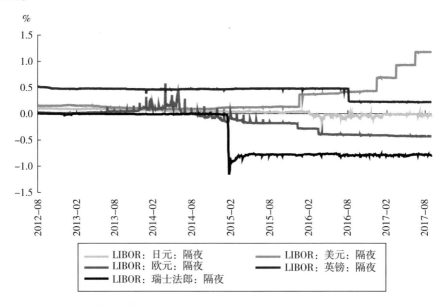

资料来源：Wind，华泰证券研究所。

图 9-34 发达经济体的隔夜拆借利率很低，其中美国最高

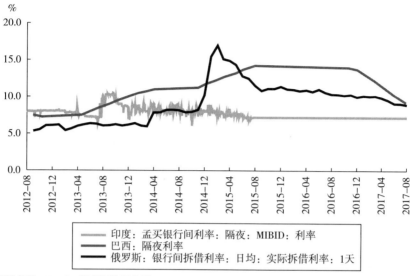

资料来源：Wind，华泰证券研究所。

图 9 – 35　印度、巴西、俄罗斯拆借市场利率较高，未形成成熟市场

对于其他国家，或者由于国民经济体量较小，或者由于金融市场体系不完善，并未形成一个完整有效的货币拆借市场，但各国内部银行之间也有拆借利率。总体上处于较高水平，与发达国家存在明显差距。

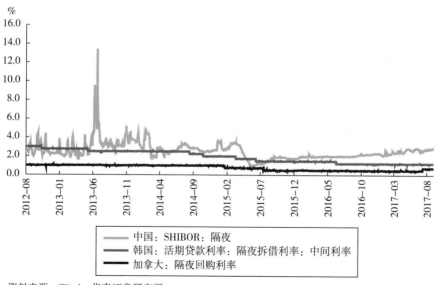

资料来源：Wind，华泰证券研究所。

图 9 – 36　我国拆借利率显著高于发达经济体，与韩国、加拿大差距小些

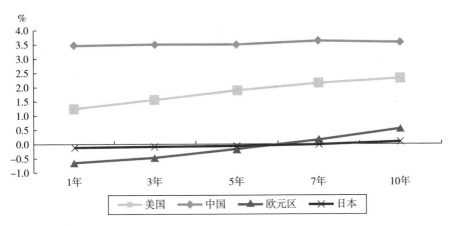

资料来源：Wind，华泰证券研究所。

图 9 – 37　我国国债利率期限曲线相对发达国家更为平坦（2017 年 6 月 30 日）

　　人民币的拆借市场主要是上海同业间市场和香港离岸市场，又以上海银行间市场 SHIBOR 利率最具代表性，隔夜拆借利率水平高于主要发达国家经济体，相对来说与韩国、加拿大差距更小，而且相对于国债收益率来说，高出的幅度更大，这也就导致我国债券收益率曲线趋于更加平坦。可能的原因在于我国金融市场的发展滞后于经济水平的发展，从长期来看，随着我国各项事业实现对发达国家的追赶和赶超，未来短端利率下降的幅度可能更大，当然这可能是一个很长期的过程。

　　我国拆借利率还存在一些特殊的地方。市场关注最多、对短端流动性最敏感的指标是 DR007，即存款类金融机构银行间市场质押回购利率。从 2015 年开始，DR007 与 SHIBOR 走势基本一致，SHIBOR 波动更小，有点类似于 DR007 中枢的感觉。

　　关于隔夜拆借利率，还有 R001、GC001、R – 001 等指标。R001 的统计口径是全银行间市场的质押式回购利率，包括存款类金融机构与非存款类金融机构。DR 利率是指存款类机构质押式回购利率，只能以利率债作为质押物。之前银行间市场，尤其是非银行金融机构，一直关注的都是 R001，是因为直到 2016 年第三季度货币政策执行报告中，央行才首次明确强调存款类机构 7 天期质押式回购利率（DR007）的重要性，DR 利率进入公众视野。相较于代表整个银行间市场质押式回购利率水平的 R 利率，DR 利率无论是在绝对水平方面还是在波动性方面都显著更小。上海证券交易所的回购是 GC001（204001），深圳证券交易所的回购是 R – 001（131810），是标准化的市场，但不如银行间市场规模大。

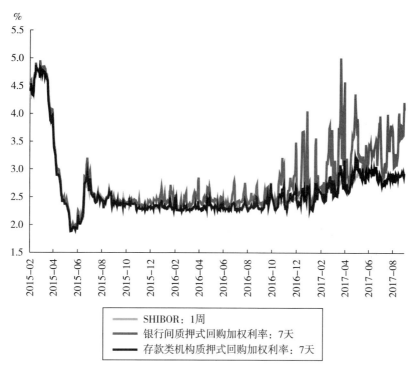

资料来源：Wind，华泰证券研究所。

图 9 – 38　我国的几种拆借利率，波动率 SHIBOR ＜ DR ＜ R

2.3.4　贷款利率：我国与美国差异很小

贷款利率是金融机构向实体经济部门融出资金的成本，在市场经济体制下，金融机构规模大小有区别，企业信用等级也不同，所以贷款利率是一个交易均衡的结果。我们可以采用最低贷款利率或者说最优惠贷款利率相比，来衡量融资成本。最优惠贷款利率是由占市场份额较大的商业银行，给本行信用质量最好的客户订定的基准贷款利率，然后在这一基准贷款利率的基础上，再以加点的形式给信用质量较差的客户进行相应的贷款定价。占有市场份额较小的中小商业银行通常不会自行订定最优惠贷款利率，它们普遍跟随大型银行公布的最优惠贷款利率执行。

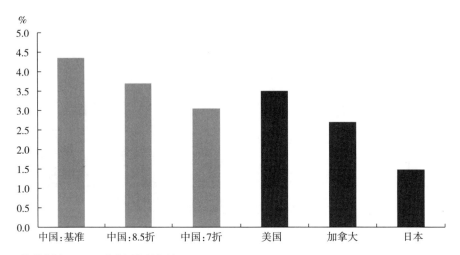

资料来源：Wind，华泰证券研究所。

图 9－39　我国最优惠贷款利率与美国相当（2016 年 2 月）

在 2016 年初的时候，美国、加拿大和日本的最优惠贷款利率分别为
3.50%、2.70% 和 1.475%，而我国由人民银行确定的金融机构人民币贷款基
准利率 1 年以内（含 1 年）为 4.35%、1 至 5 年（含 5 年）为 4.75%、5 年以
上为 4.90%。考虑到我国一些大型国有企业在银行贷款中往往占据优势，实

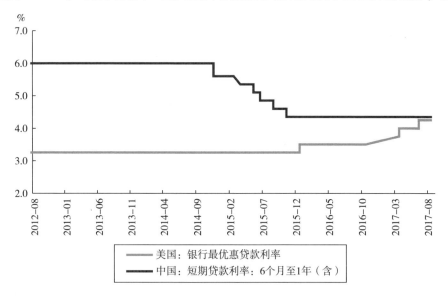

资料来源：Wind，华泰证券研究所。

图 9－40　美国最优惠贷款 2017 年 9 月已经升至与我国基准利率相当的水平

际利率多数下浮，如果下浮30%，即与美国最优惠贷款利率相当。2017年9月，美国最优惠贷款利率已经升至4.25%，与我国基准利率相近。中国虽也有最优惠贷款利率，但是由于央行还公布了贷款基准利率，最优惠贷款利率并没有真正发挥作用。

2.4 无风险利率对估值的弹性——中国具有最显著负向关系

资本市场最关心的是估值，而利率是估值的核心。通过进行利率的国际比较，我们发现，我国股票市场估值对利率最敏感，无风险利率与股票估值之间存在显著的负相关关系，且大小票之间存在分化现象。

一般地，衡量估值用PE，理论计算公式为

$$\frac{P}{E} = \frac{\dfrac{E_1}{1+r} + \dfrac{E_2}{(1+r)^2} + \cdots}{E} = \frac{1+g}{r-g}$$

其中，

$$r = r_f + r_\alpha$$

即公司的资本成本等于市场无风险利率加上公司特定的风险溢价，显然我们可以看出，随着无风险利率的提高，估值应该下降，即会呈现负相关关系。通过我们对世界各国主要资本市场的回归分析，这种规律并不是在每个国家都适用的，特别地，只有中国最显著地体现了这一规律性。

表9-9　　　　　　　　　　中国利率估值弹性最显著

国家	指数	系数	P值	2016年人均GDP（美元）
美国	道琼斯指数（INDU）	0.66	0.173	57467
	标普500指数（SPX）	0.68	0.117	
	纳斯达克指数（CCMP）	8.72	0.000	
德国	法兰克福DAX指数	0.50	0.517	41936
日本	日经指数（NKY）	0.57	0.595	38894
法国	法国巴黎CAC指数	-2.76	0.000	36855
欧元区	欧元区斯托克SX5E指数	-1.58	0.000	34866
俄罗斯	俄罗斯RTS指数	0.40	0.352	8748
巴西	巴西博维斯帕IBOV指数	-1.89	0.759	8650

续表

国家	指数	系数	P 值	2016 年人均 GDP（美元）
中国	中小板	-9.25	0.000	8123
	创业板	-9.14	0.072	
	深圳市场	-8.34	0.000	
	沪深两市	-5.02	0.000	
	沪深 300 指数	-4.99	0.000	
	深市主板	-3.96	0.000	
	上证 A 股	-3.22	0.000	
印度	印度 NIFTY 指数	-2.51	0.000	1709

注：线性回归时，因变量为主要股票市场平均估值，自变量为 10 年期国债到期收益率，控制变量为 PMI。表中阴影部分表示统计上显著。

资料来源：Bloomberg，世界银行，华泰证券研究所。

为什么无风险利率对股票估值会体现出差别呢？主要有以下三个原因。

（1）与按照人均 GDP 衡量的国家发展水平有关。从回归结果可以看出，美国、德国、日本等发达国家并不具有这种关系，而人均 GDP 在 8000 美元左右以下的，利率估值的负相关关系比较显著。如法国这种欧元区中走下坡路的国家也表现出了比较明显的负相关关系。当人均 GDP 比较高了以后，国民财富积累较多，资金规模大导致配置需求增加，所以会首先在股票与债券之间进行权衡。当利率处于下降区间时，理论上应该给股票更高的估值，然而同时债券的估值也在提高，可能会分流出配置资金，受资金追捧少的股票估值就不会提高，正反两方面综合作用导致相关关系并不显著，对美国而言，纳斯达克估值与利率呈现显著正相关关系也支持了这一论证。对于以人均 GDP 衡量的发展中国家，国民财富积累有限，股票以散户为主（我国最为典型），利率估值相关性最强。

（2）与对利润增速预测的主观程度有关。与印度相比，为什么我国负相关系数大而且更为显著？主要是与对利率增速预测的主观程度有关。我国资本市场更擅长"讲故事"，对未来利润主观预测乐观程度更高，这就导致估值对利率的敏感性增强。从另一个角度也可以佐证，即我国股票市场中，中小板指数、创业板指数估值对利率的敏感性最强最显著，这也是因为中小盘股票中利润增速预测的主观程度最强。

（3）与一个国家经济结构的完善程度有关。对于其他新兴市场国家，如巴西、俄罗斯，这种利率估值的负相关关系表现得并不明显，这是因为这些国家的经济结构过于单一，是典型的依赖大宗商品出口而维持经济增长的国家。如同重资产行业更多地看 PB，一般性企业更多地看 PE 一样，可能估值模型本身在这些国家的适用性就要打折扣，所以相关关系也不显著。

我国利率对股票估值的负相关性最明显，所以无风险利率转向将成为股票市场风格转换最为确认的标志。

估值模型中的分子，不仅有无风险利率，还会受到市场风险偏好的影响。根据资本资产定价模型（CAPM）

$$r = r_f + \beta(r_m - r_f)$$

当市场风险偏好提升时，要求的市场风险溢价（$r_m - r_f$）降低，也导致公司的资本成本降低，同样会促进估值提升。

2.5　利率视角下，股债转换的临界点——中美比较

对于同一家企业，发行股票和发行债券是两种不同的融资方式，抛开财务、管理权稀释等问题，本质上融资方式本身应无差别。换句话说，同一家公司的股票估值和债券估值应该是趋同的。我们研究发现，在大部分时间趋同的同时，在无风险利率变动的时期，股债之间还存在着轮动替代。

PE 是每股价格/每股盈利，或者是一项权利的价格除以一项权利未来每年的收益，对债券来说，到期收益率相当于一项价格为 100 的权利未来每年带来的收益，所以我们可以用到期收益率的倒数来观察债券估值。

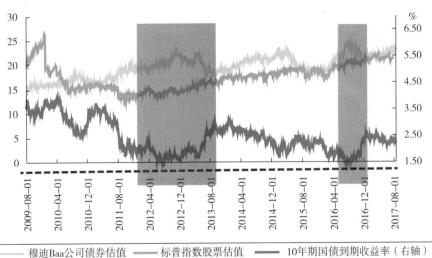

穆迪Baa公司债券估值　　标普指数股票估值　　10年期国债到期收益率（右轴）

资料来源：Bloomberg，华泰证券研究所。

图 9－41　美国股债估值的无风险利率临界点在 2% 左右

通过观察美国的历史数据，发现穆迪 Baa 评级的公司债券与标普指数的股票估值走势较为一致，但在无风险利率低于 2% 左右的水平时，债券估值显著高于股票估值，而在无风险利率高于 2% 左右的水平时，债券估值又下降，与股票估值之间差异变小。

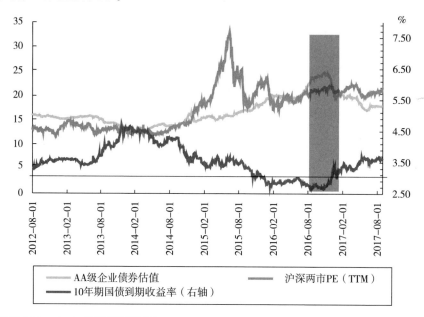

资料来源：Wind，华泰证券研究所。

图 9 – 42 我国股债估值的无风险利率临界点在 3% 左右

我国的数据特征更加明显，不过临界点提升到 3% 左右的水平。我们发现，在利率股票估值弹性的问题上，我们更像发展中国家，而在股债估值之间孰高孰低的转换上，我们又更像美国这样的发达国家。这可能与我国资产在居民之间分布的不均衡有关，一方面我国的股票市场仍然以散户居多，另一方面已经出现了很多大体量的资金，配置需求较大，需要在股债之间进行权衡取舍。

3 全球央行货币政策是同步的吗

2017 年 11 月 2 日，英格兰银行（英国中央银行）决定加息 25BP 至 0.5%，用于应对通胀目标。英国加息的同时，欧洲中央银行在 2017 年 10 月的货币政策会议上决定缩减购债规模至每月 300 亿欧元，美联储关于美国经济表现的用词也越来越乐观，未来全球货币政策转向收紧概率较大，央行的货币政策同步性也展现出较为一致的步伐。本部分我们将从央行货币政策协同性的角度入手，研究央行之间的货币政策是否同步以及内部的决定机制是什么。

3.1 主要经济体有着较同步的货币政策趋势

无论是崇尚自由主义的货币学派还是运用泰勒规则的新凯恩斯主义，经济学界没有人会否认货币对一国经济的重大影响。弗里德曼将大萧条的原因归结为流动性挤兑下造成的通货紧缩。研究全球主要中央银行货币政策的协同性，提供了一个研究我国货币政策的外部视角。

中央银行之间货币政策的协同

主要经济体有着较同步的货币政策趋势。在经济全球化的今天，经济领域，各国深度参与经济产业链的分工与协作；金融领域，金融结构化产品带来了资本的全球配置与多层嵌套。往往某大国的经济金融市场环境遭受冲击便会波及其他各大经济体，各国决策部门间的协调合作需求日益加强，以求共同维护国际金融市场的稳定发展，G20 财长和中央银行行长会议的推行就是这一趋势的重要体现。图 9 - 43 显示了自 1999 年欧元启动至今，全球主要中央银行的基准利率水平，从中可以看出，主要经济体有着较同步的货币政策趋势

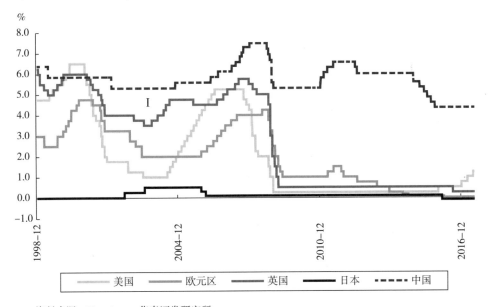

资料来源：Bloomberg，华泰证券研究所。

图 9 - 43 1999 年以来全球主要中央银行基准利率回顾

（其中日本中央银行的货币政策与其他中央银行的货币政策较为不同，日本因人口老龄化等因素出现了经济的长期下行与通货紧缩，故日本中央银行在较长时期内都采取扩张性的货币政策）。

3.2 中央银行货币政策协同性分析

1999 年欧元启动，欧盟（英国除外）基本货币政策一体化；2001 年中国加入 WTO，自此深度参与全球产业链的分工与合作，经济全球化在 21 世纪出现了跨越式发展。紧密的经贸关系与金融活动要求各国中央银行加强协调与合作，下面梳理了 1999 年至今全球主要中央银行的货币政策，并考察中央银行间的协同特征。结论就是货币政策短期可以出现背离，中长期会趋于一致。

3.2.1 中央银行货币政策同多于异

市场化经济体和中国的货币政策调控工具存在区别，发达经济体主要采用价格型货币政策调控体系，而我国货币政策框架逐步由数量型向价格型调控转变，但是当前依然是以数量型货币政策为主。

发达经济体中央银行的货币政策工具主要通过公开市场操作调控基准利率，再通过利率传导至各期限品种，间接调控实体经济的融资成本。在金融危机等特殊时期，中央银行还会运用量化宽松，通过资产购买的方式向市场注入流动性。故我们以基准利率变动作为发达国家货币政策的指向性工具。由于中国利率市场化发展尚未完成，人民银行货币政策的主要工具是规定存贷款基准利率和法定准备金率等，从量价两个方面直接调控宏观经济。

2015 年以前，中国长期处于国际收支顺差，基础货币以外汇占款的形式被动投放，准备金调整不仅反映货币政策方向，也是冲销外汇占款流入的方式。2015 年以后，中国外汇占款开始下降，使央行重新获得主动调控货币松紧的功能。通过再贷款、PSL、MLF、SLF 等工具投放基础货币，形成新的货币政策调控体系。即 2015 年以前我们以存贷款基准利率辅以准备金率变动作为人民银行货币政策的指向性工具，2015 年以后我们以存贷款基准利率和政策利率变动作为人民银行货币政策的指向性工具。

我们将 1999 年以后的人民银行的货币政策分为四个阶段：1999 年至 2000 年，2001 年至 2009 年，2010 年至 2015 年，2016 年至 2017 年底。

1999 年至 2000 年，中国与主要发达经济体的货币政策出现分化。第二次世界大战之后国际货币体系赋予了美元贸易结算和国际储备货币的功能，因而美元的流动性对全球经济有着重要影响，可以说每一次美元周期都伴随着全球市场，特别是新兴市场的波动。20 世纪 90 年代中期至 2000 年，互联网广泛商

用带动美国经济景气度上升，美元进入加息周期，资本回归美国。靠外资维持
发展的东南亚各国备受压力，并最终发展为亚洲金融危机。俄罗斯也深陷其
中，欧美金融市场也出现了大幅波动。美联储紧急降息三次至 4.75%，英国
中央银行和欧元区成员国的中央银行不久后也相继降息，向市场注入流动性。
除意大利中央银行下调基准利率至 3.5%，欧元区成员国的中央银行统一将基
准利率下调至 3.0%，为欧元启动营造基本统一的利率水平。1999 年上半年，
欧洲中央银行和英国中央银行分别下调基准利率至 2.5% 和 5.0%。中国人民
银行也在 1999 年初下调准备金率和存贷款基准利率，帮助经济复苏。此次亚
洲金融危机对亚洲经济造成了持续性的影响，但对欧美发达国家经济影响较
小，同年，美国、英国、欧元区重新转向升息通道，而中国维持宽松货币政策
不变。

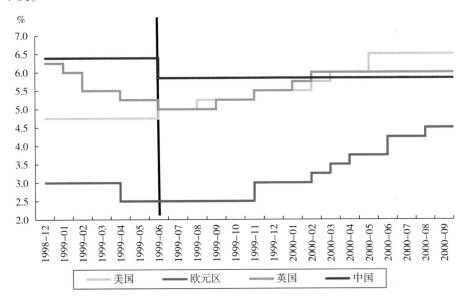

资料来源：Wind，华泰证券研究所。

图 9 – 44　1999—2000 年中国与主要经济体基准利率出现分化

　　2001 年至 2009 年，全球主要中央银行货币政策同步。2001 年美国互联网
经济泡沫破灭，欧美发达国家经济进入下行阶段。美国、英国、欧元区中央银
行相继降息，美联储将联邦基金利率从 2000 年的 6.5% 降至 2003 年的 1%，
英国中央银行将基准利率从 6% 降至 3.5%，欧洲中央银行将再融资利率从
4.75% 降至 2%。中国人民银行也在 2002 年 2 月下调了存贷款基准利率 54BP
至 5.31%。美联储实施宽松的货币政策是为了促进投资和消费，但过低的利

率将资本引入了房地产市场，次级贷款和资产证券化令美国人争相购买房屋，抬高了资产价格。

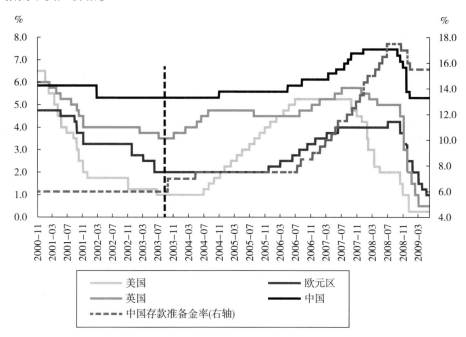

资料来源：Wind，华泰证券研究所。

图 9 - 45　2001—2009 年全球主要中央银行货币政策趋同

　　美联储为抑制通胀和资产价格泡沫在 2004 年至 2006 年持续加息，联邦基金利率从 1% 提高至 5.25%。其他主要中央银行在该时期也提升了利率，欧洲中央银行、英国中央银行、中国人民银行分别抬升基准利率 225BP、225BP、216BP。此外，为应对经常账户和资本账户双顺差下外汇占款的被动增加，人民银行连续提高准备金率，从 2004 年的 7.5% 提升至 2008 年的 17.5%。美国的房地产市场最终不堪高利率压力而泡沫破灭，次贷危机爆发进而演变成席卷全球的金融危机。美国、英国、欧元区在 2008 年底至 2009 年初将基准利率分别下调至 0.25%、0.5%、1%。中国也因对发达国家出口的大幅削减而遭受了经济下行压力，于 2008 年下半年同步降准降息，并推出"四万亿"经济刺激计划，以应对经济失速。

　　2010 年至 2015 年，后金融危机时期各大中央银行货币政策先分后合。国际金融危机后，全球经济进入下行通道，这一时期各大中央银行的重点在于提振经济，均执行低利率的货币政策，具有较高的协同性。仅在 2010—2011 年，由于能源价格高企，输入型通胀导致中国和欧元区出现了一段时期的利率上调，而美国和英国则维持了宽松的货币政策。

2010 年至 2011 年，在降息降准的货币宽松政策和"四万亿"财政政策的双重需求侧刺激下，中国出现了较高的通货膨胀。加之原油价格在国际金融危机后低位冲高反弹，能源价格大大加重了通胀形势，人民银行自 2010 年下半年起多次上调存贷款基准利率和准备金率。而美国和英国由于没有实施强刺激的财政政策，降息和量化宽松对实体经济的提振作用更加温和，通胀率低于中国，且核心通胀率最高分别为 2.1% 和 3.4%，故而维持了低利率和 QE 政策。欧洲中央银行也于 2011 年初温和上调了基准利率，但实际上欧元区通胀并不严重，在小幅紧缩后不久，利率便重新进入下行通道。

2012 年至 2015 年，我国在加息和提升准备金的紧缩作用下，通胀得到有效遏制，与此同时经济下行压力有所增强。人民银行于 2012 年 2 次降准降息，减轻实体经济融资成本压力，引导利率回归至合理区间。欧洲中央银行也于同一时期下调基准利率，并随着欧债危机深化和企业生产动力不足，最终将银行再融资基准利率下调至 0.05%。2013 年中国同业业务快速发展，并出现钱荒，整顿非标及利率快速上升导致经济下行。2014 年底，人民银行再次降准降息，并于 2015 年 3 月下调了居民商住房首付比例。通过房地产及相关制造业设备投资维稳经济增速。

表面上看，2010 年至 2011 年中国和英美的货币政策方向存在背离。然而由于影响经济的是实际利率而非名义利率。在此期间，中国和英美的通胀水平

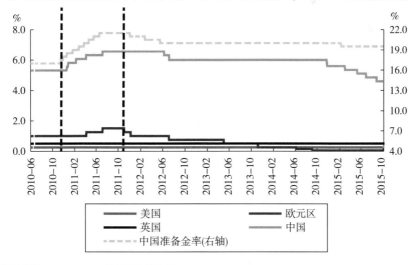

资料来源：Bloomberg，华泰证券研究所。

图 9 - 46 2010—2015 年各大中央银行货币政策基准利率先分后合

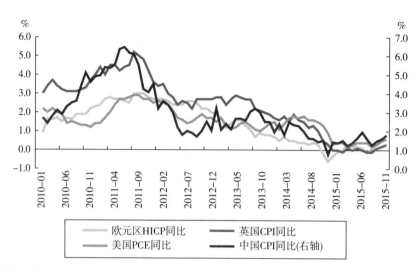

资料来源：Wind，Bloomberg，华泰证券研究所。

图 9 - 47　2010—2015 年能源价格促使全球通胀走高

差较大，故以实际利率（名义利率减去通胀率）来看，中国和英美的货币政策分化并不明显。全球的货币政策均处在后金融危机时期对经济加以扶持的阶段。依靠房地产基建等投资拉动的经济增长，创造了过剩产能，降低了中国的全要素生产率，中国经济进入缓慢下行阶段，同时也滋生出过高的政府负债。央行创造的相对宽松的货币环境，促使金融机构加大了杠杆率。中国实体经济杠杆率和金融杠杆率过高。

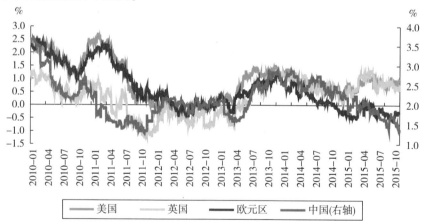

资料来源：Wind，Bloomberg，华泰证券研究所。

图 9 - 48　从各国实际利率的角度看，各大中央银行货币政策较为趋同

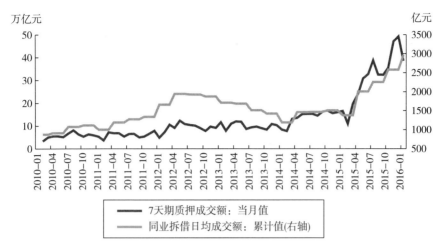

资料来源：Wind，华泰证券研究所。

图 9 - 49　金融杠杆增长迅速

　　2016 年至 2017 年底，中美中央银行"实质"收紧，英国、欧洲中央银行"鸽派"收紧。海外市场中，美国经济从国际金融危机的影响下逐步恢复，经济增速良好。美联储于 2014 年底结束了 QE，并于 2015 年 12 月启动加息，进入利率水平正常化通道。截至 2017 年 11 月，联邦基金隔夜利率上限已经逐步上调。美联储同时决定从 2017 年 10 月开始执行资产负债表正常化操作，美元指数也在该轮美元周期中逐步走高，2016 年底，在特朗普效应刺激下，美元指数最高攀升至 103，全球其他货币，特别是新兴市场国家货币，对美元出现了不同幅度的贬值。进入 2017 年，美元指数出现了特朗普反向交易，逐渐震荡下行，但是美联储加息的预期依然支撑着美元在高位震荡。

　　由于中国此前过度依赖基建、房地产等投资维稳经济增速。在金融领域，也出现了资管产品多层嵌套、杠杆率过高的问题。人民银行等金融职能部门，通过运用货币操作工具和加强金融监管双管齐下，处置经济金融领域的风险。2016 年第四季度，人民银行开始了"缩短放长"的公开市场操作，逐渐抬升了加权政策利率。2017 年上半年，人民银行政策利率加息两次，共计 20BP。

　　2016 年 6 月英国公投脱欧，令本国金融市场遭受冲击，英格兰银行降息25BP，并增加了 QE 规模，向市场注入流动性，以应对因脱欧造成的国内经济下行风险。英国硬脱欧的担忧压低了英镑汇率，输入型通胀使物价水平逐渐超过了中央银行设定的 2.0% 上限。面对通胀和经济增长之间的背离，英格兰银行在 2017 年 11 月决定加息 25BP，用于应对通胀目标。出于对经济增长和英国脱欧谈判不确定性的担忧，英国中央银行行长马克·卡尼认为并不急于进行下一次加息。

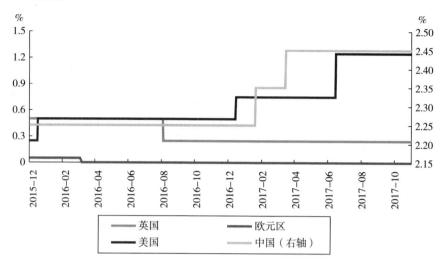

资料来源：Wind，Bloomberg，华泰证券研究所。

图 9－50　2016 年至 2017 年 10 月主要中央银行的基准利率

　　欧元区的通胀和经济增长步调一致，但是摆脱通缩和经济复苏依然需要更多的数据来证实，同时欧洲中央银行还要面对欧元区国家发展不平衡问题，因此欧洲中央银行的收紧货币不是那么的坚定。欧洲中央银行 2017 年 10 月的货币政策会议决定收缩购债计划，由此前的每月 600 亿欧元缩减至每月 300 亿欧元，并决定由 2018 年初开始实施，并至少持续至 2018 年第三季度之前。但是

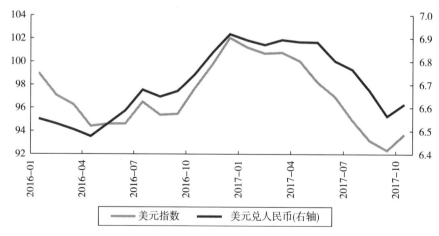

资料来源：Wind，Bloomberg，华泰证券研究所。

图 9－51　美元指数上行回落

欧洲中央银行同时向市场传递了自己对经济和通胀的担忧，一旦经济展望或通胀恶化，欧洲中央银行随时准备扩大 QE 规模或延长 QE 时限。

3.2.2 中美中央银行货币政策的同步机制

发达经济体和中国的货币政策目标有不同之处。全球中央银行货币政策同步本质上是经济全球化的结果。发达国家中央银行的货币政策以通胀和就业为目标，而通胀和就业受经济周期性波动影响，故发达国家货币政策具有较高的同步性；中国人民银行执行多目标的货币政策框架，货币政策更加灵活多变。鉴于中国正在加速融入全球体系，并逐步实施金融开放和人民币国际化，中国的货币政策正越来越和他国政策互相影响，同步性不断加强。

由于美元的贸易金融结算和储备货币性质，美元周期能较好地刻画发达国家的货币政策环境和全球货币体系的运行。为了简化，我们主要阐述中美货币政策的同步机制。货币政策作为调控经济的手段，有帮助经济实现对内平衡和对外平衡两大作用。

表 9 – 10　　　　　　　　货币政策对宏观经济目标的影响

货币政策	内部平衡 产出与就业	内部平衡 物价水平	外部平衡 国际收支
扩张	增加	上行	减少
紧缩	减少	下行	增加

资料来源：华泰证券研究所。

中国货币政策受美国影响大。美国处于全球经济格局的中心地位，且美联储没有平衡国际收支的目标，故其货币政策针对美国国内经济基本面进行调整。中国对外部环境更加依赖，美国货币政策会产生外溢性。由于保障国际收支平衡也是人民银行政策目标之一，随着中国金融开放程度的不断深化，央行货币政策要实现对外和对内"双平衡"，央行在对内平衡与对外平衡无法权衡的时候通常会选择对内平衡。

当中美经济共同上行时，美国执行紧缩的货币政策，中国也执行紧缩的货币政策。在该情况下，有助于抑制需求和经济过热，减轻的通胀水平有利于增加出口，高利率有利于防止资本外流。该情况对应于 2003 年至 2006 年。

当美国经济下行、中国经济（上行）过热时，美国执行宽松的货币政策，中国则执行紧缩的货币政策。在该情况下，有助于抑制需求和通胀，也有助于出口和资本流入。该情况对应于 2007 年至 2008 年和 2010 年至 2012 年。

当中美经济下行时，美国执行宽松的货币政策，中国也执行宽松的货币政策。在该情况下,有助于刺激需求和经济复苏;宽松的货币政策虽不利于外部平衡,但在中美共同宽松下,对中国国际收支的影响并不大。该情况对应于2009年。

表9-11　　　　　　　　货币政策对宏观经济目标的影响

美国经济/货币政策	中国经济	中国货币政策	中国内部平衡	中国外部平衡	对应时期
上行/紧缩	上行	一致/紧缩	有利	有利	2003—2006年
下行/宽松	过热	相反/紧缩	有利	有利	2007—2008年
下行/宽松	下行	一致/宽松	有利	不利	2009年
下行/宽松	上行	相反/紧缩	有利	有利	2010—2012年
上行/紧缩	下行	一致/紧缩	不利	有利	2016—2017年

资料来源:华泰证券研究所。

综上所述,中美经济环境相同时,货币政策方向一致;中美经济环境不同时,若美下中上,中国将不必担心外部平衡,政策方向会落脚在国内平衡;若美上中下,中国将面临内外平衡矛盾,政策方向将取决于央行的目标,以外部平衡为目标则政策方向相同,以内部平衡为目标则政策方向相反。

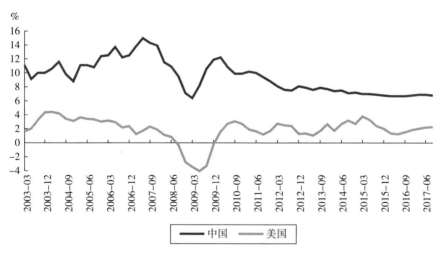

资料来源:Wind,华泰证券研究所。

图9-52　中美GDP同比增速比较

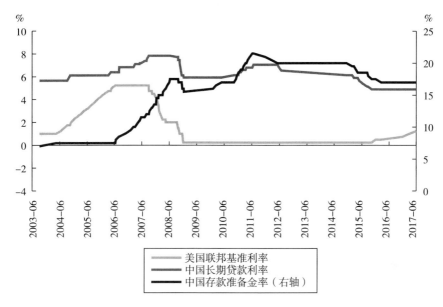

资料来源：Wind，Bloomberg，华泰证券研究所。

图 9 – 53　中美货币政策比较

4　汇率和股债到底啥关系

4.1　汇率是否是资本市场的"新增变量"

2016 年汇率、股票和债券"三杀"的市场讨论依然余音绕耳，人民币贬值导致的股票和债券市场下行波动清晰地展现在了市场面前。汇率是否会成为资本市场的"新增变量"呢？这种汇率和股票、债券之间的传导机制是什么？有没有国际经验可以参考呢？我们通过使用国际比较的方式来研究三者之间的关系，并希望通过梳理能够将我国的情况进行国际横向比较。

4.1.1　使用数据解析

我们选取了中国、美国、日本、韩国 4 个国家以及我国台湾地区进行分析。中国作为世界上第二大经济体，同时也是新兴市场的代表，不可能在世界上找到另外一个和我国类似的可以参考的样本国家。因此，我们选择了高度发达经济体和快速新兴经济体两种样本来进行分类研究，希望能从中找到规律。美国和日本是典型的发达经济体，作为高度发达经济体能够给我国未来的发展稳态提供一定的参考。韩国和我国台湾地区则是曾经的亚洲四小龙，作为新兴经济体并通过一定的快速发展达到了一定的经济发展水平，可以为我国的发展现状提供一定的参考。

(1) 我们选取了样本国家以及地区的股票主板指数，作为股票走势的样本数据。

(2) 对于债券收益率，我们使用了样本国家和地区的 10 年期国债收益率。

(3) 我们使用了市场汇率以及名义有效汇率两种汇率来作为汇率样本数据。

市场汇率：一个国家的市场汇率主要是指该国家本币兑美元汇率。

名义有效汇率：一个国家的名义有效汇率则是根据一个国家的贸易权重进行加权的一篮子货币汇率指数。为什么选取名义有效汇率？第一，有效汇率更能够反映出一个国家的货币篮子价格以及贸易条件水平，相对于单一兑美元市场汇率来说更准确地反映了外向型企业的贸易条件。第二，我们并没有使用实际有效汇率，因为股票和债券都是名义价格，为了数据的可比性汇率也应该含有价格因素。第三，在研究美国的情形时，如果不使用有效汇率则很难找到一个市场汇率来反映美国的情况，美元指数其实也是一种名义有效汇率，为了数据的可比性，我们统一使用国际清算银行（BIS）公布的有效汇率数值。

汇率的使用：我们的样本国家及地区的汇率制度中除了我国之外都实现了自由浮动或者浮动汇率，这些样本的名义有效汇率和市场汇率走势之间的差异并不大，因此在分析除我国之外的样本时，我们仅使用名义有效汇率；在分析我国汇率的时候，我们则会使用两种汇率进行分别分析。

4.1.2　国家间汇率制度安排有哪些不同

汇率水平是一个国家的竞争力重要条件之一，我们总结了样本国家和地区的汇率制度安排，基本上可分为三种类型。第一，自由浮动汇率制度。美国和日本都属于自由浮动汇率制度安排，也不存在资本与金融项目的限制，资金可以自由往来，美国财政部保留了干预美元汇率的权力，但是这一权力几乎没有使用过，因此美元也被认作为自由浮动汇率。第二，浮动汇率制度。韩国和中国台湾地区都属于浮动汇率制度，韩国和中国台湾均保留一定的外汇储备，货币当局保留干预汇率的权力，并在干预汇率之前和之后没有义务公开干预目标和干预量，近期这两个货币当局干预频率较低，可以视为浮动汇率制度。一般情况下，采用浮动汇率制度安排会保留一定的资本与金融项目的限制，韩国需要主动向货币当局申报资金出入申请，货币当局也可以采取主动收紧商业银行的外汇头寸方向和规模等限制手段。第三，肮脏浮动汇率制度。我国当前采用有管理的参照一篮子货币的浮动汇率制度，也就是肮脏浮动汇率制度。货币当局无须事前和事后公告进行外汇市场干预，而且资本与金融项目只有少部分放开。

表 9 - 12　　　　　　　　样本国家及地区的汇率制度汇总

	汇率制度安排	盯住目标	经常项目	资本与金融项目
美国	自由浮动	通胀和就业	无限制	无限制
日本	自由浮动	通胀	无限制	无限制
韩国	浮动 （保留管理权力）	通胀	无限制	很少有限制
中国台湾	浮动 （保留管理权力）	通胀	无限制	很少有限制
中国	有管理的浮动	多目标	无限制	部分放开

资料来源：华泰证券研究所。

4.1.3　汇率安排影响传导效果

一个国家的汇率制度安排以及资本与金融项目的开放程度将会直接影响该国家汇率和股票、债券之间的传导效率。汇率能否自由浮动决定了汇率价格是否能够在短时间内出清，汇率价格是否能够真实地反映市场的预期变化；资本与金融项目的开放程度则决定了汇率决定机制里面经常项目之外的力量占比，以及汇率和资本市场双向影响的广度和深度。

4.2　有效汇率到股票存在单向传导

汇率和股票之间的相关关系主要有流量导向模型以及股票导向模型，流量导向模型侧重于汇率变动对股票的影响，股票导向模型则侧重于股票价格变动对汇率的影响。

我们研究发现，汇率和股票之间存在相互影响的关系，但是由汇率向股票的传导相对清晰，而由股票向汇率的传导则出现了分化，资本账户不设限制的发达经济体会出现双向传导，而包括我国在内的新兴经济体则仅存在由汇率向股票的单向传导。因此，我们在本部分主要总结了汇率对股票的影响，以及根据历史相关性走势对样本国家和地区进行了分类梳理。

4.2.1　发达经济体——负相关

我们发现发达经济体的名义有效汇率和股票指数大多数情况下显现负相关

走势，也就是"汇率升值，股票跌"的走势。日本的汇率走势和股票走势堪称教科书般完美，完美地诠释了汇率对股票的负向影响。美国的汇率走势和股票走势大多数时间遵循这一规律，但是在2014年美联储货币政策正常化的进程开始之后出现了大约1年的背离，在这一段时间美元有效汇率大幅上涨，美股却没有出现明显的反向调整。美国在短时间内出现这一规律的背离，首先，说明由汇率到股票的影响本身来说不是强逻辑；其次，说明美联储在回归货币政策正常化的过程中充分的预期引导弱化了这一本身并不强的关系。

由于美国和日本是自由浮动汇率制度以及完全没有任何资本项目限制，因此我们实证发现股票对汇率的反向传导在发达经济体也成立，但是这一反向关系在东亚新兴经济体却不成立。

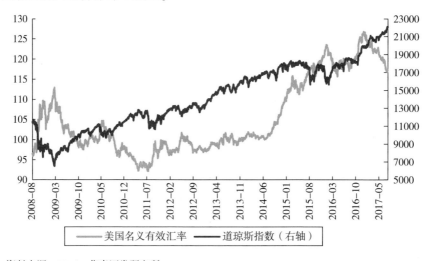

资料来源：Wind，华泰证券研究所。

图 9 - 54　美国汇率与股票除 2014 年之外为负相关关系

由表 9 - 13 可得，美国有效汇率到股指传导路径的格兰杰因果检验 P 值为 0.09，在 10% 的统计水平上显著，因此可以拒绝原假设，认为有效汇率对股指有显著影响。而美国股指到有效汇率传导路径的格兰杰因果检验 P 值为 0.00，在 1% 的统计水平上显著，因此可以拒绝原假设，认为股指变动将引起汇率变动。

表 9 - 13　　　　　发达国家汇率与股指的 Granger 因果关系检验

	原假设	卡方统计量	P 值	检验结果
美国	汇率不是股指的格兰杰因	2.8741	0.090	有影响
	股指不是汇率的格兰杰因	138.6	0.000	有影响

续表

	原假设	卡方统计量	P 值	检验结果
日本	汇率不是股指的格兰杰因	7.2414	0.026	有影响
	股指不是汇率的格兰杰因	233.79	0.000	有影响

资料来源：Wind，华泰证券研究所。

由格兰杰因果检验结果可以看出，日本股指和有效汇率的双向传导路径 P 值分别为 0.026 和 0.00，在 5% 的显著性水平上显著，因此可以拒绝原假设，认为有效汇率和股指间存在着明显的双向因果关系。

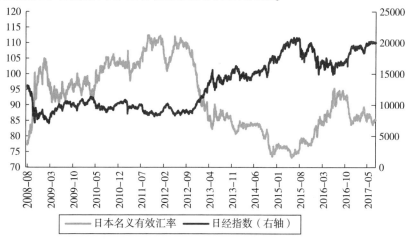

资料来源：Wind，华泰证券研究所。

图 9－55　日本股指与汇率呈反方向变动

4.2.2　东亚新兴经济体——正相关

在我们选取的东亚新兴经济体样本中，韩国和我国台湾地区则表现出与欧美发达经济体完全相反的走势，也即"汇率涨，股市涨"的正相关关系，而且我们的实证发现东亚新兴经济体由股市向汇率的反向传导关系较弱，不存在明显的格兰杰因果关系。

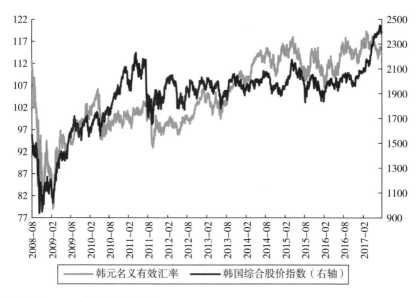

资料来源：Wind，华泰证券研究所。

图 9 - 56　韩国股指与汇率呈同方向变动

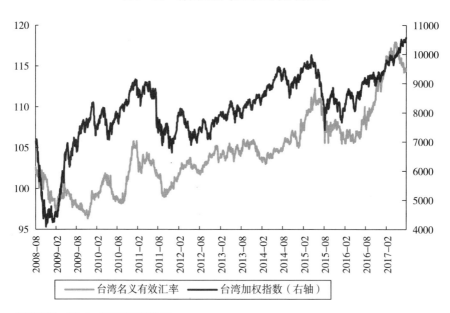

资料来源：Wind，华泰证券研究所。

图 9 - 57　中国台湾地区股指与汇率呈同方向变动

表 9 – 14　　　新兴经济体汇率与股指的 Granger 因果关系检验

	原假设	卡方统计量	P 值	检验结果
韩国	汇率不是股指的格兰杰因	4.7303	0.094	有影响
	股指不是汇率的格兰杰因	0.1588	0.924	无显著影响
中国台湾地区	汇率不是股指的格兰杰因	4.8766	0.027	有影响
	股指不是汇率的格兰杰因	3.9695	0.046	有影响

资料来源：Wind，华泰证券研究所。

由检验结果可以看出，韩国有效汇率对股指的传递路径在 10% 的统计水平下显著，即有效汇率对股指有显著影响。而股指对有效汇率传递路径的格兰杰因果检验 P 值为 0.924，不能拒绝原假设，因此，股指对有效汇率的影响并不显著。

而中国台湾地区有效汇率和股指间双向格兰杰因果检验的 P 值分别为 0.027 和 0.046，可以在 5% 的显著水平上拒绝原假设，因此有效汇率和股指间存在着显著的双向因果关系。

4.2.3　汇率向股票传导的思考

汇率对股票的影响有很多渠道，我们研究认为之所以东亚新兴经济体和欧美发达经济体汇率对股票影响的方向不同，是因为汇率影响流动性、国际竞争力、资产负债重估以及风险情绪冲击这四大方面差异造成的。

第一，汇率影响流动性。东亚新兴经济体虽然多数实现了汇率浮动，但是仍然不是自由浮动，汇率价格的调整并不能快速实现出清，中央银行仍需要维持一定外汇储备来调整汇率水平，势必会对国内流动性产生影响。

第二，国际竞争力。一个国家有效汇率的贬值将会提高这一国家的出口竞争力，货物和服务业竞争力的提高将会直接利好相关企业。

第三，资产负债重估。从企业或者居民全球资产负债的视角来看，汇率水平的变动将直接影响资产负债表，从而影响资产和负债的调整。

第四，风险情绪冲击。新兴市场的汇率水平的大幅贬值将会带来风险情绪传递，汇率大幅贬值将会造成资本的集中外逃，资本外逃会从流动性以及资产价值两方面冲击股票价格。

发达经济体汇率制度的安排决定了汇率变化到股票的传递主要受国际竞争力影响，也就是"有效汇率贬值，提高本国竞争力，股票上涨"的传导途径。发达经济体的汇率大多实现自由浮动，因此汇率变动对流动性影响较小，国际收支平衡主要通过汇率价格出清的方式实现，因此对国内流动性冲击相对较小。而资产负债重估以及风险情绪冲击在出现类似于英国脱欧黑天鹅事件之时也会发挥作用，但是相对于新兴经济体而言受影响程度较小。

新兴经济体主要受流动性和风险情绪两方面影响。东亚新兴经济体汇率制度的安排决定了其汇率到股票的影响方向不同。首先，虽然多数实现了汇率浮动，但是仍然不是自由浮动，汇率价格的调整并不能快速实现出清，中央银行仍需要维持一定的外汇储备来调整汇率水平，中央银行动用储备资产干预汇率的过程势必会对其国内流动性产生影响。其次，东亚新兴经济体中央银行保留了干预权力，这意味着这些国家或地区汇率价格调整存在黏性，市场预期无法快速出清，容易出现一致性预期。以上两方面决定了当东亚新兴经济体汇率出现升值预期的时候，市场无法像发达经济体那样通过价格快速出清，会吸引国际资金流入利好股市，同时中央银行通过干预释放流动性进一步利好股市，流动性的增加降低了市场利率更进一步利好股票估值。

4.2.4 我国处在中间状态

在上面的分析中汇率到股票的影响在不同经济体中方向不同，而这一情况在我国又发生了新的变化。我们在分析样本经济体时曾提出，除我国以外其他样本国家或者地区的名义有效汇率和市场汇率的走势大致类似，可以仅使用有效汇率来进行分析。我国由于还未实现汇率的自由浮动，同时央行干预汇率的频率和力度也远远高于韩国等东亚国家，因此我国的市场汇率背离名义有效汇率，这样就造成了我国汇率向股票的传导处在了一个特殊状态。

我国情况：市场汇率和股票没有明显的相关性，名义有效汇率和股票走势有明显相关性，且由于市场汇率和名义有效汇率走势不一，在市场汇率升值的背景下，名义有效汇率对股票的影响类似于发达经济体，即名义有效汇率与汇率呈负向关系；而一旦市场汇率大幅贬值出现风险情绪，则又变回东亚新兴经济体模式，即名义有效汇率与股票呈正向关系。

2005年我国进行了第一次汇率改革，人民币兑美元市场汇率自2005年开始了三年的升值周期，也就是说整个2006年至2008年的"牛转熊"期间都是满足市场汇率升值的前提条件。首先，在市场汇率升值的背景下，跨境资金的大方向是净流入大陆，这给股市带来了流动性支撑。其次，市场汇率和名义有效汇率在2007年却出现了几次背离，特别是2007年股市冲顶期间人民币汇率"明升暗降"，名义有效汇率是贬值的，我国的国际竞争力得到提高，企业出口带来股市繁荣。最后，2007年10月之后伴随着有效汇率的大幅升值，企业国际竞争力边际受到伤害，股市受损。

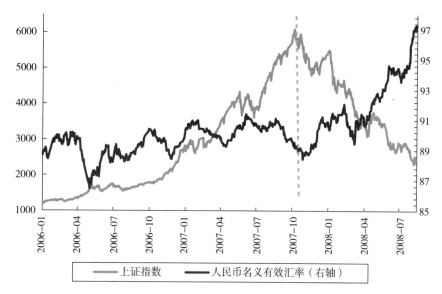

资料来源：Wind，华泰证券研究所。

图 9 - 58　2006—2008 年"牛转熊"清晰地展现了有效汇率和股票的反向关系

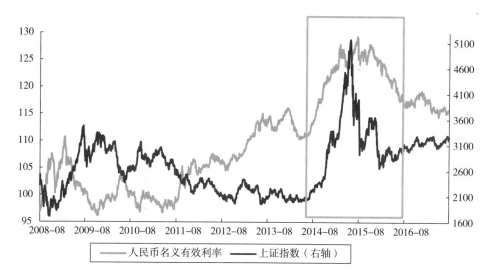

资料来源：Wind，华泰证券研究所。

图 9 - 59　2014—2016 年人民币名义有效汇率正向影响股票市场

　　由于我国现行汇率制度是有管理的浮动汇率制度，在央行干预力度较大期间会出现市场汇率长期和名义有效汇率出现方向性偏离。2015 年"8·11 汇改"之后市场汇率大幅贬值，汇率风险以及对资本流出的恐慌使我国汇率和股票的关系进入了东亚模式，汇率和股票同向双跌。

资料来源：Wind，华泰证券研究所。

图 9 - 60   2014—2016 年人民币市场汇率贬值风险情绪占主导

表 9 - 15   **我国汇率与股指的 Granger 因果关系检验**

原假设	卡方统计量	P 值	检验结果
汇率不是股指的格兰杰因	10.23	0.017	有影响
股指不是汇率的格兰杰因	3.0167	0.389	无显著影响

资料来源：Wind，华泰证券研究所。

由格兰杰因果检验可知，我国汇率到股指传递路径的 P 值为 0.017 <
0.05，表示可以在 5% 的显著性水平上拒绝原假设，因此，有效汇率对股指有
显著影响。而股指到有效汇率的传递路径的 P 值为 0.389，因此不能拒绝原假
设，认为股指对汇率影响并不显著。

4.3 债券到汇率存在单向传导

在研究债券收益率和汇率之间的关系时，除了美国以外我们均使用了样本
国家或者地区货币兑美元的市场汇率，而非名义有效汇率。汇率的决定理论中
利率平价是核心定价理论之一，而利率的平价是由两国利差决定的两国市场汇
率比价，也就是市场汇率。我们发现使用市场汇率进行分析都可以得出由利率
向市场汇率的单向因果关系。美国由于是世界货币美元的发行国，作为世界货
币无法再找出给美元定价的货币，我们只能使用美元有效汇率进行研究，而有
效汇率已经不适用于利率平价理论。同时，我们所有样本数据显示，汇率对债

券收益率不存在清晰的传导过程，也就是说，债券收益率到汇率也是单向传导的。

4.3.1　债券向汇率传导的思考

利率平价理论是指两国资产预期收益率的差额等于汇率的变动，也就是汇率的变动是由两国预期收益率决定的。而国债收益率可以作为一国预期无风险收益率，因此国债收益率的变动以及和美债收益率的差值都会传导至汇率端。

我们的样本国家或地区的统计数据不支持由汇率向债券收益率的反向传导，这一结论在长期视角是适用的。但是，由于东亚新兴经济体汇率调整存在黏性，短期内的汇率大幅贬值的确会通过风险情绪传递以及资本流出加速影响国内流动性等途径传递到债券收益率上，只是这种传递是短暂的，不具有影响债券收益率趋势的作用。

4.3.2　美债和美元有效汇率之间互无因果关系

美国由于是世界货币美元的发行国，作为世界货币无法再找出给美元定价的货币，我们只能使用美元有效汇率进行研究，而有效汇率已经不适用于利率平价理论。因此，美债收益率和美元有效汇率之间互不存在因果关系并不妨碍我们对其他样本国家或者地区的研究分析。

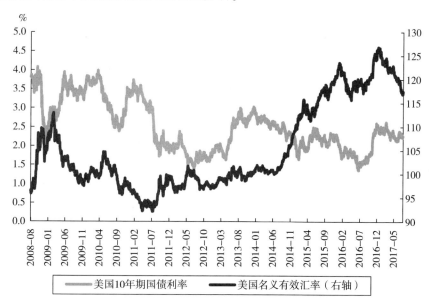

资料来源：Wind，华泰证券研究所。

图 9-61　美债收益率和美元名义有效汇率走势

表 9 – 16   美国汇率与债市的 Granger 因果关系检验

原假设	卡方统计量	P 值	检验结果
汇率不是利率的格兰杰因	1.8864	0.170	无显著影响
利率不是汇率的格兰杰因	1.3326	0.248	无显著影响

资料来源：Wind，华泰证券研究所。

由格兰杰因果检验结果可知，美国汇率和利率双向传导路径的 P 值分别为 0.17 和 0.248，不能拒绝原假设，因此，美国汇率与债市之间无明显因果关系。

4.3.3 其他样本国家普遍存在由债券向汇率的单向传导

我们对日本和我国进行的研究结果显示，债券收益率本身以及债券收益率差都存在较为清晰的向汇率传导过程。

资料来源：Wind，华泰证券研究所。

图 9 – 62 日本国债收益率和美元兑日元汇率走势

表 9 – 17   日本汇率与债市的 Granger 因果关系检验

原假设	卡方统计量	P 值	检验结果
汇率不是收益差的格兰杰因	59.185	0.414	无显著影响
收益差不是汇率的格兰杰因	1.764	0.000	有影响

资料来源：Wind，华泰证券研究所。

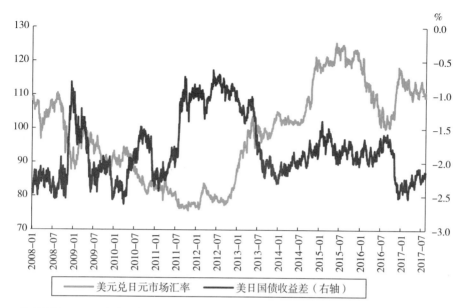

资料来源：Wind，华泰证券研究所。

图 9 – 63　美日国债收益差和美元兑日元汇率走势

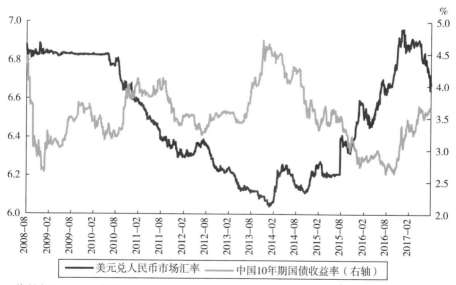

资料来源：Wind，华泰证券研究所。

图 9 – 64　我国国债收益率存在对人民币汇率单向影响

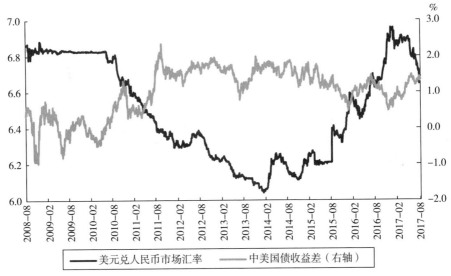

资料来源：Wind，华泰证券研究所。

图 9 - 65   中美国债收益差和汇率走势

由格兰杰因果检验可知，日本汇率对美日国债收益差传导路径的 P 值为 0.414，不能拒绝原假设。因此，日本汇率对债市的影响甚微。美日国债收益差对汇率传导路径的 P 值为 0.000，可以拒绝原假设，认为日本债市对汇率有显著影响。

表 9 - 18   中国汇率与债市的 Granger 因果关系检验

原假设	卡方统计量	P 值	检验结果
汇率不是收益差的格兰杰因	1.015	0.602	无显著影响
收益差不是汇率的格兰杰因	10.902	0.004	有影响

资料来源：Wind，华泰证券研究所。

由格兰杰因果检验结果可知，我国汇率对中美利率差传递路径的 P 值为 0.602，不能拒绝原假设，因此，中国汇率对债市的影响并不显著。中美利率差对汇率传递路径的 P 值为 0.004 < 0.01，可以在 1% 的统计水平上拒绝原假设。因此，我国债券市场波动对汇率有显著影响。

4.4   结论

（1）存在汇率向股票的单向传导

研究发现，我们选取的样本国家或者地区的确存在较为清晰的汇率向股票，债券向汇率的单向传导关系。从较长的周期来看，5 个样本国家或者地区的名义有效汇率都可以作为股票价格的格兰杰因，但是名义有效汇率和股票的相关性却出现方向性不同，发达经济体基本遵循"汇率贬值，股票涨"的规律，这主要是因为汇率贬值提高了本国商品和服务的国际竞争力；东亚新兴经济体则相反，基本遵循"汇率升值，股票涨"的规律，因为新兴经济体的汇率制度安排使汇率调整存在黏性，升值预期会吸引资金流入，造成股票上涨，而当汇率出现贬值时，资金的流出会从风险情绪方面冲击股票，造成股票下跌。

我国汇率采用有管理的浮动汇率制度，货币当局的干预会使市场汇率和名义有效汇率的走势出现分化。我们研究发现我国名义有效汇率和股票之间存在单向传导，而人民币兑美元市场汇率则不存在清晰的因果关系。但是，风险传递作用使市场汇率成为名义有效汇率的先决条件，当市场汇率保持升值或者稳定的时候，我国名义有效汇率存在类似于发达经济体的"汇率贬值，股票涨"的负相关性，而当市场汇率升值结束，名义有效汇率则类似于东亚新兴经济体的"汇率贬值，股票跌"的情况。

（2）存在债券收益率向汇率的单向传导

我们使用了样本国家国债收益率及收益率差分别和市场汇率进行因果分析，我们发现基本存在由利率向汇率的单向传导，反向传导则不成立。利率平价是汇率定价的核心理论之一，利率特别是和美国之间的利差将会改变汇率远期预期，在由债券收益率向汇率的传导方面不存在国际差异。

我国国债和美债的收益率差也存在较为清晰的向汇率单向传导过程，我们的研究结果发现在长期内汇率并不具备影响债券收益率走势的统计结果。之前的汇率和债券普跌的情况是极端情况下短期内出现的，是由风险情绪传递以及对资本流出影响流动性的短期影响，而在长期内这种关系不明显。

（3）汇率是否应该成为资本市场的"新增"变量

从我们的研究结论可以看出，短期的市场汇率大幅贬值会通过资本流出预期影响债券收益率，但是在长周期内并没有明显的由汇率向债券收益率传导的统计结果，因此债券市场长期内无须过于担心汇率走势。

我们的研究结果显示，存在由名义有效汇率向股票价格的单向传递统计结果，因此股票市场需要关心人民币名义有效汇率以及市场汇率的走势。

5　大宗商品：供需博弈定价格，美元博弈定趋势

5.1　主要大宗商品的全球生产、消费和贸易格局梳理

原油、铁矿石、煤炭等大宗商品是主要经济体需求端的"晴雨表"，也是资源出口国外贸的最重要贡献成分。大宗商品定价由需求预期和供给侧变量博弈决定，此外由于国际大宗商品多以美元计价，美元周期是决定大宗商品价格趋势的重要因素。大宗商品的价格波动反映着全球经济的景气度，同时也会对全球通胀环境、资源出口国经济产生反馈。全球大宗商品需求端应关注哪些经济体和潜在变量？供给端又该关注哪些层面的博弈？我们对美元周期和大宗商品价格的互动及未来走势，有什么样的判断？本部分将重点解答这些问题。

5.1.1　原油：供给端看 OPEC，消费端中美影响较大

目前石油输出国组织欧佩克（OPEC）占据了全球原油年产量的 42%，排名第二、第三的分别是俄罗斯（13%）和美国（12%），中国原油年产量则占全球的 5%。全球原油供给端的大格局仍是 OPEC 影响力最强，但俄罗斯、美国等重要产油国的产能分别于 2000 年和 2008 年前后出现了明显回升，全球原油产能在边际上维持扩张，未来供给端的博弈格局会更加复杂。2016 年全球原油产量为 43.8 亿吨。

2014 年下半年开始，在美元走强、页岩油产能扩张预期、全球需求面预期低迷等因素的综合作用下，国际油价中枢出现了显著下跌，从 100 美元/桶左右跌至 2016 年初最低时低于 30 美元/桶，已经跌破部分开采成本较高的产油国的盈亏平衡线，这也促使产油国开始商讨原油限产协议，以期促进油价反弹。2016 年 9 月底 OPEC 内部达成限产协议，细节在 11 月正式商议通过，随后 OPEC 和部分非 OPEC 国家在 12 月达成限产协议，并于 2017 年 1 月开始正式实施，油价中枢也回升到 50 美元/桶左右。但 OPEC 内部各国（如沙特阿拉伯和伊朗）关于原油产量的中长期计划仍存在分歧，同时美国页岩油生产技术在过去两年得到了进一步改进，生产成本再度下降，非 OPEC 国家对原油供给的影响也在边际增强，这使油价中枢在 2017 年第二季度又出现了小幅下跌，未来仍存在较大的不确定性。

石油输出国组织 OPEC 现有的 14 个成员国是：沙特阿拉伯、伊拉克、伊朗、科威特、阿联酋、卡塔尔、利比亚、几内亚、尼日利亚、阿尔及利亚、安哥拉、厄瓜多尔、委内瑞拉、加蓬，不仅包括了主要的中东产油国，非洲、南美的主要产油国也在其中。OPEC 中沙特阿拉伯、伊朗、伊拉克、科威特的原

油产量最高。非 OPEC 国家中俄罗斯原油产量最高,与沙特阿拉伯的原油产量
较为接近。北美地区(美国、加拿大、墨西哥)也是原油主要供给产地之一。
但是北美和欧洲/中东的油品标准有差异,分别采用 WTI(美国西得克萨斯轻
质原油,纽约证券交易所品种)和 Brent(北大西洋北海布伦特地区原油,伦敦
洲际交易所品种)标准。两类含硫量不同的油品期货/现货都存在一定的价差。

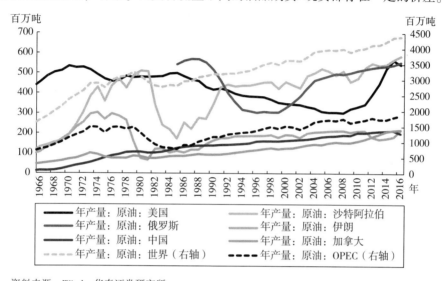

资料来源:Wind,华泰证券研究所。

图 9 - 66 全球主要产油国年产量分布

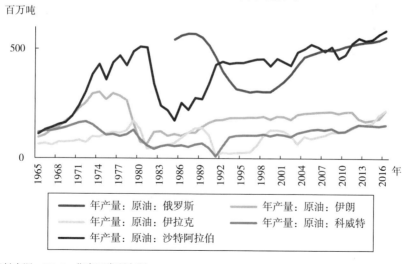

资料来源:Wind,华泰证券研究所。

图 9 - 67 达成限产协议的主要产油国年产量

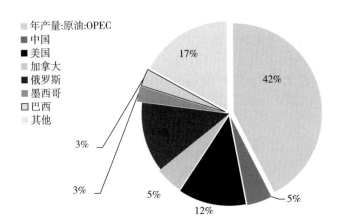

资料来源：Wind，华泰证券研究所。

图 9-68　主要产油国在全球的产量占比（2016 年）

　　全球原油消费端的分布要比生产端分散。2016 年全球原油消费 44.2 亿吨，美国是消费量最大的经济体（8.6 亿吨，占比 20%）；欧盟作为一个经济体，整体消费占全球的 14%，但实际上近年来欧洲原油消费量中枢在下移，可能与近年欧洲经济较为低迷有关；中国在单个国家中消费排第二，2016 年消费原油 5.8 亿吨，占比 13%；排名随后的是印度和日本，分别占比 5% 和 4%。

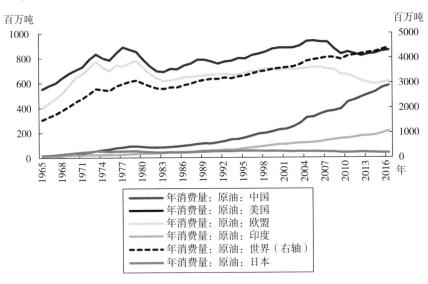

资料来源：Wind，华泰证券研究所。

图 9-69　全球主要原油消费国分布

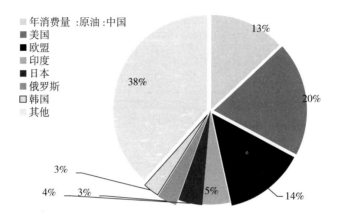

资料来源：Wind，华泰证券研究所。

图9-70　主要原油消费国在全球的占比（2016年）

原油的国际贸易端，沙特阿拉伯、伊拉克、阿联酋在OPEC国家中出口量最大，非OPEC国家中俄罗斯、加拿大是最主要的出口国。2015年沙特阿拉伯平均出口量为7163千桶/日，占全球的17%、OPEC国家的30%。俄罗斯排名第二，出口量约为4900千桶/日。

原油进口方面，欧洲是进口量最大的地区，美国、中国、印度、日本则是进口量排名前四的单个国家。中国原油进口量近年来维持较高速度增长，2016年原油对外依存度（进口量/消费量之比）已经达到了66%。而美国得益于本国原油产能的提升，原油进口量整体在下降，有可能很快就被中国超过。另外，印度的原油消费和进口增长也较快。

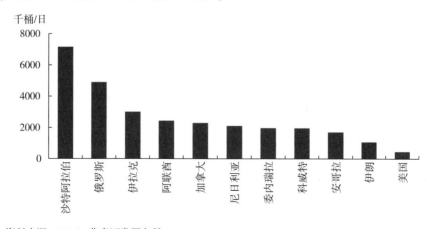

资料来源：Wind，华泰证券研究所。

图9-71　各国原油出口量对比（2015年）

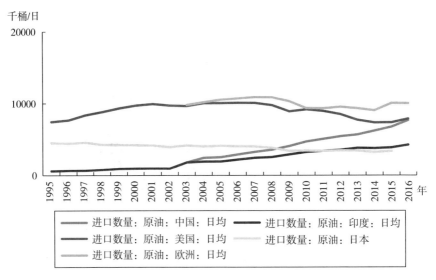

千桶/日

资料来源：Wind，华泰证券研究所。

图 9-72 各国原油进口量对比

5.1.2 中国的煤炭产量和消费均占全球近五成，但近年消费出现下滑

2016 年全球煤炭总产量为 74.6 亿吨，中国产量 34.1 亿吨占到全球的 46%。中国的煤炭产能从 2002 年左右开始迅速增长，产量在 2013 年见顶，此后出现了一定的下滑，受到需求有所趋弱、供给侧去产能对煤炭限产推进的影响。除中国以外，煤炭产量较大的国家有印度、美国、澳大利亚、俄罗斯、印度尼西亚等，其中印度在 2016 年反超美国成为全球产量第二，但年产量只有 6.9 亿吨，仍远低于中国。

从消费端来看，中国 2016 年煤炭消费 37.8 亿吨，占全球的 51%。与产量排名相同，印度也是全球第二大煤炭消费国，2016 年煤炭消费 8.2 亿吨，占全球的 11%，但其煤炭供给相对中国而言更依赖于进口。含欧洲地区整体在内，消费端排名第三到第五的经济体分别是美国、欧盟和日本。煤炭消费主要体现在火力发电及炼钢燃料用途，中国既是火电大国，粗钢产量也占到全球的 50%，再加上北方地区的冬季供暖需求等，这些都会造成我国煤炭消费较高。

百万吨

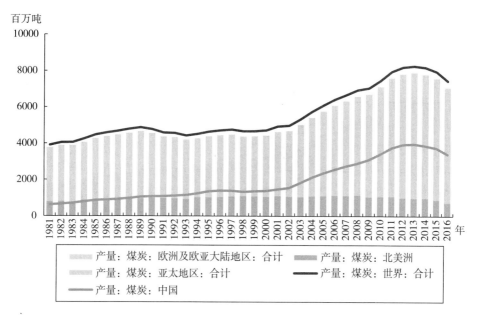

资料来源：Wind，华泰证券研究所。

图 9 − 73　全球主要产煤国家年产量分布

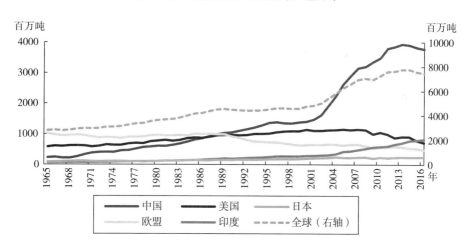

资料来源：Wind，世界能源委员会，华泰证券研究所。

图 9 − 74　全球主要煤炭消费国分布

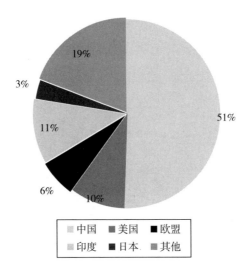

资料来源：Wind，华泰证券研究所。

图 9 – 75　主要煤炭消费国全球占比（2016 年）

2016 年全年数据显示，印度是全球第一煤炭进口大国，中国、日本紧随其后，韩国排名全球第四。在出口端，2015 年澳大利亚开始超过印度尼西亚成为煤炭第一出口大国，排名第二至第五的分别是印度尼西亚、俄罗斯、哥伦比亚和美国。

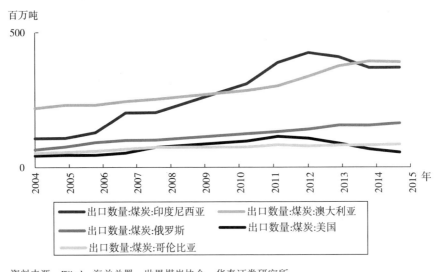

资料来源：Wind，海关总署，世界煤炭协会，华泰证券研究所。

图 9 – 76　主要煤炭进口国对比

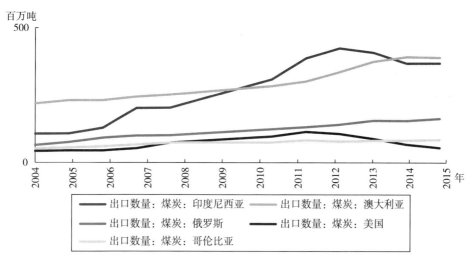

资料来源：Wind，华泰证券研究所。

图 9 - 77　主要煤炭出口国对比

5.1.3　澳大利亚和巴西主导铁矿石供给，中国钢铁产量占全球五成

在铁矿石供给端，2015 年全球总产量为 20 亿吨，前五大铁矿石生产国分别是澳大利亚、巴西、印度、中国和俄罗斯。值得注意的是，虽然中国的铁矿石产量原始数字很高（在供给侧去产能推进的背景下，2016 年中国铁矿石产量较前值下滑了 7.3%，但仍高达 12.81 亿吨），但限于中国产铁矿石的平均品位——含铁量较低，在与世界其他国家进行比较时，需要转化为世界平均含铁量。

根据国际钢铁协会公布的数据，2015 年中国铁矿石产量（含低品位的铁矿石）为 13.81 亿吨，但转化为世界平均含铁量后仅有 1.24 亿吨，转化率为 8.94%；以此推算，2016 年我国转化为世界平均含铁量后的铁矿石产量为 1.14 亿吨。历史上我国铁矿石转化率并非一直都这么低，2003 年的转化率曾达到 79%，但此后开始一路下滑。显示出同期铁矿石产能扩充，但产出矿石质量有所下滑。

在国际可比含铁量标准下，澳大利亚 2015 年铁矿石产量为 8.1 亿吨，约占全球铁矿石产量的 40.4%；巴西产量为 4.2 亿吨，约占 30.6%。世界铁矿石四大巨头——淡水河谷（巴西）、力拓（澳大利亚）、必和必拓（澳大利亚）、福蒂斯丘（澳大利亚）均来自这两个国家。

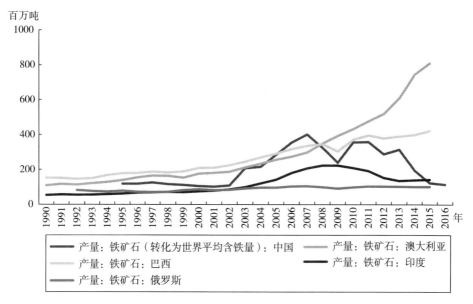

资料来源：Wind，华泰证券研究所。

图 9 – 78　全球前五大铁矿石生产国产量对比

　　作为最主要的铁矿石生产国的澳大利亚和巴西，也是全球最大的铁矿石出口国，两国分别占全球铁矿石总出口的 53.6% 和 24.2%（2015 年数据）；澳大利亚的出口量在 2008 年前后开始激增。其他国家的铁矿石出口量与澳大利亚和巴西存在量级上的差距。

　　在进口端，如上文所述，中国铁矿石产量虽然大，但品位较低，换算成世界平均含铁量后并不高，因而我国的铁矿石供给相当程度上依赖进口。我国铁矿石进口占全球的 65% 左右（2015 年数据），2016 年中国铁矿石进口量突破 10 亿吨。排名第二的日本 2015 年铁矿石进口量为 1.3 亿吨。其他进口量较大的国家有韩国、德国、法国等。

　　钢材生产对应铁矿石的需求端，是铁矿石的下游产业。中国对铁矿石的需求较大，也对应体现在我国全球第一的粗钢产量上。在 2015 年粗钢产量同比小幅下行后，2016 年我国粗钢产量又小幅反弹到 8.08 亿吨。以 2015 年的数据计算，中国粗钢产量占到全球的 50%（全球为 16.2 亿吨，我国为 8.04 亿吨），其他产量较大的国家有日本（1.05 亿吨）、印度（0.89 亿吨）、美国（0.79 亿吨）、俄罗斯（0.71 亿吨）、德国（0.43 亿吨），排名第二到第六的国家产量加起来只占全球的 23%，只有我国的一半不到。

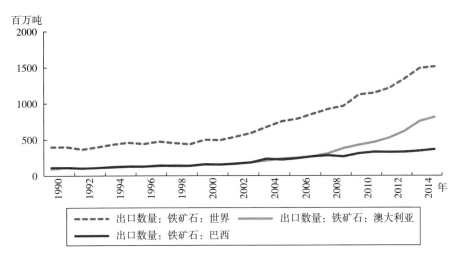

资料来源：Wind，华泰证券研究所。

图 9 – 79　主要铁矿石出口国对比

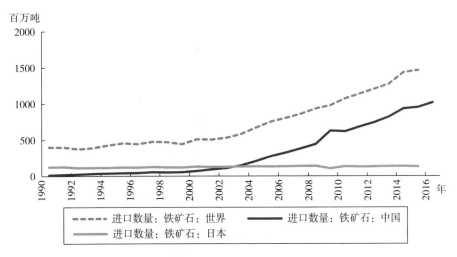

资料来源：Wind，华泰证券研究所。

图 9 – 80　主要铁矿石进口国对比

钢铁需求端，排名前四的国家分别为中国、美国、印度和日本。

（1）中国（需求第一，产量第一）：以 2015 年的数据计算，中国粗钢需求量约为 7 亿吨，产量超出需求约 1 亿吨，并对应转化为出口。

（2）美国（需求第二，产量第四）：从 20 世纪 90 年代至今，美国长期存在"需求＞产量"的产出缺口。美国是全球钢铁进口量最大的国家，尤其是对华贸易在钢铁领域逆差较大，这也成为中美贸易谈判中重点讨论的议题之一。

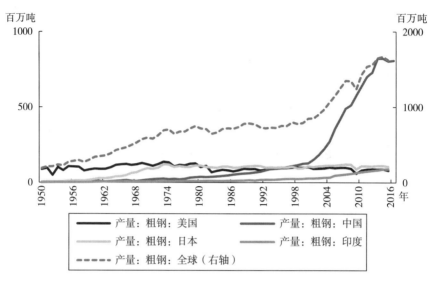

资料来源：Wind，华泰证券研究所。

图 9 – 81　主要粗钢生产国的对比

（3）印度（需求第三，产量第三）：钢铁生产目前基本做到了自给自足。

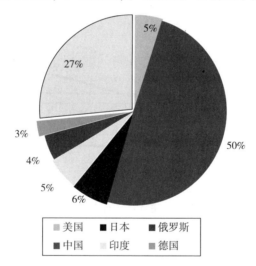

资料来源：Wind，华泰证券研究所。

图 9 – 82　中国粗钢产量占全球近五成（2015 年）

（4）日本（需求第四，产量第二）：日本钢铁产业具有规模化、集聚化、设备和工艺先进程度高的特点，一方面，在全球粗钢人均消费排名上，日本、德国、中国分居前三，远高于全球平均水平；另一方面，日本保持了较高的钢铁行业生产效率，其高附加值特种钢的生产在全球领先。日本钢铁生产除了能满足本国需求之外，还能供给出口，中国、日本、韩国等是全球主要的钢材出口国。

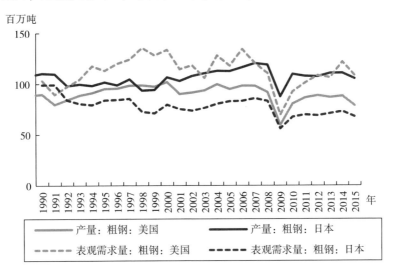

资料来源：Wind，华泰证券研究所。

图 9 - 83　日本和美国的粗钢供需对比

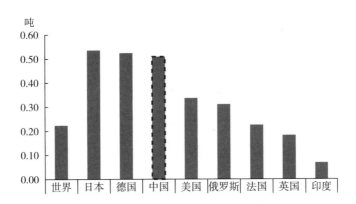

资料来源：Wind，华泰证券研究所。

图 9 - 84　全球人均粗钢消费量对比

5.1.4　精炼铜和电解铝：中国生产和消费均一家独大

2016 年全球精炼铜产量为 2352 万吨，其中我国产量 844 万吨排名第一，占比 36%；其他主要的精炼铜生产国包括智利、日本、美国、俄罗斯、印度

等。其余国家的产量分布相对分散。在消费端，中国 2016 年精炼铜消费 1164
万吨，占全球的 50%，也是全球第一。消费端在全球排名第二到第五的国家
分别是美国、德国、日本和韩国。

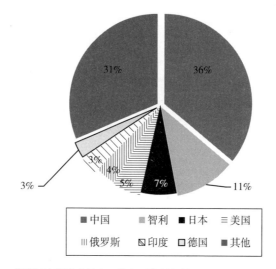

资料来源：Wind，智利国家铜业委员会，华泰证券研究所。

图 9-85　全球主要精炼铜生产国在全球的占比（2016 年）

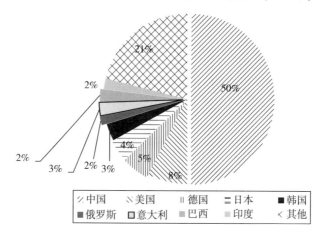

资料来源：Wind，智利国家铜业委员会，华泰证券研究所。

图 9-86　全球主要精炼铜消费国在全球的占比（2016 年）

对应中国精炼铜需求—产量仍存在约 320 万吨的缺口，中国的精炼铜进口
量也是全球第一，2016 年进口 363 万吨，占全球的 38%。除中国以外进口较
多的国家还有德国（72 万吨）、美国（70 万吨）和意大利（61 万吨）。

全球出口精炼铜最多的是智利，2016 年共出口 264 万吨，占全球总出口量的 30%；其余出口较多的国家还有日本（62 万吨）、俄罗斯（50 万吨）、澳大利亚和赞比亚（均为 45 万吨左右）。

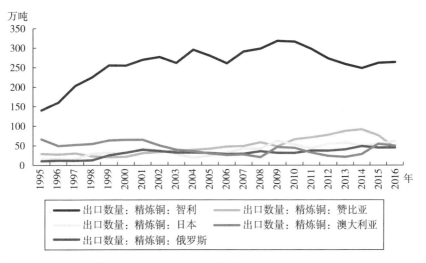

资料来源：Wind，智利国家铜业委员会，华泰证券研究所。

图 9 – 87　全球主要精炼铜出口国对比

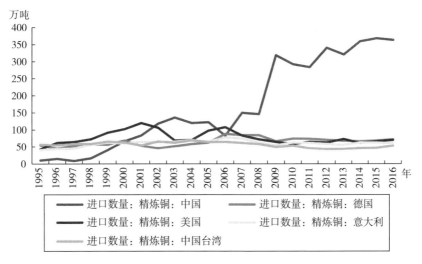

资料来源：Wind，智利国家铜业委员会，华泰证券研究所。

图 9 – 88　全球主要精炼铜进口国（地区）对比

铜被广泛应用于工业生产的电力设备、交运、电器、建筑和精密仪器等行业，铜价与全球经济增速的正相关性也较强。铜价在 2000 年之前低位震荡，自进入 21 世纪以来，随着以中国为代表的新兴市场国家经济增速步入高速增长期，中国对精炼铜的消费量从 2002 年起超过美国并继续扩张，同期国际铜价也进入一轮迅速拉高，从 2002 年末的 1600 美元/吨左右到 2008 年 7 月的 8400 美元/吨，铜价增长了 4 倍多；同期中国的铜消费量也增长了接近 90%。中国近年来已经确认了在全球铜的消费端和进口端全球领先的地位，中国经济的基本面波动对铜价预期有着重要影响。

除了考虑经济基本面、美元指数波动对铜价的影响以外，铜与黄金一样，也同时具有商品属性和金融属性。铜作为融资工具有以下优势：作为金属的易储藏难变质特性；相比其他品种（如铝、锌）而言价值含量较大。融资铜的虚假贸易行为放大了铜价波动。

在 2008—2013 年之间，外贸中的融资铜一度较为广泛，主要衍生出的三种模式包括：其一，仓单质押融资，即国内贸易商将境外现货铜进口到中国保税口岸，注册保税库仓单后再向银行申请仓单质押美元贷款（一般美元贷款利率较低），然后投资于其他高收益产品，赚取息差。其二，信用证融资，即国内贸易商从外商处进口铜后，直接在国内转手卖出获得资金，然后投向高收益领域赚取息差。其三，仓单空转融资，即国内贸易商从外商处购买提单或保税区铜仓单，并在国内银行开具远期信用证（多为美元信用证）支付给外商。

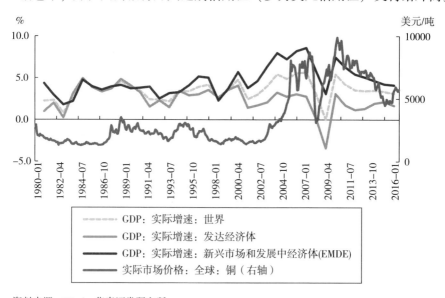

资料来源：Wind，华泰证券研究所。

图 9-89　铜价与全球经济增速，尤其是新兴市场经济关联较紧密

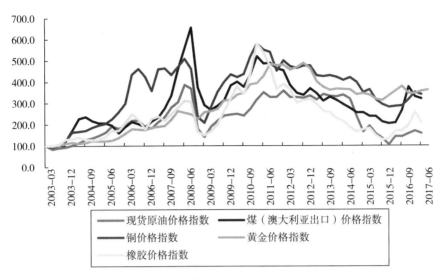

注：价格指数均以 2003 年第一季度为基期，取值 100。
资料来源：Wind，华泰证券研究所。

图 9 – 90　铜价和其他主要大宗商品价格基本正相关

随后，国内贸易商将仓单转让给自己的离岸子公司，同时收到信用证的外商在国外银行以信用证质押获得一批贷款，接着用这批贷款以低于其此前卖出价的价格（扣除贷款利息和服务费提成后）从前述离岸子公司购回铜仓单。在整个过程中，铜只是待在保税仓库里，在三家公司手中空转一番，并未进入消费领域，内地贸易商就能成功从国外银行获得美元低息贷款。

　　融资铜等虚假贸易行为带来热钱流入加剧，对市场稳定性造成威胁，使铜贸易进出口数据虚增。2013 年 5 月，针对融资铜等基于外币贷款的套利贸易，为遏制热钱等异常跨境资金流入风险，国家外汇管理局发布了《关于加强外汇资金流入管理有关问题的通知》，要求加强银行结算汇综合头寸管理，加强对进出口企业货物贸易外汇收支的分类管理以及严格执行外汇管理规定、加大核查检查与处罚力度。此后，融资铜虚假贸易受到显著抑制。

　　与精炼铜产业类似，中国的电解（精炼）铝产业在全球也居领先地位。2016 年中国精炼铝产量为 3100 万吨，占全球（5760 万吨）的 54%。除中国以外，俄罗斯、加拿大、澳大利亚的电解铝产量相对较大。

　　中国的精炼铝消费量与产量大致相当（3161 万吨），在全球的占比同样为54%；排名第二到第六的国家分别为美国（512 万吨）、德国（219 万吨）、日本（174 万吨）、韩国（145 万吨）和印度（138 万吨）。

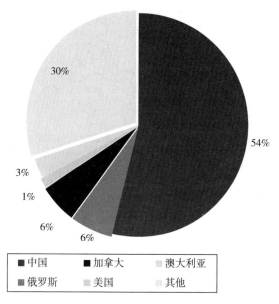

资料来源：Wind，华泰证券研究所，《中国有色金属工业年鉴》。

图 9 – 91　全球主要精炼铝生产国在全球的占比（2016 年）

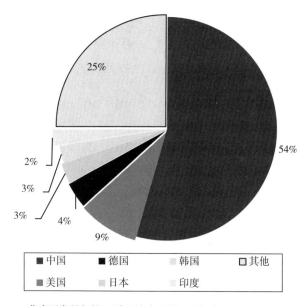

资料来源：Wind，华泰证券研究所，《中国有色金属工业年鉴》。

图 9 – 92　全球主要精炼铝消费国在全球的占比（2016 年）

5.1.5 中国、印度黄金需求分居前二，中国金矿产量全球第一

全球黄金总需求量从 2011 年以来基本稳定在年均 4200 ~ 4500 吨，其中珠宝首饰用途的黄金需求约占一半，另有 40% 是金条、金块等投资性需求。中国、印度和美国的黄金需求排行前三，2016 年分别为 913 吨、676 吨和 212 吨。

黄金也是各国中央银行重要的储备构成之一，截至 2016 年全球黄金储备总量为 33293 吨，美国（8133 吨，占比 24%）、德国（3378 吨，占比 10%）、IMF（2814 吨，占比 9%）、法国（2436 吨，占比 7%）、意大利（2452 吨，占比 7%）、中国（1843 吨，占比 6%）、俄罗斯（1615 吨，占比 5%）的黄金储备量排名前列。中国和俄罗斯从 2008 年左右至今黄金储备增长较快。

2016 年全球金矿总产量为 3100 吨。中国的金矿资源较为丰富，从 2007 年开始我国的金矿产量超过南非成为全球第一，2016 年产 455 吨。2016 年澳大利亚（270 吨）、俄罗斯（250 吨）、美国（209 吨）、南非（140 吨）在全球金矿产量中排名第二到第五位。

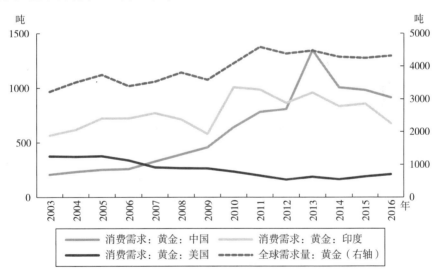

资料来源：Wind，华泰证券研究所。

图 9 – 93　主要黄金消费国对比

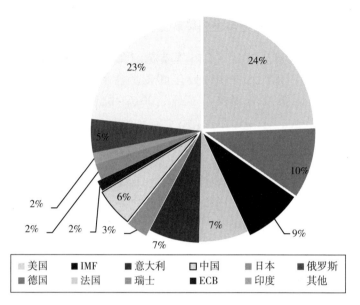

资料来源：Wind，华泰证券研究所。

图 9 - 94　各国黄金储备量在全球占比的对比（2016 年）

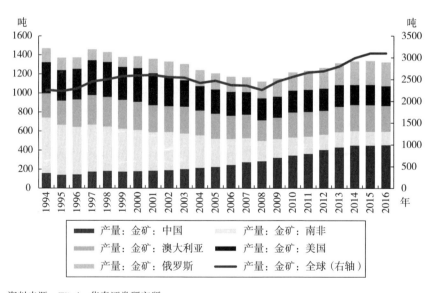

资料来源：Wind，华泰证券研究所。

图 9 - 95　中国金矿年产量已排名全球第一

5.1.6 美洲是大宗农产品主要产地，中国则是主要消费国

我们选取了最主要的国际农产品贸易、也是对应的商品期货标的：大豆、玉米、棉花、白糖、天然橡胶。整理发现，中国仍是全球最主要的消费国，而美洲（美国、巴西）是多类农产品主要产地。农产品生产受当年自然天气影响相对较大，其各品种之间可替代性较工业大宗商品更高，加上期货市场规模相对较小，因此价格影响因素比较复杂，也更容易受预期引导而产生价格波动。能源价格也会影响农产品生产成本端，进而对其价格产生间接影响。

大豆主要生产国为美国和巴西，中国是最大消费和进口国。全球大豆主要生产国为美国、巴西、阿根廷和中国。美国农业部数据显示 2016 年美国保持世界大豆第一大生产国的地位，产量在全球占比 33%，巴西大豆产量占比达 32%，略低于美国，阿根廷则以 14% 的份额排名第三。巴西近年来大豆产量增速明显高于美国，近年有可能反超美国成为第一大生产国。中国 2016 年大豆年产量约为 1290 万吨，全球排名第四，占比约为 3.7%。中国大豆产量增速较为稳定，但总量在全球的占比在下降，产量增速远不及巴西和美国。

美国农业部（USDA）数据显示，中国从 2008 年起反超美国成为全球最大消费国，2016 年国内年消费量达 1.015 亿吨，约为排名第二的美国年消费量的两倍；阿根廷和巴西的消费量在全球的占比均在 14% ~ 15%（主要来自榨油行业需求），分别排名全球第三、第四。

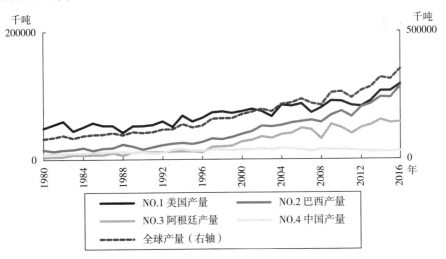

资料来源：Wind，华泰证券研究所。

图 9 - 96　各国大豆产量对比

　　大豆的国际贸易方面，中国大豆进口自 1999 年以来增长较快，截至 2016 年大豆进口量为 9100 万吨，占全球总进口量的 64%，稳居第一；欧盟为第二大进口大豆经济体，2016 年进口量为 1380 万吨。出口方面，2016 年巴西（6100 万吨）、美国（5851 万吨）和阿根廷（700 万吨）分别位列前三，合计出口量占当年全球总出口量的 88%。

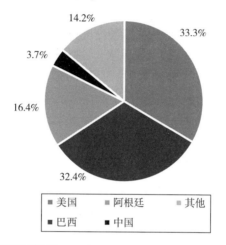

资料来源：Wind，华泰证券研究所。

图 9 - 97　各国大豆产量在全球的占比（2016 年）

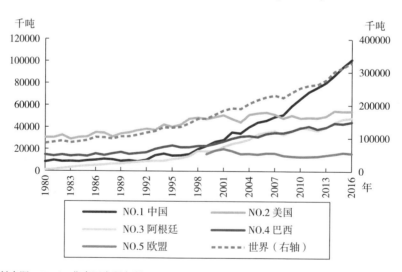

资料来源：Wind，华泰证券研究所。

图 9 - 98　各国大豆消费量对比

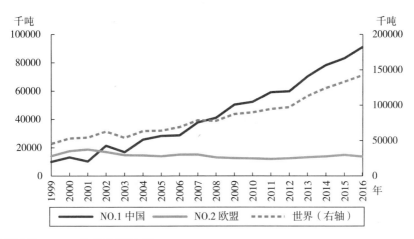

资料来源：Wind，华泰证券研究所。

图 9 - 99　各国大豆进口量对比

中美两国是全球最大的玉米生产和消费国。2016 年全球玉米总产量为
10.7 亿吨，其中美国产量最大，2016 年产量为 3.84 亿吨，占世界总产量的约
36%；中国产量 2.15 亿吨约占全球的 21%，为第二大玉米生产国。巴西、欧
盟和阿根廷分别排名第三到第五，合计占比约为 19%。

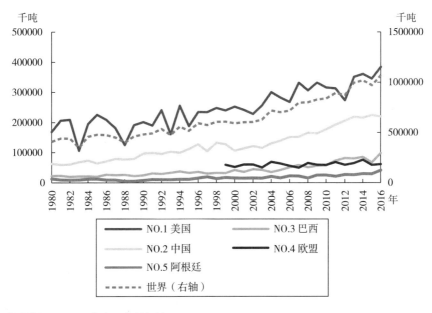

资料来源：Wind，华泰证券研究所。

图 9 - 100　各国玉米产量对比

全球玉米消费量 2016 年也突破了 10 亿吨,美国、中国 2016 年玉米消费量分别为 3.1 亿吨和 2.3 亿吨,分列全球前两位,但美国是净出口国,而中国目前需要进口以满足国内消费。

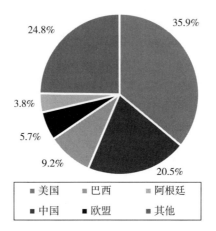

资料来源:Wind,华泰证券研究所。

图 9 – 101 各国玉米产量在全球的占比 (2016 年)

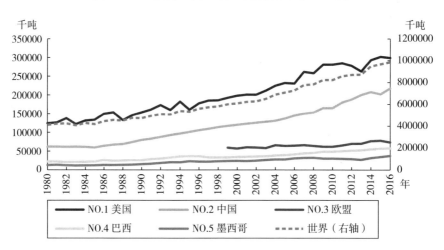

资料来源:Wind,华泰证券研究所。

图 9 – 102 各国玉米消费量对比

2016 年全球共出口 1.62 亿吨玉米,美国、巴西和阿根廷主导全球玉米出口,2016 年三国总出口量占全球玉米出口总量的约 3/4;日本为第一玉米进口大国,自 1978 年以来年均进口 1550 万吨,同时墨西哥和欧盟的进口近年来有显著上升趋势,2016 年分别以 1480 万吨和 1340 万吨排名全球第二、第三位。

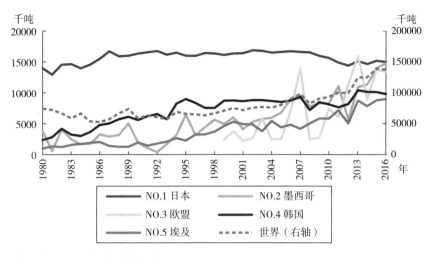

资料来源：Wind，华泰证券研究所。

图 9 – 103 各国玉米进口量对比

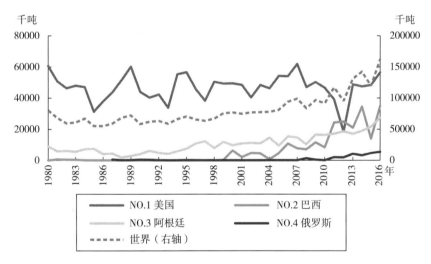

资料来源：Wind，华泰证券研究所。

图 9 – 104 各国玉米出口量对比

棉花消费看亚洲地区，美国则是最大的出口国。2016 年全球棉花总产量约为 1.06 亿包，在连续四年产量下滑后小幅反弹。中国自 2008 年以来产量下滑较快，印度在 2015 年以 2640 万包的年产量反超中国，2016 年维持产量全球第一的排名，占全球的 25%。中国 2016 年产量 2275 万包，占全球的 21%。除中国和印度外，美国以 1720 万包/年的产量居全球第三。

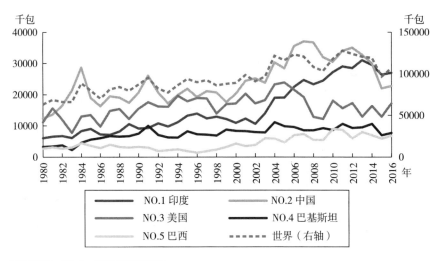

资料来源：Wind，华泰证券研究所。

图 9 – 105　各国棉花产量对比

2016 年全球棉花消费 1. 13 亿包，主要消费国都分布在亚洲，与全球纺织加工/代工行业的分布相符。中国消费 3750 万包，占比 33%，排名全球第一，对棉花的消费量与我国纺织业生产关联较为紧密，在 1998—2007 年快速增长，2008 年国际金融危机期间下跌，2009 年反弹，2010—2014 年再度回落，2015—2016 年缓慢上行。印度以年消费 2350 万包排名全球第二，占比 21%。巴基斯坦、土耳其和越南分列全球棉花消费的第三到第五名，排名前五的国家 2016 年消费总量占全球的 73. 3%。

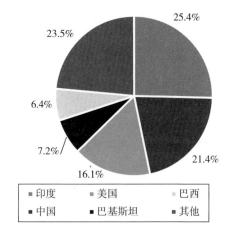

资料来源：Wind，华泰证券研究所。

图 9 – 106　各国棉花产量在全球的占比（2016 年）

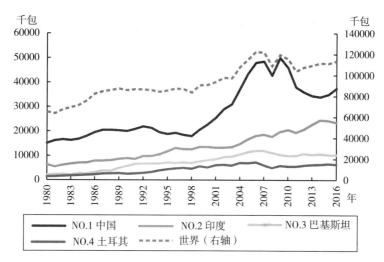

资料来源：Wind，华泰证券研究所。

图 9 - 107　中国的棉花消费量自 2000 年以来就存在一些波动

棉花的国际贸易端，美国是最主要的出口国，2016 年出口量约为 1500 万包，占全球的约 40%；印度排名第二，2016 年出口量约为 455 万包，占比 12%。进口的国家分布与消费类似，亚洲也是进口量最大的地区，越南（550万包）、中国（500 万包）、泰国（120 万包）、韩国（100 万包）和中国台湾地区（67.5 万包）是进口量排名前五的经济体，其余较为分散。中国棉花进口量波动很大，取决于产量能否满足国内相关产业需求。2002—2008 年和

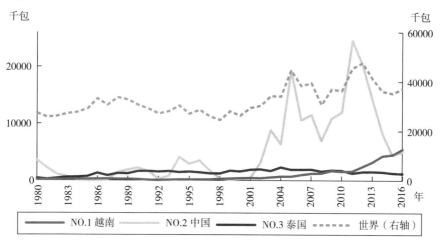

资料来源：Wind，华泰证券研究所。

图 9 - 108　主要国家棉花进口量对比

2010—2015 年分别经历了两个急速增长和下行过程，2011 年进口量曾达到历史最高点 2450 万包，2016 年则跌回 500 万包。

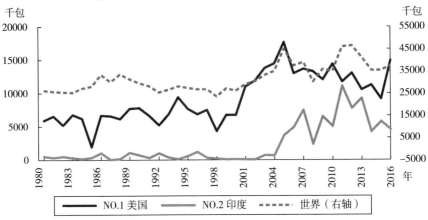

资料来源：Wind，华泰证券研究所。

图 9 – 109　美国是全球最大的棉花出口国

巴西是全球最大的白糖生产国和出口国，印度的生产量和消费也较高。美国农业局数据显示，2016 年白糖产量排名前五的国家分别为巴西（3915 万吨）、印度（2193 万吨）、泰国（1000 万吨）、中国（950 万吨）和美国（796 万吨）。白糖产量世界第一的巴西 2016 年产量为 3900 万吨，约占全球的 23%，几乎是排名第二的印度年产量的两倍。排名随后的泰国、中国和美国年

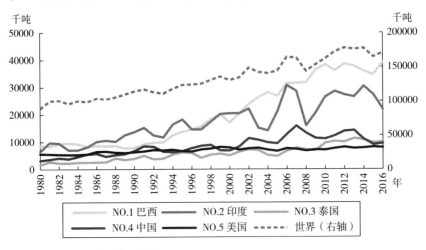

资料来源：Wind，华泰证券研究所。

图 9 – 110　各国白糖产量对比

产量世界占比均在5% ~6%。2016 年全球白糖消费量为1. 72 亿吨，印度、中国和美国2016 年分别消费2570 万吨、1560 万吨和1100 万吨，排名全球前三。印度对白糖的生产和消费排名都比较靠前。

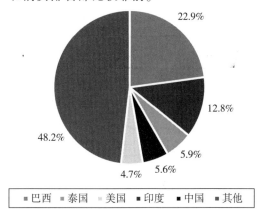

资料来源：Wind，华泰证券研究所。

图 9 – 111　各国白糖产量在全球的占比（2016 年）

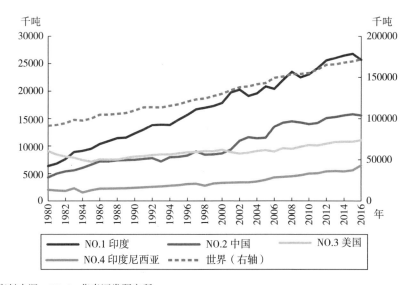

资料来源：Wind，华泰证券研究所。

图 9 – 112　各国白糖消费量对比

美国（284 万吨）、日本（123 万吨）是全球前两大白糖进口国；巴西（2815 万吨）则是全球最大的白糖出口国，2016 年出口总量占全球的接近一半。

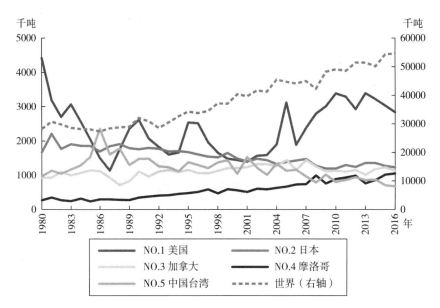

资料来源：Wind，华泰证券研究所。

图9-113 各国白糖进口量对比

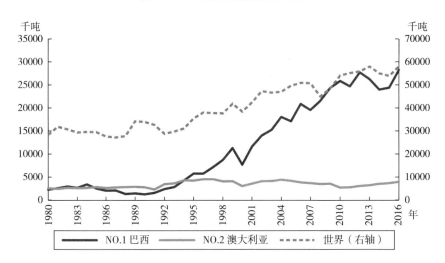

资料来源：Wind，华泰证券研究所。

图9-114 各国白糖出口量对比

天然橡胶的种植主要分布在东南亚国家，中国消费量大、进口依存度较高。天然橡胶制品的主要原料是生胶，而生胶则是从生长在热带、亚热带的橡胶树上，通过人工割开树皮收集而来的。全球天然橡胶的主要种植区域分布在东南亚，占全球总产量的约90%。具体来看，泰国和印度尼西亚是最主要的产胶大国，2016年以年产量418万吨和316万吨分列全球前二。与其他农产品有区别的是，橡胶从种植、植株长成到采胶需要数年的周期，种植6~8年的橡胶树进入割胶期、8~10年进入高产期，因此从需求、价格端传导到供给端，再反馈到价格端，存在相当长度的时滞。热带地区当年的极端天气状况也会在一定程度上影响橡胶产量。

橡胶产业对应哪些行业的需求？橡胶制品又可分为干胶制品和乳胶制品两大类，干胶制品包括轮胎、胶带和胶管等，占橡胶制品总产量的90%；而乳胶制品产量约占10%，主要包括乳胶手套、气球和海绵等。橡胶制品主要应用的行业包括：（1）交通运输方面的轮胎；（2）工业上的传送带、运输带、耐酸和耐碱手套等；（3）农业上应用的排灌胶管、氨水袋；（4）气象测量用的探空气球；（5）科学实验用的密封和防震设备；（6）国防方向的飞机、坦克、大炮、防毒面具；（7）火箭、人造地球卫星和宇宙飞船等高精尖科学技术产品。

根据国际橡胶研究组织的数据，2016年全球橡胶消费量为1260万吨，而中国逐渐成为全球最大的天然橡胶消费国，2016年共消费约490万吨，占全球总消费量（1250万吨）的40%。前五大天然橡胶消费国依次还包括美国、印度、日本和巴西。

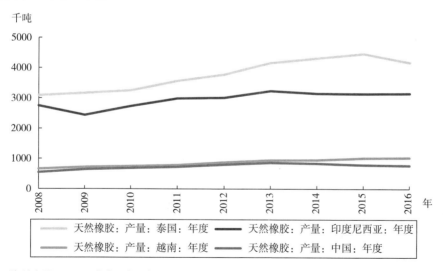

资料来源：Wind，华泰证券研究所。

图9－115　东南亚国家是天然橡胶的主要生产国

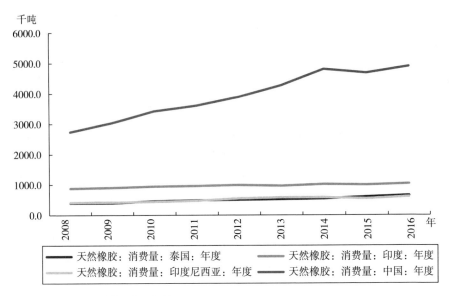

资料来源：Wind，华泰证券研究所。

图 9 - 116　中国是天然橡胶最大消费国

中国对天然橡胶的进口依存度较高，2016 年进口量达到 430 万吨，全球第一；出口方面，东南亚橡胶主产国泰国和印度尼西亚主导了橡胶出口市场，

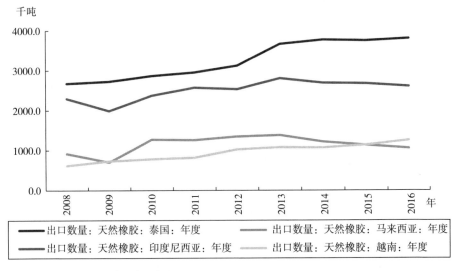

资料来源：Wind，华泰证券研究所。

图 9 - 117　各国橡胶进口量对比

2016 年两国的天然橡胶出口量分别为 380 万吨和 260 万吨。另外，越南和马来西亚也是重要的橡胶出口国家。

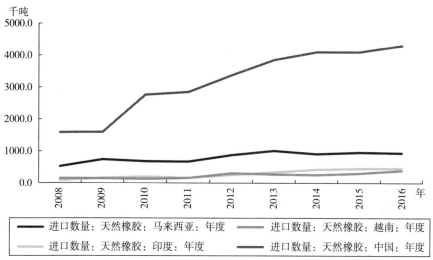

资料来源：Wind，华泰证券研究所。

图 9 - 118　各国橡胶出口量对比

5.2　大宗商品供给看各方博弈，趋势看美元周期

5.2.1　原油生产的重要影响变量：欧佩克限产和美国产能扩张

欧佩克限产的执行情况及其对全球原油供给的边际影响如何？2016 年初开始，解除原油出口禁令的伊朗产能重新扩张，沙特阿拉伯、伊拉克等国的产出也正处于高位，推动 OPEC 原油产量在 2016 年 6 月站上 3300 万桶/日。在供给持续扩张和需求预期低迷的共振下，油价在 2016 年第一季度一度跌至 30 美元/桶以下的低位，对依赖原油出口的俄罗斯等国冲击较大。尽管中东国家原油生产成本较低，但在"竞争性扩产"局面下油价的持续低迷也开始让部分国家感到紧张。因而沙特阿拉伯和俄罗斯等国有较强的意愿推动通过原油限产协议，但由于伊朗更希望通过扩大产能来抢占市场份额，限产协议的推进相当曲折。

限产协议达成的具体细节如下：

（1）OPEC 于 2016 年 9 月底达成了初步限产协议，计划将其原油产量自当时的 3345 万桶/日下降至 3250 万桶/日，目标限产水平与 2008 年 7 月的前期产出高点大致相当；该消息使油价从 45 美元/桶左右上行至 10 月中旬的 53

美元/桶。

（2）2016 年 11 月 30 日，OPEC 内部在维也纳峰会上正式达成减产协议：从 2017 年 1 月起减产原油约 120 万桶/日，成员国综合减产后目标产量为 3250 万桶/日，减产持续 6 个月。根据协议细节，沙特阿拉伯承担了最大的减产幅度 -48.6 万桶/日；而作为伊朗参与减产协议的条件，允许伊朗在 10 月产量水平（约 370 万桶/日）的基础上小幅提升。12 月 10 日，OPEC 与部分非 OPEC 产油国达成了 2001 年来首个联合减产协议，非 OPEC 产油国同意减产 55.8 万桶/日以配合 OPEC 的 -120 万桶/日减产计划，非 OPEC 产油国减产额度中将有 -30 万桶/日由俄罗斯贡献，该计划同样从 2017 年 1 月开始正式执行。该消息使此前受制于美元走强而下跌的油价，重新又由 46 美元/桶拉升至 55 美元/桶的 2017 年第一季度中枢水平。

（3）2017 年 5 月，在减产期限临近到期之际，OPEC 与俄罗斯等国同意将原油减产协议延长 9 个月至 2018 年 3 月，维持总共约 180 万桶/日的减产幅度不变。在不限制伊朗、利比亚和尼日利亚产量的基础上，没有新的非 OPEC 产油国加入减产计划。但此次延长限产协议消息放出后，油价不涨反跌，2017 年第二季度末一度跌回 45 美元/桶左右。

为何同样是限产协议，2017 年 5 月宣布延期后市场的反应和 2016 年不一样？

第一，压缩产能对基本面改善的实际贡献有限，OPEC 和非 OPEC 协议压缩的总产能（180 万桶/日）只占全球 2017 年总产量（2017 年 3 月为 9630 万桶/日）的不到 2%。

第二，OPEC 原油产量在 2017 年 3 月跌破 3200 万桶/日以后，5 月又重新反弹，7 月产量已回到 3287 万桶/日。为把伊朗拉进限产协议中来而允许其小幅扩产，协议本身就存在道德风险，其他产油国看到油价反弹也存在扩产动机。

第三，在全球原油需求增速边际放缓的背景下，油价缺乏上涨的大逻辑，库存数据上升也表明原油市场仍面临供大于求的情况。

第四，油价 2017 年之后的同比涨幅较大，而美国页岩油生产技术改进后开采成本下降，油价反弹已经触及部分页岩油企的成本线，页岩油钻井开工、复产的信息也会打压市场预期。

综上所述，单纯地延长限产期限、而不是扩大限产规模，或许已经不能有效提振市场对油价的预期。延长原油减产协议期限的现实意义，是锁定了看空油价的区间下限，构成了油价的底部支撑。长期来看，油价能否反弹复苏，将联合取决于限产协议的继续演进、美国原油生产能否继续挑战现有全球供给格局，以及本轮美元强势周期何时结束。

美国页岩油革命降低生产成本、扩张产能，冲击现有国际原油市场格局。美国原油产能从 20 世纪 70 年代开始一直到 2008 年前后，一度出现了长期下滑。同时，美国实施 40 多年的原油出口禁令要追溯到 20 世纪 70 年代，1973 年 OPEC 宣布石油禁运，使美国经济遭受沉重打击（恶性通胀），此后为了满足美国国内工业需求，保障战略资源供给安全，降低对进口的依赖性，分别于 1975 年出台《能源政策和节能法》、1979 年出台相关法案开始严格限制本国原油出口（主要针对未经过提炼的原油）。美国原油出口量 2000—2003 年最低时只有 100 万吨/年左右。产量下滑、限制出口、进口上升，2000 年左右时，美国原油供给对外依存度曾经上升到 60% 左右。

但是，在美国重新推行能源独立政策的背景下，页岩气革命开始酝酿并在 2008 年以后迅速爆发，从 2008 年起，美国原油总产量终结了近 40 年的长周期下跌。据 EIA 数据，截至 2017 年 1 月，七大页岩油区块产量为 473 万桶/日，已经占到同期美国原油产量 885 万桶/日的 53%。在页岩油革命的推动下，美国原油总产量快速上升、进口量下降，对外依存度近年来回落到 45% 左右，对原油的出口限制也有所松动，重新开始对外出口原油。

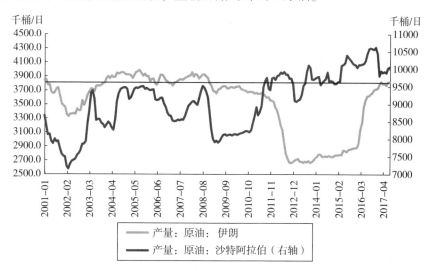

资料来源：Wind，华泰证券研究所。

图 9–119　伊朗和沙特阿拉伯的原油产量对比

页岩油革命将进一步改善美国的能源成本竞争力。美国原油生产成本下行（在 45～55 美元/桶的油价区间已经可以盈利，而 2014 年时做不到）、产能扩

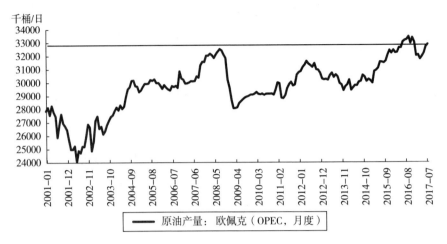

资料来源：Wind，华泰证券研究所。

图 9 – 120　OPEC 的限产目标是把产量限制在 2008 年 7 月的水平

容，也在逐步挑战现有国际原油市场格局。美国的原油生产、钻井开工和库存的数据信息越来越受到全球原油市场重视，在美国选择不参与产油国限产协议的情况下，页岩油生产是压制油价中枢难以强势上行的重要因素。

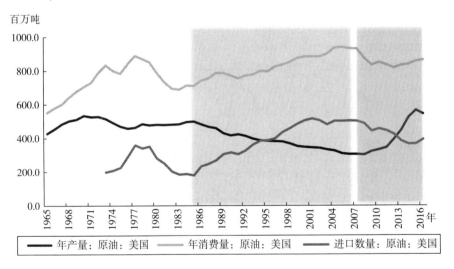

资料来源：Wind，华泰证券研究所。

图 9 – 121　2008 年前后是美国原油进口量和产量变动趋势的重要分水岭

原油产出和库存应关注哪些高频数据？原油市场除了关心限产协议等关键信息、月度产量反映的执行情况、美元指数的当期强弱等数据外，反映当期产能的钻井开工数，以及反映当期库存的原油库存等数据，也值得关注。钻井开工数和原油库存都是相对更加高频的周频数据。

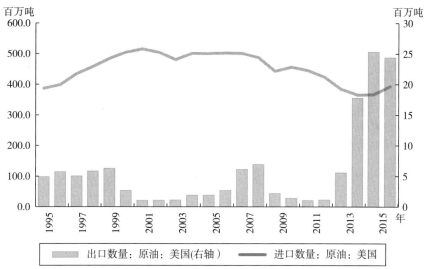

资料来源：Wind，华泰证券研究所。

图 9 - 122　美国原油进口量近年来整体下行，开始释放原油出口

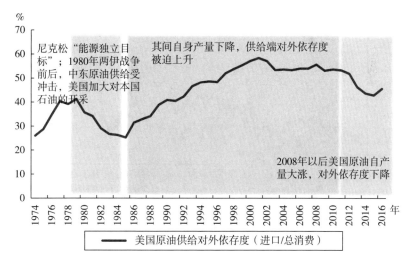

资料来源：Wind，华泰证券研究所。

图 9 - 123　美国原油对外依存度变化的三个阶段

　俄克拉何马州库欣是美油（WTI 原油）期货的交割地，自 2012 年以来，库欣原油库存数与 WTI 油价的负相关性达到 - 0.77。2014 年第四季度到 2015

年第一季度末，库欣原油库存量大幅上升对应其间油价显著下跌；2015 年至 2017 年，库存量始终在高位震荡，全美商业原油和库欣原油库存均处于历史高位也表明原油供应格局的确供大于求。

资料来源：Wind，华泰证券研究所。

图 9 – 124　WTI 油价与库欣原油库存的对比

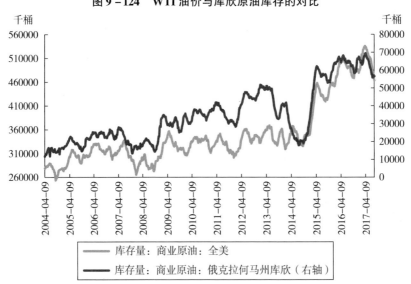

资料来源：Wind，华泰证券研究所。

图 9 – 125　美国原油库存处于历史高位

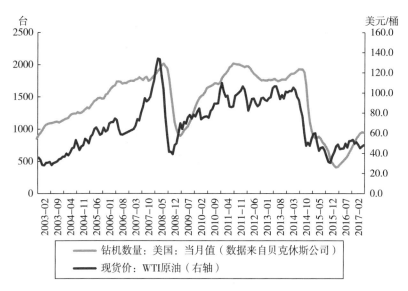

资料来源：Wind，华泰证券研究所。

图 9 - 126　钻机数的变化和油价整体正相关

美国钻井平台（钻机）开工数则是生产端可关注的高频数据。钻井的开工意愿与油价正相关性较强，贝克休斯公司数据显示，2017 年 8 月美国原油钻机总数为 947 台，较 2016 年 6 月的低点 417 座已经反弹超过一倍。钻机数量的变化略滞后于油价，并受油价的预期影响而调整，钻机数的变化又会反过来影响原油供给预期，进而作用于油价。两者具有双向反馈关系。

5.2.2　中美对主要工业品需求的全面对比

中国对各类工业原料的需求占比大多超过了美国。通过上文对各类大宗商品基本面的整理，直观的印象是中国对大宗商品的消费量已经超过了美国。取 1980 年、1990 年、2000 年、2010 年、2016 年五个时点，比较中美两国对原油、煤炭、粗钢、精炼铜的消费在全球的占比；时间序列上的趋势变化非常显著，中国对各类大宗商品的消耗占比上升较快（尤其是 2000 年以来），而美国的消费占比同期则出现了下滑趋势。横向对比，中国对煤炭、粗钢、铜（铝）等的消耗已经数倍于美国，只有原油消费还相对较低，这可能与汽车保有量等因素相关。

将中国 GDP 不变价经济增速与全球原油、煤炭、粗钢消费量同比增速进行对比，发现均存在一定的正相关性，中国经济增速与全球煤炭和粗钢（这两项中国消费占比目前都在五成左右）消费的正相关性更强。

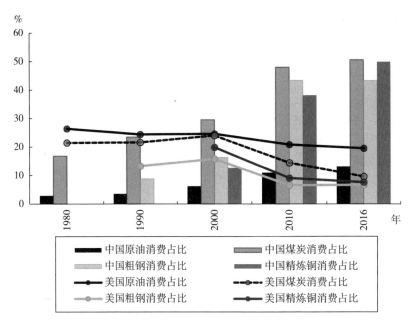

资料来源：Wind，华泰证券研究所。

图 9 – 127　中国对各类大宗商品的消耗量大多已超过美国（全球占比）

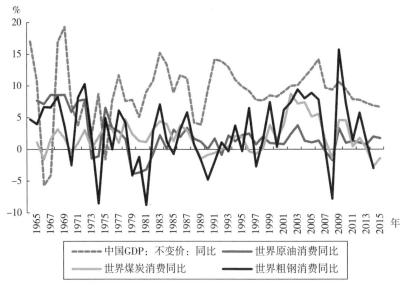

资料来源：Wind，华泰证券研究所。

图 9 – 128　中国经济增速与全球煤炭、原油、粗钢消费增速的对比

尽管中国对全球原油的消费占比还低于美国，但我国对原油消费边际增量的贡献率在明显增长。我们按每五年一个时段，统计了 1965 年至 2016 年美国、中国、日本、印度、欧洲各地区对其间全球原油消费增量的贡献率。在 1985 年以前，美国和欧洲对全球原油消费的贡献很高，但此后开始边际递减。

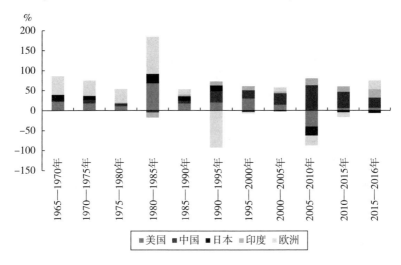

资料来源：Wind，华泰证券研究所。

图 9 - 129　中国对全球原油消费增量的边际拉动非常突出

2005—2010 年，中国原油消费增长对全球消费增长的贡献率超过六成，印度接近 18%；2010—2015 年，中国对全球原油消费增长的贡献率为 41%，印度则为 13.5%。2005—2015 年，日本和欧洲的原油消费均为负增长。中国市场和印度市场对全球原油消费的拉动体现得更为突出，两国的原油消费增速长期远超出全球整体水平。

尽管中国对主要大宗商品的消费量已经全面超过美国，但需要注意的是，中国并未掌握大宗商品的定价权。包括能源、基础原材料和大宗农产品在内的商品价格与美元指数存在相当程度的关联性，一是因为美国经济体量仍为全球第一，美国仍是全球大宗商品的主要需求方；二是几乎所有的大宗商品国际贸易都以美元计价，对标的大宗衍生品交易也是如此；三是从大类资产的投资替代角度讲，美元和大宗商品可以看作两种类型的资产，大宗商品和股票同样属于风险资产，具有顺周期性，而美元具有一定的避险资产属性。

美国有全球范围内体量最大的股票市场、（美元）外汇市场，也建立了层次最丰富、制度最完善、规模最大的大宗商品交易市场，诸多重要衍生品的交易场所均在美国。其衍生品品种覆盖了贵金属、原油、有色金属、美元外汇以及股指期货，在大宗商品市场影响力较强。

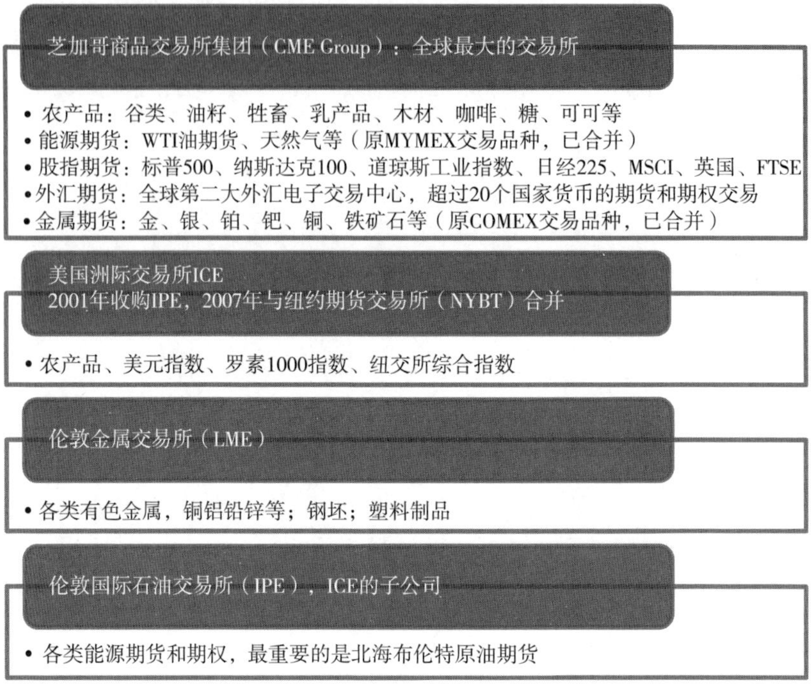

资料来源：Wind，华泰证券研究所。

图 9－130　全球各大商品交易所及主要交易品种

从长远来看，中国在国际大宗商品市场的影响力将越来越强。争取对主要品种的定价影响力，有利于规避美元汇率因素引起的大宗商品价格波动对国内经济的影响。增强人民币在商品跨境贸易交易结算中的运用，也是人民币国际化的重要有机组成部分。我国正在积极推动发行人民币计价原油期货合约，由于中国是全球最大的原油进口国，这一举措影响深远。已经在上海证券交易所和香港交易所交易的人民币计价黄金期货合约，也在逐步扩大影响力。

5.2.3　印度对大宗商品的需求增长较快，但短期内难以改变大宗商品价格趋势

印度在过去十年中维持了较高的经济增速，其多项大宗商品的消耗量已经居世界前列。它是全球第二大黄金消费国（仅次于中国）、第三大粗钢生产国（仅次于中国和日本）、排名前四的铁矿石生产国（低于澳大利亚和巴西，与中国产量接近）、第三大原油消费和进口国（仅次于美国和中国）、第二大煤

炭生产和消费国（仅次于中国）、第一大煤炭进口国，还是最大的白糖消费国、棉花生产国、食用油进口国。同时，尽管印度的大宗商品消费总量上升较快，但被庞大的人口基数分母稀释后，人均消费量大都还处在较低水平，未来上升潜力仍较大。

总结起来，印度市场的潜力有些类似于二十年前的中国，如果人均消费量迎头赶上，对全球大宗商品市场的提振将会较大。但一方面，印度的经济增长潜力完全释放需要制度改革，莫迪政府的改革推进遇到的阻碍较大；另一方面，就目前来看，由于印度的经济体量相对中美等经济体还比较小，在短期内其需求规模难以拉动大宗商品价格趋势性反转。

印度是黄金消费大国，但未来将受到一系列政策的边际冲击。印度是传统黄金大国，其消费量占全球比例的中枢一般在20%左右。2015年印度黄金消费量约860吨，占全球的20%；2016年印度黄金消费出现了较为明显的下滑，消费675吨，占全球的15.7%。印度黄金消费需求中的珠宝首饰占比很高，这与印度宗教和文化对黄金的偏爱不无关系。印度的黄金需求高度依赖进口，2011年进口金额曾达到578亿美元。黄金是影响印度贸易赤字的两类大宗商品之一（另一项是原油进口），近年来黄金进口金额占印度贸易赤字的比重保持在25%左右。

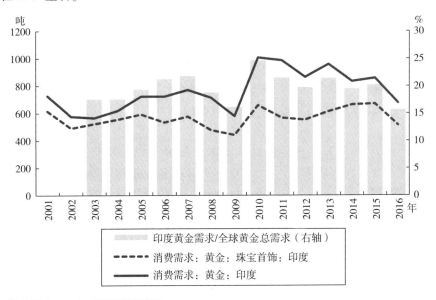

资料来源：Wind，华泰证券研究所。

图9-131 印度的黄金需求中珠宝首饰类占比较大

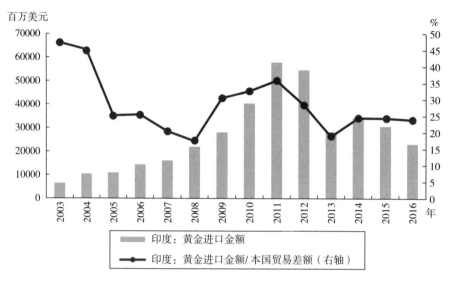

资料来源：Wind，华泰证券研究所。

图9－132　印度的黄金进口对其贸易赤字影响较大

印度的黄金进口对赤字贡献率较高，已经引起了其政府的关注。由于限制原油进口会严重拖累工业和经济发展，黄金作为可选消费品就成为平衡经常性账户赤字的首要选择。近年来一系列政策的出台将在边际上对黄金消费和进口持续产生影响：

（1）2013年，印度政府为应对严重的贸易赤字，将黄金进口关税上调至历史高位的10%，政策出台后黄金进口额开始出现下行。

（2）自2016年起对非银珠宝征收消费税，对占比最大的黄金首饰消费形成冲击。

（3）印度2016年的黄金进口金额降至2009年以来新低，而2016年黄金进口的下降在很大程度上是因为同年11月8日颁布的废币法案。莫迪政府宣布禁止500卢比和1000卢比纸币继续流通，使印度居民疯狂地将持有的货币兑换成黄金；但随后废币造成的现金紧缩开始对黄金贸易形成较大冲击。2016年全年印度黄金进口总金额同比下降－24.4%。

印度对工业品的需求增长空间较大，但绝对体量还比较小。

（1）印度钢铁产量的增长短期内难以追赶中国的体量。

印度从2015年开始超过美国成为全球第三大粗钢生产国，但目前其产量只有中国的九分之一，大致相当于中国1993年的水平。其人均粗钢消费量2015年仅有0.07吨，明显低于全球人均0.22吨的水平，更远低于中、日、美三国，后三者的人均消耗分别为 0.51 吨、0.54 吨、0.34 吨。尽管印度基建未来发展空间较大，或将带动更大规模的钢材等工业品需求，但短期内需求侧的逻辑较难迅速兑现。

印度曾经是铁矿石出口大国，其铁矿石产量在 2004—2008 年从 1.21 亿吨提高到 2.23 亿吨，2008 年当年出口 1 亿吨，当年产量和出口量分别排名世界第四和第三。但从 2009 年底开始，基于打击非法开采以及"铁矿石首要满足内需"的考虑，印度政府实施了一系列针对铁矿石出口的限制措施，辛格政府从 2012 年底开始对所有铁矿石出口均征收 30% 的关税（此前粉矿和铁矿块出口关税分别为 5% 和 15%），印度的铁矿石产量及出口量均出现下降。

在印度国内铁矿石产量下滑的同时，钢铁需求却正在起步发力，铁矿石需求和进口量对应增加。在莫迪政府上台后的 2015 年，印度首次成为铁矿石净进口国，当年净进口 530 万吨。

（2）印度是世界第三大原油消费、进口国，对亚太原油市场的影响继续增长。

印度在 2015 年超过日本，成为世界第三大原油消费国。2016 年印度原油消费量约为中国的 37%、全球的 5%。从上文我们统计的分时段内主要经济体对全球原油消费增长的贡献率来看，在美国、欧元区、日本原油消费增速下滑的情况下，中国和印度对全球原油的需求拉动体现得更为突出。

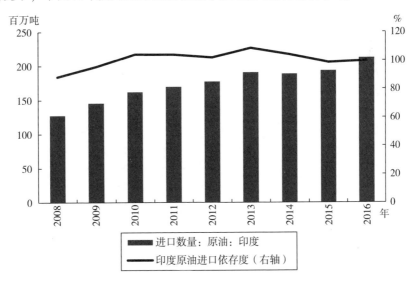

资料来源：Wind，华泰证券研究所。

图 9－133　印度原油进口的依存度非常高

由于印度本国油气储量匮乏，其原油供给高度依赖进口，进口原油的金额甚至超过了其外贸赤字额。同时，印度和中国又是近十几年来对全球原油消费增长贡献率最高的两个国家，这意味着印度原油需求增长的外溢性较强。随着其基础设施、道路建设、汽车保有量逐步追赶发达经济体，印度市场对全球原油需求端的影响将更加突出。

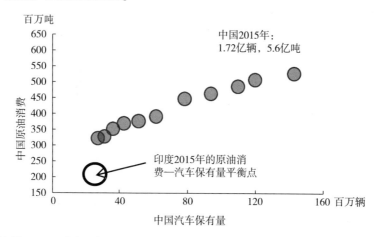

资料来源：Wind，华泰证券研究所。

图 9 - 134 印度的原油消费—汽车保有量平衡点大致相当于中国 20 世纪 90 年代的水平

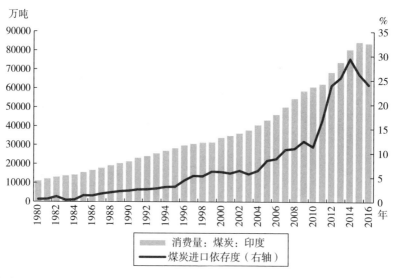

资料来源：Wind，华泰证券研究所。

图 9 - 135 印度的煤耗保持较高速度增长

（3）印度是世界第三大煤炭消费国，完善供电系统有望进一步带动煤炭需求。

印度是仅次于中国、美国的全球第三大煤炭消费国，近年来保持了较快的增长速度。未来推动印度煤炭消费继续增长的最大动力，一是钢铁产业发展拉动用煤，二是其供电体系的扩容升级。以发电量/总人口衡量，2015年印度的人均发电量只有约1000千瓦时，不到中国的1/4；超过12亿人口中仍有3亿人过着用电匮乏的生活。

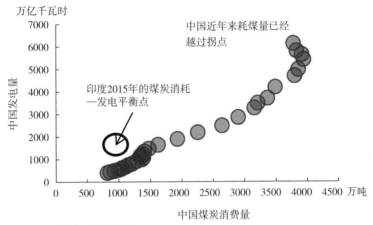

资料来源：Wind，华泰证券研究所。

图 9 - 136　印度的能源供给有待建设完善

莫迪政府力推的制造业战略的落地，离不开完善能源供应，尤其是最基础的电力供应，从发电量—煤炭消耗量分布来看，印度大致相当于中国20世纪八九十年代的水平，不同于中国近年来耗煤量已经越过顶部拐点，印度只能说是刚刚起步。考虑到发电用煤占到印度煤炭消费的六至七成，且印度政府鼓励未来继续加大燃煤发电占比，印度的煤炭消费增长空间较大。

（4）印度在白糖、棉花、食用油等农产品上也具有较大影响力。

印度是全球第二大产糖国、第一大消费国，以自产自销为主，由于国内消费增长较快，印度政府自2017年6月起对白糖征收20%的出口关税，以保证国内供给；印度是全球第二大棉花出口国、第一大生产国，棉花产量自2002年以来增长迅速，凭借原料和人力成本较低等方面的优势，预计未来将对下游纺织业的发展做出更大贡献，出口量也会继续扩大；印度是全球最大的食用油进口国，主要进口棕榈油和豆油，对外依存度极高，而且消费增长较快。

5.2.4　大宗商品价格波动与全球经济和美元周期的关系

大宗商品的定价，一方面由供给端和需求侧因素变化共同决定；另一方面，由于国际大宗商品价格大多为美元计价，在美元走强时大宗商品价格往往对应下行，两者存在负相关关系。我们在上文详细梳理了原油价格的基本面变量，以及中国、美国、印度等较大经济体在需求端对大宗商品的影响。这一部分我们将变换角度，观察大宗商品价格波动与全球经济和通胀的关系，以及特殊属性的大宗商品——黄金的价格影响因素，最后总结美元周期与大宗商品价格波动的内在关联逻辑。

表 9-19　　部分大宗商品的主要消费、生产、进出口国家整理

	消费	产量	进口	出口
原油	美国、欧盟、中国、印度、日本	沙特阿拉伯、俄罗斯、美国、伊拉克、伊朗、加拿大、中国、墨西哥、巴西等	美国、中国、印度、日本、韩国、欧洲地区	欧佩克（占比57%）：沙特阿拉伯/伊朗/伊拉克/阿联酋/尼日利亚/科威特、俄罗斯、加拿大、委内瑞拉、安哥拉等
煤炭	中国（占比近一半）、印度、美国、欧洲、日本	中国（占比接近一半）、美国、印度、俄罗斯、印度尼西亚等	印度、日本、中国、韩国	澳大利亚、印度尼西亚、俄罗斯、美国
铁矿石	—	澳大利亚、巴西、中国、印度、俄罗斯	中国、日本	澳大利亚、巴西
粗钢	中国（占比43%）、欧洲、美国、印度、日本	中国、日本、印度、美国	美国	中国、日本、乌克兰、俄罗斯等
精炼铜	中国、美国、德国、日本等	中国、智利、日本、美国等	中国、德国、美国、意大利等	智利、日本、澳大利亚、俄罗斯等
精炼（电解）铝	中国、美国、德国、日本、韩国、印度等	中国、俄罗斯、加拿大	日本、美国、德国、荷兰等	俄罗斯、加拿大、澳大利亚、挪威、中国等
黄金	中国、印度、美国、欧洲、中东等	中国、澳大利亚、美国、俄罗斯、南非、秘鲁	—	—

资料来源：Wind，华泰证券研究所。

能源价格对全球通胀环境的影响。能源价格,尤其是油价,是全球通胀大环境的重要影响因素,但不是唯一的影响因素。具体而言,美国、欧元区等主要经济体的中央银行重点关注的通胀指标不同,影响变量有区别,油价波动对其货币政策的扰动程度也存在差异。

首先看对 PPI 的影响,取中国、欧元区、美国的 PPI 与国际油价同比增速做对比,可见油价与各主要经济体 PPI 的正相关性都较高,尤其是美国 PPI 走势与油价同比较为一致,但油价的波幅高于各国 PPI 同比增速波动。影响中国 PPI 的机制可能略有差异(比如考虑汇率和价格管制因素,影响 PPI 的国内成品油价格波动不等于国际油价波动),国际油价同比波动向我国 PPI 的传导一般存在 1 到 2 个月的时滞。

再看油价对各国中央银行货币政策关心的通胀指标的影响,美联储关注的是核心 PCE(剔除食品和能源的核心消费支出),欧洲中央银行关心的是 HICP(调和 CPI),而中国人民银行关注的是包含食品和能源价格在内的整体 CPI。对比可见美国核心 PCE 走势最平稳,我国 CPI 因受猪肉等食品价格影响较大,波动最大,而欧元区通胀波动幅度介于中美两国通胀之间。

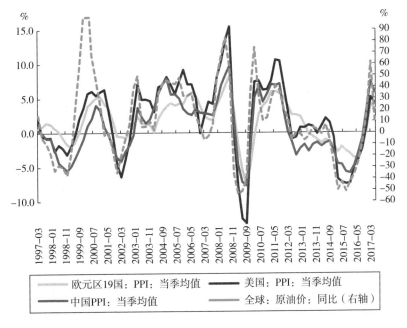

资料来源:Wind,华泰证券研究所。

图 9 – 137 油价涨幅与各国 PPI 的对比

美联储关心的核心 PCE 剔除了能源价格,受薪资增长等因素影响最大,但这并不意味着油价不会对核心 PCE 产生间接影响。2016 年底至 2017 年第一季度，核心 PCE 一度接近美联储的目标值 2%，但随着基数上行、油价同比涨幅缩窄，核心 PCE 又出现了回落。

中国 CPI 在不同时期核心影响因素并不相同，CPI 曾经与 PPI 走势较为一致，但近年来最终消费增速趋于平稳、CPI 波幅收窄，同时由于存在一定的价格管制因素，PPI 向 CPI 的传导并不顺畅，CPI 还是受猪肉、鲜菜等食品价格影响较大。中国人民银行对 CPI 的目标值是 3%，除非出现油价大幅上行的情况，否则油价对整体 CPI 的影响不会很大。

从走势上看，欧元区调和通胀率的波动明显低于中国 CPI，但在 2008—2009 年曾出现过大幅波动，2014—2016 年长期低迷。欧元区通胀率在相当程度上反映了欧元区经济基本面景气度变化，其出现趋势性变化需要经济基本面和能源价格形成共振。

资源出口国经济对大宗商品价格较为敏感。工业大宗商品价格的同比波动比较近似，尤其是 2008 年以来的波形重合度较高。上文指出了能源价格对全球通胀环境的影响，我们再来观察铁矿石、煤炭、原油等工业大宗商品价格波动对资源出口国经济的影响，该影响主要作用于经常账户（外贸），以及与资源品关联度较高的上中游采矿加工业。理论上大宗商品价格上涨将改善资源出口国的经常账户，并间接带动其国内相关产业景气度上升。

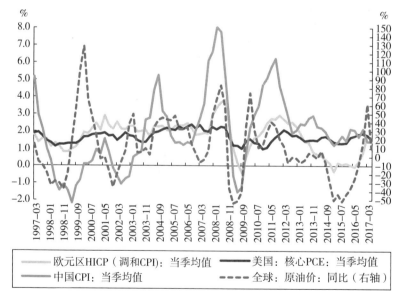

资料来源：Wind，华泰证券研究所。

图 9-138　中国、美国、欧元区中央银行关注的通胀指标与油价涨幅的对比

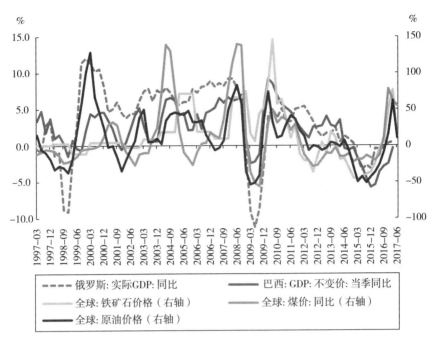

资料来源：Wind，华泰证券研究所。

图 9 – 139　俄罗斯、巴西的经济增速和主要工业品涨幅的对比

在俄罗斯（主要出口原油、煤炭、粗钢、铜和铝）、巴西（主要出口铁矿石和农产品）、澳大利亚（主要出口煤炭、铁矿石、铜和铝）三大资源出口国中，俄罗斯和巴西的经济对大宗商品的价格较为敏感。大宗商品价格同比跌幅在 2016 年第二季度普遍触底，在 2016 年第三季度至第四季度开始同比转正，带动俄罗斯经济和巴西经济（GDP 不变价增速）也开始回暖。

在考虑可比价格的 GDP 不变价增速时，类似新加坡、中国香港地区这样对资源进口依赖度较高的小型发达经济体，对大宗商品价格波动的敏感度低于资源出口国，尤其是自 2013 年以来，新加坡和中国香港地区经济增速中枢趋稳，波动不大。大宗商品价格对资源进口国的影响主要是作用于进口端的原料成本，但对与新加坡、中国香港地区经济相关度更高的金融服务业、加工制造业、高端制造业及对外贸易等，较难产生直接影响。

再对比中日美欧四大经济体 GDP 增速与大宗商品价格的关系，日本经济与大宗商品价格的关联相对最紧密，这可能是由于其原油、铁矿石、煤炭等多类大宗商品进口依赖度高，而中国、美国和欧洲的经济增速与大宗商品价格的关联性比较弱。

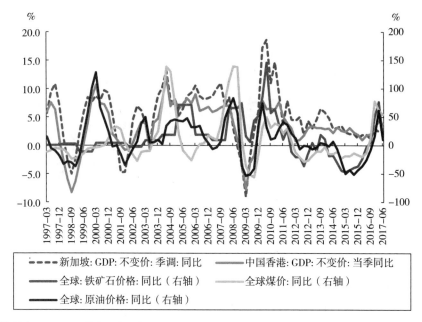

资料来源：Wind，华泰证券研究所。

图 9 – 140　考虑经济增长拉动结构，资源进口依赖的小型发达经济体对
大宗商品价格的敏感度相对较低

资料来源：Wind，华泰证券研究所。

图 9 – 141　中国和日本的经济增速与大宗商品涨幅的对比

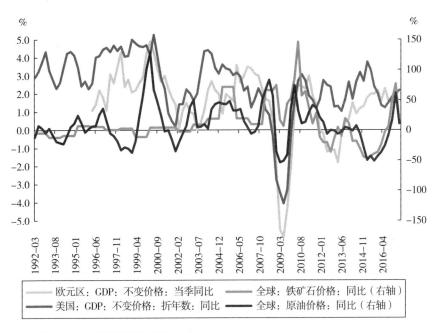

资料来源：Wind，华泰证券研究所。

图 9 - 142　美国和欧元区的经济增速与大宗商品涨幅的对比

从 2014 年第三季度，即本轮美元显著走强、大宗商品价格大幅下跌至今，中国、美国、欧元区还有日本的经济增速与大宗商品价格的相关性都表现得比较弱。原因主要是，主要经济体的经济潜在增速大多已进入较为平稳的阶段，从 2014 年底之后决定大宗商品价格的核心因素由需求侧转向供给端（比如原油的供给端博弈，中国煤炭钢铁的去产能），其价格涨跌不代表全球需求层面出现了重大变化。而工业品价格的波动，对主要经济体（美国、欧盟、日本、中国）而言，不是决定其基本面的核心变量。

以上梳理的都是大宗商品价格波动与 GDP 不变价增速之间的关系，即大宗商品价格通过影响外贸景气度、上中游行业产出和盈利能力等维度对一国经济的影响。从更大的维度而言，全球大宗商品价格出现反弹共振，往往意味着全球经济均表现出复苏预期，同期各国经济增速均表现为反弹。如果把价格因素考量进去，即观察大宗商品价格与 GDP 现价增速之间的关系，正相关性就体现得更为明显了。

上文已经指出大宗商品价格与经济体 PPI 之间正相关性较高，图 9 - 143 显示 CRB 现货指数同比涨幅与全球 GDP 现价增速（不变价增速 + 平减指数价格因素）之间存在正相关性。新兴市场国家 GDP 现价增速与大宗商品价格的正相关性更强。

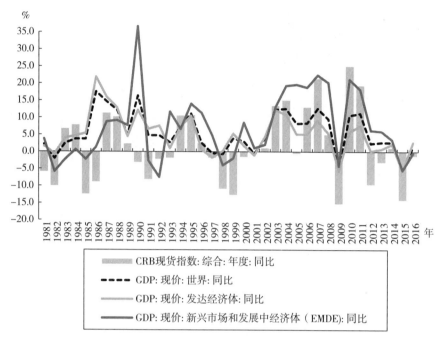

资料来源：Wind，华泰证券研究所。

图 9 – 143　大宗商品价格涨幅与全球经济现价增速的正相关性更强

黄金投资需关注三大要素：避险、实际利率走势和美元强弱。黄金作为贵金属，是具有特殊属性的一类大宗商品。它与任何一类商品一样，供给和需求两方的博弈会对长周期价格走势形成基本影响，但中短期黄金投资，更应该关注的是以下三大要素：作为贵金属的避险属性、与实际利率和美元指数的负相关性。

（1）黄金与原油、煤炭、铁矿石等工业原料一样，在国际市场上以美元计价，因而其价格波动受美元指数强弱影响，美元指数处于弱周期的 2004—2011 年黄金累计涨幅接近 400％；本轮美元强周期从 2011 年开始，其间美联储退出 QE、渐进加息等货币政策操作带动了美元升值预期，2016 年底特朗普当选新任美国总统再度给美元带来一波上行动能。

（2）贵金属黄金白银都具有避险属性，但黄金因其稀有性，体现得更加突出。2016 年，黄金因避险需求带动了三个上涨波段，分别是 2016 年初至 3月初（美联储 2015 年 12 月加息后，人民币大幅贬值、港元受冲击；德银违约风险；朝鲜半岛地缘局势紧张），2016 年 6 月下旬至 7 月上旬（英国意外公投退出欧盟），以及 10 月中旬至 11 月上旬（认为特朗普代表着全球政治和经济的不确定性，美国大选结果正式落地前金价上涨）。黄金三个波段区间的现价涨幅分别为 +20.3%、+8.2%、+4.1%。但避险属性带动的金价上涨，如无持续催化，风险预期回落时金价一般也会回调。

（3）黄金价格为何与实际利率负相关？黄金可看作一类长期购买力比较稳定的固定收益投资，长期国债收益率（名义利率）上行则压制黄金的相对投资价值；同时假设通胀大幅上行、货币购买力下降时，黄金作为贵金属是保值的。因此，金价与名义利率负相关、与通胀正相关。综合起来，金价与实际利率（名义利率－通胀）呈负相关。美国 10 年期 TIPS 通胀保护国债收益率被认为反映了实际利率，从市场表现来看，金价与 TIPS 收益率的负相关性非常显著。2017 年初之后，美国名义利率上行趋缓，而第一季度全球大宗商品同比涨幅较大，带动了再通胀逻辑，金价在"再通胀逻辑＋同期美元走弱"的推动下出现了较为稳定的上涨。

上文已经多次指出美元指数与大宗商品价格存在负相关性。将原油、煤、铁矿石、铜、黄金等大宗商品的价格（除黄金价格为伦敦现货金价外，其余商品的价格均来自 IMF 公布，口径统一）换算成涨幅可比的定基指数，自 2003 年至今，其与美元指数波段的负相关性体现得较为明显，取 CRB 指数做对比，得出的结论相同。

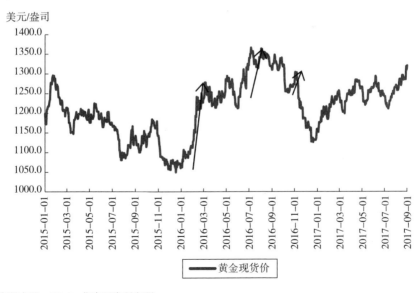

资料来源：Wind，华泰证券研究所。

图 9-144　2016 年避险需求带动黄金行情的三个波段

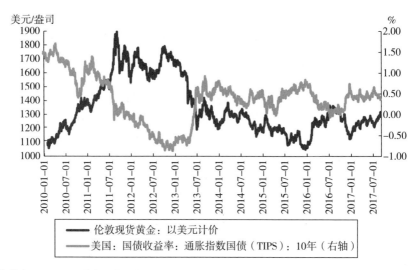

资料来源：Wind，华泰证券研究所。

图 9 − 145　黄金价格与实际利率的负相关性比较明显

　　本轮美元走强的动能来自美国和其他经济体的经济动能差异。美元走强的背后不仅是经济增长预期差，也体现出中央银行货币政策态度的差异。当美元

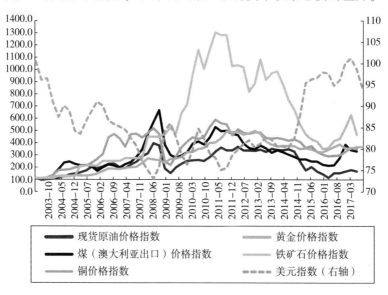

注：大宗商品价格指数均以 2003 年 3 月为基期，取值为 100。
资料来源：Wind，华泰证券研究所。

图 9 − 146　主要大宗商品价格指数与美元周期的对比

进入强势周期时，新兴市场承受资本流出压力，经济受到冲击；当全球逐渐进入一致复苏时，美元的比较优势就被削弱，开始进入弱势周期。因此，美元指数不仅通过大宗商品计价货币的角度对其价格产生影响，美元周期的背后也暗含着全球经济增长的大周期。

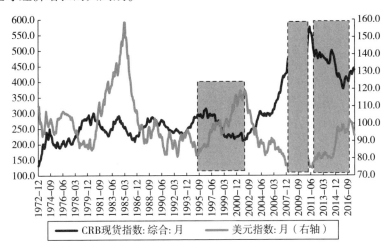

资料来源：Wind，华泰证券研究所。

图 9 - 147　CRB 指数同比涨幅与美元指数的对比